Holz & Stein

Holz & Stein

Das große Buch der Gartengestaltung

Mike Lawrence
Penny Swift
Janek Szymanowski

Weltbild

Inhalt

Bauen und Gestalten mit Ziegel- und Betonsteinen

Bauen und Gestalten
mit Natur- und Kunststein

Steine *sind das älteste Baumaterial überhaupt. Schon der Steinzeitmensch nutzte Steine nicht nur als Werkzeuge und Waffen, sondern auch als Baustoff, denn kein Material ist haltbarer, fester und vielseitiger als Stein. Steine können so verwendet werden, wie sie in der Natur vorkommen – als unregelmässige Blöcke oder Platten, gespalten oder geformt durch die Naturgewalten. Sie können aber auch zu Blöcken mit glatten Oberflächen und genauen Massen geschnitten werden, die so exakt zusammenpassen wie die Teile eines Puzzles. Darüber hinaus bietet der Baustoff Stein eine solch unendliche Vielfalt an Farben und Strukturen wie sie nur ein in der Natur vorkommendes Material aufweisen kann.*

Die früheste Verwendung von Steinen als Baumaterial bestand wahrscheinlich im Aufstapeln loser, in der Umgebung gesammelter Steine zur Errichtung einfacher Begrenzungen, sowie zu Verteidigungszwecken und zum Einpferchen von Haustieren. Bald schon nutzte man Steine auch als Pflastermaterial zur Befestigung von Wegen und Plätzen. Die Ägypter verwendeten sie zur Anlage dekorativer Gärten und zum Bau der zahlreichen kunstvoll konstruierten Pyramiden und Tempel und die Griechen und Römer gestalteten damit ihre heiligen Haine, ihre öffentlichen Gärten und Parks. Schon im Mittelalter besaß die Landschaftsarchitektur eine große Bedeutung und diese Tradition verbreitete sich später über alle Kulturen und Kontinente, wobei Stein überall das dominierende Baumaterial war.

Stein als Gestaltungs- und Baumaterial im Garten hat nichts von seiner Beliebtheit eingebüßt. Die Palette der Anwendungen reicht vom einfachsten, aus Stein gehauenen Ornament bis zu komplizierten Mauern, Bögen, Terrassen und Stufen. Gartenarchitekten sind heute nicht mehr auf solche Steine beschränkt, die in der jeweiligen Gegend verfügbar sind, sie können prinzipiell jede gewünschte Steinart verwenden, vorausgesetzt, der Bauherr ist bereit, die unvermeidlich hohen Transportkosten für eines der kompaktesten Baumaterialien überhaupt zu zahlen.

Eine Alternative stellen deshalb industriell gefertigte Steine dar. Durch Zusammenpressen von Gesteinsmehl oder Granulat, das mit zementartigen Zuschlagstoffen gebunden wird, stellt man Mauersteine, Pflastersteine oder auch Zaunpfosten oder Dekorationsgegenstände wie Vogelbäder her. Im Gegensatz zu Natursteinen haben diese Produkte einheitliche Größen und Strukturen und sind deshalb für den Laien leichter zu verarbeiten. Dazu sind sie in der Regel preisgünstiger und einfacher zu beschaffen. Allerdings fehlt ihnen natürlich ein entscheidendes Merkmal, denn die Aus-

Unten: Stein eignet sich für viele Verwendungen im Freien, entweder naturbelassen oder bearbeitet bzw. zu dekorativen Elementen geformt.

strahlung und Oberflächenvielfalt von Naturstein ist etwas, was auch der einfallsreichste Hersteller nicht wirklich überzeugend kopieren kann.

Verwendung von Steinen im Garten

Ob Naturstein oder Kunststein, es gibt eine unerschöpfliche Zahl von Projekten im Garten, die sich mit diesen Baumaterialien verwirklichen lassen. An erster Stelle stehen dabei natürlich Mauern. Glatt behauene Blöcke eignen sich für Mauern in formal gestalteten Gärten, während unregelmäßig geformte Steinbrocken mit rauer, naturbelassener Oberfläche und einer Vielzahl von Pflanztaschen das ideale Material für eine Trockenmauer, ein besonders attraktives

Quadratische oder rechteckige Platten eignen sich zum Befestigen großer Flächen, während man für kleine Flächen oder um Abwechslung in eine größere Pflasterfläche zu bringen, Mosaikpflaster oder Kiesel verwendet. Auch Farbe und Struktur der Oberfläche haben einen großen Einfluss darauf, ob sich die Pflasterfläche gut in die Umgebung einfügt.

Stein ist außerdem das ideale Material für viele andere Gestaltungselemente im Garten. Ein kleiner Teich mit Felssteinen, die das Ufer säumen und eventuell mit einem Wasserlauf ist nicht nur ein wunderschöner Blickfang, sondern gibt dem Garten, der sonst besonders das Auge und den Geruchssinn anspricht, noch eine dritte Dimension – dass beruhigende Geräusch von fließendem Wasser. Ein Garten mit Wasserstelle schafft nicht nur eine größere Pflanzenvielfalt, ein solches Feuchtbiotop lockt auch viele schöne und nützliche Tiere an.

Die Aufzählung der Anwendungsmöglichkeiten von Steinen im Garten ließe sich fortführen über Steingärten bis zu Sitzgelegenheiten und Tischen. Alle diese Dinge sind einfach zu bauen und werden dem ambitionierten Heimwerker und Gartengestalter viel Freude machen. Man benötigt nur wenige Spezialwerkzeuge oder besondere Fähigkeiten – lediglich eine Vorstellung von dem, was man schaffen will und natürlich genügend Zeit und Geduld, um seine Ideen in die Praxis umzusetzen.

Links: Steine können in große Platten gespalten werden, die sich ausgezeichnet als Wegbefestigung eignen, in mittelgroße Blöcke zum Bau von Mauern oder auch in kleine Pflastersteine. Auf dem Foto wurden sie abwechselnd mit großen runden Kieseln verlegt.

Unten: Die Kunststeinplatten und regelmäßigen Mauersteine im Vordergrund bilden einen interessanten Kontrast zu den naturbelassenen Steinen, die für die Gestaltung des Steingartens in der Mitte des Rasens verwendet wurden.

Gartenelement, sind. Im Unterschied zu fabrikneuen Ziegelsteinen fügt sich Naturstein wie selbstverständlich in den Garten ein, besonders wenn er bereits etwas verwittert ist. Er ist deshalb genau die richtige Wahl für Grenzmauern, Böschungsmauern und auch für niedrige Beeteinfassungen.

Eine Form, die im Garten besonders gut zur Geltung kommt, ist der Bogen, gleich ob frei stehend oder als Teil einer höheren Mauer. Das Mauern von Bögen ist eine anspruchsvolle Aufgabe für den geübten Heimwerker, das Ergebnis kann jedoch zum reizvollen Mittelpunkt jedes Gartens werden.

Im Hof und im Garten braucht man auch befestigte Oberflächen. Steine sind in ihrer unendlichen Vielfalt das perfekte Baumaterial für Terrassen, Wege und Treppenstufen.

Mauern *sind mehr als nur eine Markierung der Grundstücksgrenzen. Sie gewähren Schutz vor fremden Blicken, sorgen dafür, dass Haustiere und Kinder auf dem Grundstück bleiben und können unschöne Stellen im eigenen Garten oder auf dem Grundstück des Nachbarn verdecken. Schliesslich können sie auch einen kontrastierenden Hintergrund bilden, vor dem Ihr Garten ganz besonders schön zur Geltung kommt. Keine Begrenzung kann all diese Funktionen so gut erfüllen wie eine Steinmauer. Mauern sind haltbar, erfordern nur geringen Erhaltungsaufwand und können die Gesamtwirkung des Hauses und seiner Umgebung entscheidend verbessern, vorausgesetzt sie wurden sorgfältig geplant und errichtet.*

Material

In der ersten Planungsphase sollte die Entscheidung über das Material, aus dem die Mauer bestehen soll, gefällt werden. Abhängig von Ihrem Wohnort wird die Auswahl an Steinen mehr oder weniger groß sein, in ländlichen Gegenden gibt es meist Steine im Überfluss, in der Stadt muss man sich möglicherweise mit industriell gefertigten Steinen zufrieden geben, es sei denn, man nimmt hohe Transportrechnungen in Kauf. Ungeachtet dessen sollten Sie immer ein Material wählen, dass zum Haus und zu den anderen Gebäuden auf dem Grundstück, sowie zu den Belägen der Wege und Terrassen passt. In manchen Gegenden ist außerdem in der örtlichen Bauordnung festgelegt, welche Materialien zur Einfriedung des Grundstückes verwendet werden dürfen.

Naturstein ist zweifellos das schönste Material für Gartenmauern, denn er fügt sich harmonisch in jeden Garten ein. Abgesehen davon ist Naturstein auch haltbarer als der durchschnittliche Beton- oder Kunststein. Die zum Mauern am häufigsten verwendeten Steinarten sind Kalkstein, Sandstein und Granit. Schiefer oder Flintstein kann man ebenfalls verwenden, es ist jedoch schwieriger mit diesen Steinen zu arbeiten. Die Farben der Steine variieren abhängig vom Abbauort und die Größe ist meist Glücksache.

Natursteine erhält man entweder unbehauen, also naturbelassen und so, wie sie aus dem Steinbruch kommen, teilweise behauen (in etwa gleich große Blöcke geteilt, jedoch mit rauen Oberflächen) oder vollständig behauen (mit rechtwinkligen, maschinegeschnittenen Seitenflächen). Verständlicherweise ist der Preis umso höher, je mehr der Stein bereits bearbeitet ist. Wenn Sie nicht gerade in der Nähe eines Steinbruchs wohnen, gestaltet sich die Suche nach einer Bezugsquelle möglicherweise etwas schwierig. Da die Transportkosten sehr hoch sind, nehmen Bau- oder Gartenmärkte in der Regel keine großen Mengen an Steinen auf Lager, höchstens einige wenige für Steingärten und ähnliche Verwendungen. Möglicherweise bleibt Ihnen nichts weiter übrig, als einen Lastkraftwagen oder Transporter zu mieten und selbst zu einem Steinbruch zu fahren. Aber vielleicht werfen Sie doch erst einmal einen Blick in das Branchentelefonbuch und erkundigen sich gegebenenfalls bei einer Steinmetzfirma oder einem Natursteinhändler in der Nähe.

Die am häufigsten angebotenen Kunststeine sind Blocksteine mit dekorativer Vor- und Rückseite, die aus Zuschlagstoffen und Pigmenten gepresst werden. Steine dieser Art haben den Vorteil, dass sie regelmäßig und von gleicher Größe sind, so dass sich Planung, Mengenberechnung und der Bau selbst einfacher gestalten als mit Natursteinen. Es gibt solche Steine in ganz unterschiedlichen Größen, Farben und Strukturen. Man kann sie wie Ziegelsteine verarbeiten und erhält sie in der Regel in Bau- oder Gartenmärkten und bei Baustoffhändlern.

Des Weiteren gibt es auch perforierte Ornamentsteine oder Formsteine, die aus Beton oder anderen Mischungen bestehen und in den unterschiedlichsten Mustern hergestellt und angeboten werden. Sie eignen sich besonders für Mauern, die der optischen Abtrennung eines Bereiches dienen, wo jedoch kein vollständiger Sichtschutz notwendig oder erwünscht ist. Ornamentsteine erhält man häufig in den Farben weiß bis gelb, gelbbraun oder grau. Bezugsquellen sind ebenfalls Bau- und Gartenmärkte, sowie Betonwerke.

Einfache Betonsteine sind in der Regel nicht für sichtbare Mauern gedacht, doch die geringen Kosten sowie die schnelle Verarbeitung können in bestimmten Fällen für ihre Verwendung sprechen. Betonsteine werden vorwiegend für den Bau von Böschungs- und Grenzmauern verwendet und danach verputzt oder mit einer anderen dekorativen Oberfläche versehen.

Auf den Seiten 88 und 89 finden Sie wei-

Rechts: Wird eine Mauer mit ganz natürlichem Aussehen gewünscht, gleich ob als Grundstücksgrenze oder als Gestaltungselement im Garten, sollte man eine Trockenmauer setzen. Durch die ungleichmäßig geformten Steine entstehen viele Pflanztaschen.

tere Hinweise zur Auswahl von Natur- und Kunststeinen für Ihre Gartenprojekte.

Gestaltung von Mauern

Form und Zweck einer Mauer haben meist auch einen Einfluss auf die möglichen Baumaterialien, deshalb sollte man sich darüber Gedanken machen, bevor man das Material bestellt. Will man eine frei stehende Mauer oder eine Böschungsmauer bauen? Massiv oder aus perforierten Ornamentsteinen? Soll die Mauer gerade verlaufen oder eine geschwungene Form haben, vielleicht auch Ausbuchtungen? Soll sie mit Mörtel oder als Trockenmauer aufgesetzt und in welchem Verband sollen die Steine gemauert werden? Wie lang, hoch und dick soll die Mauer sein?

Frei stehende Mauern, die nur einen Halbstein (11,5 cm) dick sind, können bis zu einer Höhe von etwa 45 cm ohne zusätzliche Stütze gebaut werden; soll die Mauer höher werden, ist alle 3 m ein quadratischer Pfeiler zu setzen. Eine 23 cm starke Mauer kann bis etwa 1,40 m hoch ohne Pfeiler gebaut werden. In langen, geraden Abschnitten einer mit Mörtel aufgesetzten Mauer sollte man alle 6 m eine Dehnungsfuge anlegen, d. h. eine Fuge, die nicht mit Mörtel gefüllt wird, damit eventuelle Erdbewegungen nicht zu Rissen in der Mauer führen. In den meisten Fällen ist es erforderlich, Mauern aus Stabilitätsgründen mit Mörtel aufzusetzen. Eine Ausnahme sind Trockenmauern aus Naturstein, bei welchen die Bautechnik die Stabilität sichert. Falls Sie die Absicht haben, eine Trockenmauer mit einer Höhe von über einem Meter zu errichten, sollten Sie sich bezüglich der Stärke und Neigung von einem Fachmann beraten lassen.

Es ist möglich Öffnungen in Mauern zu integrieren, indem man die Steine im offenen Verband verlegt. Man kann auch Steine hervorstehen lassen, die man dann als Konsolen für Pflanzschalen oder Dekorationsgegenstände nutzt. Lässt man in Böschungsmauern ein paar Zwischenräume zwischen den Steinen, können sich dort Pflanzen ansiedeln, die der Mauer ein natürlicheres Aussehen verleihen und außerdem die Festigkeit der Mauer erhöhen indem sie die Erde durchwurzeln.

Die Mauer selbst muss nicht unbedingt in gerader Linie verlaufen – Kurven und Buchten lassen sie weniger dominant wirken, so dass sie sich den Konturen des Gartens besser anpasst. Oft lohnt es sich vorher mit ein paar übereinander gelegten Steinen

Links: Kompakte Mauersteine wurden hier mit Ornamentsteinen kombiniert um einen Windschutz hinter der Ruhebank im Garten zu schaffen.

Rechts: Gehwegplatten aus Beton und Mauersteine aus Natursteinimitat sind einfacher zu verarbeiten als Naturstein, wenn man ohnehin klare Formen und gerade Linien favorisiert.

oder Blöcken zu experimentieren, um sich eine Vorstellung von der Wirkung verschiedener Verbandarten zu schaffen, denn für viele ist es schwierig, sich eine Mauer auf dem Papier in der Praxis vorzustellen.

Mauern dienen nicht immer nur Begrenzungszwecken, sie können den Garten auch in unterschiedliche Bereiche aufteilen oder weniger schöne Ecken, wie zum Beispiel den Komposthaufen, verdecken. Man kann mit einer Mauer einen geschützten Sitzbereich schaffen, von dem man einen schönen Ausblick auf den Garten hat, eine niedrige Mauer kann in einem Hanggarten eine Stufe zwischen Rasen und Blumen- oder Gemüsebeeten bilden, selbst einen kleinen Teich oder Wassergarten kann man hinter einer Mauer anlegen.

Mauern sind der ideale Hintergrund, um schöne Blumen und Pflanzen zur Geltung zu bringen und da eine ordnungsgemäß gesetzte Mauer im Gegensatz zu einem Holzzaun nicht gewartet werden braucht, steht auch einer Bepflanzung der Fläche direkt vor der Mauer nichts entgegen. Eine Mauer bietet Schutz vor Wind und wenn die Sonne darauf scheint, bildet sie eine Sonnenfalle, in der Sie selbst solche Pflanzen kultivieren können, die sonst in Ihrem Garten nicht gedeihen würden. Baut man eine Mauer zweischalig und füllt den Zwischenraum mit Erde, kann man Pflanzen auch direkt in bzw. auf die Mauer setzen.

Es gibt also unzählige Möglichkeiten eine Mauer zu gestalten und alles ist letztlich eine Frage Ihres Einfallsreichtums und Ihrer Geschicklichkeit. Lassen Sie sich von

diesem Buch inspirieren und gehen Sie mit offenen Augen durch Gärten, Parks oder Gartenbauausstellungen, wo Sie sicher noch so manche Anregung finden werden.

Hilfe vom Fachmann

Es wurde bereits erwähnt, dass die Stabilität und Sicherheit von Mauern von großer Bedeutung ist. Immer wieder liest man in der Zeitung von eingefallenen Mauern und tragischen Konsequenzen für Menschen oder Tiere, die sich im Einsturzbereich aufgehalten hatten. Deshalb ist es vernünftig (und wird in manchen Ländern auch in den Bauordnungen gefordert) den Rat eines Bausachverständigen oder Bauingenieurs einzuholen, wenn Sie die Absicht haben eine Böschungsmauer oder eine Mauer, die höher als 1,35 m ist, zu errichten. Damit geht man sicher, dass die geplanten Maße und Bautechniken eine ausreichend stabile Mauer ergeben, die in vorhersehbarer Zukunft auch ihren Zweck erfüllt. Die geringen Ausgaben sind sicher mehr als gerechtfertigt, wenn sie dafür ruhigen Gewissens schlafen können.

Möglicherweise kommen Sie auch zu dem Schluss, dass ein solch großes Projekt Ihre praktischen Fähigkeiten übersteigt und Sie sich lieber nach fachmännischer Unterstützung für den Entwurf sowie für den Bau umsehen. Es ist besser, sich gleich zu Anfang seiner Grenzen bewusst zu werden, als eine Arbeit zu beginnen und dann festzustellen, dass man der Aufgabe gar nicht gewachsen ist.

Trockenmauern

Trockenmauern baut man bereits seit Jahrhunderten. In an Steinen reichen Gegenden wurden sie häufig um Viehweiden und als Grundstücksgrenzen errichtet. Eine fachmännisch gesetzte Trockenmauer überdauert viele Jahrzehnte und selbst eine verfallene kann schnell wieder repariert werden.

Die Kunst der Errichtung einer Trockenmauer besteht in der richtigen Auswahl der Steine und ihrer Anordnung. Das Ziel ist eine stabile, haltbare und schön anzusehende Mauer.

Aufbau der Mauer

Da beim Bau einer Trockenmauer kein Mörtel verwendet wird, hängt ihre Stabilität in erster Linie von einem soliden Fundament und der sorgfältigen Auswahl und Anord-

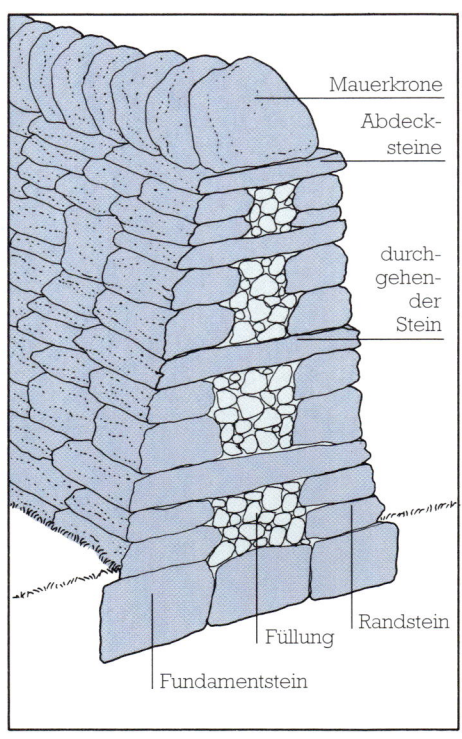

Mauerkrone
Abdecksteine
durchgehender Stein
Füllung
Randstein
Fundamentstein

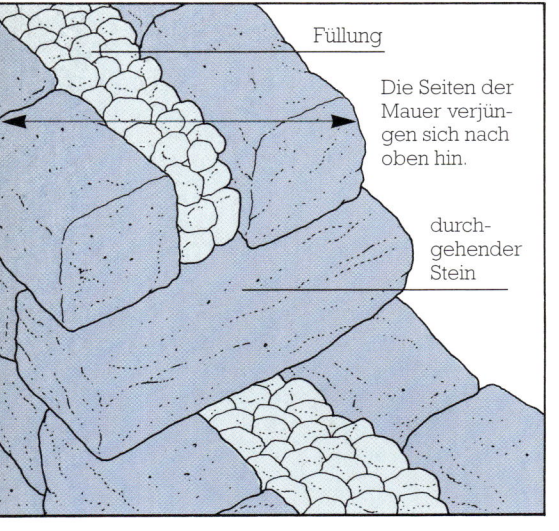

Füllung
Die Seiten der Mauer verjüngen sich nach oben hin.
durchgehender Stein

nung der Steine ab. Der Fuß der Mauer wird von einer Schicht großer, schwerer Steine gebildet, die in einen flachen Graben gelegt werden. Über dieser Schicht wird die erste Schicht der eigentlichen Mauer verlegt. Diese wird von zwei Seiten gebaut und man beginnt mit den größten verfügbaren Steinen, die man bis zu einer Höhe von 60 cm aufschichtet. Der Zwischenraum wird mit kleineren Steinen ausgefüllt und dann folgt eine Schicht langer, durchgehender Steine, die von einer Seite der Mauer bis zur anderen reichen und diese stabilisieren. Danach fährt man mit den Seiten fort, füllt den Zwischenraum wieder mit kleineren Steinen und legt eine weitere Lage durchgehender Steine darüber. Wenn es die Höhe der Mauer erfordert, folgt noch eine dritte Stufe dieser Art.

Über die letzte Schicht von gegenüber-

Oben und rechts: Sind die verwendeten Steine klein und von regelmäßiger Form, kann eine stabile Mauer auch ohne durchgehende Steine errichtet werden, indem man die Steine in einem Verband ähnlich einer Ziegelmauer verlegt. Die Mauerkrone bildet den Abschluss der Mauer.

liegenden Steinen legt man eine Schicht Abdecksteine, die auf jeder Seite etwa 5 cm über die Mauer herausragen sollten. Sie stabilisieren die Oberkante der Mauer und sorgen dafür, dass kein Regenwasser in das Innere gelangt. Darüber hinaus bilden sie eine feste Grundlage für die aufrecht stehenden Steine der Mauerkrone.

Das wichtigste Merkmal einer Trockenmauer ist die leichte Innenneigung der beiden Mauerhälften. Eine Trockenmauer kann

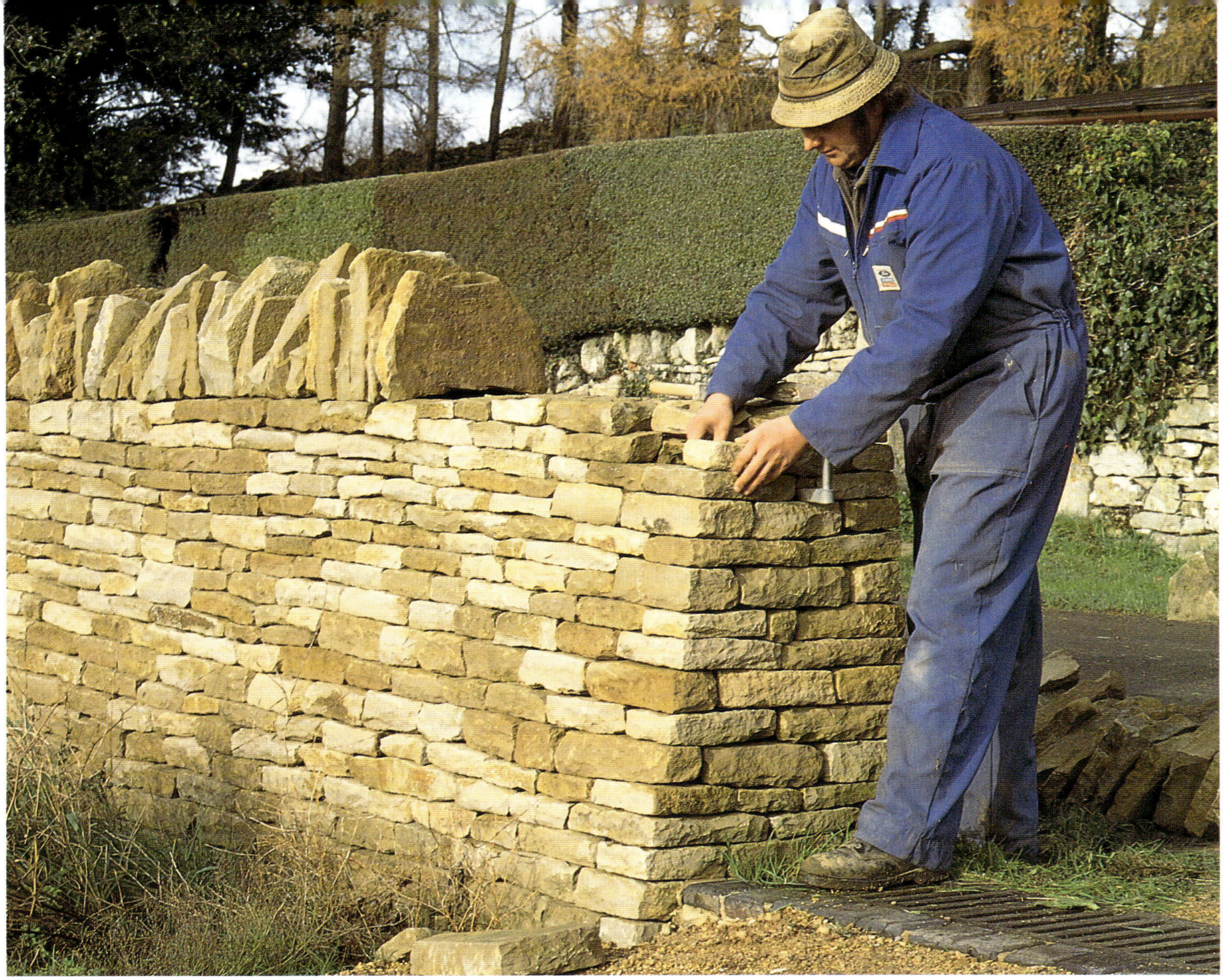

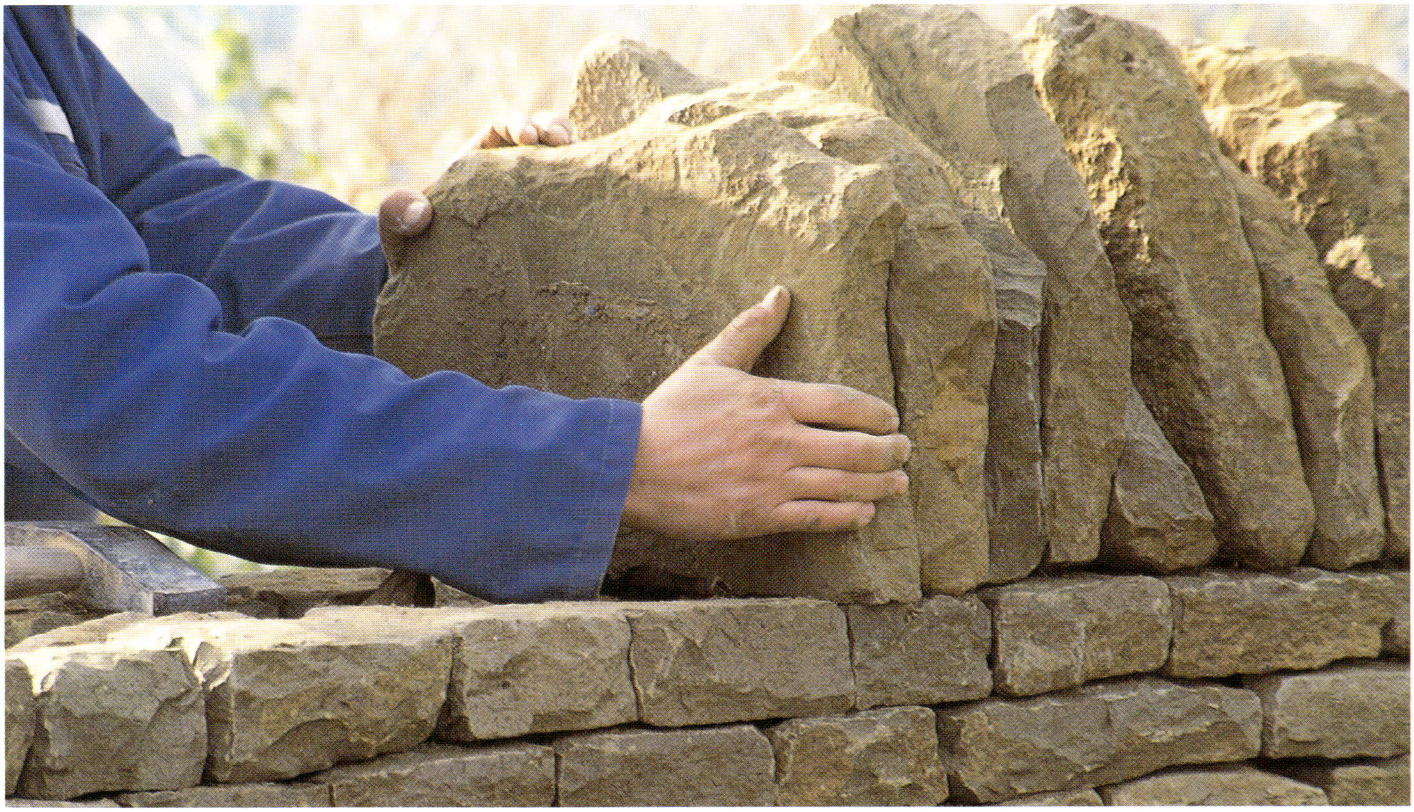

unten 90 cm breit sein und sich dann bis zu einer Breite von 40 cm verjüngen. Bei Böschungsmauern sind beide Seiten zum Hang hin geneigt, die innere nur leicht, die äußere stärker.

Baumaterial

Da Sie nicht einfach irgendwo mit dem Auto vorfahren und den Kofferraum voll Steine laden können, müssen Sie die Steine für eine Trockenmauer wahrscheinlich von einem Natursteinhändler oder einem Steinbruch in der Gegend beziehen. Dort sollte man Sie auch über die Eignung verschiedener Steinarten beraten können; generell sind härtere, wenig poröse Steine wie Granit ideal, aber auch Kalkstein und Sandstein sind mögliche Varianten.

Die Mengenberechnung gestaltet sich etwas schwieriger, denn man kann ja nicht einfach die benötigten Einheiten zählen wie beispielsweise bei einer Ziegelmauer. Steine werden in der Regel tonnenweise geliefert und aus einer Tonne kann man etwa einen Kubikmeter Mauer errichten – einschließlich des Fundamentes. Die Bestellung sollte immer etwas reichlicher ausfallen, denn das Teuerste an der ganzen Sache ist der Transport und es wäre unerfreulich, wenn Sie einen zweiten LkW bestellen müssten, nur weil am Ende ein paar Steine fehlen.

Falls Sie keinen Naturstein finden, oder sich Naturstein nicht leisten können, besteht die einzige Alternative in der Verwendung gebrochener Gehwegplatten. Die Platten werden mit den gebrochenen Kanten nach außen aufeinander geschichtet, so dass sie einigermaßen natürlich wirken. Der große Vorteil dieser Platten sind ihre glatten Oberflächen, die es einfach machen, die Mauer gleichmäßig aufzusetzen. Damit die Schichten nicht zu dicht aufeinander liegen, kann man Schieferplatten oder ähnliches Füllmaterial zwischen die Platten packen.

Vorbereitung des Untergrunds

Überlegen Sie, wo die Steine abgeladen werden sollen, und organisieren Sie Helfer mit Schubkarren, die die Steine zum künftigen Standort der Mauer transportieren. Die Steine sind nach Größe zu sortieren – große Fundamentsteine, mittelgroße Steine mit mindestens einer rechtwinkligen Kante für die gegenüberliegenden Seiten, lange, durchgehende Steine zur Stabilisierung der Mauer und kleinere Steine als Füllmaterial. Auch sollten jetzt bereits die Steine für die Mauerkrone zur Seite gelegt werden.

Zum Bau der Trockenmauer werden folgende Werkzeuge benötigt: ein Spaten zum Ausheben des Fundaments, ein Fäustel und ein Prelleisen zum Teilen der Steine, ein Stahlbandmaß und eine Wasserwaage, sowie Handschuhe und festes Schuhwerk. Dann zimmert man sich aus Abfallholz zwei Schnurböcke (1) entsprechend der Neigung der zukünftigen Mauer, deren Füße man anspitzt und die man jeweils an einem Ende der Mauer in die Erde schlägt. Die dazwischen gespannten Schnüre helfen dabei, die Seiten der Mauer mit der korrekten Neigung zu errichten.

Fundament

Nachdem man die Größe des Fundaments markiert hat, ist die Muttererde abzutragen und die Erde etwa 15 cm auszuheben bzw. so weit, bis man auf festen Untergrund stößt. Verdichten Sie den Untergrund mit einer Rüttelplatte oder einem Stampfer (2). In Gegenden mit langen Frostperioden im

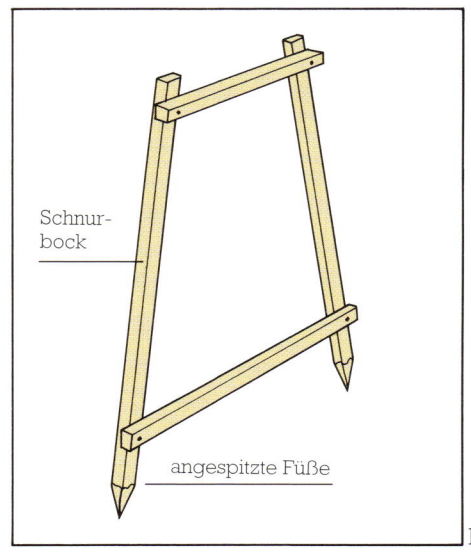

Schnurbock

angespitzte Füße

1

Winter sollte das Fundament tiefer sein (zwischen 45 und 60 cm).

Nun können die Fundamentsteine verlegt werden. Dazu wählt man möglichst große und relativ flache Steine, deren rechteckigste Seite nach außen zeigen sollte. Die Steine sind so dicht wie möglich aneinander zu legen und die Lücken dazwischen sind mit kleineren Steinen der gleichen Dicke auszufüllen.

Bevor nun der Bau der eigentlichen Mauer beginnt, schlägt man die beiden Schnurböcke jeweils an den Enden der Mauer in die Erde ein und spannt die Schnüre (3).

Unten: Unter die einzelnen Steine der Mauerkrone werden kleine Steinstifte gesetzt, um deren Lage zu stabilisieren.

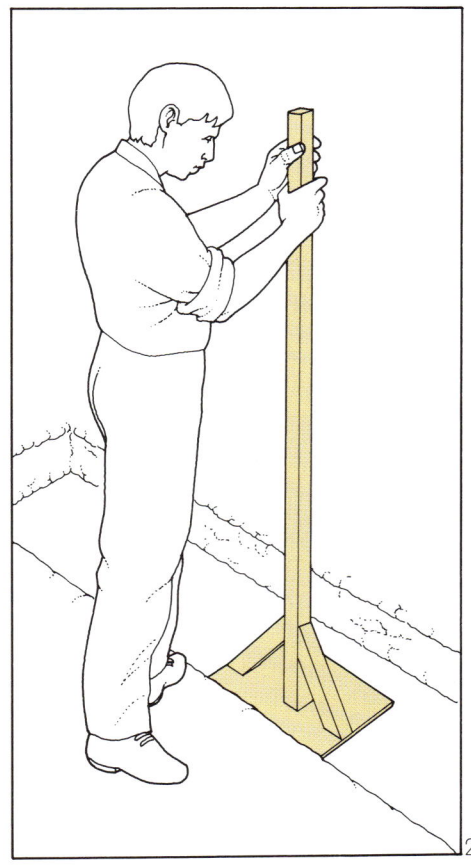

2

3

Bau der Trockenmauer

Legen Sie eine Schicht mittelgroßer Steine entlang jeder Seite der Mauer, wobei die rechtwinkligen Seiten nach außen zeigen sollten. Überprüfen Sie mit Hilfe der zwischen den Schnurböcken gespannten Schnur oder per Augenmaß, ob die Steine gegenüber den Fundamentsteinen etwas nach innen versetzt sind. Verwenden Sie kleine Steinstücke um größere Steine zu verkeilen, so dass diese jeweils fest auf der darunter liegenden Schicht aufliegen und nicht kippeln. Diese Keile sind immer von innen einzuschlagen, so dass sie unsichtbar bleiben. Nun wird der Raum zwischen den beiden Seiten mit kleineren Steinen verfüllt, die gut verdichtet werden sollten, damit es später nicht zu Setzungen kommt (3). Verwenden Sie keine Erde zum Füllen, sie wird schon bald vom Regen ausgewaschen und das kann die Mauer destabilisieren.

4

Rechts: Eine fachmännisch aufgesetzte Trockenmauer ist ein sehr ästhetisches Bauwerk und braucht nur gelegentlich einmal ausgebessert zu werden.

Abhängig von der Stärke der verwendeten Steine sind zwei oder auch drei Lagen erforderlich, bis eine Höhe von etwa 60 cm erreicht ist und man die erste Schicht durchgehender Platten verlegen kann. Jede Lage sollte etwas nach innen versetzt sein, damit die Mauer die korrekte Neigung erhält und die Steine sind so anzuordnen, dass sie jeweils über einer Fuge der unteren Schicht liegen, wie auch die Ziegel in einer Ziegelmauer (4, S. 17). An beiden Enden der Mauer sind lange, durchgehende Steine übereinander zu schichten, wobei einige so gelegt werden sollten, dass sie in das Innere der Mauer hineinragen, also die Enden mit der Mauer verzahnen. Auch an den Enden sollte jede Lage aus Stabilitätsgründen etwas nach innen versetzt sein.

Sobald beide Seiten der Mauer sowie die Füllung die geplante Höhe erreicht haben, legt man eine Reihe langer, durchgehender Steine darüber. Damit die Mauer möglichst stabil wird, sollten diese von einer Seite bis zur anderen reichen; zu lange Steine werden mit Hilfe von Fäustel und Prelleisen gekürzt. Hat man nicht genug lange Steine zur Verfügung, verteilt man die vorhandenen gleichmäßig über die Mauer und füllt die Zwischenräume mit halblangen aus, die jedoch mindestens bis zur Mitte reichen sollten. Alle Steine, die nicht fest aufliegen, sind mit von außen unsichtbaren Keilen zu stabilisieren und alle Zwischenräume mit kleinen Steinen zu verfüllen.

Dann fährt man mit der zweiten Stufe fort, wobei die Neigung mit Hilfe der zwischen den Schnurböcken gespannten Schnüre, die nach und nach weiter nach oben verschoben werden, zu kontrollieren ist. Bei einer niedrigen Mauer sind vielleicht nur noch eine oder zwei Reihen erforderlich, gefolgt von den Abdeckplatten und der Bekrönung. Soll die Trockenmauer höher werden (maximal 1,20 m – höhere Mauern können leicht instabil werden, es sei denn, sie

werden von einem Fachmann errichtet) ist weiter oben eine zweite Schicht durchgehender Platten notwendig. Vor dem Auflegen der Abdeckplatten ist das Innere der Mauer vollständig aufzufüllen, alle lockeren Steine sind zu verkeilen und die Horizontalität der oberen Schicht ist zu prüfen. Dann legt man die Abdeckplatten darüber, die so

lang sein sollten, dass sie auf jeder Seite etwa 5 cm überstehen und die man so dicht es geht nebeneinander legt, so dass möglichst kein Regenwasser in die Mauer eindringen kann. Falls erforderlich behauen Sie die Ränder der Steine bis diese passen. Verkeilen Sie alle Steine, die nicht fest aufliegen, um eine stabile Grundlage für die

senkrecht stehenden Steine der Mauerkrone zu schaffen.

In Gegenden mit strengen Wintern ist es
ratsam, die Abdeckplatten entgegen der
Tradition in Mörtel zu verlegen, denn dadurch wird die Menge des eindringenden
Wassers erheblich reduziert, was Frostschäden und die sich daraus ergebende
Destabilisierung der Mauer verhindert.

Ganz zum Schluss sind die Steine der
Mauerkrone (5, S. 18) aufzuschichten. Dazu
verwendet man entweder eine Reihe eben-
mäßiger, halbrunder Steine, legt einzelne
Steine flach auf die Abdeckplatten oder
ordnet hohe und flache Steine abwechselnd an, was von Weitem so aussieht, als
ob viele Hasen hintereinander auf der
Mauer sitzen. Setzen Sie die Steine in je-

dem Fall sehr dicht aneinander. Senkrecht
nebeneinander stehende Steine sollten alle
leicht in eine Richtung geneigt sein.

Böschungsmauern

Trockenmauern als Böschungsmauern
oder Stützmauern sind genau mit der gleichen Technik zu errichten wie frei stehende. Man benötigt jedoch keine Schnurböcke, stattdessen setzt man zuerst die
Enden der Mauer aus langen, durchgehenden Steinen und spannt dann eine Schnur
zwischen diesen, die bei der Ausrichtung
der Vorderseite hilft. Die dem Hang zuge-
wandte Seite der Mauer neigt sich leicht in
Richtung des Hanges und die Steine dieser
Seite sollten etwas nach hinten abfallen, damit die Mauer stabiler wird und das Regenwasser in die Erde hinter der Mauer abläuft.

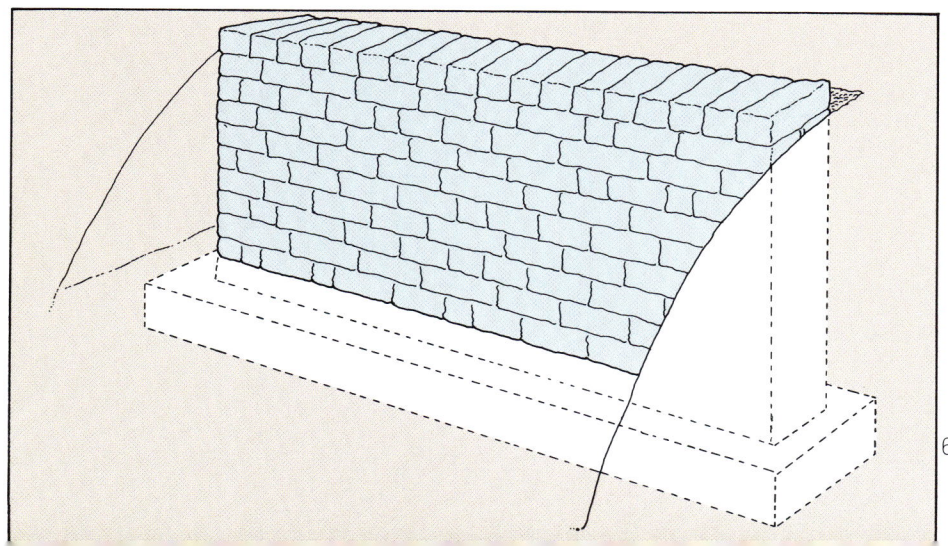

*Unten: Aufbau einer Trockenmauer aus un-
regelmäßig geformten Steinen an einer
Böschung: Die wichtigsten Merkmale sind
die schweren Fundamentsteine und die
langen, durchgehenden Steine, die der
Mauer Festigkeit verleihen. Die Steine der
beiden Mauerhälften sind fest verkeilt und
der Zwischenraum zwischen ihnen wurde
mit kleineren Steinen ausgefüllt.*

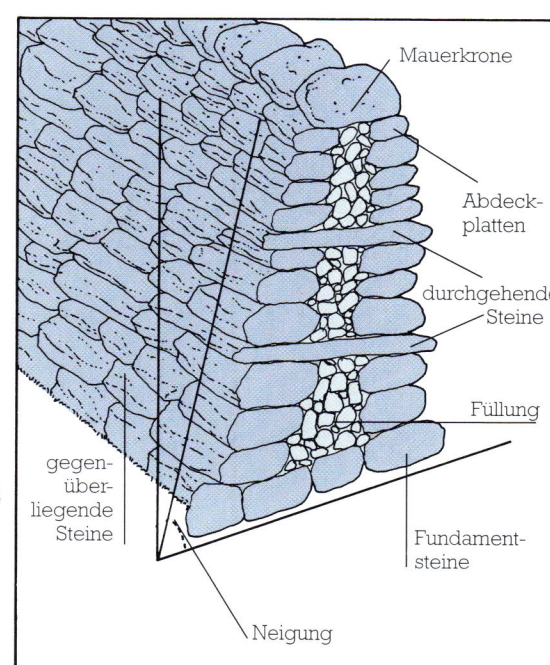

*Ganz links und links: Der erste Arbeitsschritt
beim Bau einer Böschungsmauer – unabhängig davon, ob diese aus Bruchsteinen oder
regelmäßig geformten Steinen errichtet wird,
ist das Auskoffern des Bodens (1). Der Untergrund ist zu ebnen (2) und für hohe Mauern ist
ein Fundament anzulegen. Die Mauer ist mit
Mörtel aufzusetzen, der die Bindung zwischen
den Steinen verstärkt (3) und mit einer Abdeckung abzuschließen (4). Dann ist die Erde
hinter der Mauer wieder aufzufüllen (5, 6).*

Mauer um ein Hochbeet

Niedrige Trockenmauern kann man auch bauen, indem man die einzelnen Schichten in Erde verlegt, so dass sich viele Pflanzen darin ansiedeln können. Eine solche Mauer kann aus langen flachen Mauersteinen oder aus Stücken gebrochener Gehwegplatten aufgesetzt werden. Die Ersteren eignen sich besonders für eine frei stehende Mauer, wobei die Steine in zwei parallelen Reihen verlegt werden (Kante an Kante und jeweils über den Fugen der darunter liegenden Schicht). Nach jedem zweiten oder dritten Läufer (in Längsrichtung verlegter Stein) folgt ein Binder (quer gelegter Stein), der der kleinen Mauer die nötige Stabilität verleiht.

Eine Trockenmauer aus gebrochenen Gehwegplatten sollte man zweischalig bauen, so dass jeweils die glatten Kanten nach außen zeigen und die gebrochenen Kanten nach innen. Der Raum zwischen den Platten wird mit Erde ausgefüllt, die man gut verdichtet.

In dieser Art errichtete Mauern dürfen jedoch nicht höher als 90 cm sein und auf keinen Fall als Böschungsmauern errichtet werden, es sei denn, die Blöcke oder Platten werden auf richtige Fundamente gesetzt und in Mörtel gebettet und Pflanztaschen werden nur in den vertikalen Fugen angelegt.

Bau der Mauer

Man hebt einen flachen Graben aus, der der Mauer Halt gibt und verdichtet die Erde mit Hilfe eines Zaunpfahls oder eines Stampfers. Dort, wo die Erde zu locker ist, schüttet man Schotter oder zerbrochene Ziegelsteine darüber und stampft dieses Material fest in den Boden ein. Der Boden des Grabens sollte eben sein, kleinere Unebenheiten können jedoch ausgeglichen werden, indem man die Dicke der Erdschicht zwischen der ersten und zweiten Steinschicht entsprechend anpasst.

Die Mauer wird nun Lage für Lage aufgesetzt, indem jeder Stein in eine etwa 5 cm dicke Schicht loser Erde gelegt und eingeklopft wird. Das funktioniert am besten, wenn die Erde leicht feucht ist. Die Horizontalität jeder Reihe ist mit Hilfe eines langen Holzbretts, auf das eine Wasserwaage gesetzt wird, zu überprüfen. Wenn nötig korrigiert man die Lage der Steine, indem man etwas Erde wegnimmt oder hinzufügt.

Bei einer Mauer aus gebrochenen Gehwegplatten sollte jede Schicht gegenüber der darunter liegenden etwas zurück gesetzt werden (etwa 12 mm), so dass die Mauer eine leichte Innenneigung erhält und somit stabiler wird.

Die Mauer ist bis zur gewünschten Höhe zu errichten und dann mit Abdeckplatten zu versehen. Die Abdeckplatten sollten möglichst mit Mörtel verfugt werden, damit das Regenwasser besser ablaufen kann und nicht die Erde zwischen den Fugen auswäscht. Dann kann man kleine Pflanzen in die Fugen setzen.

Mauern aus Steinen in regelmäßigem Format

Kunststeine oder Betonwerksteine als Baumaterial für Gartenmauern zeichnen sich dadurch aus, dass sie relativ preisgünstig, einfach zu beschaffen, wetterfest und aufgrund ihrer einheitlichen Größe und Form einfach zu verarbeiten sind. Der Bau einer

1 Beginnen Sie mit dem Auskoffern des Bereiches, in dem das Beet angelegt werden soll.

2 Danach ist der Untergrund zu ebnen und zu verdichten.

3 Nun wird die Mauer errichtet, indem man jede Lage Steine in eine Schicht aus gesiebter Erde verlegt.

4 Die Horizontalität jeder Reihe ist zu überprüfen.

5 Jede Reihe wird gegenüber der darunter liegenden leicht zurückgesetzt, damit die Mauer stabiler wird.

Oben: Diese schon einige Jahre alte Trockenmauer ist zu einem schönem Blickpunkt in einem ansonsten flachen Garten geworden. Der Bewuchs mit Moos und Flechten kann unterstützt werden, indem man die Mauer mit weißem Joghurt oder verdünntem Schweinemist bestreicht.

kleinen Gartenmauer aus Steinen in regelmäßigem Format ist außerdem eine gute Gelegenheit das Mauern zu üben und Erfahrungen für anspruchsvollere Projekte zu sammeln.

Mengenberechnung

Kunststeine oder Betonwerksteine für Gartenmauern werden in unterschiedlichen Größen angeboten. Bevor es an die Mengenberechnung geht, sollte man wissen, ob die Mauer aus Steinen einheitlicher Größe – ähnlich einer Ziegelmauer – oder aus Steinen unterschiedlicher Größe errichtet werden soll. Im ersten Fall berechnet man lediglich wie viele Steine für eine Reihe benötigt werden und multipliziert diese Zahl mit der Anzahl der erforderlichen Reihen. Bei gemischten Mauern sollte man den geplanten Verband genau aufzeichnen und auf dieser Grundlage berechnen, wie viele Steine jeder Art benötigt werden.

Im Übrigen ist es ratsam, grundsätzlich ein paar Steine mehr zu bestellen, denn es passiert immer wieder, dass Steine beim Transport beschädigt werden oder beim Mauern kaputt gehen.

Mörtel

Mörtel für Gartenmauern wird aus Zement und weichem Bausand (ungewaschen, Körnung 0 – 2 mm) hergestellt, dem entweder Kalk oder ein chemisches Fliessmittel zugesetzt wird. Man kann Mörtel selbst mischen oder Fertigmörtel kaufen. Die zweite Option ist sicherlich die einfachere Variante für ein kleines Projekt, bei einer größeren Mauer ist der Preisunterschied jedoch erheblich. Das Mischungsverhältnis von Zement zu Sand sollte 1:6 betragen. Weitere Hinweise zum Anmischen von Mörtel finden Sie auf Seite 92.

Vorbereitung des Untergrundes

Für das Fundament ist der Boden bis zu einer Tiefe von 25 cm auszuschachten. In die Vertiefung gibt man dann 10 cm Schotter, der mit Rüttelplatte oder Stampfer verdichtet wird. Danach werden die Umrisse der Mauer mit Holzpflöcken abgesteckt und man überprüft mit Hilfe einer langen Holzlatte und einer Wasserwaage, dass sich die Oberkanten aller Pflöcke auf gleicher Höhe befinden. Nun wird Beton eingefüllt bis die Oberkante der Holzpflöcke erreicht ist (bei sehr kaltem oder heißem und trockenem Wetter sollte man den Beton mit einer Plastikfolie abdecken, damit er nicht so schnell austrocknet). Man lässt das Fundament zwei oder drei Tage aushärten. Kleine Unebenheiten in der Oberfläche sind unproblematisch, denn sie

werden durch die erste Mörtelschicht ausgeglichen. Es ist zu beachten, dass Fundamente niemals bei Frostgefahr angelegt werden sollten. Weitere Hinweise zum Gießen eines Mauerfundaments finden Sie auf Seite 16.

Aufsetzen der Mauer

1 Vor dem Mischen des Mörtels legt man die erste Reihe Steine probeweise im Abstand von 10 mm (Mörtelfuge) auf das Fundament, so dass die genaue Position der Endpfeiler und Ecken erkenntlich wird. Danach kann man mit dem Mauern beginnen.

2 Zur Kontrolle der Ausrichtung zieht man Schnüre zwischen den Holzpflöcken, die an jedem Ende der Mauer in die Erde getrieben wurden. Dann gibt man etwas Mörtel auf die Unterseite des ersten Mauersteins und setzt ihn so auf das eine Ende des Fundaments, dass er genau in Flucht mit der Schnur liegt. Beginnt die Mauer mit einem Pfeiler, ist der erste Stein rechtwinklig zur gespannten Schnur zu legen.

3 Dieser Vorgang ist zu wiederholen, bis man das Ende der Mauer oder die erste Ecke erreicht. Bei Zwischenpfeilern legt man zwei Steine Seite an Seite, so dass die Stirnseiten sichtbar sind. Überprüfen Sie, ob die Oberkanten aller Steine genau auf der Höhe der gespannten Schnur liegen. Zu hoch liegende Steine sind gegebenenfalls etwas tiefer zu drücken oder zu klopfen. Die Prüfung mit der Wasserwaage zeigt an, ob die gemauerte Reihe wirklich ganz gerade

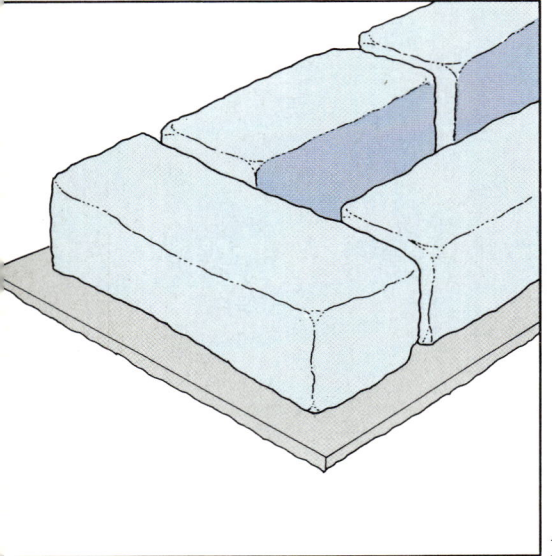

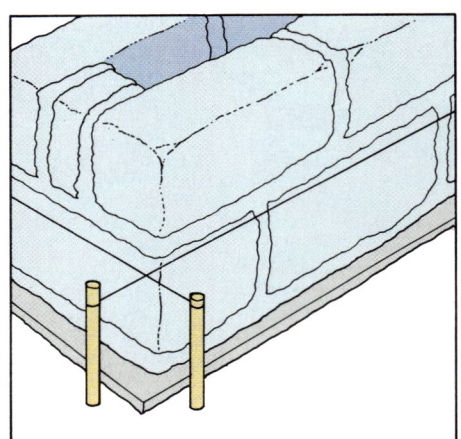

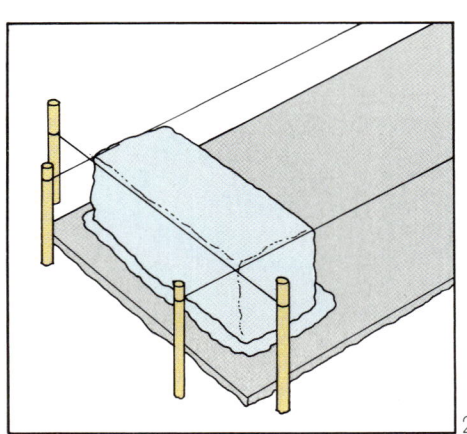

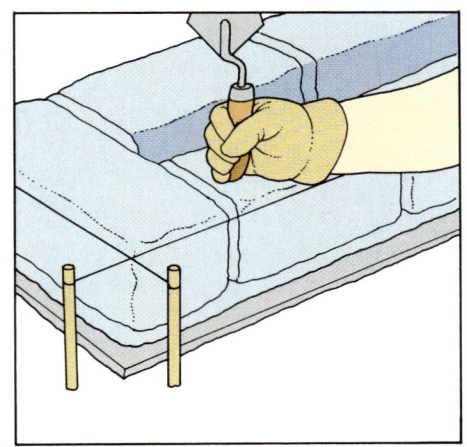

verläuft. Aus den Fugen quellender Mörtel ist abzunehmen.

4 Nun beginnt man mit dem Aufsetzen der zweiten Reihe. Aus Stabilitätsgründen werden die Steine jeweils versetzt, d. h. im Verband verlegt. Ist die Mauer nur einen Stein stark, werden die Steine der zweiten Reihe gegenüber der ersten um einen halben Stein versetzt. Man nennt diese Anordnung Läuferverband. Wie gezeigt beginnt die erste Reihe mit einem quer gelegten Stein und das Ende der zweiten Reihe wird mit einem halben Stein ergänzt. Beim Verlegen der Steine ist darauf zu achten, dass diese stets mittig über der Fuge der darunter liegenden Blöcke liegen.

5 Die dritte Reihe verlegt man genauso wie die erste und die vierte so wie die zweite usw. Die waagerechte Ausrichtung jeder Reihe, sowie die Vertikalität der gesamten Mauer wird mit der Wasserwaage überprüft. Wer sich nicht auf sein Augenmass verlassen möchte, kann sich einer Schablone bedienen um gleichmäßige Abstände zwischen den Reihen einzuhalten. Dazu benötigt man eine Holzleiste, auf der man die Höhe der Steine und der Fugen markiert und mit der man dann die jeweilige Fugenstärke überprüfen kann. Den Abschluss der Mauer bildet die Mauerkrone. Alle Pfeiler sind mit Hauben abzudecken.

6 Bei einer kleinen Mauer kann man das Säubern der Fugen zum Schluss erledigen. Bei größeren Projekten sollte man die Fugen jedoch nach jeder dritten oder vierten Reihe auskratzen. Das geht am einfachsten, indem man einen Holzstock mit einem abgerundetem Ende entlang der Fugen zieht. Alternativ kann man auch die Spitze der Maurerkelle in einem flachen Winkel über die Fugen ziehen. Der überschüssige Mörtel ist mit einer harten Bürste abzubürsten und bei Regen- oder Frostgefahr ist die Mauer mit Plastikfolie abzudecken.

6

Rechts: Die fertige Mauer mit gesäuberten Fugen und einer Krone aus unregelmäßigen Steinen wirkt sehr massiv.

Mauern aus Ornamentsteinen

Ornamentsteine oder Formsteine werden in unterschiedlichsten Ausführungen angeboten und können als dekorative Alternative zu kompakten Mauersteinen eingesetzt werden, wenn man eine halboffene Abtrennung wünscht oder die örtliche Bauordnung die Errichtung massiver Mauern nicht zulässt. Man kann ganze Mauern aus Ornamentsteinen bauen – gegebenenfalls mit passenden Pfeilern, Pfeilerkappen und Ab-

deckplatten – oder Ornamentsteine als dekoratives Element in eine Mauer aus anderem Material integrieren.

Der entscheidende Unterschied zwischen Ornamentsteinen und anderen Steinen besteht darin, dass es keinen horizontalen Verband zwischen den einzelnen Einheiten gibt, sondern dass die Ornamentsteine einfach Stoßfuge auf Stoßfuge gesetzt werden. Es liegt in der Natur der Sache, dass so ein senkrechter Verband ziemlich schwach ist und wenn die Mauer ausschließlich aus Ornamentsteinen besteht, sollte man deshalb mindestens alle 3 m einen Pfeiler setzen. An jedem Ende sowie an allen Ecken sind ebenfalls Pfeiler zu setzen. Soll die Mauer höher als zwei Formsteine sein, sollten Sie außerdem nach jeder zweiten Reihe Mauer und Pfeiler zusätzlich mit einem Streckmetallstreifen verbinden. Einen solchen Streckmetallstreifen sollte man auch in

die horizontalen Fugen legen. Um der ganzen Struktur noch mehr Festigkeit zu verleihen, können die hohlen Pfeiler zusätzlich mit Stahlstäben armiert werden, die im Fundament jedes Pfeilers zu verankern sind. In dem Maße, wie die Mauer wächst, werden die Pfeiler nach und nach mit Beton gefüllt.

Aufsetzen der Mauer

1 Nachdem der Standort der Mauer vermessen und abgesteckt ist, schachtet man einen Graben für das Fundament aus und füllt bis zur Oberkante Beton ein. Dieser Arbeitsschritt entfällt, wenn die Mauer auf eine bereits vorhandene Betonplatte gesetzt wird. Will man die Stabilität der Pfeiler zusätzlich durch Stahlstäbe verstärken, werden diese jetzt an den entsprechenden Positionen einbetoniert und so lange abgestützt, bis der Beton ausgehärtet ist. (Siehe unten.)

8

7

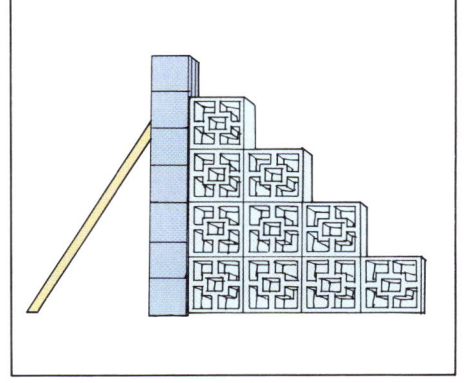

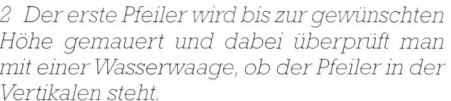

2 Der erste Pfeiler wird bis zur gewünschten Höhe gemauert und dabei überprüft man mit einer Wasserwaage, ob der Pfeiler in der Vertikalen steht.

3 Jetzt legt man eine Schicht Mörtel auf den Fundamentstreifen, bestreicht die Seitenflächen des Ornamentsteines ebenfalls mit Mörtel und steckt diesen in die dafür vorgesehene Aussparung im Pfeiler. Der waagerechte und senkrechte Stand des Steines ist zu überprüfen.

4 Geben Sie etwas Mörtel auf die andere senkrechte Seitenfläche. Verwenden Sie einen weichen, gut haftenden Mörtelmix.

5 Nachdem der zweite Block neben den ersten gesetzt wurde, ist erneut die waagerechte und senkrechte Ausrichtung beider Blöcke zu überprüfen und die Mörtelfugen sind mit der Maurerkelle zu säubern.

6 Vervollständigen Sie nun die erste Reihe und prüfen Sie mit der Wasserwaage, ob die Reihe waagerecht ist und die Vorderseite in einer Flucht liegt.

7 Fahren Sie mit den folgenden Reihen genau so fort. Besteht die Mauer aus mehr als zwei Reihen, sollte man Streckmetallstreifen als Armierung zwischen den Reihen ver-

wenden. Dann können Sie weitere zwei Reihen setzen. Danach sollte man den Mörtel über Nacht aushärten lassen und die übrigen Reihen, sowie die Abdeckplatten erst am nächsten Tag aufsetzen.

8 Das Auskratzen der Fugen sollte gegebenenfalls erfolgen, solange der Mörtel noch feucht ist, und zwar indem Sie mit einem entsprechend geformten Werkzeug entlang der Fugen fahren.

Rechts Mitte: Hier ist eine Technik dargestellt, die man eventuell bei einem größeren Projekt benötigt. Errichtet man ausgehend von einem Pfeiler einen zweiten Mauerab-

schnitt und kann diesen nicht innerhalb eines Tages fertig stellen, treppt man die Ecke wie auf der Zeichnung dargestellt ab, um einen festeren Verband zu erhalten.

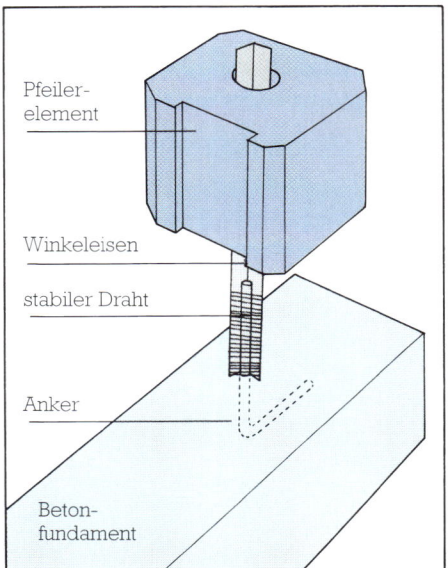

Pfeiler-element

Winkeleisen

stabiler Draht

Anker

Beton-fundament

Seit Tausenden von Jahren *baut man Bögen um Fensteröffnungen oder Durchgänge in Mauern, die nach oben abschliessen. Die Maurer und Stein-metze des Mittelalters entwickelten eine Vielzahl von Varianten zum Thema Bogen, von denen einige noch heute häufig zur Anwendung kommen. Ein Bogen im Garten kann den Rahmen für ein Tor bilden, eine attraktive Unter-teilung zwischen unterschiedlichen Gartenbereichen schaffen oder auch Aussichten durch Grenzmauern gewähren. Die Bautechniken ähneln sich in allen genannten Fällen.*

Jeder Bogen muss erstens sein eigenes Ge-wicht tragen können und zweitens muss das Mauerwerk seitlich des Bogens und un-ter dem Bogen stark genug sein, um die vom Bogen übertragenen, seitwärts wir-kenden Kräfte abzufangen. Baut man also einen Bogen in eine Mauer, ist damit bereits dem zweiten Punkt Rechnung getragen und eine sorgfältige Anordnung der Steine

Links: Kleinere Bögen können auch aus un-terschiedlich geformten Steinen sicher ge-baut werden, wenn diese fest durch Mörtel verbunden sind.

sorgt dafür, dass auch die erste Anforde-rung erfüllt wird.

Planung des Bogens

Zwar ist es möglich, in eine Mauer, die nur einen Halbstein dick ist, also im Läufer-verband errichtet wurde, einen Bogen zu integrieren, allerdings ist eine solche Kon-struktion nicht stabil genug für einen manns-hohen Torbogen. Jede Mauer dieser Höhe sollte mindestens 230 mm dick sein.

Der Bogen wird aus einem Halbkreis von Mauersteinen geformt, die man so an-ordnet, dass ihre Enden (Binder) auf jeder Seite der Mauer zu sehen sind. Bei einem

Oben: Bögen können in Gartenmauern integriert werden, indem man die Mauer darüber und seitlich der Öffnung fortsetzt.

Links: Einen großen Bogen wie diesen sollte man aus Steinen bauen, die bereits schräg zugehauen wurden und deshalb sehr dicht aneinander sitzen.

typischen Gartenbogen mit einer Breite von 1 bis 1,2 m verlegt man die Steine so, dass sie sich fast berühren und füllt die keilförmigen Zwischenräume mit Mörtel aus. Bleibt die obere Rundung des Bogens frei, baut man den Bogen aus Gründen der Stabilität und der Proportionen gewöhnlich aus zwei oder sogar drei Reihen Steinen.

Wird der Bogen jedoch in eine Mauer integriert, genügt auch eine Reihe. In diesem Fall müssen Sie jedoch die Steine, die an den Bogen grenzen, sorgfältig zuschneiden.

Man muss auch nicht zwingend einen halbkreisförmigen Bogen bauen, obwohl diese im Garten meist am schönsten ausse-

Links: Dieser massive halbkreisförmige Bogen wurde aus Kunststeinblöcken errichtet. Die flachen Oberflächen dieser Steine erleichtern das Mauern der beiden Säulen und des vierreihigen Bogens.

Sperrholz oder eine Spanplatte. Den Bogenradius erhält man, wenn man den Abstand zwischen den Pfeilern durch 2 teilt. Mit einer Stich- oder Lochsäge sägen Sie nun die Bögen aus. Dann sägen Sie ein zweites Stück aus, dass so lang ist wie der Durchmesser des Bogens und ein klein wenig schmaler als die Stärke der Mauer vermindert um die Summe der Dicke der beiden Halbkreisstücke. Nageln Sie die beiden Halbkreise auf dieses Brett.

Schneiden Sie nun Abstandhalter aus Holz in der gleichen Breite wie das letztgenannte Brett und nageln Sie diese in Abständen auf die bogenförmigen Bretter um der Konstruktion Stabilität zu verleihen.

Fertigen Sie zwei Holzstützen, die geringfügig niedriger sind als die Mauer, stellen Sie diese an die Mauer und verkeilen Sie eine Strebe dazwischen. Legen Sie die Bogenschalung darauf und überprüfen Sie die horizontale und vertikale Ausrichtung. Zum Schluss vernageln Sie die Bogenschalung mit den Stützen.

Bau des Bogens

Legen Sie den ersten Stein auf jeder Seite des Bogens auf ein keilförmiges Mörtelbett und drücken Sie den Stein fest gegen die Schalung. Ziehen Sie auf der Vorderseite der Schalung eine vertikale Linie, die durch den Mittelpunkt des Halbkreises verläuft und markieren Sie die Position des Schlusssteins. Zeichnen Sie dann an, wie viele ganze Blöcke in jeden Viertelkreis zwischen dem Schlussstein und den ersten Stein des Bogens passen. Vergessen Sie dabei nicht die Stärke der Mörtelfuge einzurechnen, die jedoch am untersten Punkt so dünn die möglich sein sollte.

Jetzt beginnen Sie mit dem Bau des Bogens von beiden Seiten und passen die Stärke der Mörtelfuge jeweils den Markierungen an. Fahren Sie so fort, bis Sie den Schlussstein erreichen, dann streichen Sie etwas Mörtel auf jede Seitenfläche des letzten Steins und drücken ihn vorsichtig an seinen Platz. Falls der Schlussstein nicht passt und Sie auch den Abstand der anderen Blöcke nicht mehr verringern können, gibt es zwei Möglichkeiten: entweder Sie beschneiden den Schlussstein mit einem Winkelschleifer oder manuell mit Hilfe von Fäustel und Prelleisen oder Sie verwenden mehrere Ziegel bzw. Steinfliesen statt eines Schlusssteins.

Wenn die erste Reihe vollständig ist, überprüfen Sie mit einem Holzlineal, ob die Vorderseite des Bogens eben ist und in einer Flucht mit der Mauerfläche verläuft.

hen. Eine Alternative ist der so genannte Segmentbogen, der einen kleineren Teil des Umfangs eines größeren Kreises darstellt. Auch bei einem solchen Bogen muss man die angrenzenden Steine der Mauer sorgfältig zuschneiden.

Frei stehende Bögen

Wenn Sie die Absicht haben, eine Öffnung in einer Gartenmauer mit einem Bogen abzuschließen, ist zuerst einmal die Mauer bis zu der Höhe, in der der Bogen beginnen soll, zu errichten. Das wird in der Regel eine Höhe zwischen 1,5 und 1,8 m über dem Erdboden sein, so dass beim Durchgehen noch genügend Kopffreiheit bleibt. Achten Sie unbedingt darauf, dass die Auflageflächen auf jeder Seite eben sind, ansonsten wird der Bogen schief . Wie bereits gesagt, beträgt der günstigste Abstand zwischen den Pfeilern etwa 1 bis 1,2 m; falls Sie die Absicht haben, ein Tor zwischen die Säulen zu hängen, messen Sie die Breite sorgfältig aus (einschließlich der Angeln und des Riegels oder Schlosses).

Bau der Schalung

Der erste Schritt beim Bau eines Bogens ist die Herstellung der Schalung, die während der Maurerarbeiten die Steine stützt. Fertigen Sie sich aus einem Bleistift, einem Stück Schnur und einem Nagel einen provisorischen Zirkel und zeichnen Sie damit zwei Halbkreise mit dem Bogenradius auf

Kratzen Sie die Fugen zwischen den Steinen auf beiden Seiten des Bogens aus. Dann verteilen Sie eine etwa 10 mm dicke Mörtelschicht auf der Oberseite des Bogens, um darauf die zweite Schicht Steine zu verlegen.

Verlegen Sie die Steine der zweiten Schicht genauso wie die der ersten, wobei Sie jedoch darauf achten sollten, dass möglichst wenige Fugen genau übereinander liegen. Das kann man durch die Stärke der Mörtelfugen beeinflussen.

Kratzen Sie die Fugen an den Seitenflächen und der Oberfläche des zweiten Bogens aus und lassen Sie alles mindestens 48 Stunden aushärten. Dann kann man vorsichtig die Stützen entfernen und die Schalung nach unten fallen lassen. Säubern Sie die Unterseite des Bogens sowie die unteren Fugen von überschüssigem Mörtel.

Bögen innerhalb einer Mauer

Soll der Bogen ganz in die Mauer integriert werden, fahren Sie einfach fort, die Mauer seitlich des Bogens Schicht um Schicht weiter aufzustocken. Der letzte Stein vor dem Bogen muss jeweils gekürzt und entsprechend schräg zugeschnitten werden, wobei eine 10 mm dicke Mörtelfuge einzurechnen ist. Ordentlich wird alles, wenn Sie die Steine mit einem Trennschleifer zuschneiden.

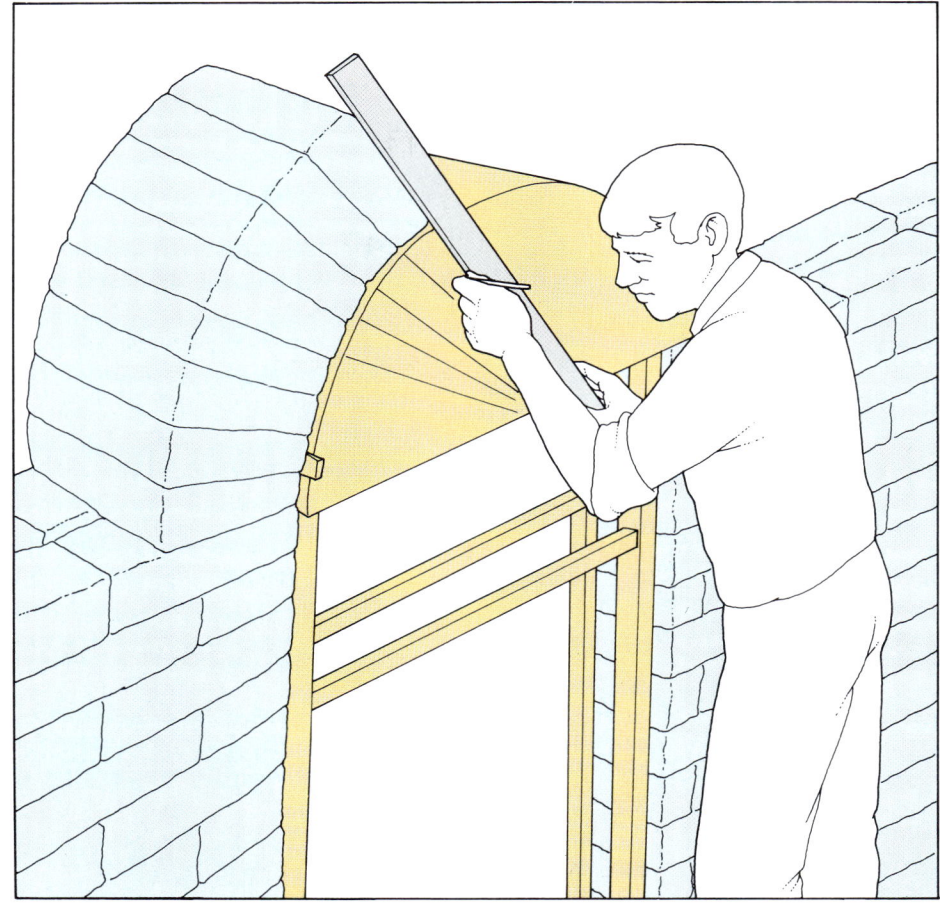

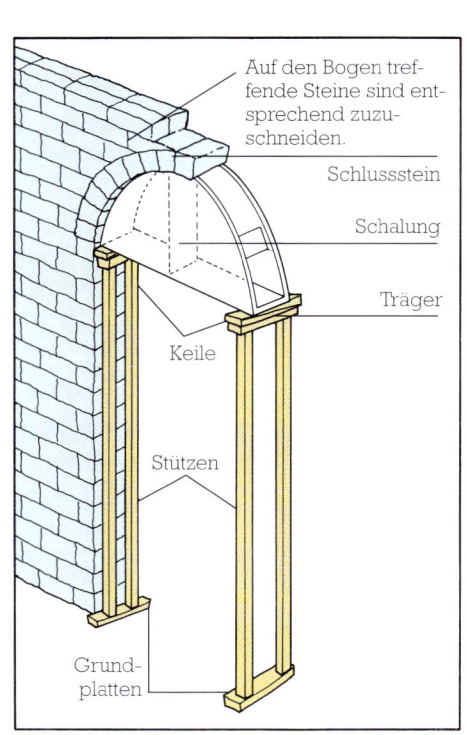

Auf den Bogen treffende Steine sind entsprechend zuzuschneiden.

Schlussstein

Schalung

Träger

Keile

Stützen

Grundplatten

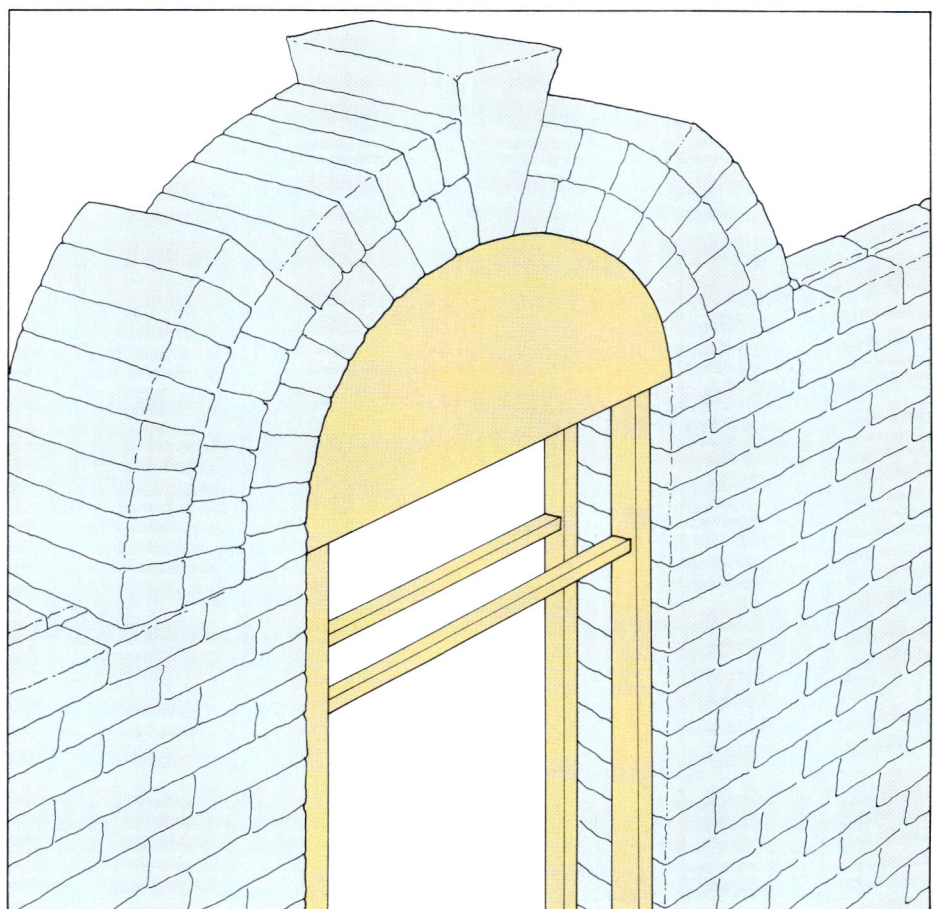

Die Anlage einer neuen Terrasse *bzw. die Erweiterung oder Verschöne-rung einer alten sollte sorgfältig geplant werden, um den zur Verfügung stehenden Platz optimal zu nutzen und die Arbeit so effektiv wie möglich zu gestalten. Dabei ist an den Standort und die verwendeten Materialien zu denken, jedoch auch an solche Hindernisse wie Bäume oder Schacht-abdeckungen.*

In Ländern mit kühlerem Klima ist es erst in letzter Zeit üblich geworden, eine befes-tigte Fläche am Haus oder im Garten anzu-legen, auf der man sitzen oder in der Sonne liegen kann, Grillabende mit Freunden ver-bringt oder einen Spielplatz für die Kinder gestaltet. Bevor das Konzept der Terrasse oder des Patios aus südlicheren Ländern auch zu uns kam, hatten zwar größere An-wesen oft eine Terrasse auf der man ent-lang spazieren und die Aussicht bewun-dern konnte, in einfachen Häusern gab es jedoch meist nur einen Hof und der wurde selten für Freizeitaktivitäten genutzt.

Erste Überlegungen

Bei der Planung einer neuen Terrasse sollten Sie sich zuerst einmal überlegen, welche Funktionen diese haben sollte. Soll sie vorwiegend als zweites Wohnzimmer in der warmen Jahreszeit dienen, mit Stüh-len und einem Tisch zum Sitzen, Lesen, Es-sen, Sonnenbaden und geselligen Zusam-mensein mit Freunden? Wenn ja, möchten Sie eventuell auch einen Grillplatz inte-grieren? Soll das Mobiliar beweglich oder feststehend sein? Brauchen Sie einen Platz, auf dem die Kinder spielen können, wenn der Rasen noch nass ist? Möchten Sie die Terrasse eventuell auch nutzen, um dort Wäsche aufzuhängen? Von den Antworten auf diese und ähnliche Fragen wird die Größe und der Grundriss der Terrasse ab-hängen.

Materialien

In dieser Planungsphase sollte man auch schon über die Baumaterialien nachden-

ken, da diese einen entscheidenden Ein-fluss auf die Planung der Arbeiten haben. Dabei können Sie zwischen einer einfa-chen Betonfläche, Gehwegplatten, Natur-steinen, Ziegeln oder anderen Pflaster-steinen wählen.

Beton ist relativ billig und setzt Größe und Form der Terrasse keine Grenzen. Nachteile sind die wenig ansprechende Oberfläche (obwohl es auch da eine Reihe von Gestaltungsmöglichkeiten gibt) und die aufwendige Herstellung, selbst bei Verwendung von Transportbeton. Die Vor-bereitungsarbeiten sind ziemlich um-fangreich, denn man muss eine Schalung bauen, die den Beton bis zur Aushärtung festhält. Dafür hat man dann jedoch eine extrem haltbare Fläche, die außerdem je-derzeit die Grundlage für dekorativere Oberflächenmaterialien bilden kann.

Die meisten Terrassen werden aus Geh-wegplatten angelegt. Diese Platten gibt es in vielen verschiedenen Typen, Formen und Größen. Natursteinplatten sind ideal, wenn Sie in der Nähe eines Steinbruches oder einer anderen Quelle wohnen. Ist das jedoch nicht der Fall, müssen Sie mit hohen Kosten für die Anlieferung rechnen. Gehwegplatten dagegen sind relativ preis-günstig und in allen Baumärkten, Garten-centern sowie bei Baustoffhändlern zu fin-den. Sie sind entweder quadratisch oder rechteckig und werden in verschiedenen Farben und Oberflächenstrukturen ange-boten – dabei gibt es auch relativ gute Imitationen von Naturstein, mit denen man schöne Effekte erzielen kann. Terrassen-platten gibt es auch als Verbundsteine in Sechseckform und sogar als runde Plat-ten, die auch kombiniert mit anderen Ma-terialien, wie zum Beispiel Kieseln, verlegt werden können. Das Verlegen ist einfach – entweder im Sandbett oder in Mörtel über einer vorhandenen Betonplatte. Große Platten können allerdings ziemlich schwer sein. Der entscheidende Vorteil solcher Platten ist die Schnelligkeit, mit der man auch eine größere Terrasse bauen kann. Ein Nachteil ist, dass man im Prinzip nur rechteckige Flächen anlegen kann, es sei denn, man nimmt sehr viel Arbeit mit dem Zuschneiden in Kauf.

Betonsteinpflaster ist in manchen Län-dern noch nicht sehr lange in den Bau-märkten zu finden, obwohl es für öffentliche Anlagen schon seit vielen Jahren verwen-det wird. Betonpflastersteine haben etwa die Größe von Ziegelsteinen und sind deshalb einfach zu verarbeiten. Sie werden in verschiedenen Farben und Strukturen angeboten, meist als einfache Rechtecke,

Links: Der Terrassenbelag aus im Mörtel-bett verlegten Schieferplatten bildet einen interessanten Kontrast zu den Klinkerwän-den des Hauses.

Links: Verlegt man quadratische Gehweg-platten in Abständen, kann das Gras da-zwischen wachsen. So werden die strengen geometrischen Formen dieses Innenhofes etwas gemildert.

tungsarbeiten etwas komplizierter. Man muss Erde ausschachten, auffüllen oder auch beides, sowie eine Böschungsmauer als Grenze zwischen Terrasse und Garten errichten.

Befindet sich die Terrasse direkt am Haus, ist darauf zu achten, dass sie min-destens 15 cm niedriger liegt als die Sperr-schicht gegen aufsteigende Bodenfeuch-tigkeit, damit es bei starkem Regen nicht zu aufsteigender Feuchte in den Wänden kommt.

Fällt der Garten relativ steil ab, können Sie den Umfang der Auffüllarbeiten mini-mieren, indem Sie die Terrasse ein ganzes Stück unterhalb der Sperrschicht gegen aufsteigende Bodenfeuchtigkeit anlegen und den Zugang über eine Treppe ge-währleisten. Wenn der Garten jedoch hin-ter dem Haus ansteigt, müssen Sie sich über die Drainage Gedanken machen, an-sonsten verwandelt sich die Terrasse bei Regenwetter in einen Swimmingpool.

Schließlich sollten Sie sich darüber im Klaren sein, ob es am Ort ihrer Wahl ir-gendwelche Hindernisse, wie z. B. Schacht-abdeckungen (die oft geschickt versteckt werden können) oder große Bäume (die man eventuell in die Gestaltung der Ter-rasse integrieren kann), oder bereits vor-handene Strukturen wie Wege, Stufen und Wäscheleinen gibt.

Detaillierte Planung

Bei fast allen Terrassen lohnt es sich, eine maßstabgerechte Zeichnung anzufertigen, bevor man mit der eigentlichen Arbeit be-ginnt. Auf dieser Grundlage kann man die erforderlichen Materialmengen berechnen und sich auch darüber Gedanken machen, wie man eventuell vorhandene Hindernisse integriert.

Vermessen Sie die Grundstücksfläche, auf der die Terrasse entstehen soll sorg-fältig und fertigen Sie auf kariertem Pa-pier eine Zeichnung im Maßstab 1:20 an. Falls es sich um ein Grundstück in Hang-lage handelt, messen Sie auch die Höhen-unterschiede, so dass Sie zusätzlich eine Querschnittszeichnung anfertigen können, auf der die genaue Lage von Stufen, Mauern und anderen dreidimensionalen Elementen dargestellt ist.

Soll die Terrasse aus Gehwegplatten angelegt werden, empfiehlt es sich, die Größe so anzupassen, dass man Reihen mit ganzen Platten verlegen kann. Dazu muss man natürlich die Plattengröße wis-sen. Viele Anbieter haben auch halbe Plat-ten im Sortiment, falls man die einzelnen

es gibt jedoch auch Verbundformen, die auf kleinen Flächen sehr attraktiv wirken können. Man verlegt sie in einem Sand-bett ohne Mörtel, was recht schnell geht. Da diese Steine relativ klein sind, kann man mit ihnen auch Kurven und ungewöhnliche Formen einfacher realisieren als mit den großen Platten.

Da es so viele verschiedene Systeme und Anbieter für Betonsteinpflaster und Terrassenplatten gibt, sollte man sich vor der Anlage einer Terrasse beim Baustoff-händler oder im Baumarkt beraten lassen und sich eine Vorstellung von den angebo-tenen Materialien verschaffen.

Auswahl des Standortes

Als Nächstes ist zu überlegen, wo die Ter-rasse angelegt werden sollte. In neun von

zehn Fällen wird das direkt hinter dem Haus sein, so dass sie einen Übergang zwischen Haus und Garten bildet. Wenn die Rückseite des Hauses jedoch nicht nach Süden weist, werden Sie dort nur we-nig Sonne haben und sollten deshalb auch andere Standorte in Betracht ziehen. Viel-leicht ist es besser, die Terrasse auf einer Seite des Gartens anzulegen, so dass der Schatten des Hauses nicht darauf fällt oder im hinteren Teil des Gartens, von wo Sie einen guten Blick auf das Haus haben. Denken Sie auch an den Sichtschutz, be-sonders wenn Sie gern in der Sonne lie-gen und dabei nicht unbedingt von frem-den Blicken belästigt werden möchten.

In einem flachen Garten stellt sich der Bau der Terrasse als einfache zweidimen-sionale Aufgabe dar, auf einem Grundstück in Hanglage jedoch sind die Vorberei-

Reihen versetzt verlegen möchte und deshalb in jeder zweiten Reihe zwei halbe Platten als Abschluss benötigt. Bei Betonflächen und kleinen rechteckigen Pflastersteinen stellt sich das Problem natürlich nicht. Die Hersteller von Verbundpflaster bieten für die jeweiligen Verbundpflastersteine in der Regel passende Kantensteine und Ecksteine.

Nun können Sie den Umriss der Terrasse aufzeichnen und weitere Elemente wie Mauern, Stufen, Beete und Ähnliches, die Sie in die Gestaltung der Terrasse einbeziehen wollen, markieren. Soll die Terrasse aus Gehwegplatten angelegt werden, kann man auch die einzelnen Platten einzeichnen und ganz genau abzählen, wie viele man benötigt. Außerdem können Sie auf solch einer Zeichnung schon detailliert planen, wie Sie Platten um Einstiegsschächte oder Bäume so legen, dass möglichst wenige zurechtgeschnitten werden müssen.

sorgt wird, dass keine Erde oder kein Sand in die Abwasserleitungen gelangt und Sie bereit sind, das Pflastermaterial zur Seite zu räumen, falls eine Abwasserleitung doch einmal verstopft sein sollte und der Zugang benötigt wird. Das ist jedoch nur möglich, wenn man Platten oder Pflastersteine in einem Sandbett verlegt. Abgesehen davon sollte man natürlich beim Verkauf des Grundstückes den künftigen Eigentümer über dieses Detail informieren.

Als Schutz gegen das Eindringen von Sand ist die Schachtabdeckung mit stabiler Plastikfolie zu bedecken, die auf jeder Seite mindestens 15 cm überstehen sollte. Es ist außerdem zu empfehlen, den Deckel vorher mit einem Rostschutzmittel zu behandeln.

All das ist natürlich nicht möglich, wenn Sie eine Betonterrasse planen oder Platten bzw. Pflastersteine in einem Mörtelbett verlegen möchten. Dann müssen

Sie die Wände des Einstiegsschachtes so hoch mauern, dass sie bündig mit der Oberfläche der Terrasse abschließen. Die Schachtabdeckung kann man gegebenenfalls unter einem Pflanzkübel oder etwas Ähnlichem verstecken.

Erneuerung einer alten Terrasse

Wer einen alten, verwilderten Garten übernommen hat, findet dort möglicherweise eine überwachsene und verfallene Terrassenfläche. Selbst wenn diese auf den ersten Blick in einem ziemlich katastrophalen Zustand scheint, sind die meisten Platten wahrscheinlich noch erhalten und wenn Sie dem Unkraut zu Leibe rücken und die Platten neu verlegen, werden Sie schon bald eine Terrasse mit dem ganzen Charme verwitterter Steine und zu einem Bruchteil der Kosten einer neuen haben.

Was tun bei Schachtabdeckungen?

Schachtabdeckungen können ein ärgerliches Hindernis bei der Anlage einer Terrasse sein. Sie sehen nicht gerade besonders ansprechend aus und man ist deshalb häufig geneigt, sie einfach zuzupflastern. Auch wenn der Fachmann und die zuständigen Behörden ein solches Vorgehen nicht akzeptieren würden, ist dagegen so lange nichts einzuwenden, wie dafür ge-

1 Zuerst entfernt man das Unkraut und die anderen Pflanzen, die sich im Laufe der Zeit angesiedelt haben.
2 Beginnen Sie an einer Ecke die einzelnen Steine anzuheben und eventuelle alte Mörtelpunkte zu entfernen.
3 Ist der Untergrund noch kompakt, verlegen Sie die Platten neu. Dazu gibt man auf die Ecken und die Mitte der Plattenunterseite etwas Mörtel.
4 An den Rändern der Terrasse sind Platten mit geraden Kanten zu verlegen.
5 Zum Schluss werden die Fugen zwischen den Platten wieder mit Mörtel ausgefüllt.

Drainage

Jede Terrasse mit versiegelter Oberfläche sollte eine leichte Neigung (etwa 2%) haben, damit das Regenwasser ablaufen kann. Schließt die Terrasse direkt an das Haus an, sollte die Neigung selbstverständlich vom Haus weg weisen. Handelt es sich um eine tiefer liegende Terrasse in einem Garten in Hanglage, ist in der Mitte der Terrasse ein Gully zu installieren, von welchem das Regenwasser durch eine Abwasserleitung in eine Abflussgrube ablaufen kann. Es ist dabei zu beachten, dass es bei vorhandenen Trennsystemen nicht gestattet ist, Oberflächenwasser in die Abwasserleitung einzuleiten und dass die Einleitung von Oberflächenwasser in manchen Gebieten generell gebührenpflichtig ist.

Links und unten: Alte Platten haben bereits die schöne Patina, die neue erst bekommen, nachdem sie viele Jahren dem Wetter ausgesetzt waren.

Links: Die Fugen zwischen den Steinen kann man statt mit Mörtel auch mit Erde füllen und niedrige Steingartenpflanzen dort einsetzen.

Pflastern um Bäume

Beim Pflastern um ausgewachsene Bäume ist ein Abstand zum Stamm zu halten, der dem Dreifachen des Stammdurchmessers entspricht, damit der Baum nicht vertrocknet und das Pflastermaterial nicht zerstört wird, wenn der Baum noch weiter wächst. Verlegen Sie Platten und Pflastersteine um einen Baum in einem Mörtelbett, damit sie sich nicht verschieben.

Pflastern auf einer vorhandenen Oberfläche

Im Allgemeinen kann man über vorhandenen Betonflächen Platten oder Pflaster verlegen, solange die neue Oberfläche, die bis zu 10 cm höher sein kann, keine Feuchtigkeitsprobleme in angrenzenden Wänden verursacht. Hat der Beton bereits viele Risse, sollte man die Platten lieber lose in einem Sandbett verlegen, ist der Beton jedoch noch in relativ gutem Zustand, kann man Platten auch im Mörtelbett verlegen und dann die Fugen zwischen den Platten mit Mörtel auffüllen.

Will man eine bereits vorhandene Beton-

fläche vergrößern, ist dem Übergang zwischen der alten und der neuen Fläche besondere Beachtung beizumessen. Brechen Sie die Kante der alten Fläche ab und streichen Sie reichlich PVA- oder Latexkleber auf die Bruchstelle, so dass dort eine haltbare Verbindung entsteht.

Anlage einer Terrasse

Das Anlegen einer Terrasse ist eines der einfachsten Projekte im Außenbereich und eine gute Gelegenheit, sich mit einigen grundlegenden Techniken vertraut zu machen. Die eigentliche Arbeit erfordert keine speziellen Fähigkeiten, jedoch Zeit und Geduld. Im Folgenden wird beschrieben, wie man Terrassenplatten in Sand oder Mörtel verlegt und mit Pflastersteinen arbeitet.

Vorbereitung des Untergrundes

Zur Verlegung von Terrassenplatten oder Pflaster benötigt man keinen Mörtel, sondern lediglich ein 3 bis 5 cm dickes Sandbett. Die Sandschicht muss eben und kompakt sein, sowie ein leichtes Gefälle vom

1

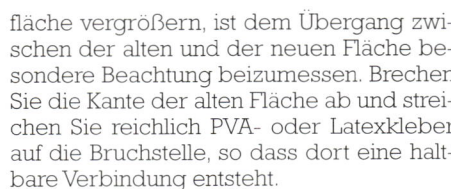

Haus weg aufweisen. Auf keinen Fall darf die Terrassenoberfläche am Ende höher liegen als die Sperrschicht gegen aufsteigende Nässe in der Hausmauer. Ist Idealfall sollte sie etwa 15 cm unter dieser Schicht liegen, damit es bei starken Niederschlägen nicht geschieht, dass Wasser an die Mauer spritzt und zu aufsteigender Feuchtigkeit führt.

In den meisten Fällen muss man deshalb Erde abtragen, wenn auch nur, um die obere, durchwurzelte Erdschicht zu entfernen. Ist der Untergrund darunter fest, kann direkt darauf das Sandbett angelegt werden. Bei lockerem Untergrund ist die Fläche bis zu einer Tiefe von etwa 15 cm auszuschachten und eine etwa 10 cm dicke Schicht Schotter einzubauen, die mit Hilfe einer Rüttelplatte oder eines Stampfers verdichtet wird. In diesem Fall sollte man die Platten lieber in ein Mörtelbett legen.

Man kann auch neue Platten auf einer bereits vorhandenen Betonplatte verlegen, vorausgesetzt, dass die Oberfläche dann immer noch mindestens 15 cm unter der Sperrschicht gegen aufsteigende Feuchtigkeit liegt.

Mengenberechnung

Bei quadratischen und rechteckigen Platten ist die Berechnung der Menge relativ einfach wenn Sie wissen, wie groß die einzelnen Platten sind. Man sollte jedoch grundsätzlich ein paar Platten mehr bestellen, denn es kann immer passieren, dass einige bei der Verarbeitung oder beim Transport zerbrechen.

Sand wird meist je Kubikmeter verkauft und Sie berechnen die erforderliche Menge, indem Sie die Grundfläche der Terrasse durch 20 dividieren. Für eine Terrasse beispielsweise, die 8 m breit und 5 m lang ist, benötigen Sie 2 m² Sand. Bestellen Sie den Sand bei Ihrem örtlichen Baustoffhändler oder einer Transportfirma, die wahrscheinlich bei Bedarf auch den Schotter liefern kann.

Verlegen von Platten im Mörtelbett

Legen Sie die Platten auf der vorgesehenen Fläche aus, um zu sehen, an welchen Ecken und Kanten Platten zugeschnitten werden müssen. Dann markiert man den Anfangspunkt und nachdem man die Platten zur Seite gelegt hat, wird der Rasen abgestochen und der Boden 15 cm tief ausgehoben. Darauf gibt man eine 10 cm dicke Schicht aus gebrochenen Ziegelsteinen oder aus grobem Schotter, der in den Boden eingestampft wird. Falls Sie eine Terrasse über einer vorhandenen Betonplatte anlegen, ist die Oberfläche lediglich zu fegen und lose Teile sind zu entfernen.

Rechts: Die fertige Terrasse hat eine ansprechende, glatte Oberfläche, die praktisch und einfach zu reinigen ist.

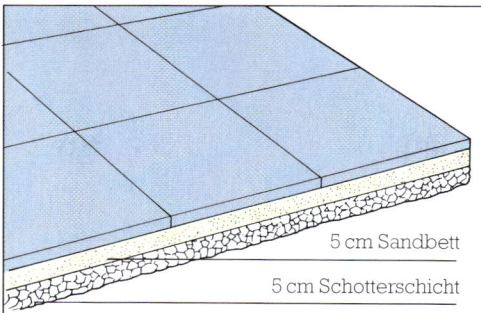

1 Ein typischer Terrassenaufbau – Platten im Sand- oder Mörtelbett verlegt, darunter eine Schicht Schotter.

5 cm Sandbett

5 cm Schotterschicht

2 Koffern Sie den Boden etwa 15 cm aus und bringen Sie dann eine Schicht Schotter (etwa 5 cm) ein.

3 Mit einem schweren Holzpfahl wird der Schotter nun fest in den Untergrund gestampft.

4 Dann wird die Schotterschicht mit einem Brett oder einer Leiste abgezogen, so dass sie ganz eben ist.

Zwar kann man die Platten in einem durchgehenden Mörtelbett verlegen, das erhöht jedoch die Kosten und außerdem muss man eine größere Menge Mörtel mischen. Stattdessen gibt man einfach auf jede Ecke der Platte sowie in die Mitte einen Klecks Mörtel oder bestreicht die Ränder der Platte mit einem Mörtelstreifen, gibt auch da etwas Mörtel in die Mitte und legt sie dann in das Sandbett. Nachdem Sie die erste Platte verlegt und mit einem Gummihammer oder dem Stiel des Fäustels festgeklopft haben, kontrollieren Sie mit Hilfe der Wasserwaage, ob die Platte in der einen Richtung waagerecht liegt und in der anderen ein leichtes Gefälle weg vom Haus aufweist, d.h. die Luftblase in der Wasserwaage sollte ein ganz kleines Stück verschoben sein. Die folgenden Platten sind in

der gleichen Art und Weise zu verlegen, wobei man darauf achtet, dass die Fugen möglichst schmal sind und die Ausrichtung laufend kontrolliert. Falls eine Platte zu niedrig liegt, hebt man sie wieder an und gibt noch etwas Mörtel darauf. Um gleichmäßig breite Fugen zu erhalten, kann man auch Abstandshalter verwenden.

An den Rändern sind die Platten, wenn erforderlich, entsprechend zuzuschneiden und wie beschrieben zu verlegen, wobei die Platten an den Ecken vollständig mit Mörtel bestrichen werden sollten. Zum Schluss mischt man etwas trockenen Mörtel zum Verfüllen der Fugen. Zwischen-

räume, die so schmal sind, dass auch eine zerschnittene Platte nicht hinein passt, sind ebenfalls mit Mörtel zu füllen.

Zum Verfugen schneiden Sie mit der Kelle ein längliches Stück Mörtel von der gemischten Masse ab, legen es auf die Fuge und drücken es mit der Kante der Maurerkelle hinein. Alternativ kann man auch ein schmales Brett verwenden, mit dessen Kante man den Mörtel in die Fuge presst. Nehmen Sie überschüssigen Mörtel ab und fahren Sie dann mit der nächsten Fuge fort. Mörtelspritzer auf der Oberfläche der Platten sollte man erst trocknen lassen und dann abbürsten.

36

Verlegen im Sandbett

1 Markieren Sie als Erstes die Fläche der Terrasse, indem Sie diese mit Hilfe einer Schnur und kleinen Pflöcken abstecken oder die Platten lose verlegen. Dann wird die Erde bis zur erforderlichen Tiefe ausgeschachtet, wobei man darauf achten sollte, dass der Untergrund etwa eben wird. Der Boden ist so tief auszukoffern, dass sich die Oberfläche der Terrasse etwa auf gleicher Höhe befindet wie die umgebende Fläche, wobei es genau genommen günstiger ist, wenn die Terrasse geringfügig tiefer liegt, dann können Sie bequem die angrenzenden Rasenflächen mähen, ohne dass Gefahr besteht dabei die Schneide des Rasenmähers zu beschädigen.

Die ausgeschachtete Muttererde kann man an anderer Stelle im Garten wieder verwenden, zum Beispiel für einen Hügel oder Wall.

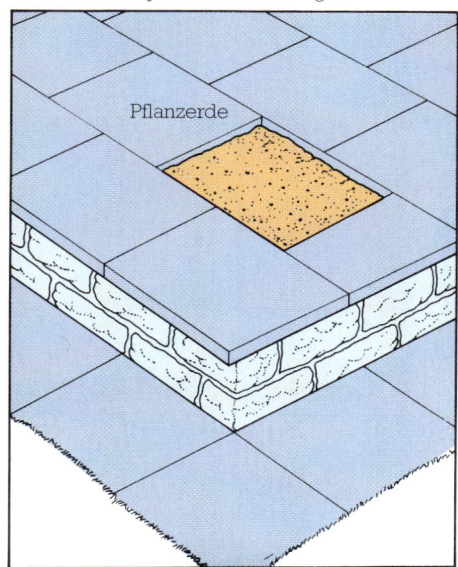

Ansonsten bestellt man einen kleinen Container und lässt die Erde abtransportieren. Wer verhindern möchten, dass in den Fugen der Terrasse Unkraut wächst, kann die Fläche nun mit einem Unkrautbekämpfungsmittel mit Langzeitwirkung behandeln.

Damit das Sandbett überall die gleiche Höhe hat, legt man 5 cm starke Kanthölzer in Abständen über die zukünftige Terrassenfläche, füllt dazwischen den Sand ein und harkt ihn breit. Mit einem langen Brett zieht man die Oberfläche schließlich glatt ab.

2 Nachdem auf diese Weise ein festes, ebenes Sandbett entstanden ist, nimmt man die Kanthölzer vorsichtig heraus und füllt die entstandenen Lücken auf.

3 Jetzt kann man mit dem Verlegen der Platten beginnen, wobei man vom Haus weg arbeitet. Knien Sie sich dazu auf ein breites Brett, so dass das Sandbett nicht ungleichmäßig eingedrückt wird und verlegen Sie die erste Reihe. Achten Sie darauf, dass die Platten alle auf gleicher Höhe liegen, wenn nötig nehmen Sie dazu etwas Sand weg oder füllen Sand auf. Dann klopfen Sie die Platten mit einem Gummihammer oder einem dickeren Holzstück, zum Beispiel einem abgesägten Zaunpfosten, fest.

4 Verlegen Sie nun die folgenden Reihen, wobei Sie jede Platte erst flach auf die benachbarte Platte der ersten Reihe legen und dann vorsichtig an ihren Platz schieben. Es ist darauf zu achten, dass die Fugen so eng wie möglich sind. Außerdem ist die Ausrichtung der Reihen regelmäßig zu kontrollieren.

Um Platten zu halbieren oder entsprechend zuzuschneiden markiert man zuerst die Schnittlinie mit Kreide und schneidet dann mit Hilfe von Prelleisen und Fäustel eine Rille in die Platte. Ein paar gezielte Schläge auf die Schnittlinie sollten genügen, damit die Platte gerade entlang der Linie bricht. Wenn man viele Platten zuzuschneiden hat, lohnt es sich einen Trennschleifer zu mieten, der diese Arbeit schnell und präzise ausführt und Ihnen viel Mühe und zerbrochene Platten erspart.

5 Wenn alle Platte verlegt sind, verteilen Sie etwas Sand und gesiebte Erde darüber und kehren diese in die Fugen. Liegt der Rand der Terrasse höher als die umgebende Fläche, muss er befestigt werden, damit die äußeren Platten nicht wegrutschen. Dazu verlegt man aufrecht stehende Ziegel oder spezielle Randsteine rund um die Terrasse in einem Mörtelbett oder verwendet kesseldruckimprägnierte Leisten mit einem Querschnitt von etwa 75 x 25 mm, die auf die schmale Kante gestellt und mit stabilen, in die Erde getriebenen Pflöcken festgehalten werden.

Eine so angelegte Terrasse ist im Prinzip wartungsfrei, man kann sie jedoch gelegentlich mit einem Unkrautbekämpfungsmittel begießen, damit zwischen den Fugen kein Unkraut wächst. Sollten einzelne Platten nach einiger Zeit absinken, heben Sie sie einfach etwas an und geben mehr Sand darunter, bis sie wieder in gleicher Höhe mit den anderen Platten liegen.

5

Pflastersteine

Pflastersteine aus Naturstein, z. B. Granit, kann man genau wie Gehwegplatten entweder in Mörtel oder in einem Sandbett verlegen. Betonsteinpflaster und Verbundpflaster wird jedoch meist im Sandbett verlegt.

Pflastersteine aus Naturstein sind bereits seit Jahrhunderten ein weit verbreiteter Straßenbelag. In den meisten Fällen wurden die Straßen mit Granitsteinen gepflastert, die entweder etwa würfelförmig zugehauen waren oder eine abgerundete Oberfläche hatten (so genanntes Katzenkopfpflaster). Ein Belag aus Pflastersteinen hält ewig, wie die vielen gepflasterten Straßen mittelalterlicher Städte beweisen, doch ist die Verlegung ein sehr arbeitsintensiver Prozess. Natursteinpflaster gibt es als Großsteinpflaster, Kleinsteinpflaster und Mosaikpflaster. Besonders dekorativ sind Pflasterflächen aus Kieseln oder Wildpflaster, d. h. unregelmäßigen Pflasterstücken, die nach Art eines Puzzles im Mörtelbett verlegt werden.

Betonsteinpflaster im Rechteckformat oder als Verbundpflaster gibt es erst seit etwa zwanzig Jahren, als man begann, öffentliche Plätze, wie Fußgängerzonen in Einkaufsvierteln und Ähnliches damit zu pflastern. Später wurde dieses Pflaster häufig in neu errichteten Wohnvierteln verwendet und schließlich auch in Baumärkten angeboten. Die Steine sind relativ klein, viel handlicher als Gehwegplatten und außerdem schnell und leicht zu verlegen. Es gibt sie in vielen unterschiedlichen Farben – von gelbbraun bis schwarz und in genormten Größen. Der einzige Nachteil besteht darin, dass man um alle so gepflasterten Flächen ein Begrenzung anlegen muss, da die Steine im Sandbett verlegt werden, die Kanten sonst leicht wegbrechen würden.

Verlegen von Betonpflaster

Vermessen und markieren Sie die zu pflasternde Fläche, tragen Sie die oberste Bodenschicht ab (um 2 bis 5 cm zuzüglich der Pflasterstärke) und verdichten Sie den Boden mit einem Stampfer oder einer Rüttelplatte. Dann legen Sie die Begrenzung um die zukünftige Pflasterfläche an. Das können spezielle Randsteine oder senkrecht stehende Ziegelsteine sein, die in Beton verlegt werden aber auch kesseldruckimprägnierte Holzbretter, die durch Pflöcke festgehalten werden. Achten Sie dabei darauf, dass jeder Rand exakt ausgerichtet ist und dass gegenüberliegende Ränder quadratischer oder rechteckiger Pflasterflächen genau parallel zueinander liegen. Wenn Sie die Kantensteine in Beton verlegen, sollte die Betonschicht mindestens 65 mm unter der Oberkante der Begrenzung enden, damit das Sandbett direkt bis zur Randbegrenzung eingebracht werden kann.

Nach dem Aushärten des Betons füllt man Sand ein und zieht ihn mit einer Leiste oder einem Richtscheit auf die erforderliche Höhe ab. Dann kann man mit dem Verlegen der ersten Steine beginnen.

Bei einem Muster, das parallel zur Randbegrenzung verläuft, sind die Steine einfach Reihe für Reihe zu verlegen, bei diagonaler Anordnung der Steine sollte man die Richtung mit einer Schnur markieren. Jeder

Stein ist mit Hilfe eines Gummihammers fest in das Sandbett zu klopfen und es ist darauf zu achten, dass er auf gleicher Höhe wie die Nachbarsteine liegt.

Wenn alle ganzen Steine verlegt sind, ist die Fläche mit den entsprechend zurechtgeschnitten Steinen zu vervollständigen. Das Zuschneiden erfolgt möglichst mit einem Trennschleifer, den man ausleihen kann oder manuell mit Hilfe von Prelleisen und Fäustel. Am Ende verteilen Sie Sand in allen Fugen und kehren die fertige Pflasterfläche ab.

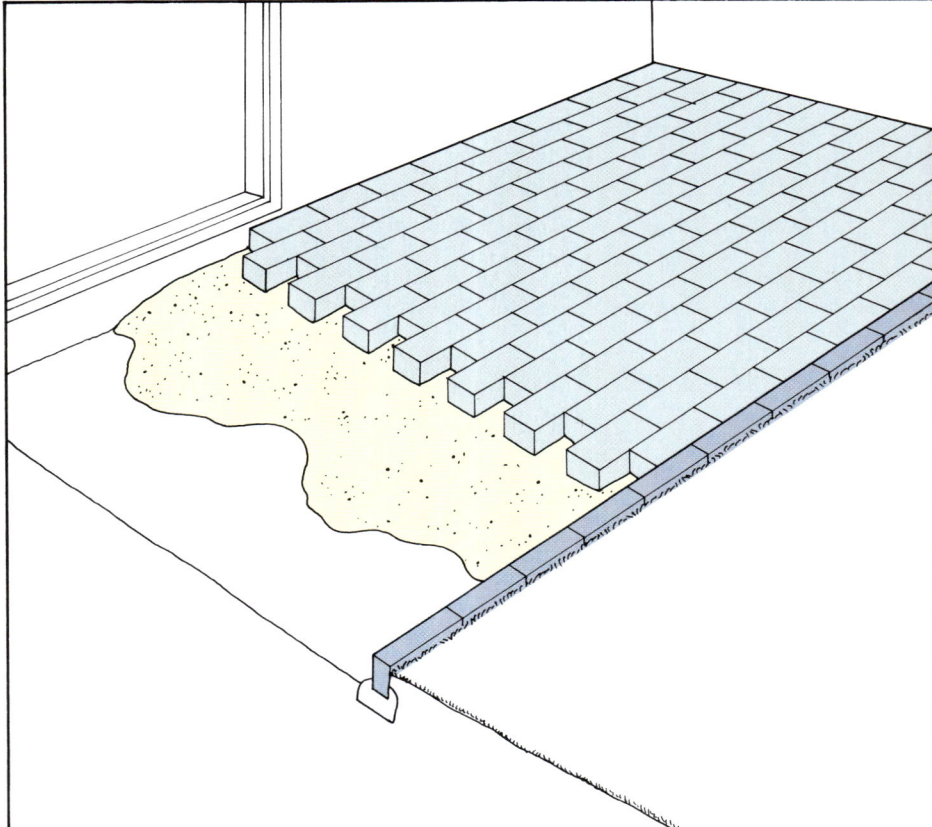

Oben: Um ein kleines Muster in einer Pflasterfläche zu gestalten, sucht man sich zuerst die erforderliche Zahl Steine mit etwa quadratischer Oberfläche. Diese werden in Sand oder Mörtel verlegt und die Zwischenräume mit andersfarbigen Pflastersteinen ausgefüllt.

Verlegen von Natursteinpflaster

Schachten Sie die zu pflasternde Fläche aus (2,5 cm zuzüglich der Stärke der Pflastersteine) und verdichten Sie lockeren Untergrund durch Einstampfen von Schotter oder Ziegelbruch.

Markieren Sie die Kanten der zu pflasternden Flächen und verteilen Sie auf einer Fläche von etwa 1 m² relativ trockenen Mörtel (etwa 2–5 cm dick). Darin verlegen Sie die erste Reihe Pflastersteine, die die Kante bilden, im Abstand von jeweils 12 mm. Drücken Sie die Steine in das Mörtelbett und überprüfen Sie mit einer Holzlatte, ob alle Steine gleich hoch verlegt sind (2). Legen Sie weitere Reihen, bis das vorbereitete Mörtelbett vollständig be-

deckt ist. Dann verteilt man weiteren Mörtel auf dem nächsten Teilstück und fährt mit dem Pflastern fort. Der Mörtel benötigt etwa 48 Stunden um vollständig auszuhärten.

Für die Fugen einen sehr trockenen Mörtel mischen und mit einer harten Bürste darin verteilen. Kehren Sie überschüssigen Mörtel mit einem harten Besen ab und besprengen Sie die ganze Fläche leicht mit Wasser, damit der Mörtel feucht wird und aushärten kann.

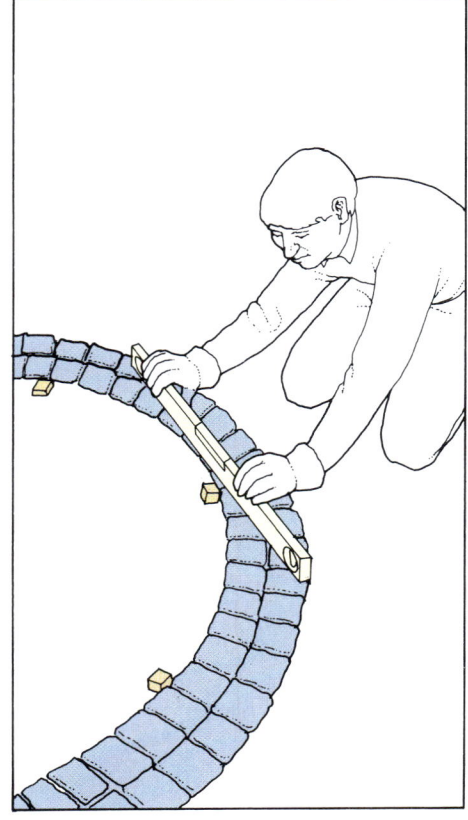

Wege *sind wichtige Elemente einer Gartenanlage. Sie schaffen Verbindungen zwischen den verschiedenen Teilen des Gartens, führen Besucher zu den schönsten Staudenrabatten, tragen die beladene Schubkarre oder das Kind auf dem Fahrrad und können den Blick auf ein besonders schönes Gestaltungselement lenken. Selbst das Material des Weges kann viel zur Gesamtwirkung des Gartens beitragen.*

Rechts: Der Pfad durch den verwunschenen Garten wird von rautenförmig verlegten, quadratischen Gehwegplatten gebildet. Die Zwischenräume wurden mit Kies gefüllt, so dass Bodendecker bis über die Ränder wachsen können.

Planung eines Gartenweges

Unabhängig davon, ob der fragliche Weg ein wichtiges Gestaltungselement werden soll oder lediglich dazu dienen wird, trockenen Fußes zum Schuppen zu gelangen, ist er sorgfältig zu planen. In einem sehr kleinen Garten sind die Möglichkeiten natürlich begrenzt und oft kann man einen Weg nur als gerade Linie anlegen, vielleicht an ein Blumenbeet angrenzend, das am Zaun oder an der Grenzmauer des Grundstückes liegt. Steht jedoch mehr Platz zur Verfügung, sollte man mit unterschiedlichen Formen und Lagen experimentieren.

Dazu fertigt man sich am besten einen maßstabgerechten Plan des Gartens mit allen seinen Elementen an und skizziert mit Bleistift die möglichen Varianten: einen geraden Weg an einer Seite oder in zentraler

Unten: Runde Beete mit Natursteineinfassungen komplettieren die Wege aus Wildpflaster in diesem von Mauern umgebenen Garten.

Lage, zwei gerade Abschnitte verbunden durch eine Biegung, eine flache Kurve oder einen Weg, der sich S-förmig durch den Garten schlängelt. Wenn möglich, sollte der Weg mindestens 1 m breit sein, niemals jedoch schmaler als 75 cm. Nachdem Sie sich auf dem Papier für eine Variante entschieden haben, markieren den Verlauf des Weges im Garten. Dann sollten Sie sich auf einen erhöhten Platz stellen, um den geplanten Weg besser betrachten zu können. Passen die Abmessungen des Weges zur Größe des Gartens? Werden durch den Weg kleine Rasenflächen abgetrennt, die schwierig zu mähen sind? Führt der Weg das Auge zu einem besonders attraktiven Teil des Gartens – zu einem Teich, zum Sommerhaus, einem besonders schönen Zierstrauch? Jetzt ist noch Zeit Änderungen vorzunehmen – es ist einfacher ein paar Markierungen umzustellen, als später den fertigen Weg zu verlegen. Wenn Sie schließlich eine endgültige Entscheidung getroffen haben, schlagen Sie die Markierungspflöcke fest ein, spannen Sie dort, wo der Weg gerade verlaufen soll, Schnüre und markieren Sie die Kurven mit

einem dicken Seil oder Stücken vom Gartenschlauch.

Auswahl des Materials

Bei der Planung eines Gartenweges sollte man sich als Erstes über die verfügbaren Materialien Gedanken machen, da sich zum Beispiel nicht alle für geschwungene Wege eignen. Außerdem sollte die Oberfläche eines Gartenweges drei Kriterien erfüllen: sie sollte ansprechend aussehen, lange haltbar sein und die Pflege des Weges sollte nicht zuviel Aufwand erfordern. Materialien, die diese Anforderungen erfüllen, sind Beton, Gehwegplatten aus Natur- oder Betonstein, Pflastersteine (in Sand oder Mörtel verlegt), Kies und Asphalt, wobei jedes Material Vor- und Nachteile hat.

Beton

Ein Gartenweg kann entweder ganz aus Beton bestehen oder Beton kann den Untergrund für andere Beläge bilden. Betonoberflächen sind sehr lange haltbar, vorausgesetzt der Beton wurde sorgfältig gemischt und gegossen. Geschwungene Wege oder andere komplexe Formen lassen sich aus Beton problemlos anlegen und betonierte Wege benötigen außerdem keine große Pflege. Das Aufwendigste beim Anlegen eines Betonwegs ist die Vorbereitung des Untergrundes, der Bau der Schalung und das Mischen des Betons.

Man kann auch fertig gemischten Beton, so genannten Transportbeton, kaufen, aber das lohnt sich nur, wenn man mehr als einen Kubikmeter benötigt und ist natürlich auch teurer als selbst gemischter Beton. Im Branchentelefonbuch unter der Rubrik Beton finden Sie gegebenenfalls Lieferanten von Transportbeton.

Pflaster

Pflastersteine sind ebenfalls ein verbreitetes Material für Gartenwege. Dabei hat man die Auswahl zwischen

- quadratischen, rechteckigen, sechseckigen oder anders geformten Betonpflastersteinen;
- Pflaster aus Naturstein (Granit oder Kalkstein), Ziegeln bzw. Klinkern;
- Wildpflaster – d.h. unregelmäßige Stücken von Naturstein- oder Betonwerksteinplatten, die nach Art eines Puzzles verlegt werden.

Alle drei Arten können in einem Mörtelbett – idealerweise über einer Betonplatte – verlegt werden und so angelegte Wege sind sehr lange haltbar. Die ersten beiden Arten kann man auch in einem Sandbett verlegen.

Der Freizeitpflasterer kann aus einer riesigen Palette an Pflastersteinen wählen und

Links: Rechteckige Platten sind ideal für gerade Wege in einem streng gegliederten Garten. Hier wurden die Platten mit Abstand verlegt, so dass Gras dazwischen wachsen kann.

der Kies von dort nicht in den Rasen oder die Blumenbeete wandert. Außerdem kann man Kieswege natürlich nur auf ebenen Flächen anlegen.

Asphalt (Makadam)

Asphalt oder Makadam besteht aus zerstoßenen Steinen, die mit Teer oder Bitumen gebunden und dann flach ausgerollt werden. In der Regel ist Asphalt schwarz, manchmal ist er jedoch auch in rot erhältlich und außerdem kann man die eintönige Farbe aufhellen, indem man weißen Splitt in die Oberfläche einrollt. Asphalt kann wie Beton in einer dicken Schicht (in der Regel 75 mm) ausgebracht oder als Oberflächenbelag über einer intakten Beton- oder Pflasterschicht verwendet werden.

Asphaltwege erfordern nur minimalen Pflegeaufwand und Schäden in der Oberfläche sind einfach zu reparieren. Bei sehr heißem Wetter kann Asphalt jedoch aufweichen und bei punktueller Belastung ist es möglich, dass die Oberfläche eingedrückt wird. Frischer Asphalt muss zwei bis drei Tage aushärten, bevor er begangen werden kann.

Links: Das Rautenmuster aus Kleinsteinpflaster wurde mit Kies in einem ähnlichem Grauton ausgefüllt.

Unten: Kies ist der ideale Belag für breite, geschwungene Wege, jedoch ist darauf zu achten, dass die Steine nicht auf benachbarte Rasenflächen und in angrenzende Blumenbeete gelangen.

die Pflege des fertigen Weges erfordert keinen großen Aufwand.

Pflaster im Sandbett lässt sich relativ schnell verlegen, kann sofort begangen werden und ist einfach zu reparieren. Pflaster im Mörtelbett zu verlegen, erfordert erheblich mehr Aufwand, besonders das Ausfüllen der Fugen zwischen den Steinen dauert ziemlich lange.

Kies

Kiespfade assoziiert man unwillkürlich mit den großen Gärten englischer Landsitze, sie können jedoch auch in kleinerem Maßstab hübsch aussehen. Am besten eignet sich dafür runder Kies mit einer Körnung von 10 bis 20 mm, der etwa 5 cm hoch auf einen Untergrund aus Schotter und einer Sandschicht (die verhindert, dass der Kies in den Schotter sickert) geschüttet wird. Kies ist preisgünstig, ein Kiesweg ist relativ schnell angelegt und schreckt im Übrigen auch Einbrecher ab – kaum ein Möchtegerndieb würde es wagen, in der Stille der Nacht über einen knirschenden Kiespfad zu schleichen. Nachteilig ist, dass man Kieswege regelmäßig harken und das Unkraut bekämpfen muss und dass die Kanten besonders gepflegt werden müssen, damit

Die Anlage eines Asphaltweges ist grundsätzlich eine Arbeit für den Fachmann, da der Asphalt geliefert, in zwei Schichten aufgebracht und in heißem Zustand festgewalzt werden muss. Leider kommt es immer wieder vor, das zwielichtige Firmen Hauseigentümern das Asphaltieren der Einfahrt oder des Hofes für einen geringen Preis – selbstverständlich bei Barzahlung – anbieten und der gutgläubige Kunde sich danach mit einem Weg wiederfindet, der monatelang nicht aushärtet. Die Straßenbaufirma ist inzwischen natürlich spurlos verschwunden. Wenn Sie also bezüglich der Qualität des Asphaltweges sicher gehen wollen, sollten Sie unbedingt eine Fachfirma beauftragen.

Geht es nur um das Überziehen der Oberfläche eines bereits existierenden Weges, kann man auch kalt auszurollenden Asphalt verwenden. Diesen erhält man in Säcken (1 Sack reicht für etwa 1 m²) und er wird einfach breit geharkt und mit der Gartenwalze festgewalzt.

Planung

Nachdem man den Verlauf des Weges festgelegt und sich für ein Material entschieden hat, ist zu klären, ob man die Arbeiten selbst ausführt oder jemanden damit beauftragt. Erkundigen Sie sich deshalb über Materialpreise bzw. lassen Sie sich von verschiedenen Firmen Kostenvoranschläge machen.

Um den Materialbedarf für eine Betonfläche festzustellen, messen Sie die Länge und Breite des Weges und multiplizieren die Wegfläche mit der geplanten Dicke der Betonschicht. Für einen 20 m langen Weg von 1 m Breite mit einer 10 cm dicken Betonschicht würde man also 20 m x 1 m x 0,1 m = 2 m² Beton benötigen.

Bei gepflasterten Wegen teilt man die Gesamtfläche durch die Fläche des einzelnen Steines bzw. der Platte und erhält so die erforderliche Gesamtstückzahl. Bestellen Sie grundsätzlich etwa 5 % mehr, denn es ist immer damit zu rechnen, dass Ver-

schnitt entsteht und einige Steine zerbrechen. Werden die Steine in ein 5 cm dickes Sandbett verlegt, können Sie den Sandbedarf auf die gleiche Weise wie den Betonbedarf berechnen. Bezüglich von Kies lassen Sie sich am besten von Ihrem Baustoffhändler beraten.

Betonieren

Ein Gartenweg aus Beton sollte einen Unterbau aus gut verdichtetem Schotter und einer Sandschicht erhalten, auf welche dann der Beton (in eine Schalung) gegossen wird. Bei einem Weg, der nur begangen wird, sind 5 cm pro Schicht ausreichend, ist der Weg jedoch auch stärkeren Belastungen ausgesetzt, z. B. der Schubkarre, sind 7,5 cm zu empfehlen.

Das Verhältnis der Mengenanteile in selbst gemischtem Beton sollte wie folgt sein: 1 Teil Zement, 1 Teil scharfer Sand und 2,5 Teile grober Kies bis 20 mm Körnung. Messen Sie die Mengen genau mit einem

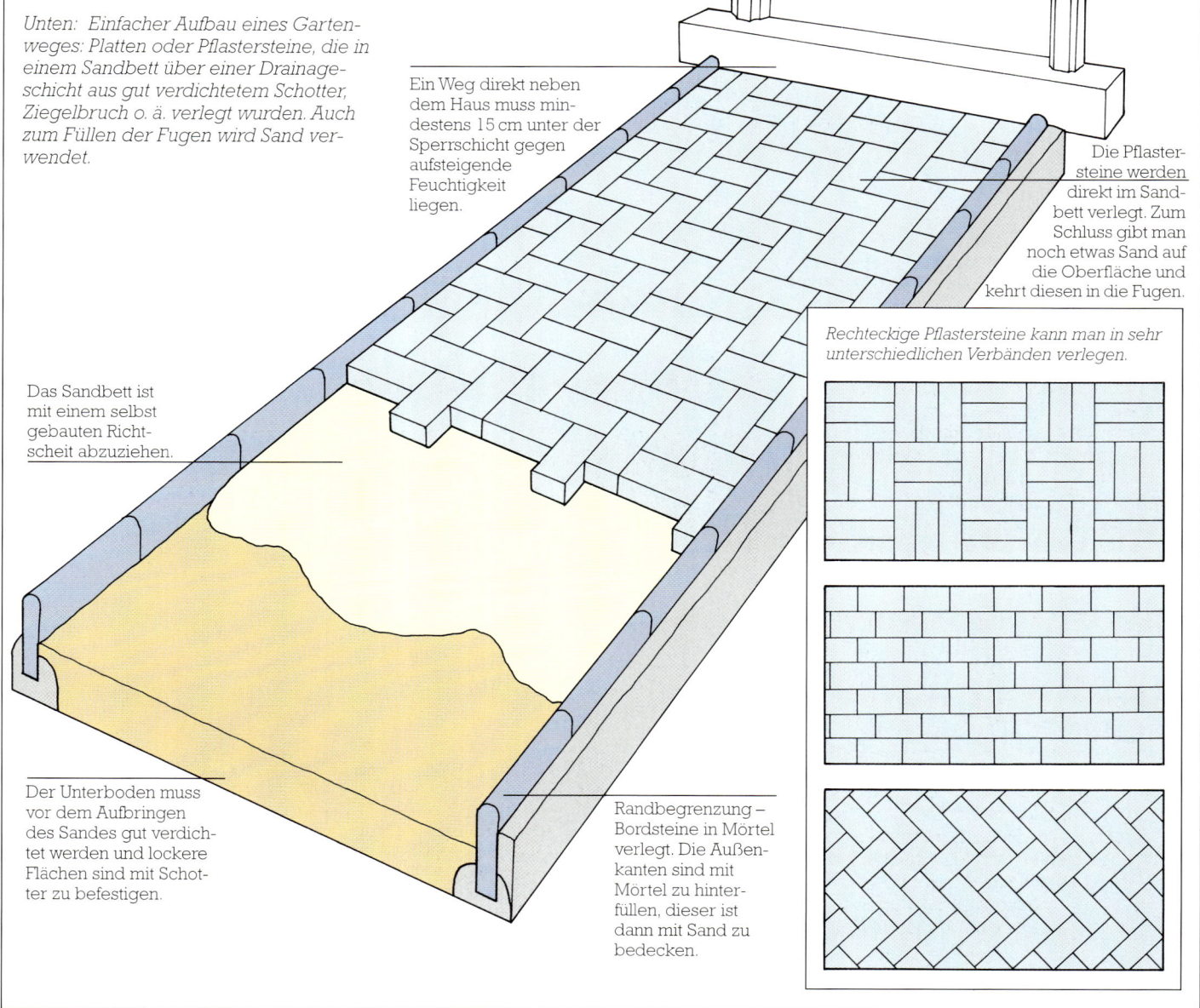

Unten: Einfacher Aufbau eines Gartenweges: Platten oder Pflastersteine, die in einem Sandbett über einer Drainageschicht aus gut verdichtetem Schotter, Ziegelbruch o. ä. verlegt wurden. Auch zum Füllen der Fugen wird Sand verwendet.

Ein Weg direkt neben dem Haus muss mindestens 15 cm unter der Sperrschicht gegen aufsteigende Feuchtigkeit liegen.

Die Pflastersteine werden direkt im Sandbett verlegt. Zum Schluss gibt man noch etwas Sand auf die Oberfläche und kehrt diesen in die Fugen.

Das Sandbett ist mit einem selbst gebauten Richtscheit abzuziehen.

Rechteckige Pflastersteine kann man in sehr unterschiedlichen Verbänden verlegen.

Der Unterboden muss vor dem Aufbringen des Sandes gut verdichtet werden und lockere Flächen sind mit Schotter zu befestigen.

Randbegrenzung – Bordsteine in Mörtel verlegt. Die Außenkanten sind mit Mörtel zu hinterfüllen, dieser ist dann mit Sand zu bedecken.

Eimer ab, nicht nur mit der Schaufel, und leihen Sie sich einen Betonmischer, damit alle Bestandteile gründlich und gleichmäßig vermischt werden.

Bei der Bestellung von Transportbeton ist die erforderliche Betongüte, die Konsistenz und die gewünschte Abbindezeit anzugeben.

Schachten Sie den Weg bis zur erforderlichen Tiefe aus, bauen Sie aus stabilen Brettern und Holzpflöcken eine Schalung und verteilen Sie den Schotter darin. Dann gießen Sie den Beton in die Schalung, harken ihn etwas breit und drücken ihn mit einem schweren Holzbalken, der auf der Schalung aufliegt, an. Die Oberfläche ist mit einem Reibebrett, der Rückseite einer Schaufel oder einem Besen zu glätten. Um zu verhindern, dass in langen Betonwegen Risse entstehen, legt man Dehnungsfugen an. Dazu drückt man im Abstand von etwa 2 m ein Stück Winkelstahl in die Oberfläche des Betons und zieht ihn wieder heraus, so dass eine etwa 25 mm tiefe Rille entsteht.

Legen Sie Plastikplanen oder nasse Säcke über den Beton und lassen Sie ihn drei Tage aushärten. Dann ist er bereits begehbar, man sollte jedoch noch ein paar Tage warten, bevor man den Weg stärker belastet, besonders wenn es draußen schon kalt ist. Bei gefrorenem Boden oder bei Frostgefahr sollte man grundsätzlich keinen Beton gießen.

Verlegen von Platten und Pflastersteinen

Platten und Pflastersteine kann man direkt auf eine vorhandene Betonschicht verlegen, vorausgesetzt der Beton ist in gutem Zustand und es gibt keine Probleme mit der Höhe der Oberfläche (besonders direkt neben Hauswänden). Sollte der alte Betonbelag bereits beschädigt sein, ist es besser, ihn zu zerbrechen und als Unterbau zu verwenden. Ein neuer Unterbau für einen Weg, der nur begangen wird, sollte 7,5 cm dick sein, bei stärker belasteten Wegen 10 cm.

Sollen die Platten oder Steine im Mörtelbett verlegt werden, mischt man Zement und Sand im Verhältnis 1:5. Nehmen Sie jeweils eine Platte, geben Sie auf die Unterseite entlang der Ränder und in die Mitte etwas Mörtel und legen Sie die Platte an die gewünschte Stelle. Wildpflaster und Kiesel sollten in einem durchgehenden Mörtelbett verlegt werden. Nachdem alle Platten oder Steine verlegt sind, verfüllen Sie die Fugen vorsichtig mit einem trockenen, krümeligen Mörtel, so dass die Oberfläche der angrenzenden Steine nicht verschmutzt. Zum Verfugen von Wildpflaster benötigt man eine kleine spitze Maurerkelle, bei Pflastersteinen und Platten mit schmalen, gleichmäßigen Fugen ist es einfacher, den Mörtel mit einem dünnen Holzbrett in die Fugen zu drücken (bis etwa 3 mm unter die Pflasteroberfläche).

Werden Pflastersteine oder Platten in einem Sandbett verlegt, benötigt man einen stärkeren Unterbau – etwa 10 cm gut ver-

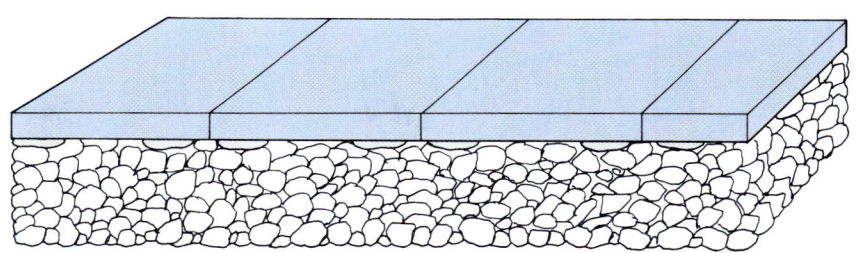

Gehwegplatten, auf fünf Mörtelpunkten über verdichtetem Schotter verlegt.

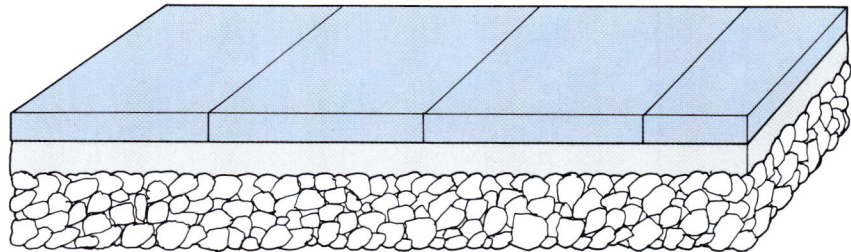

Gehwegplatten in einem durchgängigen Mörtelbett über verdichtetem Schotter verlegt.

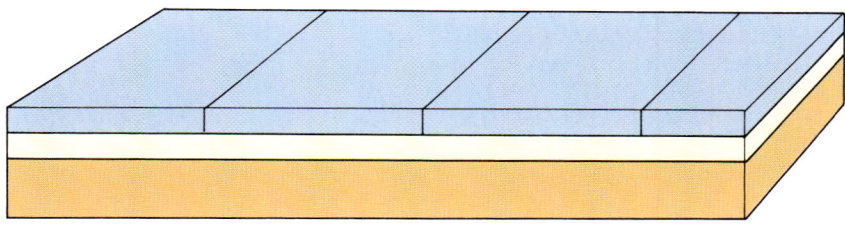

Gehwegplatten in Sand über verdichtetem Untergrund verlegt.

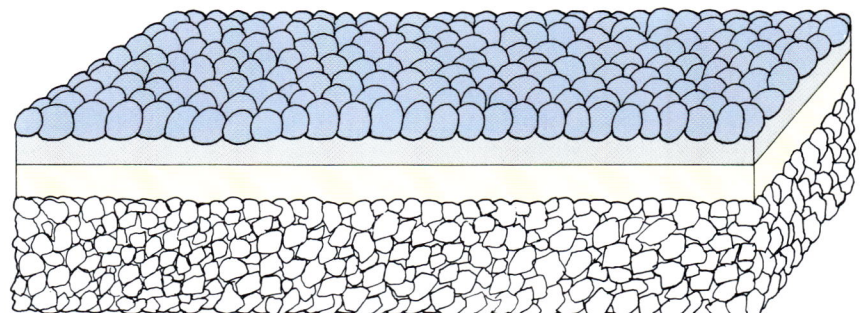

Pflasterweg aus runden Pflastersteinen verlegt im Mörtelbett auf einem Unterbau aus Schotter und Sand.

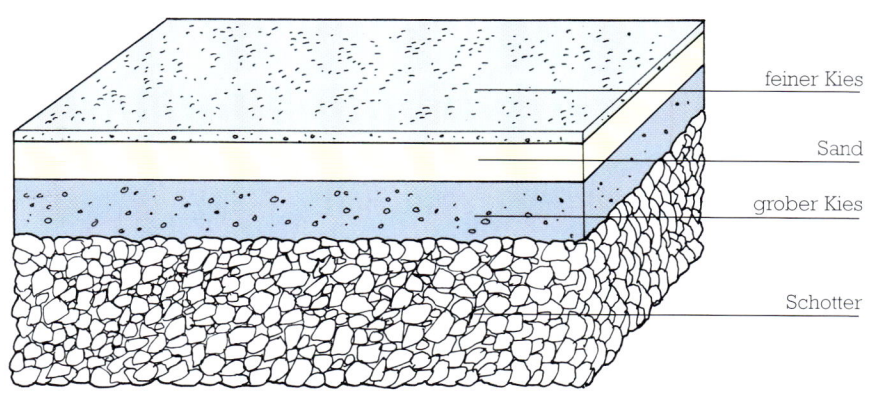

feiner Kies

Sand

grober Kies

Schotter

dichteten Schotter auf sandigem Boden, etwas mehr auf Lehmboden. Beachten Sie dabei auch die Ratschläge der jeweiligen Hersteller. Außerdem ist eine Randbegrenzung in irgendeiner Form erforderlich: Holzlatten, die durch Pflöcke gehalten werden, Bordsteine oder hochkant verlegte Pflasterklinker, damit die Platten und Pflastersteine an den Kanten nicht wegrutschen und das Sandbett nicht ausgewaschen wird. Auf den Unterbau gibt man eine 5 cm dicke Schicht aus scharfem Sand, in welchem die Platten oder Pflastersteine verlegt werden. Zum Schluss verteilt man noch etwas Sand auf der Oberfläche und kehrt ihn in die Fugen.

Anlegen von Kieswegen

Das Anlegen eines Kiesweges ist denkbar einfach. Alles, was Sie dazu benötigen, ist runder Kies mit einer Körnung von 10 bis 20 mm, der etwa 5 cm dick auf den Weg aufgebracht wird. Ihr Lieferant wird Sie bezüglich der benötigten Menge beraten. Kieslieferanten findet man im Branchentelefonbuch unter der Rubrik „Sand und Kies", „Steinbrüche" oder „Transporte".

Koffern Sie den Weg bis zu einer Tiefe von etwa 15 cm (bzw. 20 cm bei weichen, lehmigen Böden) aus und stampfen Sie eine 10 – 15 cm dicke Schicht Schotter ein. Dann folgt eine Schicht grober Kies und eine Schicht Sand, die verhindert, dass der Kies in die Schotterschicht einsickert. Der Rand ist entweder mit hochdruckimprägnierten Brettern, die von in die Erde getriebenen Pflöcken gehalten werden, mit Bordsteinen oder hochkant in Beton verlegten Pflastersteinen zu befestigen. Nach Abschluss aller Vorbereitungsarbeiten kann man den Kies liefern lassen. Wahrscheinlich müssen Sie ihn mit der Schubkarre bis zum Weg befördern, legen Sie dazu einen Bretterweg an, damit der Rasen nicht allzu sehr in Mitleidenschaft gezogen wird. Schaufeln Sie den Kies einfach zwischen die Randbegrenzung, harken Sie ihn breit und schon ist der Kiesweg fertig.

Sie sollten außerdem zwei oder drei Säcke Kies einlagern, um später eventuelle Spurrillen oder Löcher auffüllen zu können. Der Kiesweg muss regelmäßig geharkt und zwei- oder dreimal pro Jahr mit einem Unkrautvernichter behandelt werden.

Aufbringen von kaltem Makadam (Kalt-Asphalt)

Wie bereits gesagt, ist das Aufbringen von heißem Asphalt eine Arbeit für den Fachmann, Kalt-Asphalt kann man jedoch über einer alten Betonschicht, über intaktem Pflaster oder auf einem vorhandenen Asphaltweg selbst ausrollen. Kalt-Asphalt erhält man bei Straßenbaubetrieben in Säcken von 25 kg, die bei einer Schichtdicke von 2 cm für eine Fläche von etwa einem Quadratmeter reichen. Das ergibt nach dem Ausrollen und Verfestigen eine Asphaltschicht von 15 mm. Außerdem benötigt man Bitumenemulsion als Bindemittel über dem vorhandenen Untergrund. Eine 5 kg Dose reicht für eine Fläche von etwa 7 m².

Ganz links und links: Mit Holzpflöcken und Schnur wird diese ungewöhnlich geformte Fläche eingemessen und abgesteckt. Dann werden die Ziegel in einem Sandbett verlegt.

Oben: Eine Bahn stabile Plastikfolie unter dem Kiespfad unterdrückt das Unkraut. Die Folie ist jedoch zu durchlöchern, damit Regenwasser ablaufen kann.

Man bereitet die alte Oberfläche vor, indem man alle Löcher mit Makadam füllt. Vorher trägt man zur Haftungsverbesserung etwas Bitumenemulsion auf. Dann wird die Bitumenemulsion mit Hilfe eines alten Besens auf der Oberfläche des Weges verteilt und man wartet etwa zwei Stunden, bis sie beginnt klebrig zu werden. Nun kippt man die Säcke mit dem Makadam aus und harkt ihn zu einer etwa 2 cm starken Schicht breit. Mit dem Rücken der Harke werden eventuelle Klumpen zerkleinert und mit Hilfe einer Wasserwaage und eines Richtscheits prüft man die waagerechte Ausrichtung des Weges. Ist alles einigermaßen eben, kann man beginnen die Oberfläche mit einer Gartenwalze zu verdichten und verfüllt die dabei noch entstehenden Löcher mit etwas mehr Makadam. Die Walze ist häufig mit Wasser aus der Gießkanne zu besprengen, damit kein Makadam daran kleben bleibt. Zum Schluss verteilt man einige Steinsplitter hellerer Farbe auf der Oberfläche und rollt diese ein.

Die entstandene Oberfläche ist sofort begehbar, jedoch sollte man zwei oder drei Tage warten, bis der Asphalt völlig ausgehärtet ist, bevor man den Weg mit einer Schubkarre oder dem Fahrrad benutzt.

In einem Hanggrundstück *oder einem terrassenförmig angelegten Gar-*
ten ist es oft erforderlich Stufen anzulegen um eine bessere Begehbarkeit zu
gewährleisten. Abgesehen von ihrem praktischen Nutzen können Stufen
auch an sich ein interessantes Gestaltungselement im Garten sein. Sie ver-
binden verschiedene Ebenen, wie zum Beispiel die Terrasse und tiefer lie-
gende Rasenflächen oder vereinfachen und sichern den Auf- und Abstieg
an Hängen.

Stufen können als frei stehende Treppe errichtet werden – in der Regel dort, wo eine
höhere und eine niedrigere Ebene durch
eine Mauer getrennt sind – oder man gräbt
sie direkt in den Boden ein. Man kann auch
Mauern mit solchen Erdstufen überwinden,
wenn man diese so aus der oberen Ebene
ausschachtet, dass die unterste Stufe bündig mit der Vorderseite der Mauer abschließt. Erdstufen sind in der Regel einfacher anzulegen, denn die Trittplatten liegen
zum größten Teil auf der Erde selbst auf
und es sind keine komplizierten Maurerarbeiten erforderlich. Jedoch ist es für den
geübten Heimwerker ohne Weiteres auch
möglich, eine frei stehende Treppe zu
bauen.

Stufen im Garten legt man am einfachsten aus Mauersteinen und Gehwegplatten
an oder man gießt sie aus Beton. Die zuerst genannte Methode ist einfacher und
außerdem optisch ansprechender. Die verwendeten Materialien sollten dem Stil des

Oben: Lässt man hinter jeder Trittstufe
einer Natursteintreppe einen Spalt frei, kann
man dort kleine Polsterstauden pflanzen,
die der Treppe ein sehr natürliches Aus-
sehen verleihen.

Gartens entsprechen, d. h. zu den Mauern,
Pflasterflächen usw. passen, und sie sollten
ausreichend Sicherheit gewährleisten.

Planung

Zuerst ist die Entscheidung über das Material zu treffen, denn das hat eventuell einen
Einfluss auf die Abmessungen der Stufen.
Stufen aus Mauersteinen beispielsweise
sollten idealerweise zwei Steine hoch sein
(etwa 15 cm). Die Größe der verwendeten
Gehwegplatten bestimmt die Breite der
Trittstufen (und eventuell auch die Tiefe, obwohl schmalere Stücken im hinteren Teil
der Stufe kein Problem darstellen). Aus

Sicherheitsgründen sollten die Trittstufen mindestens 30 cm tief sein, so dass Zehen oder Hacken beim Auf- und Abstieg nicht an der oberen Stufe hängen bleiben. Die Stufen sollten außerdem mindestens 60 cm breit sein bzw. 1,20 m wenn die Treppe häufig begangen wird und es möglich sein soll, dass sich zwei Personen begegnen.

Als Nächstes ist die Anzahl der erforderlichen Stufen zu berechnen. Dafür misst man die Höhendifferenz zwischen der oberen und unteren Ebene und teilt diese durch die Höhe der einzelnen Stufen. Denken Sie daran, dass die Höhe der untersten Stufe die Stärke der Trittplatte einschließt, was bei den anderen Stufen nicht der Fall ist. Erhält man im Ergebnis dieser Rechnung keine ganze Zahl, ist die Höhe der Stufen entsprechend anzupassen. Flachere Stufen sollten eher tiefer sein und steilere Stufen weniger tief. Ein ideales Schrittmaß ist gegeben, wenn die doppelte Höhe der Stufen zuzüglich der Tiefe ein Maß zwischen 61 und 64 cm ergibt. Auf keinen Fall sollten die Stufen höher als 17 cm sein, sonst ist der Aufstieg zu anstrengend und es besteht die Gefahr, dass man stolpert.

Nun fertigt man eine einfache Skizze an, die die Treppe von oben, von der Seite und von vorn darstellt. Auf dieser Grundlage kann man die erforderliche Materialmenge berechnen und eine Entscheidung über die Art des Mauerverbands treffen.

Denken Sie daran, dass frei stehende Treppen mit der Mauer verzahnt werden sollten, damit sie sich nicht von dieser lösen können, falls die Treppe etwas nachgeben sollte. Erdstufen sind nicht so anfällig für Verschiebungen, jedoch ist es an steilen Hängen durchaus ratsam, die unterste Stufe auf ein Betonfundament zu setzen. Besteht eine Treppe aus mehr als sieben Stufen, sollte ein Treppenabsatz integriert werden, der sich etwa auf der Hälfte der Treppe befindet.

Es ist besonders darauf zu achten, dass sich kein Regenwasser auf den Stufen sammeln kann. Nasse Stufen sind rutschig und gefährlich und fördern außerdem das Wachstum von Algen und Moos. Außerdem gefriert stehendes Wasser bei Minustemperaturen, was eigentlich jedem klar sein sollte, aber trotzdem oft außer Acht gelassen wird, wie jede Unfallaufnahme im Krankenhaus bestätigen kann. Die Vorderkante jeder Trittstufe sollte also etwa 12 mm niedriger als die hintere Kante liegen. Denken Sie auch an die Drainage der befestigten Fläche vor der untersten Stufe; bei starkem Regen verwandeln sich die Stufen in einen kleinen Wasserfall und können unter Umständen erhebliche Wassermengen von der oberen Ebene nach unten führen. Ein Gully, der zu einer nahe gelegenen Abflussgrube führt, ist möglicherweise die Lösung dieses Problems.

Weiterhin ist es wichtig, bei langen Treppen einen Handlauf oder eine Brüstung anzulegen, ganz besonders wenn sie auch von Kindern oder älteren Menschen begangen werden. Achten Sie außerdem darauf, dass die Vorderkanten der Trittstufen leicht überstehen, so dass sie einen Schatten werfen und so den Rand der Stufe betonen. Installieren Sie eine Lichtquelle, falls die Treppe auch bei Dunkelheit begangen wird.

Vorbereitung des Untergrundes

Nach Abschluss der Planungsphase und sobald alles benötigte Material vor Ort ist, können Sie mit dem Einmessen und Ausschachten beginnen. Wie Sie dabei vorgehen, hängt von der Art der anzulegenden Stufen ab.

Eine frei stehende Treppe erfordert ein Streifenfundament aus Beton unter dem Rand der ersten Stufe. Bei Treppen, die mehr als fünf Stufen hoch sind, müssen auch die einzelnen Setzstufen auf festem Untergrund errichtet werden. Anstatt jedoch für jede einzelne ein Streifenfundament anzulegen, ist es besser eine Betonplatte zu gießen, die groß genug ist um die ganze Treppe zu tragen. Das Betonfundament muss ausgehärtet sein, bevor Sie mit dem Bau der Treppe beginnen – 24 bis 48 Stunden sind in der Regel ausreichend, in kalten Gegenden sollte man jedoch bei warmem Wetter 3 Tage und bei kalter Witterung bis zu 6 Tage warten. Bedecken Sie den Beton bei heißem Wetter mit Plastikplanen oder nassen Säcken, damit er nicht zu schnell trocknet und sich Risse bilden.

Erdstufen werden in den Hang selbst eingegraben. Markieren Sie die Breite der Stufen und die Lage der Vorderkante jeder Stufe mit Pflöcken und Schnur und schachten Sie dann die grobe Form jeder Stufe aus, wobei man von unten nach oben arbeitet. Achten Sie darauf, dass jede Stufe etwa gleich tief und hoch ist und dass die Vorderkanten der Stufen bei den Schachtarbeiten nicht abbrechen. Um dieses Risiko zu vermindern, sollten Sie sich bei der Arbeit auf ein Brett stellen, dass etwas kleiner ist als die Stufe selbst und Ihr Gewicht besser verteilt. Alle lockeren Stellen im Untergrund sind mit einem Stampfer zu verdichten. Falls Sie bei den Ausschachtarbeiten auf größere Flächen mit lockerem Boden stoßen, graben Sie weiter, bis Sie festen Untergrund erreichen und stampfen Sie dann bis zur erforderlichen Höhe Schotter ein. Bei langen Treppen empfiehlt es sich entlang der niedrigsten Stufe ein Betonfundament zu gießen, dass 10 cm hoch und doppelt so breit wie die Setzstufe sein sollte.

Die erste Stufe

Nachdem der Untergrund wie beschrieben vorbereitet wurde und die Fundamente gegossen sind, beginnt man mit dem Bau der Stufen. Überprüfen Sie als Erstes, ob alle erforderlichen Werkzeuge und Materialien zur Hand sind.

Zum Mauern sollten Sie Mörtel verwenden, der aus einem Teil Zement und 5 Teilen Sand, sowie Kalk oder einem Fliessmittel gemischt wurde oder wahlweise fertigen Maurermörtel – 50 kg sind ausreichend für etwa 60 Mauersteine. Falls Sie die Absicht haben den Mörtel selbst zu mischen, können Sie davon ausgehen, dass 50 kg Zement und die entsprechende Menge Mörtelsand für mindestens 450 Steine ausreichen.

Bei frei stehenden Treppen spannen Sie nun Paare von Schnüren um den Umriss der ersten zu mauernden Setzstufe zu markieren (1). Verteilen Sie dann Mörtel auf der vorderen Kante des Fundaments und verlegen Sie die erste Reihe Steine. Überprüfen Sie, ob sich die vordere Kante in richtigem Abstand zur Mauer befindet und vervollständigen Sie dann die erste Ebene, wobei Sie zur Mauer hin arbeiten und den letzten Stein, wenn erforderlich, entsprechend zuschneiden. Überprüfen Sie die Rechtwinkligkeit der Ecken mit Hilfe eines Winkels.

Nun können Sie mit der zweiten Reihe beginnen (2). Wenn Sie die Mauer erreicht haben, hacken Sie dort einen Stein heraus und schieben den letzten ganzen Stein der Reihe teilweise in die Mauer hinein (3, S. 52), um eine stabile Verbindung zwischen Mauer und Treppe herzustellen.

Lassen Sie den Mörtel aushärten und füllen Sie die Setzstufe dann mit Schotter, den Sie vorsichtig feststampfen.

Bei langen Treppen sollten Sie entsprechend der Position der einzelnen Stufen auf dem Fundament Querwände als Stützen für die einzelnen Stufen einziehen (4, S. 52) und

Rechts: Diese ungewöhnliche Treppe führt im Zickzack einen Hang hinauf. Die separaten Stufen liegen auf Betonblöcken. Aus Sicherheitsgründen sind die Stufen sehr niedrig gehalten.

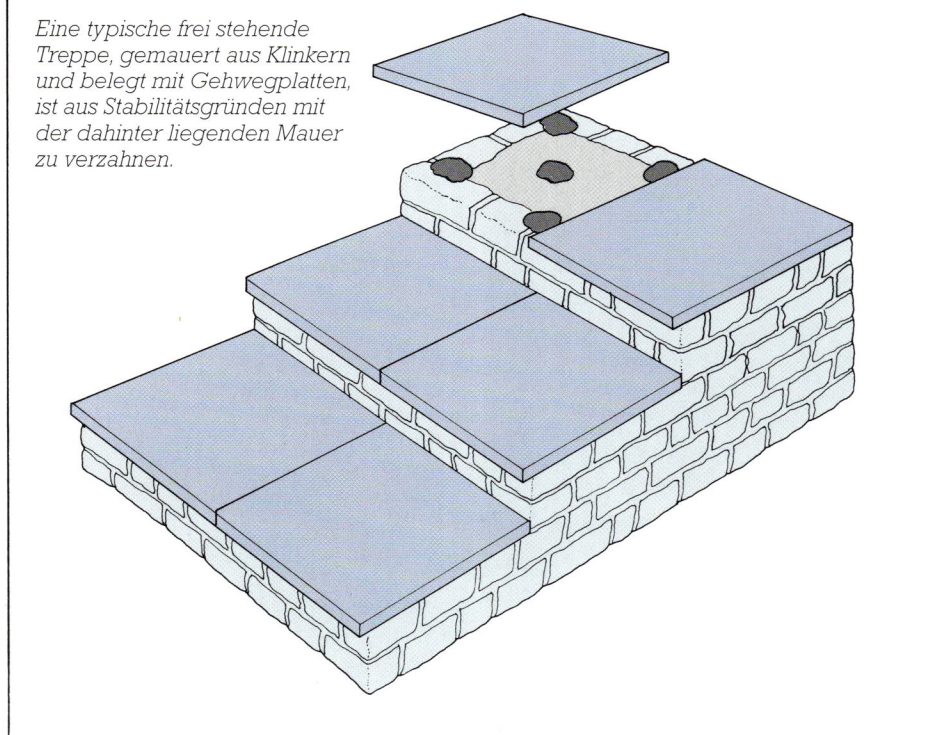

Eine typische frei stehende Treppe, gemauert aus Klinkern und belegt mit Gehwegplatten, ist aus Stabilitätsgründen mit der dahinter liegenden Mauer zu verzahnen.

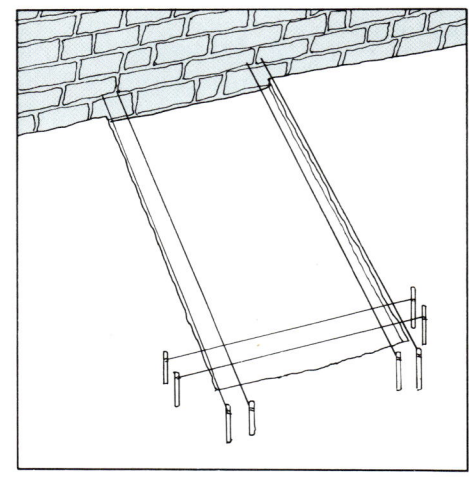

1

2

danach die Setzstufen wie beschrieben mit Schotter füllen.

Wird die Treppe später von Brüstungsmauern flankiert, liegen die Trittstufen auf der inneren Hälfte der Mauer auf, während der Verband außen durchgeht. Trittstufen werden in Abhängigkeit von der Steigung in die jeweilige Schicht der Brüstungsmauer eingepasst.

Bei Erdstufen verteilt man lediglich ein Mörtelbett über dem verdichteten Unterboden (bzw. gegebenenfalls über dem Streifenfundament) und errichtet die Setzstufen im Läuferverband, wobei die Steine an den Enden entsprechend zuzuschneiden sind. Den Zwischenraum hinter der gemauerten Setzstufe füllt man wieder mit Erde auf und stampft diese fest, so dass die Oberfläche geringfügig niedriger als die Oberkante der Setzstufe ist.

Bei frei stehenden Treppen werden die Trittplatten erst nach Fertigstellung der gesamten Treppe verlegt, bei Erdstufen wird die zweite Setzstufe jedoch in der Regel auf der hinteren Kante der ersten Trittstufe aufgesetzt, man muss die Trittplatten also gleich verlegen. Dazu verteilt man etwas Mörtel gleichmäßig auf der Oberkante der gemauerten Setzstufe und punktweise auf dem Schotter und legt die Trittplatte dort hinein. Die Platte ist festzuklopfen und die Ausrichtung mit einer Wasserwaage zu überprüfen. Denken Sie daran, dass die Stufe ganz leicht abwärts geneigt sein sollte, damit das Regenwasser ablaufen kann. Aus Sicherheitsgründen sollte die Vorderkante der Trittplatte mindestens 25 mm überstehen.

Die zweite Stufe

Die zweite Stufe wird genau wie die erste angelegt. Bei frei stehenden Treppen mauern Sie wieder zuerst die Vorderseite der Setzstufe – entweder direkt auf der Schotterfüllung oder auf der in der vorhergehenden Stufe für diesen Zweck eingezogenen Quermauer. Überprüfen Sie, ob die Vorderkante der Stufe den richtigen Abstand zur Mauer hat und stellen Sie die Stufe entsprechend Ihrem Plan fertig, wobei das hintere Ende wieder mit der Mauer zu verzahnen ist. Füllen Sie Schotter ein (5). Errichten Sie weitere Querwände für die folgenden Setzstufen.

Bei Erdstufen setzen Sie die Mauersteine für die zweite Setzstufe einfach auf die hintere Kante der Trittplatte der ersten Stufe, dann hinterfüllen Sie die Setzstufe und verlegen die Trittplatten, wobei darauf zu achten ist, dass die Trittstufen von einer Seite zur anderen waagerecht verlaufen, nach vorn hin jedoch leicht abfallen. Legen Sie ein Brett auf die bereits fertig gestellte erste Stufe, wenn Sie an der zweiten arbeiten, damit Ihr Körpergewicht besser ver-

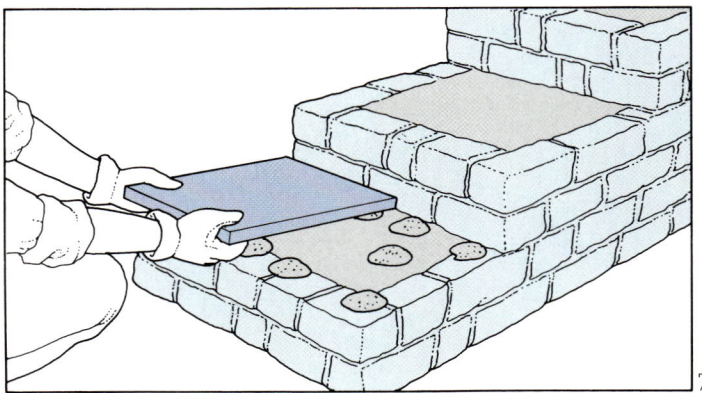

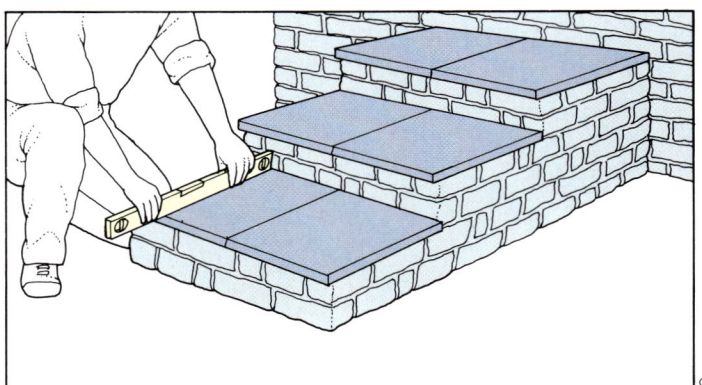

teilt und die erste Stufe nicht beschädigt wird.

Fertigstellung der Treppe

Fahren Sie in der oben beschriebenen Art und Weise fort, bis Sie die Oberkante der Treppe erreicht haben (6). Bei frei stehenden Treppen wird in der Regel die Mauer selbst die letzte Setzstufe bilden. Die letzten Trittplatten werden dann bündig mit der oberen Ebene verlegt bzw. die obere Ebene selbst bildet den Austritt.

Nachdem die Schotterfüllung einer frei stehenden Treppe ausreichend verfestigt wurde, können die Trittplatten verlegt werden. Man beginnt mit der untersten Stufe, indem man einige Mörtelpunkte auf den Mauersteinen und dem Schotter verteilt (7) und darauf die Platten legt. Klopfen Sie die Platten fest und überprüfen Sie die

Waagerechte sowie die leichte Neigung nach vorn (8). Fugen Sie den Spalt zwischen der hinteren Kante der Trittplatte und der nächsten Setzstufe sorgfältig aus oder schließen Sie ihn mit entsprechend zugeschnittenen Steinen. Die weiteren Trittplatten sind auf die gleiche Art und Weise zu verlegen. Stellen Sie sich auch hier bei der Arbeit auf ein Brett, damit Ihr Gewicht besser verteilt wird und Sie die neuen Stufen nicht beschädigen.

Wird die Treppe durch Brüstungsmauern flankiert, mauern Sie diese nun bis zur gewünschten Höhe. Schneiden Sie die Steine schräg zu, falls die Mauerkante parallel zur Neigung der Treppe verlaufen soll und schließen Sie die Brüstungsmauer mit passenden Formsteinen oder einer Rollschicht, d.h. einer Reihe aufrecht stehender und sauber verfugter Mauersteine, ab.

Bei Erdstufen braucht man nur noch die

Fugen in den Setzstufen und gegebenenfalls zwischen den Trittplatten zu säubern und an den Außenseiten der Treppe ist entsprechend Erde aufzufüllen.

Lassen Sie die Treppe mindestens 48 Stunden nach Fertigstellung noch ruhen, damit der Mörtel vollständig aushärten kann. Sperren Sie den Zugang sicherheitshalber mit Seilen ab.

Betontreppen

Obwohl man in Gärten meist gemauerte Treppen findet, soll hier auch beschrieben werden, wie man Stufen aus Beton gießt. Zwar ist der Bau der Schalung ein recht kompliziertes Unterfangen und Betonstufen sehen positiv ausgedrückt meist ziemlich funktionell aus (es sei denn, die Oberfläche wird noch irgendwie gestaltet), sie sind jedoch preiswert und sehr lange haltbar.

Will man Betonstufen in einen Hang gießen, ist zuerst die Erde stufenförmig auszuschachten. Dann gießt man einen 15 cm starken Fundamentstreifen für die erste Stufe. Bauen Sie die Schalung so, dass die Vorderkante jeder Trittstufe die hintere

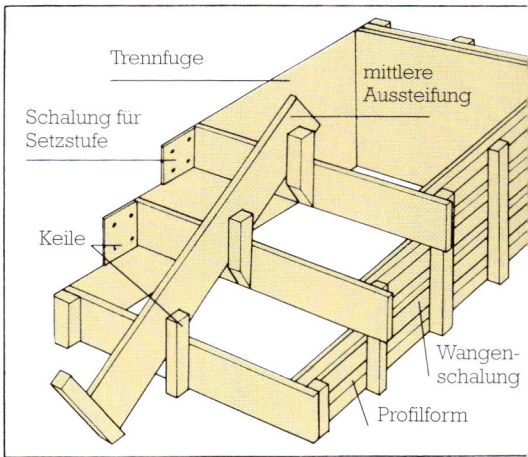

Links: Betonstufen sind eine billigere Alternative zu gemauerten Stufen, besonders bei langen Treppen. Ein Anstrich lässt sie freundlicher wirken.

53

Kante der darunter liegenden Stufe um etwa 15 cm überlappt, so dass die Stufen nicht einzeln stehen, sondern jede mit den benachbarten Stufen verbunden ist. Vergessen Sie auch die leichte Abwärtsneigung nicht. Beginnen Sie mit der untersten Stufe und betonieren Sie dann Stufe für Stufe. Stampfen Sie den Beton so weit fest, dass er bündig mit der Oberkante der Schalung abschließt und lassen Sie die Schalung nach dem Betonieren mindestens 48 Stunden stehen. Nach Entfernung der Schalung sollten Sie weitere zwei oder drei Tage warten, bis die Stufen vollständig ausgehärtet sind und begangen werden können.

Zum Gießen einer frei stehenden Betontreppe benötigt man eine viel stärkere Schalung und die gesamte Treppe ist auf einem 15 cm hohen Betonfundament zu errichten. Die maximale praktikable Höhe einer solchen Treppe beträgt 5 Stufen. Bauen Sie die Schalung aus 12 mm starkem Sperrholz. Zuerst sägt man die Form der Seiten aus und stellt diese mit Hilfe von Pflöcken

und Pfählen auf. Darauf wird die Schalung für die Vorderseiten der Stufen genagelt. Bringen Sie den Beton in die Schalung, dann legen Sie ein Stahlgitter darüber. Gießen Sie dann den restlichen Beton darüber, er setzt sich rund um das Stahlgitter, was den Zusammenhalt der Stufen verbessert. Lassen Sie den Beton vier oder fünf Tage aushärten, bevor Sie die Schalung vorsichtig entfernen.

In Gegenden mit strengem und lang anhaltendem Frost im Winter, müssen die Fundamente möglicherweise viel tiefer als oben angegeben sein, so dass sie bis unter die Frostgrenze reichen. Beachten Sie dazu die örtlichen Bauvorschriften oder holen Sie sich Rat bei einem Fachmann.

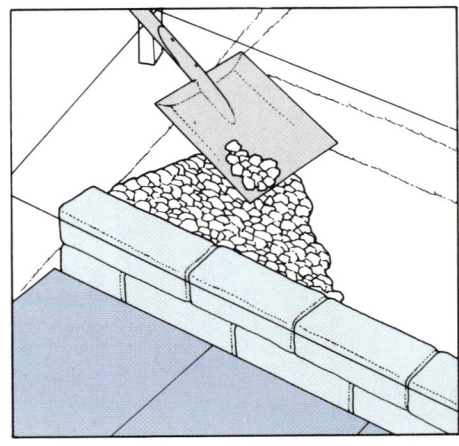

Rechts: Stufen schaffen eine natürliche Verbindung zwischen verschiedenen Gartenebenen.

1 Markieren Sie die Höhe der Stufen mit Pflöcken und Schnur und schachten Sie die Stufenform aus. Dann verlegen Sie die untersten Trittplatten und füllen den Zwischenraum dahinter mit Schotter und Mörtel.

3 Hinterfüllen Sie die erste Setzstufe mit Schotter.

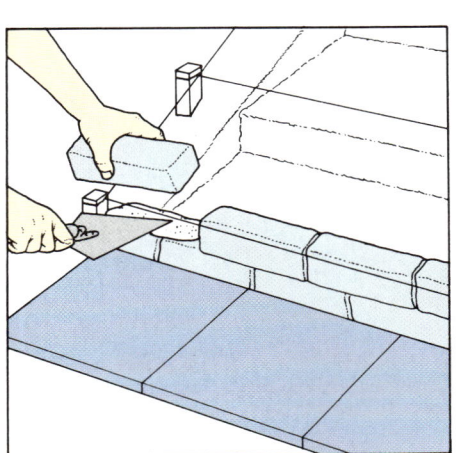

2 Mauern Sie nun die erste Setzstufe. Achten Sie dabei auf die waagerechte Ausrichtung und säubern Sie die Fugen sorgfältig.

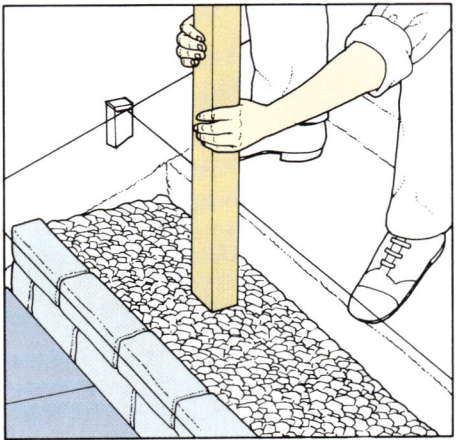

4 Verfestigen Sie den Schotter durch Einstampfen in den Boden und legen Sie ein leichtes Gefälle an, so dass das Regenwasser ablaufen kann. Dann verteilen Sie etwas Mörtel auf der Oberkante der gemauerten

Setzstufe und dem Schotter und verlegen die Trittplatten.

5 Beim Verlegen der Platten ist darauf zu achten, dass die Vorkanten leicht überstehen.

Unten: Wenige flache Stufen ergeben ein Gestaltungselement.

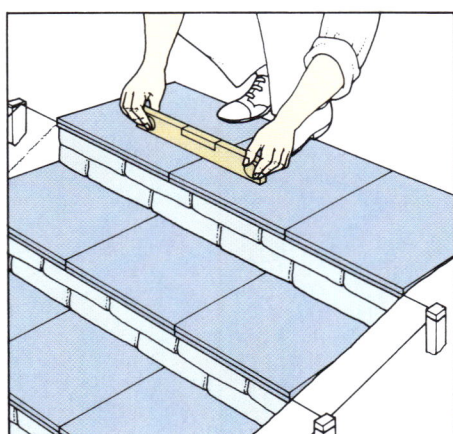

8 Fahren Sie fort, bis die Oberkante der Treppe erreicht ist und verlegen Sie die letzten Trittplatten bündig mit der oberen Ebene.

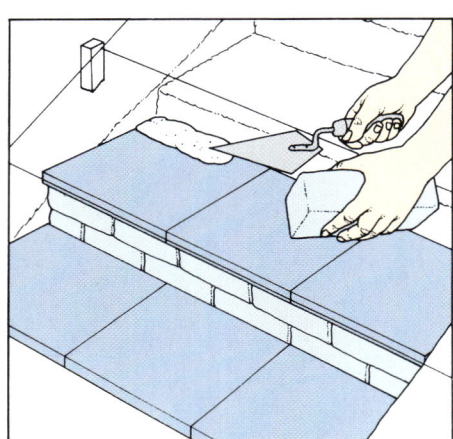

6 Die folgende Setzstufe wird jeweils auf der hinteren Kante der darunter liegenden Trittstufe gemauert. Achten Sie darauf, keinen Mörtel auf den Platten zu verspritzen, denn dadurch können diese fleckig werden.

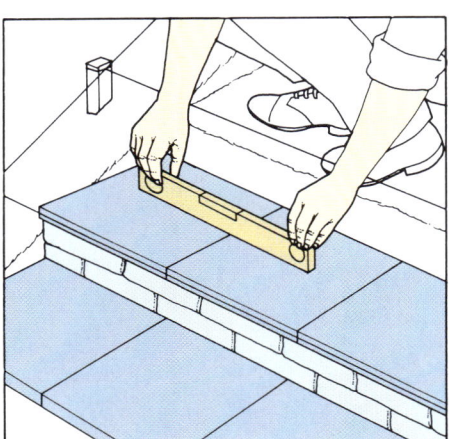

7 Überprüfen Sie die waagerechte Ausrichtung jeder Stufe.

9 Säubern Sie die Fugen zwischen den Mauersteinen und kehren Sie ein trockenes Sand-Mörtel-Gemisch in die Fugen zwischen den Trittplatten. Warten Sie etwa sieben Tage, bevor Sie die Treppe begehen.

Neben grösseren steinernen Anlagen *wie Mauern, Terrassen, gepflasterten Wegen und Treppen, sollten im Garten auch kleinere Gestaltungselemente, wie beispielsweise Pflanzgefässe, nicht fehlen. Mit den richtigen Ausgangsmaterialien und geeigneten Werkzeugen können Sie eine ganze Reihe von Pflanzschalen unterschiedlicher Grösse und Form selbst herstellen, um eine Ecke des Hofes zu verschönern, einen Blickfang in einem Blumenbeet zu schaffen oder die strengen Konturen einer rechteckigen Terrasse zu mildern. Solange Sie die Erde in den Gefässen nicht austrocknen lassen und den Boden gelegentlich austauschen oder durch Düngergaben verbessern, wird es den Pflanzen darin gut gehen.*

Zum Bearbeiten und Formen von Steinen benötigt man spezielle Steinmetzwerkzeuge und einen Fäustel. Das wichtigste Schneid- und Formwerkzeug ist ein Meißel aus Stahl mit einem sechseckigen Querschnitt und einer geraden Schneide. Solche Meißel werden in Breiten von 12 bis 50 mm angeboten. Das Spitzeisen hat eine spitze Schneide, wodurch die Kraft des Hammerschlages auf eine kleine Fläche konzentriert wird und man benutzt es zur Herausarbeitung der groben Form des Werkstücks. Das Scharriereisen hat eine breite, einfach geschliffene Klinge und dient zum Abnehmen großer Steinmengen, um ein Werkstück auf die erforderliche Größe zu bringen. Ein universelles Werkzeug zur Herstellung einer Vertiefung, wie sie für eine Pflanzschale benötigt wird, ist ein Zahneisen, ein spezielles, meißelähnliches Werkzeug mit einer feststehenden oder austauschbaren gezahnten Schneide, die beidseitig geschliffen ist. Das Zahneisen wird in der zweiten Stufe der Bearbeitung verwendet. Die durch die gezahnte Schneide entstehenden Furchen im Stein können entweder so belassen werden oder man glättet sie später mit einem einfachen Steinmetzmeißel.

Auswahl der Steine

Zur Herstellung von Pflanzschalen eignen sich vor allem Sandstein und Kalkstein. Beide können jedoch langfristig Frostschäden erleiden, wenn sie ständiger Feuchtigkeit ausgesetzt sind. Kalkstein wird allmählich von Regenwasser ausgewa-

Rechts: Schlichte Pflanzschalen aus Naturstein fügen sich wie selbstverständlich in den Garten ein und sind auch von einem Anfänger relativ einfach herzustellen.

Unten: Man benötigt nur die einfachsten Steinmetzwerkzeuge um geometrische oder unregelmäßig geformte Pflanzgefäße herzustellen.

schen, was jedoch nur minimalen Schaden anrichtet und außerdem einen Selbstreinigungseffekt hat.

Um die Menge des abzutragenden Materials zu minimieren, sollten Sie sich einen Stein aussuchen, der bereits in etwa die Größe und Tiefe des geplanten Pflanzgefäßes hat. Hinsichtlich der Farbe ist zu sagen, dass beide Steinarten in unterschiedlichen Farbtönen vorkommen – von Creme-weiß bis zu dunklem Ocker; Kalkstein kann außerdem sichtbare Muschelteile und andere Fossilienabdrücke enthalten. Sandstein weist manchmal verschiedenfarbige Schichten auf, die durch die Ablagerung unterschiedlich gefärbter Sedimente in der Entstehungszeit des Steines ihren Ursprung haben. Diese können das Pflanzgefäß zu einem besonders dekorativen Stück werden lassen.

Oben: Die wichtigsten Steinmetzwerkzeuge sind Hämmer, Klöpfel, sowie Meißel mit glatter oder gezahnter Schneide.

Denken Sie daran, dass auch kleinere Steine erstaunlich schwer sein können – die typische Dichte von Kalk- und Sandstein liegt zwischen 2000 und 2500 Kilogramm pro Kubikmeter. Drehen Sie Steine immer mit Hilfe eines stabilen Hebels und heben Sie schwere Steine niemals ohne Hilfe auf. Denken Sie auch daran, dass die Federung eines normalen Personenkraftwagens nicht für den Transport schwerer Steine ausgelegt ist.

Weitere Hinweise zur Auswahl von Steinen finden Sie auf den Seiten 88 und 89.

Formen eines Pflanzgefässes

Wenn Sie einen geeigneten Stein gefunden haben, betrachten Sie ihn ganz genau um herauszufinden, in welcher Richtung die Sedimentschichten im Stein verlaufen. Obwohl Kalk- und Sandstein relativ weich sind, ist die Bearbeitung noch einfacher, wenn Sie parallel zu diesen Schichten arbeiten. Bevor Sie mit der Arbeit beginnen, platzieren Sie den Stein in bequemer Arbeitshöhe, zum Beispiel auf einem speziell dafür gebauten Arbeitstisch wie auf der nächsten Seite dargestellt.

1 Markieren Sie mit Hilfe eines weichen Bleistiftes den Umriss der herauszuarbeitenden Vertiefung. Der Rand des Pflanzgefäßes sollte mindestens 50 mm breit sein, so dass er beim Arbeiten nicht ausbrechen kann.

2 Mit Fäustel und Bildhauermeißel oder Zahnmeißel arbeiten Sie nun entlang des Randes eine Vertiefung aus. Halten Sie den Meißel beim ersten Schlag vertikal und verringern Sie dann den Ansatzwinkel auf etwa

45° um nach und nach kleine Stücke auszubrechen. Arbeiten Sie immer in Richtung des Mittelpunktes der Vertiefung und bewegen Sie sich dabei um das Werkstück herum.

3 Bürsten Sie die Steinsplitter regelmäßig ab, so dass Sie den Fortschritt des Projektes genau beobachten können.

4 Fahren Sie mit der Arbeit fort und vertiefen Sie den Hohlraum nach und nach. Achten Sie jedoch darauf, dass Sie nicht zu tief schneiden und damit riskieren, den Boden zu durchstoßen.

5 Entweder Sie belassen die Pflanzschale mit der gefurchten Oberfläche oder Sie glätten die Furchen mit Hilfe eines normalen Meißels. Bürsten Sie zum Schluss die Splitter und den Staub aus. Fertig ist das Pflanzgefäß!

Bau eines Arbeitstisches

Einen solchen Arbeitstisch in der für Sie bequemen Arbeitshöhe können Sie aus Holzabfällen selbst herstellen. Schneiden Sie die Stücke auf die erforderliche Länge und nageln Sie alles fest zusammen.

100 x 20 mm
Weichholz

20 mm
Tischlerplatte

50 x 50 mm
Weichholz

50 x 25 mm
Weichholz

Links: Es ist auch möglich, auf der Erde zu arbeiten, aber eine solche Arbeitshaltung kann Rückenprobleme verursachen. Deshalb ist ein Arbeitstisch vorzuziehen.

59

Ein Steingarten *gibt Ihrem Garten mit den ebenen Rasenflächen und Blumenrabatten nicht nur eine willkommene dritte Dimension, er bereichert ihn um neue Strukturen und ermöglicht dem ambitionierten Gärtner, eine grössere Vielfalt an Pflanzen zu kultivieren – beispielsweise alpine Pflanzen, die den Steingarten das ganze Jahr über zu einem farbenreichen und interessanten Blickpunkt machen.*

Der natürliche Lebensraum von Steinpflanzen sind windige, steinige Berghänge, wo sich die Pflanzen in Spalten und Vertiefungen zwischen Steinen oder Felsen oder am Fuße von Felsnasen ansiedeln. Der Kontrast zwischen den Steinmassen und der Feingliedrigkeit der kleinen Pflanzen hat etwas Faszinierendes und Gärtner überall in der Welt versuchen immer wieder, so eine bizarr-schöne Felsenlandschaft in Miniatur nachzugestalten.

Das Geheimnis des Erfolges liegt darin, die Größe des Steingartens den Proportionen des Gartens anzupassen. Auf keinen Fall sollte man den Ehrgeiz entwickeln, die massiven Steingärten, die in manchen Parks und botanischen Gärten zu bewundern sind, imitieren zu wollen.

Auswahl des Standortes

Der Steingarten sollte sich harmonisch in den Garten einfügen und wirkt oft am besten, wenn er von Rasen oder einer anderen offenen Fläche umgeben ist. Er ist möglichst in einigem Abstand zu formalen Elementen, wie z. B. rechteckigen Blumenbeeten oder kreisrunden Bassins anzulegen,

da seine Unregelmäßigkeit direkt neben solchen strengen Formen nicht günstig wirken würde. Ein kleiner, der Natur nachempfundener Felsensee innerhalb eines Steingartens, vielleicht sogar mit einem kleinen Wasserlauf oder Wasserfall, kann jedoch sehr schön aussehen.

Bietet der Garten nicht genug Platz für einen Steingarten auf offener Fläche, kann man diesen auch neben einer Gartenmauer oder in einer Ecke zwischen zwei Mauern anlegen, obwohl das niemals ganz so natürlich aussieht, wie es eigentlich sollte.

Legen Sie einen Steingarten niemals direkt an einer Hauswand an, denn das könnte zur Durchfeuchtung der Mauer füh-

Rechts: Will man einen Hang in einen Steingarten verwandeln, sollte man dazu möglichst große Steine verwenden und darauf achten, dass diese sicher in die Erde eingebettet sind.

Unten: Steingärten auf ebenen Flächen sollten nicht zu hoch gebaut werden; sie wirken sonst leicht deplatziert und unnatürlich.

ren. Ein kleiner Hang eignet sich jedoch ausgezeichnet als Standort für einen Steingarten. Die Steine können in Stufen angeordnet und teilweise in die Erde eingegraben werden, was einen sehr natürlichen Eindruck macht. Sind die Steine groß genug und in ausreichender Menge vorhanden, kann man daraus auch eine Böschungsmauer anlegen.

Wählen Sie für den Steingarten einen Platz mit viel Sonne, denn die meisten alpinen Pflanzen wollen direkt in der Sonne stehen und nicht im Schatten, denn dort würden sie in ihrer natürlichen Umgebung erfrieren. Manche gedeihen jedoch auch

Ihnen diese Bezugsmöglichkeit nicht offen, bleiben nur Gartenmärkte, Baustoff- oder Natursteinhändler, die in der Regel verschiedene Arten von Steinen speziell für Steingärten im Angebot haben, welche jedoch vergleichsweise teuer sind.

Bei der Auswahl sollten Sie flache Platten bevorzugen, nicht so sehr die großen runden Brocken und außerdem Steine unterschiedlicher Größe auswählen, die dem Steingarten ein natürliches Aussehen verleihen. Versuchen Sie nicht, die Steine im Auto zu transportieren – auch nicht in mehreren Fahrten, denn dadurch können Sie die Stoßdämpfer ruinieren. Falls Ihnen die Anliefergebühr des Verkäufers zu hoch erscheint, sollten Sie sich über die Mietkosten für einen Transporter erkundigen, mit dem Sie die Steine gegebenenfalls selbst abholen können. Nehmen Sie dazu ein oder zwei starke Helfer mit, denn die größeren Steine sind schwer zu heben.

Außer Steinen braucht man zur Anlage eines Steingartens auch Erde und wenn Sie nicht ohnehin größere Erdarbeiten im Garten geplant haben, müssen Sie diese ebenfalls aus dem Gartenmarkt oder von anderen Lieferanten beziehen. Das ideale Substrat ist guter Mutterboden gemischt mit grobem Sand zur Verbesserung der Drainage.

Planung des Steingartens

Die Form des Steingartens wird in gewissem Maße von der Größe des verfügbaren Standortes abhängen. Generell sollte man strenge geometrischen Formen wie Kreise, Rechtecke oder Ovale vermeiden, denn in der Natur ist nichts genau symmetrisch. Versuchen Sie es mit einer etwas irregulären Form, wie zum Beispiel einem unregelmäßigen Keil, der nach hinten schmaler und höher wird, das täuscht die Wirkung natürlicher Erosion durch Wind und Regen vor.

Der ideale Steingarten ist stufenförmig angelegt, wobei die höheren Stufen jeweils etwas kleiner sind als die darunter liegenden. Dadurch erreicht man ein natürliches Aussehen und außerdem Stabilität. Bei einem auf flachem Gelände angelegten Steingarten sollten Sie darauf achten, dass die Stufen aus verschiedenen Blickwinkeln unterschiedlich aussehen, keinesfalls sollten sie den Eindruck einer Hochzeitstorte erwecken. An einem Hang sind die höheren Stufen jeweils etwas zurückzusetzen um eine etwa dreieckige Form zu schaffen.

Machen Sie nicht den Fehler den Steingarten zu hoch zu bauen. Damit die Proportionen stimmen, darf die Anlage insgesamt nicht höher sein als der Radius der ersten Ebene.

Vorbereitung des Untergrunds

Ein Steingarten ist mehr als eine wahllose Anhäufung von Steinen und Erde. Er benötigt einen geeigneten Unterbau und was noch wichtiger ist, eine gute Drainage, be-

im leichten Schatten und diese Pflanzen kann man an die sonnenabgewandte Seite des Steingartens setzen. Legen Sie den Steingarten weit weg von ausladenden Laubbäumen an, denn diese werfen nicht nur Schatten sondern im Herbst auch ihr Laub auf den Steingarten und unter einer Ansammlung toter Blätter würden die Steingartenpflanzen schnell ersticken. Auch sollte man keine großen Sträucher mit einem weit verzweigten Wurzelsystem in die Nähe eines Steingartens pflanzen, denn diese können dem Steingarten im Sommer viel Wasser entziehen.

Schließlich sollte sich der Steingarten natürlich auch an einer Stelle befinden, wo man ihn oft sehen und sich daran erfreuen kann – im Vorgarten oder auf der Rückseite des Hauses etwa, so dass der Blick aus dem Wohnzimmerfenster oder von der Terrasse direkt darauf fällt.

Auswahl der Steine

Da der größte Anteil der Kosten von Naturstein durch den Transport verursacht wird, sollte man die Steine für den Steingarten möglichst in der Nähe suchen, zum Beispiel in Steinbrüchen, wo man für die Gegend typische Steine am billigsten erhält. Steht

sonders auf einem flachen Grundstück oder in Gegenden mit sehr lehmigem Boden. Lehm ist kaum wasserdurchlässig, so dass sich ein Steingarten über Lehmboden bei starkem Regen schnell in ein schlammiges Etwas verwandeln kann.

Man beginnt damit, die ungefähre Form des Steingartens zu markieren, zum Beispiel mit etwas Sand, den man entlang des geplanten Umfangs streut. Dann entfernt man alle Pflanzen oder den Rasen und schachtet die Erde etwa 15 cm tief aus. Schippen Sie den Mutterboden daneben zu einem Hügel auf; schweren Lehm sollte man jedoch in einer anderen Ecke des Gartens deponieren. Dann trampeln Sie den Boden fest und schaffen so eine solide Grundlage für den Steingarten.

Bei Gartenboden mit hohem Lehmanteil sollte man unter dem Steingarten einen kleinen Drainagesumpf anlegen. Das von den schräg liegenden Steinen ablaufende Wasser sickert meist in das Zentrum des Steingartens, deshalb sollten Sie dort ein Loch mit einer Seitenlänge von etwa 90 cm und einer Tiefe von 45 cm ausschachten. Füllen Sie dieses mit Schotter und bedecken Sie es mit einer Schicht aus grobem Kies oder umgedrehten Rasensoden, damit die Erde aus dem Steingarten nicht in die Drainageschicht gelangen kann und diese verstopft.

Dann bereiten Sie den Untergrund des Steingartens vor, optimal ist eine Mischung aus fünf Teilen Mutterboden und einem Teil Sand. Mischen Sie dazu fünf Schaufeln Mutterboden und eine Schaufel Sand in einer Schubkarre und kippen Sie diese Erde dann direkt in das ausgeschachtete Loch, bis das Niveau der umliegenden Oberfläche erreicht ist (1).

Anlage des Steingartens

Wählen Sie den größten Stein (2) als zentrales Element eines kleinen Steingartens. Wahrscheinlich ist er zu schwer um ihn zu heben, es sei denn, Sie haben einen starken Helfer. Verwenden Sie einen dicken Balken als Hebel um ihn an seinen Platz zu rollen. Die Spitzhacke ist für diesen Zweck nicht geeignet, der Stiel könnte durch die Hebelkraft brechen.

Wenn sich der Stein in seiner ungefähren Position befindet, betrachten Sie ihn genau von allen Seiten und achten Sie darauf, dass alle sichtbaren Schichten etwa horizontal verlaufen und die interessanteste Seite nach vorn zeigt. Dabei drehen oder kippen Sie den Stein hin und her, so dass er sich etwas in die weiche Erde eingräbt. Dann schiebt man einen Hebel unter die vordere Kante, hebt den Stein leicht an und schaufelt etwas Erde darunter, so dass er eine leicht rückwärtige Neigung erhält. Damit wird die Lage natürlicher Felssteine nachgeahmt, man schafft außerdem Pflanztaschen über dem Stein und sorgt dafür, dass das Regenwasser in das Zentrum des Steingartens abfließt, anstatt an den Hängen herunter zu laufen und Erde auszuspülen. Verdichten Sie den Boden um die Unterseite des Steines sorgfältig mit einer dicken Bohle, dann prüfen Sie, ob der Stein trittfest liegt und nicht mehr wackelt.

Als Nächstes nimmt man zwei kleinere Steine, positioniert diese seitlich etwas weiter hinten vom ersten Stein und schiebt sie dicht an den großen Stein heran. Stecken Sie kleinere Steine als Keile in alle Zwischenräume, um die Erde hinter den Steinen festzuhalten. Kippen Sie jeden der bei-

einzubauen, wobei die Steine nach außen hin immer kleiner werden sollten.

Gehen Sie nun ein Stück zurück um Ihr Werk kritisch zu betrachten. Sehen die Steine so aus, als lägen sie schon immer dort im Boden? Verlaufen die Sedimentschichten waagerecht, wie in der Natur auch? Liegen die Steinen so dicht, dass die Fugen wie natürliche Erdspalten wirken? Noch ist Gelegenheit die Position einzelner Steine zu verändern, bevor man mit dem Aufbau der zweiten Stufe beginnt. Führen Sie nötige Änderungen durch und schaufeln Sie dann mehr Erde hinter die Steine, auf der Sie die zweite Stufe errichten (3).

Bevor die Steine verlegt werden, ist der Boden festzustampfen. Wählen Sie wieder große Steine für die Mitte und kleinere für die äußeren Ränder (4) und versuchen Sie manche Steine etwas vor die benachbarten Steine setzen um der Stufe eine zerklüftete und natürlichere Erscheinung zu geben und unterschiedlich große Pflanztaschen zu erhalten. Achten Sie weiterhin darauf, die Steine leicht nach hinten anzukippen, stecken Sie kleinere Steine zwischen die großen um die Erde besser festzuhalten und überprüfen Sie die Stabilität der Steine, indem Sie sich darauf stellen. Lockere Steine sind neu einzubetten.

Nun füllt man hinter der zweiten Stufe mehr Erde auf und legt so viele weitere

den Steine wie oben beschrieben leicht nach hinten, indem Sie etwas mehr Erde unter die vordere Kante geben und achten Sie darauf, dass die Steine fest liegen. Die restlichen Steine der ersten Stufe des Steingartens sind in der gleichen Art und Weise

Stufen an wie geplant. Komplettieren Sie dann die Anlage, indem Sie ein oder zwei Steine ganz oben platzieren.

Ist die Gestaltung der Steinlandschaft abgeschlossen, gibt man die eigentliche Pflanzerde in die Spalten zwischen den

Steinen. Das sollte eine Mischung aus drei Teilen Mutterboden, zwei Teilen Kompost und einem Teil grobem Sand sein. Dazu gibt man noch etwas Knochenmehl, alles wird sorgfältig vermischt und verteilt die Mischung etwa 75 mm dick überall dort, wo zwischen den Steinen Erde zu sehen ist. Drücken Sie die Pflanzerde etwas an und setzen Sie dann die Pflanzen ein (5, S. 63).

Nachdem Sie den Steingarten bepflanzt haben, ist alles gut anzugießen und dabei ist darauf zu achten, wo das Wasser durch

Unten: Natürliche Wasserläufe im Garten kann man durch die Anlage von Steinstufen in kleine Kaskaden verwandeln.

Fugen in den Steinen wegläuft. Schließen Sie solche Fugen mit kleinen Steinkeilen. Dann verteilen Sie eine 25 mm dicke Schicht aus grobem Kies überall dort, wo noch Erde sichtbar ist. Durch diese Maßnahme wird das Unkraut zurückgehalten und die Abdeckschicht schützt die Erde im Sommer ähnlich einer Mulchschicht vor zu starker Austrocknung.

Pflege des Steingartens

In einem korrekt angelegten Steingarten (6, S. 63) sollte es keine großen Bewegungen mehr geben, abgesehen davon, dass sich manche Steine leicht setzen werden, wenn die Hinterfüllung durch Regen ver-

dichtet wird. Sollten einzelne Steine doch noch ihre Position ändern, heben Sie diese leicht mit einem Hebel an und packen kleinere Steine darunter. Nach einem Wolkenbruch ist es eventuell nötig, einige Bodenstellen mit neuem Kies zu bedecken.

Variationen über ein Thema

Auf Grundstücken, die nach vorn nicht durch einen Zaun oder eine Mauer begrenzt sind, kann man entlang der Grundstücksgrenze einen lang gestreckten Steingarten anlegen, der nicht nur wunderschön aussehen wird, sondern auch die Grenze genau definiert und übermütige Kinder oder streunende Hunde davon abhält, Ihr

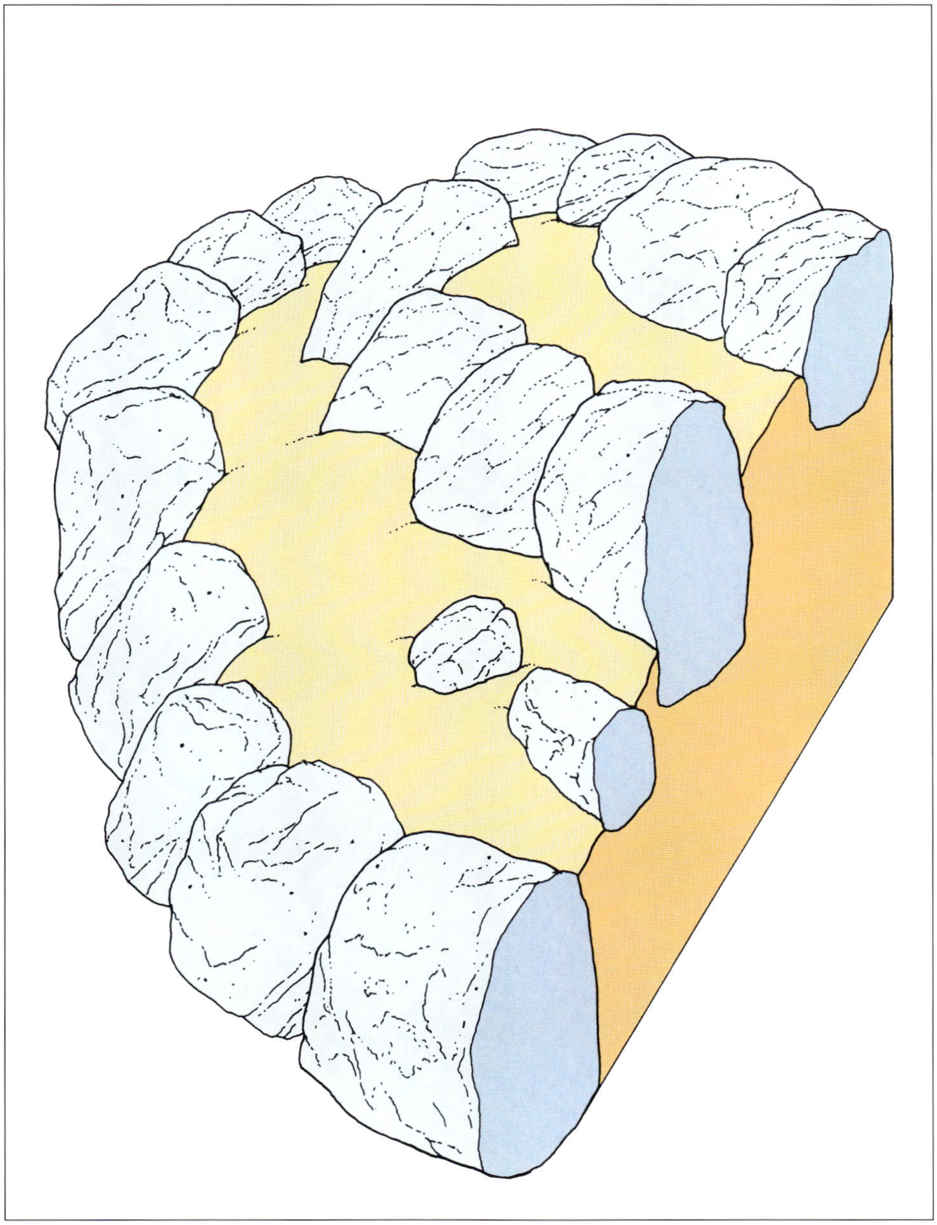

Grundstück zu betreten. Solch ein Steingarten braucht nicht breiter als 1 m und nur etwa 50 cm hoch zu sein und stellt mit seinen Pflanzen das ganze Jahr über einen ungewöhnlichen Blickpunkt dar.

In Gärten an relativ steilen Hängen kann ein vertikaler Steingarten mit einem Wasserfall den optischen Mittelpunkt bilden. Die grundlegenden Elemente einer solchen Konstruktion sind ein geschlossener Wasserkreislauf mit einer Pumpe, die sich in einem Sammelbecken am Fuße des Wasserfalls befindet. Das Wasser muss natürlich daran gehindert werden, durch die Erde wegzusickern und deshalb ist der gesamte Kreislauf wasserdicht anzulegen, d. h. mit stabiler Teichfolie auszukleiden. (Auf den Seiten 76 bis 78 finden Sie weitere Informationen zu diesem Thema.) Die Pumpe kann im Sammelbecken versenkt werden und der nach oben führende Schlauch führt unter der Folie entlang bis zu dem Punkt, an dem das Wasser entspringt.

Ein Wasserfall dieser Art funktioniert am besten mit relativ großen Steinen, die man auf in den Hang gegrabene Stufen bettet. Arbeiten Sie dabei von unten nach oben und beginnen Sie damit, die Vertiefung für den Teich ausschachten. Dieser sollte so breit wie der Wasserfall und fast von überhängenden Steinen versteckt sein. Er kann relativ flach gehalten werden, muss jedoch tief genug sein, um die Pumpe zu verbergen und um ausreichend Wasser für den Wasserfall zu fassen. Nachdem die Stufen ausgeschachtet sind, verlegt man darüber die Teichfolie, die in Form eines Trichters über dem Sammelbecken endet.

Nun verteilt man runden Kies auf jeder Stufe. Er bildet ein Bett für die Steine und verhindert, dass spitze Ecken und Kanten der Steine die Folie beschädigen. Dann setzen Sie die Steine darauf, wobei diese so anzuordnen sind, dass ein möglichst natürlicher Eindruck entsteht und man die Folie darunter nicht mehr sieht. Jeder Stein ist so zu betten, dass seine Oberfläche leicht nach vorn abfällt.

Ganz oben platziert man einen flachen Stein, der leicht nach vorn geneigt ist und den Ausgang des Wasserfalls bildet. Legen Sie den Wasserschlauch bis fast an den vorderen Rand dieses Steines und verdecken Sie ihn mit einem Abdeckstein, der in ein Kieselbett gelegt wird. Komplettieren Sie den Wasserfall, indem Sie kleinere Steine in alle Zwischenräume stecken.

Nun können Sie das Becken füllen und die Pumpe anschalten. Das Wasser wird über und zwischen den Steinen herunterplätschern und sich schließlich im Auffangbecken sammeln, von wo es wieder nach oben gepumpt wird.

Links: Eine Kombination aus Steingarten und Teich macht es möglich, feuchtigkeitsliebende Pflanzen neben alpinen Arten anzupflanzen.

65

Wer das Wort „*Gartenmöbel*" *hört, denkt sicher eher an Tische und Stühle aus Holz oder Korb als an solche aus Stein. Es gibt jedoch unzählige Möglichkeiten, aus Stein stabile, haltbare und natürlich wirkende Sitzgelegenheiten und Tische zu bauen, die auch dann einen attraktiven Blickpunkt im Garten bilden, wenn sie gerade nicht für den ihnen zugeschriebenen Zweck genutzt werden.*

Sitzgelegenheiten aus Stein

Jeder, der schon einmal während eines längeren Spazierganges oder einer Wanderung im Wald Ausschau nach einem bequemen Sitzplatz zum Ausruhen gehalten hat, kann sich die Steinplatte, die ihm im Wald als Sitzplatz oder auch als Tisch für das Picknick gedient hat, bestimmt auch in seinem Garten vorstellen. Die Steinbank – zum Beispiel ein Felsvorsprung an einer Höhlenwand – war vielleicht die erste Sitzgelegenheit der Steinzeitmenschen und die Tatsache, dass sich viele Steine entlang ihrer horizontalen Schichten relativ einfach in Platten spalten lassen, macht die Konstruktion einfacher Gartenmöbel aus Stein zu einer recht unkomplizierten Sache.

Für die einfachste Struktur – eine Bank – braucht man nicht mehr als eine ebene Platte als Sitz und zwei oder drei fest liegende Unterlegsteine. Damit die Sitzfläche gerade aufliegt und nicht auf den Stützen wackelt, sollte man die einzelnen Komponenten der Bank mit Zementmörtel verbinden, mit dem man auch Höhenunterschiede ausgleichen kann.

Rechts: Eine massive Tischplatte auf einem Steinzylinder umgeben von einer steinernen Bank.

Unten: Eine Schieferplatte auf zwei schweren Steinblöcken bildet diesen ungewöhnlichen Gartentisch.

Oben: Diese Sitzgruppe aus Naturstein-platten auf stabilen Steinfüßen vermittelt den Eindruck einer geheimnisvollen prähistorischen Anlage – es fehlen nur noch die Trolle.

Links: Mit dem entsprechenden Einfalls-reichtum kann man auch ungewöhnlich geformte Steine zu Sitzgelegenheiten im Garten arrangieren.

Eine Abwandlung der einfachen Bank ist die Konsolenbank, eine Steinplatte, die in bequemer Sitzhöhe etwas in eine Stein-mauer eingelassen wird. Die Mauer sollte zu diesem Zweck ziemlich massiv sein, da die Steinplatte etwa zu einem Viertel ihrer Tiefe aufliegen muss. Das Gewicht der Mauer, das auf der hinteren Kante der Platte liegt, bildet so ein Gegengewicht zu den auf der Bank sitzenden Personen. Etwas schwieriger ist es schon, eine richtige Bank mit Arm- und Rückenlehnen aus Steinen zu bauen. Die sorgfältige Auswahl der Steine ist die Voraussetzung für eine bequeme und sichere Konstruktion. Die Steine wer-den in Mörtel gebettet und auch die Fugen werden mit Mörtel verfüllt. Eventuell ist eine zusätzliche Verstärkung durch beid-seitig eingelassene, verzinkte Metallstifte notwendig.

Eine besonders attraktive Variante einer Steinbank erhält man, wenn man eine Sitz-fläche in eine Mauer integriert. Die Sitz-platte liegt dabei direkt auf der Mauer auf, die gleichzeitig die Rückenlehne und die Armstützen bildet. Will man eine solche Sitzgelegenheit bauen, sollte man zuerst die Mauer planen, die als eine Art steiner-ner Kasten zu entwerfen ist. Die Vorder-seite dient als Auflage für die Sitzfläche, die Seitenwände sollten etwas höher als die Sitzfläche sein, da sie die Funktion der Armlehnen übernehmen und die Rückseite des steinernen Kastens wird schulterhoch gebaut und bildet entweder selbst die Rückenlehne bzw. dient als Stütze für die schrägen Platten der Rückenlehne. Beim Mauern ist darauf zu achten, dass einige Steine aus den Seitenwänden und aus der Rückwand in den Kasten hineinragen (auf gleicher Höhe wie die Oberkante der Vor-derseite), um Auflager für die Sitzplatte zu schaffen. Die Seitenwände und die Rückwand werden dann bis zur erforderlichen Höhe gemauert und mit einer Krone abgedeckt, damit kein Regenwasser in die Mauer eindringen kann.

Nach Fertigstellung der Grundkonstruktion wird die Sitzplatte mit Mörtel auf die vordere Mauer und die Auflagersteine gelegt. Danach kann die Rückenlehne befestigt werden. Die Steinplatten der Rückenlehne sind so zu positionieren, dass deren Unterkante auf der Sitzfläche aufliegt und sie eine leichte Neigung nach hinten aufweisen. Zur Befestigung ist wiederum Mörtel zu verwenden, mit dem auch die Fugen zwischen der Sitzfläche und den Steinen der Rückenlehne ausgefüllt werden. Sitzbänke dieser Art können unterschiedliche Formen haben – sie können gerade oder leicht geschwungen sein oder auch in Form eines Hufeisens gebaut werden.

Bequemlichkeit

Der Nachteil steinerner Sitzmöbel besteht darin, dass sie meist ziemlich kalt oder auch feucht sind, es sei denn, sie haben mindestens eine Stunde lang in voller Sonne gestanden. Deshalb sollte man entweder passende Lattenroste aus Holz fertigen, das außerdem mit Holzschutzmitteln zu behandeln ist, oder Sitzkissen nähen. Während man die Holzauflagen im Prinzip die ganze Gartensaison über draußen lassen kann, sollte man die Kissen nur dann hinaus legen, wenn man sie benötigt und die Unterseite außerdem aus einem wasserdichten Material fertigen. Die ideale Füllung für solche Kissen ist Latexschaum, denn er nimmt keine Feuchtigkeit auf.

Bau von Steintischen

Das Wichtigste an einem Steintisch ist natürlich die Tischplatte. Diese kann entweder aus einer grob behauenen Sandstein- oder Kalksteinplatte mit unregelmäßiger Form oder auch einer Schiefer- oder Marmorplatte mit glatter Oberfläche bestehen – abhängig vom gewünschten optischen Effekt und von den in der Gegend verfügbaren Steinen.

Die Tischplatte kann man auf einen mittigen Fuß, also einen rechteckigen oder zylinderförmigen Steinblock auflegen, was besonders bei den massiveren und unregelmäßig geformten Tischplatten sehr gut wirkt. Fuß und Platte sind dabei fest mit

Mörtel zu verbinden, damit die Platte nicht herunterfallen kann. Rechteckige Platten kann man auch auf zwei Stützen legen, die sicher in den Boden einzulassen sind und zwar jeweils so tief, dass die Oberkanten auf gleicher Ebene liegen.

Die dritte Variante ist etwas komplizierter zu verwirklichen als die bereits genannten und eignet sich für quadratische oder rechteckige Tischplatten. Dabei werden, wie auf dem Foto auf Seite 68 gezeigt, an jeder Ecke der Tischplatte stabile Steinsäulen in den Boden eingelassen.

Gemauerte Füsse

Im Gegensatz zu den Sitzflächen und Tischplatten, die natürlich aus einer großen Platte bestehen müssen, können die Stützen oder Füße durchaus auch aus kleineren Steinen gemauert werden, wie auf dem Foto unten zu sehen ist. Dabei ist jedoch zu empfehlen, eine Armierung in Form eines Stahlankers einzumauern, damit die Stütze auch lateralen Bewegungen widerstehen kann, da die Tischplatte meist sehr schwer ist und das Einstürzen des Fußes bzw. der Füße schwere Unfälle verursachen könnte.

Bevor man beginnt, einen Fuß bzw. Füße

für einen Steintisch zu mauern, sollte man ein flaches Betonfundament für diese anlegen. Außerdem sind ein oder zwei Stahlanker auf die erforderliche Länge zuzusägen und mit dem L-förmigen Ende in das Fundament einzubetonieren. Die Stahlanker sind so lange zu stützen, bis der Beton vollständig ausgehärtet ist. Danach kann der Fuß um die Stahlanker herum bis zur erforderlichen Höhe aufgemauert werden. Ist das Ende des Stahlankers erreicht, gibt man reichlich Mörtel auf die Oberkante des Fußes oder der Füße und legt darauf die Tischplatte.

Unten: Die speziell zugeschnittenen und polierten Trittstufen, die Tischplatte und die Sitzfläche der Bank liegen auf Stützen, die aus kleineren Steinen unterschiedlicher Farbe gemauert wurden. Für den Fuß der Bank sowie den des Tisches sind Armierungen erforderlich.

Ein Teich *ist eines der interessantesten Gestaltungselemente in einem Garten, da er diesen um ein weiteres Element bereichert – Wasser. In einem solchen Feuchtbiotop können Zierfische und Wasserpflanzen ein Zuhause finden, in den Uferzonen gedeihen verschiedene Sumpfpflanzen und die Wasserstelle zieht viele nützliche Tiere an – Vögel, Frösche, andere Kriechtiere und Insekten. Durch geschickte Standortwahl kann der Teich zum Mittelpunkt eines jeden Gartens werden, wobei Form, Grösse und Baumaterial auf das Gartendesign abzustimmen sind.*

Jeder sollte sich zuerst einmal darüber im Klaren sein, dass die Anlage eines Gartenteiches keine reine Bauarbeit ist. Zwar benötigt man unter Umständen nur einen Tag um eine wasserdichte Vertiefung im Boden anzulegen und diese mit Wasser zu füllen; die Pflanzen brauchen jedoch längere Zeit, um sich im Wasser und in den Uferzonen anzusiedeln und heimisch zu werden. Deshalb kann es durchaus eine Gartensaison oder auch zwei dauern, bis der Teich sein natürliches Gleichgewicht gefunden hat. Dann jedoch kann man ihn getrost sich selbst überlassen und braucht nur noch hin und wieder ordnend eingreifen.

Dichtungsmaterial

Das Wichtigste an einem künstlich angelegten Teich ist das wasserdichte Material, mit dem die ausgehobene Vertiefung auszukleiden ist. Dabei hat man verschiedene Optionen. Die einfachste Methode ist der Einbau eines Fertigteiches aus glasfaserverstärktem Polyester oder PVC. Solche Teiche gibt es in vielen verschiedenen Formen und Größen, wobei die größten etwa vier Meter lang sind. Meistens haben Fertigteiche eine neutrale graue oder schwarze Farbe, manche Hersteller bieten jedoch

auch Teichmulden in hellbeige oder blau an. Manche haben bereits Kanten, die so geformt sind, dass sie Steinen oder Pflaster ähneln, bei anderen ist die Randzone durch Natursteine einzufassen, die die Kanten verdecken und dafür sorgen, dass sich der Teich gut in die Umgebung einfügt.

Der Einbau eines Fertigteiches ist relativ einfach: Man gräbt ein Loch in der erforderlichen Tiefe und Breite und versenkt die Teichmulde darin, wobei man darauf achten sollte, dass sie ganz waagerecht steht und überall gleichmäßig aufliegt.

Eine Teichmulde aus Kunststoff ist in jedem Fall die teuerste Variante eines Gartenteichs; Fertigteiche aus glasfaserverstärktem Polyester kosten etwas mehr als solche aus PVC, sind jedoch stabiler. Trotzdem sollte man sich beim Einbau auf keinen Fall darauf stellen. Beide Arten halten

Rechts: Ein erhöhtes Bassin, hier aus Natursteinen gemauert und von einem Steingarten umgeben, ist die einfachste Teichform.

Unten: Minimalistische Wasserlandschaft: eine kleine Fontäne, die aus einem Bett von Pflastersteinen entspringt, vor einer halbkreisförmigen Wand.

Oben: Legt man ein Bassin inmitten einer Terrasse an, kann man die attraktiven Wasserpflanzen immer aus der Nähe betrachten.

etwa 10 Jahre. Sollte doch einmal ein Riss entstehen, kann man diesen selbst reparieren.

Zur Anlage größerer Teiche empfiehlt es sich, Teichfolie zu verwenden. Am häufigsten werden Teichfolien aus PVC eingesetzt, die in unterschiedlichen Stärken (von 0,5 mm bis 2,0 mm) angeboten werden, entweder von der Rolle (2, 4 , 6 oder 8 m breit) oder speziell auf die gewünschten Maße zugeschnitten und gegebenenfalls verschweißt. Die Markenhersteller garantieren eine Haltbarkeit von bis zu 15 Jahren, sowie UV-Beständigkeit und Frostbeständigkeit des Materials. Teichfolie sollte man möglichst an warmen Tagen verlegen, dann passt sie sich der Form des Untergrunds optimal an.

Polyethylenfolien haben ähnliche Eigenschaften wie PVC, enthalten dabei generell weniger Schadstoffe, sind jedoch etwas teurer.

Seit einiger Zeit werden zur Abdichtung von Teichen auch Kautschukfolien angeboten, deren Eigenschaften den PVC- und Polyethylenfolien weit überlegen sind, die jedoch auch erheblich mehr kosten als diese. Kautschukfolien sind UV- und ozon-

beständig, verrottungs- und wurzelfest, problemlos verlegbar und extrem dehnfähig. Sie werden ohne Weichmacher und Chlor hergestellt und sind fisch- und pflanzenverträglich. Kautschukfolien werden als Rollenware in verschiedenen Breiten oder als Maßanfertigung angeboten.

Die neuesten Entwicklungen sind Dichtungsmatten oder Teichbauelemente aus Tonmineralien, die eine völlig natürliche Teichdichtung darstellen.

Eine weitere mögliche Art der Auskleidung ist Beton, der sich vor allem für große oder außergewöhnlich geformte Teiche eignet, denn große Stücken Teichfolie können sehr teuer sein. Allerdings macht das Betonieren viel mehr Arbeit als das Verlegen der Folie und es ist sehr aufwendig, den Teich wasserdicht zu machen. Es besteht immer ein Risiko, dass sich aufgrund von Bodenbewegungen, durch Frostschäden oder durch starke Wurzeln der in der Nachbarschaft wachsenden Pflanzen Risse bilden. Deshalb ist es empfehlenswert, die Teichmulde zusätzlich mit stabiler Plastikfolie auszukleiden, so dass Haarrisse nicht zu Lecks werden, sowie bei großen Teichen den Beton durch Metallgitter zu verstärken.

Betonteiche können nicht sofort bepflanzt werden, da der Kalk im Beton schädlich für Pflanzen und Tiere ist. Um die Wirkung des Kalks zu neutralisieren, füllt man den Teich

dreimal neu und lässt das Wasser jedes Mal eine Woche darin stehen. Man kann auch ein Neutralisationsmittel verwenden oder eine bituminöse, wasserundurchlässige Schicht auftragen, die außerdem die Bildung von Lecks verhindert.

Größe des Teiches

Die Größe des Teiches hängt in erster Linie von Ihren Vorstellungen ab und natürlich von dem Auskleidungsmaterial, für welches Sie sich entschieden haben. Die Proportionen des Teiches sollten jedoch unbedingt mit denen des Gartens harmonieren. Je größer der Teich sein kann, um so besser; winzige Teiche sehen oft nicht nur lächerlich aus, in ihnen kann sich auch kein natürliches Gleichgewicht zwischen Pflanzen und Tieren einstellen. Die einzige bezifferbare Richtlinie betrifft die Anzahl der Fische, die Sie in einem Teich halten können. Grob gesagt sollte für jeweils zehn 50 – 75 mm große Fische ein Quadratmeter Teichfläche bereit stehen. Falls Sie die Absicht haben, größere (und teurere) Fische zu kaufen, lassen Sie sich bezüglich der Anzahl vom Fachhändler beraten.

Form des Teiches

Zu einem Garten mit strengen Formen passt ein quadratischer, rechteckiger oder runder Teich am besten, während in einem naturnah gestalteten Garten unregelmäßige Formen vorzuziehen sind. Fertigteiche gibt es in regelmäßigen sowie in unregelmäßigen Formen und Teichfolie kann in fast jede Form gebracht werden, auch wenn dabei an scharfen inneren Ecken Falten und Überlappungen entstehen.

Betonteiche in geometrischen Formen sollten möglichst in zwei Stufen gegossen werden: zunächst wird der Grund des Teiches betoniert und dann wird aus Sperrholz die Schalung für die Seitenwände gebaut, die nach Erhärten des Teichgrundes zu gießen sind. In die Kanten des Teichgrundes sollten zahnförmige Aussparungen eingearbeitet werden solange der Beton noch nass ist, um die Verbindung zwischen der Grundplatte und den Seitenwänden zu verbessern. Außerdem ist zu empfehlen, beim Betonieren des Teichgrundes ein Metallgitter entlang der Verbindungsstelle einzulegen. Unregelmäßige Teichformen mit abfallenden Uferzonen können durchgehend oder in mehreren Stufen gegossen werden, aber auch hier sind die Verbindungsstellen zwischen den Teilen zu armieren um Rissen vorzubeugen.

In oder über der Erde?

Die meisten gehen automatisch davon aus, dass sich ein Teich in einer Mulde in der Erde befindet und wer sich einen möglichst naturnahen Garten wünscht, wird sicher auch einen solchen anlegen. Hat man sich jedoch für einen formalen Teich entschieden, kann dieser auch erhöht angelegt und durch Mauern eingefasst werden, die im Übrigen auch andere Elemente, wie zum Beispiel Pflanzschalen, Sitzflächen oder Stufen enthalten können. Abgesehen davon ist es möglich, einen Springbrunnen zu installieren oder den Teich in mehreren Ebenen anzulegen, die durch einen Wasserfall verbunden sind. Die erhöhte Option sollte außerdem in Betracht gezogen werden, wenn es sich um einen Garten für eine behinderte oder ältere Person handelt. Ein solches Bassin kann man unter Umständen auch in einen Hang oder in einen Steingarten integrieren, wodurch es zu einem ganz besonderen Blickfang wird.

Auswahl des Standortes

Der richtige Standort des Teiches ist mindestens genauso wichtig wie das Material oder die Form. Ein Teich sollte niemals im Schatten liegen, denn dann können sich die Wasserpflanzen nicht richtig entwickeln. Auch sollten sich keine Laubbäume in direkter Nachbarschaft befinden, da die im Herbst herabfallenden Blätter im Wasser

Rechts: An Hängen hat man die Möglichkeit, das Wasser nach oben zu pumpen, von wo es dann in einer kleinen Kaskade nach unten rinnt.

verfaulen, wenn die Wasseroberfläche nicht regelmäßig gereinigt wird. Der Teich sollte also möglichst direkt von der Sonnen beschienen sein und außerdem etwas windgeschützt liegen. Falls Sie Lichtquellen um den Teich herum (oder auch im Wasser) bzw. die Installation einer Pumpe zur Speisung eines Springbrunnens oder Wasserfalls geplant haben, sollte sich der Teich in der Nähe des Hauses befinden, so dass die Verlegung der Stromkabel nicht zu aufwendig wird. Außerdem können Sie dann den Anblick des Teiches zu jeder Tages- und Nachtzeit vom Haus und von der Terrasse aus genießen.

Wartung und Pflege

Ein Teich in dem sich ein natürliches Gleichgewicht eingestellt hat, erfordert wenig Pflege. Das Wasser reinigt sich selbst und Fische und Pflanzen sind gesund. Wie bereits erwähnt, sollte man abgestorbene Blätter oder Ähnliches möglichst von der Wasseroberfläche entfernen, bevor sie versinken und verfaulen. Im Herbst kann es unter Umständen sinnvoll sein, ein Netz über den Teich zu spannen um eine starke Verunreinigung zu vermeiden. Sollte das Wasser trüb werden, kann man es mit algentötenden Chemikalien behandeln, die man

im Fachhandel erhält; jedoch ist das oft nur eine vorübergehende Phase und es ist durchaus möglich, dass das Wasser von selbst wieder klar wird.

Katzen und auch größere Vögel können zu einem Ärgernis werden, wenn sie versuchen die Fische im Teich zu fangen. Um das zu verhindern, kann man den Teich mit einem Netz überspannen, was jedoch nicht besonders schön aussieht. Eine andere Lösung ist die Aufstellung eines kleinen Schmuckzaunes, von der Art, wie sie auch zur Abgrenzung von Blumenbeeten verwendet werden. Eine Höhe von 15 cm ist ausreichend um Katzen fern zu halten. Sollten Sie in ländlichen Gegenden Probleme mit Reihern haben, die in den Teich waten und die Fische fangen, können Sie entweder die flachen Bereiche mit Netzen abdecken oder um den Teich schwarze Schnüre spannen, die im Prinzip unsichtbar sind.

Die größte Gefahr für die Fische stellt die Vereisung des Teiches im Winter dar. Wenn der Teich länger als einen Tag vereist ist, können die Gase, die bei der Verrottung der Vegetation auf dem Teichgrund entstehen, nicht entweichen und die Fische sterben möglicherweise. Die beste Methode um in Frostperioden wenigstens einen Teil des Teiches eisfrei zu halten, ist eine kleine Teichheizung. Auf keinen Fall sollte das Eis aufgebrochen werden, da das die Fische betäuben oder töten kann. Wenn es nicht möglich war, eine kleine Öffnung im Eis zu erhalten, ist es besser, das Eis auf der Wasseroberfläche zu belassen, bis es von selbst abtaut.

Eis stellt auch in Betonbecken mit steilen Seitenwänden eine Gefahr dar, da die Ausdehnung der Eisoberfläche Risse in den Wänden verursachen kann. Legen Sie die Seitenwände deshalb möglichst mit etwas Neigung nach außen an, so dass die Eisschicht Platz zur Ausdehnung hat.

Beratung durch den Fachmann

Umfassende Beratung bezüglich der Anlage und Pflege eines Gartenteiches erhält man bei den entsprechenden Fachfirmen, deren Adressen Sie im Branchentelefonbuch unter der Rubrik „Teichanlagenbau" finden. Dort erhalten Sie auch alle benötigten Materialien, angefangen von Fertigteichen oder Teichfolie und Teichvlies bis zu Pflanzen, Fischen, Fischfutter, Teichzubehör, Pumpen, Chemikalien, Reparatursätze usw. Manche Hersteller stellen auch hilfreiche Informationsblätter oder Broschüren zum Thema Teichbau zur Verfügung und beantworten bereitwillig alle Fragen über die Wartung von Teichen.

Betonbecken

Es empfiehlt sich nur einen Teich zu betonieren, wenn man sich ein geometrisches Becken in einer Form oder Größe wünscht, in der keine Fertigteiche angeboten werden oder der Teich so groß werden soll, dass die dazu benötigte Folie sehr teuer wäre und das Betonieren die billigere Alternative darstellt.

Dabei sollte man jedoch nicht vergessen, dass die Anlage des Teiches viel länger dauern wird (und Sie diesen auch nicht sofort nutzen können, es sei denn, Sie versiegeln die Oberfläche mit einem dafür geeigneten Material) und dass er später wahrscheinlich mehr Probleme verursachen wird als ein Fertigteich oder ein mit Folie ausgekleideter Teich.

Zwar kann man prinzipiell jede gewünschte Form aus Beton gießen, man sollte jedoch vorher ein paar praktische Überlegungen anstellen. Für einen Teich in einer geometrischen Form benötigt man zum Abstützen der Seiten ein Schalung, die

bei großen Teichen sehr teuer und schwierig im Aufbau sein kann. Beim Betonieren eines Teiches mit unregelmäßiger Form muss man zügig arbeiten, wenn man vermeiden will, dass die Übergangsbereiche zu potentiellen Schwachstellen werden. Der Teich sollte in jedem Fall in der Mitte mindestens 40 cm tief sein, so dass er im Winter nicht bis zum Grund gefrieren kann. Damit es Fische auch bei heißer Witterung kühl haben, ist eine tiefe Stelle von etwa 60 cm einzuplanen. In den flachen Uferbereichen sind Pflanzschalen anzulegen.

Die richtige Mischung

Zum Betonieren eines Teiches sollte man eine Mischung verwenden, die sehr hart wird: 1 Teil Zement, 1 Teil scharfer Sand und 2 Teile grober Kies. Es lohnt sich für eine solche Arbeit in jedem Fall, einen kleinen Betonmischer zu mieten; das spart letztendlich viel Zeit und Kraft. Wenn Sie Transportbeton verwenden möchten, wird Ihr Fachhändler Sie über die richtige Zusammensetzung beraten. Vergessen Sie nicht, dass der Beton relativ schnell verarbeitet werden muß.

Die Mengenberechnung für einen rechteckigen Teich oder ein Bassin in einer anderen geometrischen Form gestaltet sich relativ einfach: Die Grundplatte und die Seitenwände sollten mindestens 10 cm stark sein. Aus Länge, Breite und Dicke können Sie nun die für jede Mauer erforderliche Betonmenge berechnen. Bei Teichen mit unregelmäßiger Form ist die Fläche der zukünftigen Wasseroberfläche zu schätzen und diese Zahl zu verdoppeln. Als Ergebnis erhält man etwa die Oberfläche der Teichmulde, die man dann wiederum mit der Wandstärke multipliziert.

oder Fische eingesetzt werden, ist der Beton entsprechend zu behandeln oder zu versiegeln, so dass kein schädlicher Kalk in das Wasser gelangt. Das kann man erreichen, indem man das Bassin mit Wasser füllt, nach zwei oder drei Tagen wieder leert und diesen Vorgang noch zweimal wiederholt. Eine andere Möglichkeit ist das Auftragen einer speziellen Versiegelungsschicht, wobei die Herstellerhinweise bezüglich der Zahl der Anstriche und der Deckungskraft zu beachten sind. Komplettieren Sie den Teich, indem Sie Steine, Steinplatten oder Ziegel am Rand entlang verlegen und die Fugen mit Mörtel füllen.

Mischt man den Beton selbst, sollte die Mischung nicht zu nass sein, besonders wenn man ohne Schalung arbeitet. Eine zu flüssige Mischung ist an den abfallenden Ufern schwer zu halten.

Anlage des Teiches

Nachdem man den Umriss des Teiches mit Hilfe von Schnur und Pflöcken markiert hat, beginnt man mit dem Ausschachten. Dabei ist auch die Stärke der Wand mit einzuplanen. Bei rechteckigen Teichen sind die Seitenwände so anzulegen, dass sie um etwa 20° nach außen geneigt sind.

Der Boden ist zu ebnen und bei weichem Unterboden ist eine 10 cm starke Schicht Schotter einzustampfen, die man mit einer Lage Sand abdeckt. Ist der Unterboden fest, braucht der Grund lediglich verdichtet zu werden.

Bei einem rechteckigen Teich ist der Grund, bei einem unregelmäßig geformten jedoch die ganze Fläche mit einem Drahtgeflecht auszulegen. Wenn nötig ist das Drahtgeflecht entsprechend zu biegen oder einzuschneiden, um eine gute Passform zu erhalten. Überlappende Enden sind mit Draht zu verbinden.

Gießen Sie nun den Beton in die Mulde. Bei einem rechteckigen Bassin ist zuerst die Grundplatte zu gießen, die gut verdichtet und planeben abgezogen werden sollte. Bei einem unregelmäßig geformten Teich beginnt man in der Mitte und baut nach und nach die Seiten auf. Dabei arbeitet man von einem Brett aus, das man quer über die Teichmulde legt.

Bei rechteckigen Teichen sind nun auch die Seiten mit Drahtgeflecht zu verkleiden und man baut eine Schalung aus Sperrholz und Holzpflöcken. Achten Sie unbedingt darauf, dass die Oberkante der Schalung genau waagerecht ist und alle Seiten auf einer Ebene liegen, weil alle Unregelmäßigkeiten sofort ins Auge fallen, wenn das Bassin mit Wasser gefüllt ist.

Nun wird der Beton in die Schalung gegossen und gut festgestampft. Die Oberkante aller Seitenwände ist plan abzuziehen und um die Seitenwände ist ein Sims anzulegen, der als Tragschicht für die umlaufenden Platten dient. Nach dem Betonie-

ren ist der Teich mit Plastikfolie abzudecken, damit der Beton nicht zu schnell aushärtet.

Danach können kleinere Elemente, wie beispielsweise ein Wasserbecken oberhalb des Teiches (2) und ein Wasserfall (3) angelegt werden oder man kann die Betonoberfläche mit einem farbigen Putz versehen (4).

Schalungen sind nach etwa 14 Tagen zu entfernen und die Seiten sowie die Grundplatte des Bassins sind mit einem 25 mm starken Mörtelputz (1 Teil Zement : 3 Teile Sand) zu überziehen. Als zusätzlichen Schutz kann man noch eine wasserdichte Beschichtung auftragen. Bevor Pflanzen

Wartung

Das größte Problem bei Betonbassins besteht darin, dass sich aufgrund von Bodenbewegungen Risse bilden können. Das geschieht häufiger bei rechteckigen Bassins als bei unregelmäßig geformten. Das Einzige, was Sie in einem solchen Fall tun können, ist den Teich zu leeren und die Risse mit einem Dichtungsmaterial oder mit Mörtel zu verschließen.

Unten: Selbst der kleinste Teich kann durch einen Miniaturwasserfall und abgestufte Uferzonen sehr lebendig wirken.

Teich mit Folienauskleidung

Teichfolien sind einfach und schnell zu verarbeiten und passen sich jeder gewünschten Teichform an – zur Anlage eines Teiches mit Teichfolie benötigt man lediglich eine entsprechende Vertiefung im Boden oder ein gemauertes Bassin und Teichfolie in der erforderlichen Größe.

Planung

Zuerst ist die Entscheidung über den Standort, den Stil und die Form des Gartenteichs zu treffen. Meistens wird dazu einfach eine Vertiefung in die Erde gegraben, alternativ kann man jedoch auch ein erhöhtes Bassin anlegen – entweder in freier Form, vielleicht umgeben von einem Steingarten, oder auch ein geometrisches Becken umgeben von Mauern und einer Brüstung. Bei Teichen an einem Hang muss man eine Vertiefung ausschachten, sowie eine Böschungsmauer errichten.

Zur Planung eines naturnahen Teiches nimmt man einfach ein Stück Gartenschlauch oder ein dickeres Seil und legt es in der gewünschten Form auf dem Boden aus (1). Man sollte die Wirkung der gewählten Form auch aus einigem Abstand oder von einem höher gelegenen Fenster aus beurteilen und gegebenenfalls Korrekturen vornehmen. Die Vorbereitungen für einen erhöhten Teich sind etwas aufwendiger, ein Vorteil dabei ist jedoch, dass man sich bei den Arbeiten nicht so oft bücken muss und dass man die Ränder der Teichfolie sehr gut unter der letzten Reihe Mauersteine verstecken kann.

Auch ist jetzt schon die Tiefe des Teiches zu berücksichtigen. Kleine Teiche sollten mindestens 38 cm tief sein, Teiche mit einer Oberfläche zwischen 2,5 und 9 m² mindestens 45 cm tief und Teiche mit einer Oberfläche bis zu 20 m² mindestens 60 cm tief. Das sind Empfehlungen für den tiefsten Bereich des Teiches, wenn eine Randbepflanzung vorgesehen ist, werden die Randzonen natürlich flacher gestaltet.

Mengenberechnung

Die meisten Anbieter von Teichfolien verwenden eine Standardformel um die Größe der benötigten Teichfolie zu berechnen. Die Länge errechnet sich aus der Gesamtlänge des Teiches plus dem Doppelten der maximalen Tiefe, die Breite aus der Gesamtbreite plus dem Doppelten der maximalen Tiefe. Da sich das Material dehnt, ist keine weitere Zugabe für die Überlappung der Ränder erforderlich. Für einen 3 x 2 m großen Teich mit einer Tiefe von 45 cm benötigt man also ein Stück Teichfolie mit den Maßen 4 x 3 m.

Weitere Materialien

Auf dem Untergrund sollte man eine etwa 25 mm dicke Sandschicht aufbringen, es sei denn, der Boden ist praktisch steinfrei. Ein Kubikmeter Sand reicht bei dieser Dicke für etwa 37 m². Zusätzlich kann man die Lebenszeit des Teiches verlängern, wenn man die Vertiefung mit einem speziellen Teichvlies auskleidet, das über dem Sandbett verlegt wird. Es wird meist in einer Breite von 2 m angeboten und einfach in die Vertiefung gelegt, wobei die Kanten überlappen sollten.

Legt man einen Teich in einer Rasenfläche an, kann man den Rasen zwar bis an den Teichrand wachsen lassen, man muss dann allerdings jedes Mal nach dem Mähen die Grashalme aus dem Teich fischen. Besser ist es deshalb, das Teichufer wie in Abbildung 7 gezeigt mit Steinen zu pflastern. Dazu benötigen Sie geeignete Steinplatten, Sand und Zement.

Um ein erhöhtes, von Mauern umgebenes Bassin anzulegen oder zur Anlage eines Beckens vor einer Böschungsmauer braucht man Beton für Streifenfundamente sowie geeignete Natur- oder Kunststeine und Mörtel für die Mauer.

Anlage eines Teiches mit Teichfolie

Sobald die Umrisse des Teiches markiert sind und die Teichfolie eingetroffen ist, kann die eigentliche Arbeit beginnen. Zuerst ist der Bewuchs zu entfernen und der Mutterboden abzutragen, dann beginnt man mit dem Ausheben der Vertiefung (2). Die Rasensoden und den Mutterboden lagert man am besten auf einer geschlossenen Unterlage, d. h. einer stabilen Plastikplane oder auf Brettern. Die Rasensoden können später zur Randgestaltung wieder verwendet werden oder man kann sie kompostieren. Den Mutterboden kann man an anderer Stelle im Garten verteilen oder abtransportieren lassen.

Die Uferzonen sollte in einem Winkel von etwa 20° ansteigen (3). Vergessen Sie da-

5

7

bei nicht, Terrassen anzulegen (etwa 23 cm breit und 23 cm unter der späteren Wasseroberfläche), auf die Sie später Pflanzen setzen. Zum Schluss ist die Rasenkante um den Teichrand herum abzustechen um Platz zu schaffen für die Steine oder Platten, die entlang des Ufers verlegt werden sollen.

Damit der Teich nicht an der tiefsten Stelle des Randes ausläuft, ist jetzt zu überprüfen, ob der Rand auf allen Seiten auf gleicher Höhe liegt. Dazu steckt man am Rand entlang, dort wo später die Platten verlegt werden, kleine Holzpflöcke in die Erde und legt ein Brett mit einer Wasserwaage darüber. Wenn nötig ist die Höhe des Randes entsprechend anzupassen.

Rechts: Der fertige Teich mit Pflanzen, in den nun Fische eingesetzt werden können.

6

GARTENTEICHE

Rechts: Auch im kleinsten Garten gibt es Raum für einen Teich oder ein Bassin. Hier wurde ein einfaches erhöhtes Bassin neben einer Terrasse angelegt.

Achten Sie bei der Gestaltung des Profils darauf, dass aus den Seitenflächen oder dem Grund keine scharfen Steine hervorschauen. Dann bedecken Sie die Vertiefung mit einer 25 mm dicken Schicht feuchtem Sand (4), der wie ein Kissen wirkt und die Teichfolie vor mechanischer Beschädigung durch Steine schützt. Alle Löcher, die durch die Entfernung scharfer Steine entstanden sind, werden mit Sand verfüllt und dieser wird gleichmäßig mit der Hand angedrückt wie im Foto dargestellt.

Nachdem gegebenenfalls das Teichvlies verlegt wurde, ist die Teichfolie lose in die Vertiefung zu legen und zwar so, dass sie an allen Rändern etwa gleich viel übersteht. Darauf werden in Abständen Steine gelegt, damit sich die Folie beim Einfüllen des Wassers gleichmäßig dehnt.

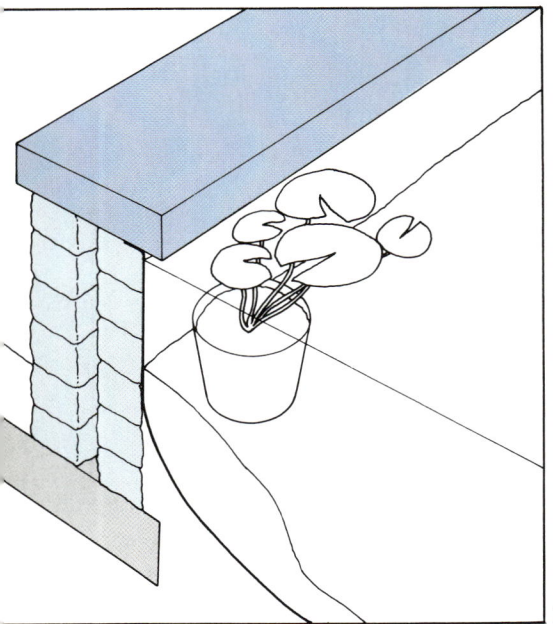

Nun beginnt man den Teich mit Wasser zu füllen (5) und nimmt die Steine nach und nach vom Rand weg, damit die Folie sich der Form der Vertiefung anpassen kann. Ein paar Falten sind dabei unvermeidlich, größere Falten kann man jedoch mit der Hand glätten.

Wenn der Teich ganz gefüllt ist, schneidet kann man die überstehende Folie an den Rändern ab (6), wobei man überall etwa 15 cm stehen lässt. Heben Sie ein paar kleinere Stücke auf, falls damit später irgendwann einmal ein Riss oder Loch ausgebessert werden muss.

Die Platten oder Steine der Randbefesti-

gung sind satt in Mörtel zu verlegen und zwar so, dass sie etwa 5 cm über den Rand des Teiches stehen und die Fugen sind zu verfüllen. Grenzen die Platten an eine Rasenfläche, ist darauf zu achten, dass ihre Oberfläche etwas unter dem Niveau der Rasenfläche liegt, so dass man beim Mähen das Blatt des Rasenmähers nicht beschädigt.

Der Teich ist nun so weit aufzufüllen, bis sich die Wasseroberfläche etwa 25 mm unter der Unterseite der überstehenden Randplatten befindet, so dass der sichtbare Rand der Teichfolie (der auch schädlichen UV-Strahlen ausgesetzt ist) auf ein absolutes Minimum begrenzt wird.

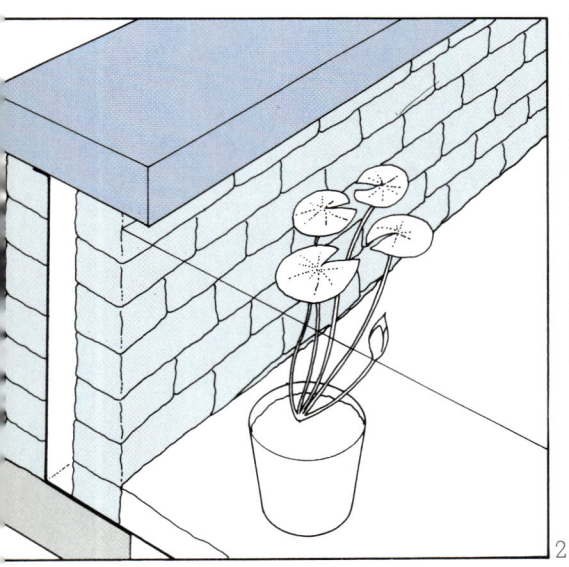

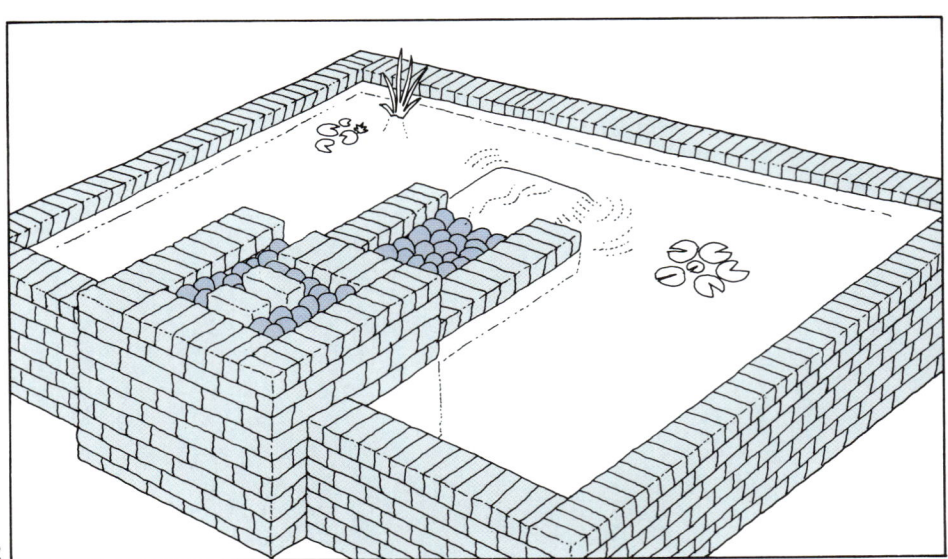

Die Pflanzen sollte man erst nach ein paar Tagen ansiedeln und ihnen dann genügend Zeit geben sich einzuleben, bevor man Fische einsetzt.

Anlage eines erhöhten Bassins

Für jede Mauer um ein erhöhtes Bassin und für Böschungsmauern an Becken, die vor einem Hang liegen, benötigt man ein Fundament, das so angelegt wird, wie ein Fundament für jede andere Gartenmauer auch.

Gemauerte Bassins kann man entweder einschalig bauen und die Teichfolie darin verlegen (1) oder auch zweischalig, wobei die Teichfolie zwischen den beiden Mauerschalen verlegt wird (2). Die zweite Methode hat den Vorteil, dass die Folie an den Seiten des Beckens nicht sichtbar ist und auch nicht so schnell durch mechanische Einwirkung oder Sonneneinstrahlung beschädigt werden kann.

Der Standort, die Größe und die Form des Bassins sind sorgfältig zu planen und dann ist die Vertiefung für das Fundament auszuschachten. Den Beton lässt man mindestens 48 Stunden aushärten.

Ist das Bassin so geplant, dass sein Grund tiefer als der Garten liegt, sollte nun der mittlere, tiefe Teil ausgeschachtet werden. Die Pflanzterrassen legt man etwa auf der Höhe der Fundamentoberfläche an. Man entfernt spitze Steine und füllt eine Schicht Sand ein, wie bei der Anlage von naturnahen Teichen beschrieben.

Dann ist die Mauer des Bassins bzw. die Böschungsmauer zu errichten, wobei man darauf achten sollte, dass die oberen Ränder genau waagerecht verlaufen. Das ist ganz besonders wichtig bei einer kompletten Ummauerung, denn ein Höhenunterschied würde nach Einfüllen des Wassers deutlich sichtbar sein. Der Mörtel muss 48 Stunden aushärten, bevor die Teichfolie verlegt werden kann. Die Teichfolie sollte an den Rändern des Bassins gleichmäßig überstehen und die Falten, die bei quadratischen und rechteckigen Becken an den Kanten entstehen, sind sauber übereinan-

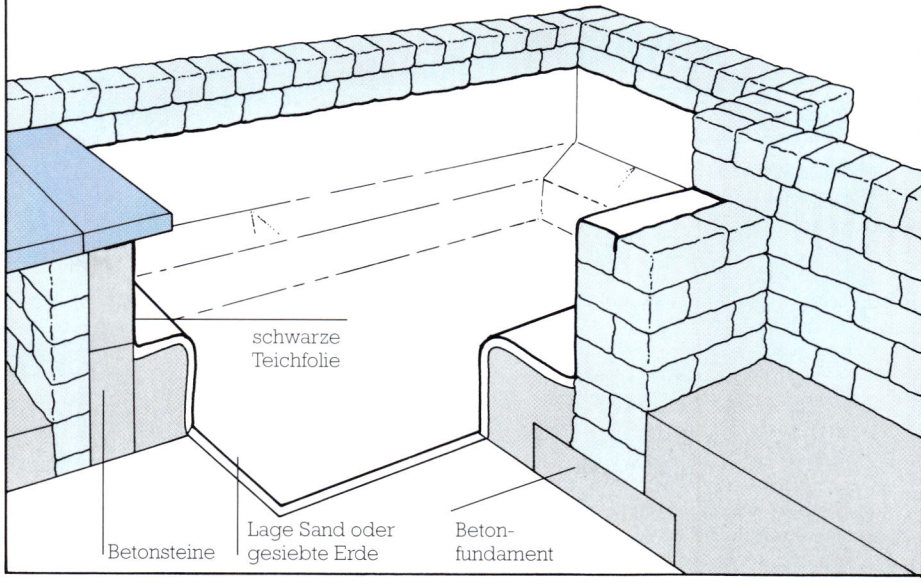

schwarze Teichfolie

Betonsteine

Lage Sand oder gesiebte Erde

Betonfundament

der zu legen. Dann beschwert man die Folie vorübergehend mit Steinen, die oben auf die Mauer gelegt werden.

Bei einer zweischaligen Mauer wird nun die innere Schale errichtet. Dabei sollten Sie möglichst von außen arbeiten, um die Teichfolie nicht zu beschädigen. Jede Reihe Mauersteine ist auf waagerechte Ausrichtung zu prüfen und die letzte Reihe sollte natürlich bündig mit der äußeren Mauerschale abschließen. Dann säubert man die Fugen und entfernt alle Mörtelkleckse.

Nun wird das Wasser eingefüllt. Dabei werden die Beschwerungssteine nach und nach entfernt, und die Falten in den inneren Ecken geglättet. Wenn das Bassin gefüllt ist, kann man die überstehende Folie an den Rändern abschneiden, wobei man etwa die halbe Mauerbreite überstehen lässt. Zum Schluss verlegt man die Abdecksteine, mit denen der Folienrand festgehalten und verdeckt wird und füllt das Bassin so weit, bis der Wasserspiegel kurz unter den Abdecksteinen steht.

Bassins aus zweischaligem Mauerwerk sind nun zweimal zu leeren und wieder zu füllen, um die Wirkung des im Mörtel enthaltenen Kalks zu neutralisieren. Dann sind wie bei anderen Teichen auch erst die Pflanzen und etwas später die Fische einzusetzen.

Wasserspiele

Der Wunsch nach Wasser im Garten wird meist durch die Installation eines Springbrunnens oder die Anlage eines Wasserfalls in einem bestehenden Gartenteich verwirklicht. Doch auch wenn Sie keinen Teich haben oder Ihr Garten ohnehin zu klein für einen solchen wäre, können Sie kleine Wasserspiele installieren oder eine Miniaturversion eines Teiches mit Springbrunnen anlegen bzw. ein kleines Bassin aufstellen. Alles, was man dazu benötigt, ist ein Wasserbehälter (der bis zur Oberfläche oder noch etwas tiefer in die Erde versenkt wird) eine kleine Pumpe und ein Stück Gartenschlauch oder ein dünnes Rohr um alles zu verbinden und einen Wasserkreislauf herzustellen. Das Wasser lässt man an der höchsten Stelle aus einem Gefäß laufen, zum Beispiel aus einer schönen Schale, einem steinernen Vogelbad, einem an der Mauer befestigten Wasserspeier oder auch aus einem frei stehenden Speier spritzen, zum Beispiel einem Delphin. Es läuft dann nach unten in den Sammelbehälter, von wo es mit der Pumpe wieder zum Ausgangspunkt des Kreislaufs befördert wird. Man braucht das ganze System nur gelegentlich auffüllen um Verluste durch Verdunstung und Verspritzen auszugleichen.

Viele Lieferanten von Teichzubehör haben eine ganze Reihe von Wasserspeiern, Teichfiguren mit unterschiedlichen Spritzbildern im Angebot, die leicht und schnell zu installieren sind, sofern eine Stromquelle für die Pumpe vorhanden ist. Die einfachsten Kreisläufe bestehen aus einem kleineren oder größeren Wasserbehälter, der ähnlich wie eine Pflanzschale einfach auf den Boden gestellt und mit großen Kieseln gefüllt wird. In der Mitte befindet sich ein kleiner Springbrunnen, ein Wasserrad oder eine andere Figur.

Selbstbauer können natürlich den Wasserspeier oder die Teichfigur ihrer Wahl in einem Wasserbecken in oder über der Erde installieren. Das kann ein mit Teichfolie ausgelegter Teich oder ein Fertigteich sein, eine offene Wasserfläche oder ein mit Kieseln gefülltes Becken.

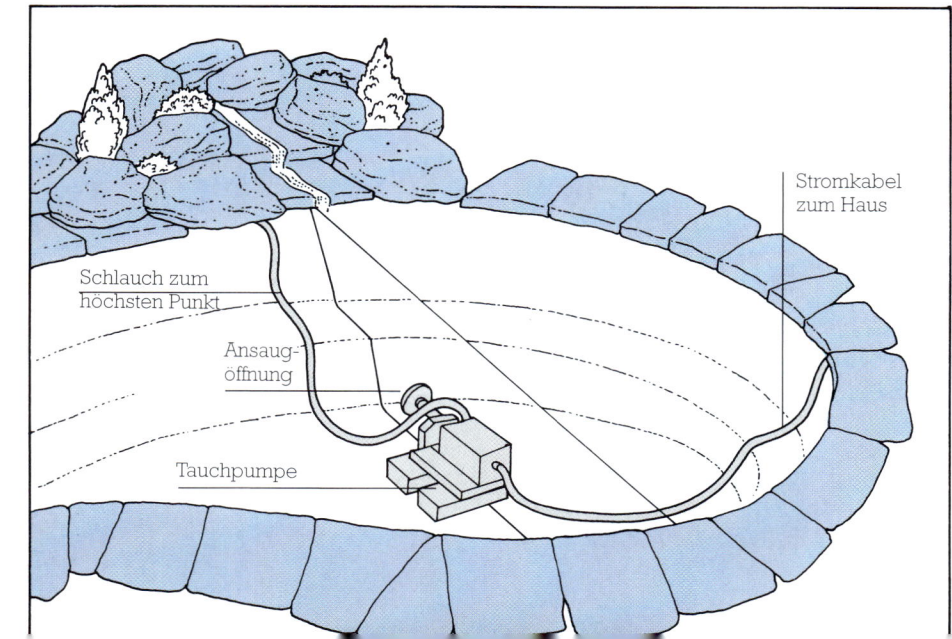

Stromkabel zum Haus

Schlauch zum höchsten Punkt

Ansaugöffnung

Tauchpumpe

In diesem vorletzten Kapitel *des ersten Abschnitts werden einige kleinere Projekte beschrieben, die man durchaus an einem Wochenende realisieren kann – vielleicht um einer grösseren gemauerten Anlage den letzten Schliff zu geben oder einfach um den Garten mit einem besonders dekorativen Stück zu verschönern. Alle beschriebenen Projekte erfordern nur wenig Zeit und Geld, können jedoch einen ganz neuen Blickpunkt im Garten schaffen.*

Aufstellung einer Sonnenuhr

Eine steinerne Sonnenuhr ist ein besonders interessantes und dekoratives Element in jedem Garten. Abgesehen von ihrem gestalterischen Wert wird Sie an Sonnentagen mit Sicherheit einen magischen Anziehungspunkt für Besucher und vor allem für Kinder bilden, die von dieser althergebrachten Art der Zeitbestimmung fasziniert sein werden.

Die wesentlichen Bestandteile einer Sonnenuhr sind das Zifferblatt und der Schattenwerfer (Gnomon). Diese kann man selbst herstellen, aber das ist schon eine kleine Wissenschaft für sich und man sollte sich dazu im Buchhandel oder Internet eine Anleitung beschaffen. Auf jeden Fall ist es wichtig, dass der Winkel zwischen Schattenwerfer und Zifferblatt dem Breitengrad Ihres Wohnortes entspricht.

Einfacher und schneller ist es natürlich, eine fertige Sonnenuhr zu kaufen und diese auf einer Säule oder einem Podest zu befestigen. Dabei sollte der Standort sorgfältig ausgewählt werden, damit die Sonne auch im Winter, wenn sie erheblich flacher steht, darauf scheint.

Die hier gezeigte Sonnenuhr besteht aus vier Steineelementen. Der Sockel wird durch zwei unterschiedlich große Steinplatten geformt, deren obere und untere Seite völlig glatt und eben und deren Kanten nur grob behauen sind. Die Säule verjüngt sich nach oben hin geringfügig und ist ebenfalls nur grob behauen. Die Auflagefläche für die Sonnenuhr ist eine achteckige Steinplatte – ein Quadrat dessen Ecken im Winkel von 45° abgeschnitten wurden – ebenfalls mit geschliffener Ober- und Unterseite. Die Sonnenuhr selbst kann entweder direkt auf der Oberfläche der Auflage befestigt oder in eine flache Vertiefung, die in den Stein geschliffen wurde, gesetzt werden.

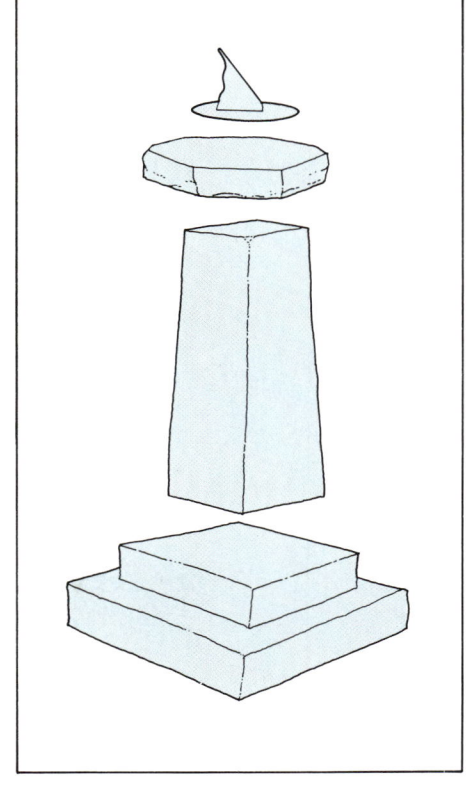

Pflastern um Bäume

Es kommt immer wieder vor, dass man eine Fläche befestigen möchte oder muss, auf der bereits Bäume oder Sträucher wachsen. Damit deren Wurzeln weiterhin mit Luft und Wasser versorgt werden, kann man das Pflaster natürlich nicht bis direkt an den Stamm verlegen. Eine mögliche Lösung ist es, um den Baumstamm einen Rand von etwa 30 cm zu lassen, wobei die umliegende Pflasterfläche eine leichte Neigung in Richtung des Baumstammes aufweisen sollte, damit das Regenwasser dorthin abläuft. Um zu verhindern, dass sich auf den unbefestigten Flächen Unkraut ansiedelt, verlegt man große runde Kiesel in einem Sandbett. So erhält der Baum genügend Wasser und der dicker werdende Stamm beschädigt die Pflasterfläche nicht.

Auswahl des Materials

Als Trittsteine eignen sich alle flachen Naturstein-, Beton- oder Kunststeinplatten wie sie häufig für Terrassen und Gartenwege verwendet werden – quadratisch, rechteckig, sechseckig oder kreisförmig – je nachdem, was zum Charakter der Gartenanlage passt. Die angebotenen Farbtöne variieren von gelb und gelbbraun bis zu rot, grün und grau.

Natursteinplatten sind ideale Trittsteine. Oft scheint es, als ob sie schon ewig im Boden liegen und gar nicht von Menschenhand verlegt wurden. Die am häufigsten verwendeten Gesteinsarten sind Granit, Kalkstein und Sandstein, deren Farbspektrum von grau über gelbbraun bis rot reicht und die sich entlang der ursprünglichen Sedimentschichten relativ einfach in Platten

Links: Eine Reihe kleiner Trittsteine im Rasen verlegt wirkt unaufdringlich und sorgt bei Regenwetter für trockene Füße.

Unten: Achten Sie darauf, dass die einzelnen Steine bündig mit der Oberkante des Bodens abschließen oder leicht darunter liegen, damit die Schneide des Rasenmähers nicht beschädigt wird.

Verlegen von Trittsteinen

Trittsteine als Alternative zum traditionellen Gartenweg kann man auf unterschiedliche Art verlegen, beispielsweise quer über die Wiese zum Schuppen oder Gewächshaus oder zu einem optischen Mittelpunkt, wie beispielsweise einer Sitzgelegenheit oder einem Vogelbad. So schafft man die Möglichkeit, sich auch bei nassem Wetter und weichem Boden trockenen Fußes im Garten zu bewegen. Ein weiterer nicht zu unterschätzender Vorteil von Trittsteinen sind die geringen Kosten. Die durchgängige Pflasterung eines längeren Gartenweges kann ziemlich teuer werden, während ein paar Trittsteine nur ein vergleichsweise kleines Loch in die Haushaltskasse reißen.

Trittsteine lassen sich auch mit anderen Wegmaterialien kombinieren. Ein Pfad aus Trittsteinen in Kies oder Rindenmulch verlegt wirkt sehr attraktiv, ist preisgünstig in der Anlage und einfach zu pflegen.

Auch im Gemüsegarten oder in breiten Blumenbeeten, wo es ansonsten unmöglich ist, den hinteren Teil zu bearbeiten ohne den Boden festzutreten, sind Trittsteine sehr praktisch. Ein paar strategisch platzierte Steinplatten können das Problem lösen und Ihnen verschlammte Gartenschuhe ersparen.

Trittsteine und Wasser passen ebenfalls gut zusammen. Falls Ihr Garten von einem kleinen Bachlauf durchflossen wird oder Sie einen flachen Teich bzw. ein flaches Wasserbassin haben, können Trittsteine eine Möglichkeit sein, das Wasser zu durchqueren. Auch kann man von den Steinen aus die Wasserpflanzen pflegen oder störenden Algenwuchs entfernen.

spalten lassen. Größere Steinbrocken eignen sich vor allem für Teiche oder Blumenbeete. Schiefer ist ebenfalls ein sehr attraktiver Stein, kann jedoch bei feuchter Witterung glitschig werden, es sei denn, man wählt ganz gezielt gefurchte Steine mit rauer Oberfläche aus.

Steine im Rasen verlegen

Steine im Rasen zu verlegen ist besonders einfach, da sie durch die umgebende durchwurzelte Erde an ihrem Platz gehalten werden. Schneiden Sie sich aus Pappkisten eine Reihe von Steinplattenimitationen, mit denen Sie erst einmal ein bisschen experimentieren, um den optimalen Verlauf des Weges und den günstigsten Abstand zwischen den Trittsteinen zu bestimmen. Dabei können Sie auch genau feststellen, wie viele Platten erforderlich sind.

Dann markieren Sie die künftige Position der Platten mit kleinen Holzpflöcken, die Sie in den Rasen stecken. Drei Pflöcke pro Platte sind für diese Zwecke ausreichend. Nach Anlieferung der Platten sind diese probeweise zu verlegen. Man prüft das Erscheinungsbild möglichst von einem etwas höher gelegenen Standort, zum Beispiel von einem Fenster in der oberen Etage und kann einen Helfer im Garten mit kleinen Änderungen der Anordnung beauftragen.

Mit einem schmalen Spaten sticht man nun den Rasen rund um die Kanten des Trittsteines ein und zwar etwas tiefer, als die Platten stark sind. Dann legt man den Stein zur Seite und hebt vorsichtig die Grasnarbe ab. Wenn man diese nicht zum Ausbessern von Kanten oder anderen kahlen Stellen im Rasen verwenden kann, wird sie kompostiert. Nun entfernt man große Steine und Wurzeln und gibt eine etwa 25 mm dicke Schicht gesiebte Erde oder Sand in die Vertiefung. Darin kann man die Trittplatten ausgezeichnet betten, so dass sie trittfest liegen.

Die Platte ist auf das so vorbereitete Bett zu legen und mit einem dicken Stück Holz oder einem schweren Gummihammer festzuklopfen. Sie sollte eben und geringfügig unter der Oberkante des umgebenden Bodens liegen, so dass man bequem mit dem Rasenmäher darüber fahren kann. Wenn nötig ist der Stein noch einmal anzuheben um Erde oder Sand nachzufüllen bzw. wegzunehmen. Abschließend gibt man etwas Erde oder Sand in die Fugen, die um die Trittplatte herum entstanden sind, oder umlegt sie mit Stücken der abgestochenen Rasensode.

Verlegung von Platten in einem Wasserlauf oder Teich

Verlegt man Trittplatten in einem Wasserlauf oder Teich, ist der Gründung etwas mehr Aufmerksamkeit zu widmen, denn die Trittsicherheit ist hier sehr wichtig. Als Erstes ist die Wassertiefe an der Stelle, an der die Platten liegen sollen, zu messen und der Untergrund ist zu prüfen. In natürlichen Teichen und Wasserläufen wird der Grund aus Erde oder Kies bestehen, in einem künstlichen Teich aus Beton, Teichfolie oder einer starren Plastikschicht. Auf Teichfolie sollten keine Steine verlegt werden, denn diese kann dadurch Löcher oder Risse bekommen. Ein Betonuntergrund bereitet in dieser Hinsicht keine Probleme.

Dann ist die Entscheidung über die Art der Trittplatten zu fällen. Für ein rechteckiges Wasserbassin eignen sich wahrscheinlich Gehwegplatten am besten, sie werden so auf ein Fundament aus gemauerten Ziegeln oder einen Steinsockel gesetzt, dass ihre Oberfläche gerade ein Stück aus dem Wasser hervorschaut. Um in flachen Teichen oder Wasserläufen eine natürlichere Wirkung zu erzielen, sollten Sie ausreichend dicke Steinblöcke mit flacher Ober- und Unterseite auswählen, die etwa 5 cm aus dem Wasser ragen.

In natürlichen Teichen und Wasserläufen können die Steine einfach auf den Boden des Gewässers gelegt werden. Dazu ist mit einer Schaufel eine flache Vertiefung auszuheben und der Stein dort hinein zu legen. Um den Stein herum ist etwas Erde anzuhäufeln, damit er an seinem Platz bleibt. Will man ganz sichergehen, dass der Stein

seine Lage beibehält, schlägt man um ihn herum kleine Metallpflöcke in den Boden, deren Oberkanten sich unterhalb der Wasseroberfläche befinden sollten. Wenn möglich verwendet man dazu nicht rostendes Metall (Aluminiumpflöcke sind ideal), denn durch Rost kann sich das Wasser des Teiches verfärben.

In künstlichen Teichen muss man wahrscheinlich den Wasserspiegel absenken um den Sockel zu mauern. Das Wasser lässt man einfach durch einen Gartenschlauch ab, den man jedoch dabei im Auge behalten sollte, denn die Saugwirkung führt sonst dazu, dass der Teich vollständig entleert wird.

Den Sockel errichtet man aus hart gebrannten Ziegeln oder anderen geeigneten Mauersteinen und Mörtel mit einem speziellen Zuschlagstoff, der diesen wasserresistent macht. Für eine quadratische Platte mit 45 cm Seitenlänge benötigt man einen etwa 35 x 35 cm großen Sockel. Der Sockel ist ungefähr bis zur Höhe des normalen Wasserspiegels zu errichten. Nach dem Säubern der Fugen sollte der Mörtel mindestens 48 Stunden aushärten, bevor der Teich wieder neu gefüllt wird.

Große Steinblöcke kann man einfach in ein Mörtelbett auf dem Grund des Teiches setzen, wozu es natürlich auch erforderlich ist, das Wasser abzulassen. Mit Schiefer oder Ziegeln kann man das so entstandene Fundament gegebenenfalls etwas erhöhen. Nachdem der Stein auf das Fundament gebettet wurde, ist die Unterkante mit einem Mörtelkragen zu versehen.

Rechts: Über Trittstufen kann man durch einen flachen Teich oder Bachlauf in einen anderen Teil des Gartens gelangen.

Bau eines Pflanztroges für die Terrasse

Der Bau eines steinernen Pflanztroges für die Terrasse ist eine nicht allzu schwierige Maurerarbeit für das Wochenende. Einen solchen Pflanztrog kann man auf jedem befestigten oder gepflasterten Untergrund aufstellen; er benötigt kein separates Fundament. Als Material eignet sich Naturstein ebenso wie hart gebrannte Ziegel oder andere Mauersteine. Die Steine werden in einem Mörtelbett verlegt, wobei alle Fugen sauber auszukratzen sind. Die Abdeckung bildet man aus einer Reihe aufrecht stehender Steine, hier wurden Steine verwendet, wie man sie traditionell auf englischen Trockenmauern findet.

1 Legen Sie die Größe des Pflanztroges fest und rechnen Sie aus, wie viele Steine und Abdecksteine dafür in etwa benötigt wer-

den. Außerdem brauchen Sie Zement und Mörtelsand oder fertigen Maurermörtel, sowie ein Prelleisen und einen Fäustel, um damit gegebenenfalls Steine zu zerteilen, eine Schaufel zum Mischen des Mörtels und eine Maurerkelle sowie eine Wasserwaage zur Kontrolle der Ausrichtung.

2 Beginnen Sie damit, die erste Reihe Steine in einem Mörtelbett zu verlegen und überprüfen Sie die waagerechte Ausrichtung. Es ist dabei Ihnen überlassen, ob Sie auch die vertikalen Fugen säubern.

3 Nun legen Sie die zweite Schicht Steine über die erste, wobei die Fugen möglichst versetzt anzuordnen sind um der ganzen Konstruktion mehr Stabilität zu verleihen.

4 Nach Fertigstellung der Seitenwände sind die Abdecksteine aufzusetzen. Man setzt sie auf einen schmalen Streifen Mörtel, den man auf der Mitte der Wand verteilt. Jeder Stein sollte gerade aufliegen.

5 Wahrscheinlich ist es nötig, einen oder zwei der Abdecksteine auf die passende Größe zu schneiden. Dazu legt man den Stein auf ein Sandbett und zerteilt ihn mit Hilfe des Prelleisens und des Fäustels an der gewünschten Stelle.

6 Der Mörtel sollte mindestens 48 Stunden aushärten, bevor das Pflanzgefäß mit Erde und Kompost gefüllt und bepflanzt wird.

Rechts: Der fertige Pflanztrog wurde mit Kompost und Erde gefüllt und mit panaschiertem Efeu und Blumen bepflanzt.

Dieses Kapitel *enthält zusätzliche Informationen über Werkzeuge und Materialien, welche Sie für die im ersten Teil des Buches beschriebenen Projekte benötigen, sowie eine Zusammenfassung der wichtigsten Techniken und Arbeitsschritte, wie zum Beispiel Vorbereitung des Untergrunds, Verarbeitung von Beton und Zerteilen von Mauersteinen und Gehwegplatten.*

Wichtige Werkzeuge für Bauarbeiten

Zur Vorbereitung des Untergrunds, zum Ausschachten und Einebnen, zum Vermessen, zum Mischen und Verarbeiten von Mörtel und Beton benötigen Sie eine Reihe grundlegender Werkzeuge.

Die wichtigsten Werkzeuge zum Ausschachten sind Spitzhacke und Schaufel. Die Spitzhacke hat auf der einen Seite ein spitz zulaufendes Blatt, das man benutzt um harten Boden, Mauerwerk oder alte Betonschichten aufzuhacken, und auf der anderen ein spatenförmiges Blatt zum Lockern des Bodens, der dann mit einer Schaufel ausgehoben werden kann. Es gibt Spitzhacken verschiedener Größe. Der Kopf der Spitzhacke wiegt zwischen 2 und 4,5 kg und sitzt auf einem etwa 90 cm langen, stabilen Stiel aus Hartholz.

Ein Vorschlaghammer ist eine nützliche Alternative zur Spitzhacke, wenn man Wände einreißen oder alte Betonschichten aufbrechen möchte. Ein solcher Hammer hat einen Kopf mit quadratischen Stirnflächen, der zwischen 3,2 und 6,3 kg wiegt, sowie einen bis zu 90 cm langen Stiel ähnlich der Spitzhacke.

Zum Einreißen größerer Mauern oder zum Aufbrechen ausgedehnter Betonflächen ist es empfehlenswert, einen Pressslufthammer zu mieten, der diese Arbeiten sehr erleichtert und enorm beschleunigt. Pressslufthämmer sind mit verschiedenen Brecheisen oder Meißeln erhältlich.

Die Schaufel mit ihrem abgerundeten oder rechtwinkligen Blatt ist besonders zum Transport von losem Material geeignet, denn aufgrund der leicht nach oben gebogenen Seiten fällt das Material nicht so schnell herunter. Ein Spaten ist jedoch ebenfalls ein nützliches Werkzeug zum Graben, zum Einebnen von Flächen und für andere Arbeiten zur Vorbereitung des Untergrunds.

Ein praktisches Hilfsmittel zum Transport schwerer Steine ist die gerade Brechstange. Das ist ein langer Stahlstab mit einem meißelförmigen Ende. Man schiebt das meißelförmige Ende unter das zu bewegende Objekt, legt eine stabile Unterlage darunter, beispielsweise einen Mauerstein, schiebt diesen so dicht wie möglich an das belastete Ende und übt dann Druck auf das andere Ende aus um den Stein anzuheben oder zu rollen.

Wahrscheinlich müssen Sie während der Bauarbeiten auch größere Mengen Erde, Bauschutt, Beton und Steine bewegen. Dazu lohnt es sich durchaus, eine stabile Baukarre mit Luftbereifung zu kaufen oder auszuleihen; eine normale Gartenschubkarre ist für solche Lasten nicht geeignet und geht möglicherweise schnell kaputt. Denken Sie auch daran, eine ausreichende Zahl stabiler Bretter zu besorgen (Gerüstbretter sind ideal), die Sie als Laufsteg oder Rampe über lockerem oder löchrigem Boden benutzen können, so dass das Rad der Schubkarre sich nicht festfährt.

Benötigt man große Mengen Mörtel oder Beton, ist es ratsam, einen kleinen Betonmischer zu mieten. Damit erspart man sich das langwierige und anstrengende Mischen mit der Hand und hat außerdem die Garantie, dass der Mörtel bzw. der Beton gründlich gemischt ist und die richtige Konsistenz hat.

Werkzeuge zum Einmessen

Die wichtigsten Werkzeuge zum Einmessen der Baustelle sind Pflöcke und Schnur,

ein Stahlbandmaß und ein großer Winkel. Fertigen Sie sich einen Vorrat an hölzernen Pflöcken an, die nach unten spitz zulaufen und ein Stück unter der Oberkante eine umlaufende Kerbe haben sollten, die dafür sorgt, dass die Schnur nicht verrutscht.

Einen Maurerwinkel kann man sich aus drei geraden und glatten Holzleisten selbst herstellen. Man sägt eine Leiste auf eine Länge von etwa 1 m und die andere auf 1,3 m und verbindet beide durch eine Überblattung genau im rechten Winkel. Dann schneidet man die dritte Leiste auf eine Länge von etwa 1,6 m und nagelt sie so auf die anderen beiden, dass ein rechtwinkliges Dreieck entsteht. Zum Schluss sägt man die überstehenden Enden der aufgenagelten Leiste ab.

Zum Bau einer Trockenmauer benötigt man ein selbst gebautes Schnurgerüst, damit die Mauer im korrekten Winkel errichtet wird. Dieses baut man aus vier Holzleisten, die entsprechend der Breite des Mauerfußes und der Breite und Höhe der Mauerkrone zusammengenagelt werden. Man spitzt die Füße an und schlägt das Gerüst am Anfang und am Ende der künftigen Mauer in die Erde ein. Dann wird es mit beweglichen Schnüren verbunden, die mit Baufortschritt immer weiter nach oben geschoben werden und an denen man die Mauer ausrichtet.

Eine gewöhnliche Wasserwaage genügt beim Einebnen von größeren Flächen meist nicht, man benötigt dazu entweder ein Richtscheit oder eine Schlauchwaage – d. h. ein Stück durchsichtigen Schlauches, der mit Wasser gefüllt und an beiden Enden mit Korken oder angespitzten Rundhölzern verschlossen wird. Die Schlauchwaage wird dann an Pflöcken festgebunden, die man an beiden Seiten der fraglichen Fläche in die Erde treibt. Ist die Fläche eben, wird

der Wasserspiegel an beiden Enden gleich hoch stehen. Dabei ist jedoch darauf zu achten, dass sich keine Luftblase im Schlauch befindet, denn dann ist die Wasserstandshöhe nicht mehr zwangsläufig die gleiche.

Maurerwerkzeuge

Zum Mauern und Verfugen benötigt man eine Maurerkelle. Mit dem Griff der Maurerkelle kann man auch Steine oder Platten festklopfen, ein Fäustel oder ein schwerer Gummihammer eignet sich für diese Zwecke jedoch besser. Ein Fäustel (zusammen mit einem Prelleisen) wird außerdem zum Zerteilen und Zurechtschneiden von Steinen oder Platten benötigt.

Beim Mauern braucht man außerdem eine Wasserwaage um die waagerechte Ausrichtung der Schichten zu überprüfen. Kaufen Sie sich möglichst eine lange Wasserwaage aus Metall, mit der man auch die vertikale Ausrichtung kontrollieren kann.

Schneidwerkzeuge

Das wichtigste Werkzeug zum Schneiden von Steinen und Platten ist das Prelleisen. Es besteht aus Stahl, ist etwa 18 cm lang und hat eine 55 bis 100 mm breite Schneide, die an beiden Seiten angeschliffen ist. Es wird rechtwinklig zur Schnittlinie gehalten und mit einem Fäustel getrieben.

Ein Fäustel ist eine kleinere Ausführung eines Vorschlaghammers und hat ähnlich wie dieser einen Kopf mit quadratischen Stirnseiten. Ein Fäustel kann bis zu 1,8 kg wiegen und wird vor allem zum Treiben von Steinbearbeitungswerkzeugen verwendet.

Der Maurerhammer ist eine Alternative zum Fäustel. Er hat einen leicht gebogenen Kopf mit einer quadratischen Stirnseite und

Steinmetzwerkzeuge

Spitzeisen

Bildhauereisen

Zahneisen

Flacheisen

Scharriereisen

ein scharfes, meißelförmiges Blatt auf der anderen Seite. Damit kann man beispielsweise alte Ziegelsteine oder Schnittkanten säubern.

Steinmetzwerkzeuge

Zum Behauen von Steinen benötigt man eine Reihe von Spezialwerkzeugen, sowie einen Fäustel um diese zu treiben. Das grundlegendste Werkzeug zum Schneiden und Formen ist ein Meißel aus Stahl mit sechseckigem Querschnitt und einer rechteckigen Klinge, die zwischen 12 und 50 mm breit sein kann. Das Spitzeisen hat, wie der Name schon sagt, eine spitz zulaufende Klinge und wird zum groben Behauen in der ersten Bearbeitungsphase verwendet, wenn man die ganze Kraft des Schlages auf einen Punkt konzentrieren möchte. Das Scharriereisen hat ein breites, einseitig angeschliffenes Blatt und wird eingesetzt, um größere Steinmengen abzutragen und um ein Werkstück in die gewünschte Größe oder grobe Form zu bringen.

Um Vertiefungen in Steinen herzustellen verwendet man meist ein Zahneisen, das entweder ganz aus Stahl oder aus zwei Teilen besteht – einem Stahlgriff und austauschbaren 15 bis 40 mm breiten gezahnten Platten mit einseitigem Anschliff. Es hinterlässt eine gefurchte Oberfläche, die man entweder so belässt oder mit einem Meißel glätten kann.

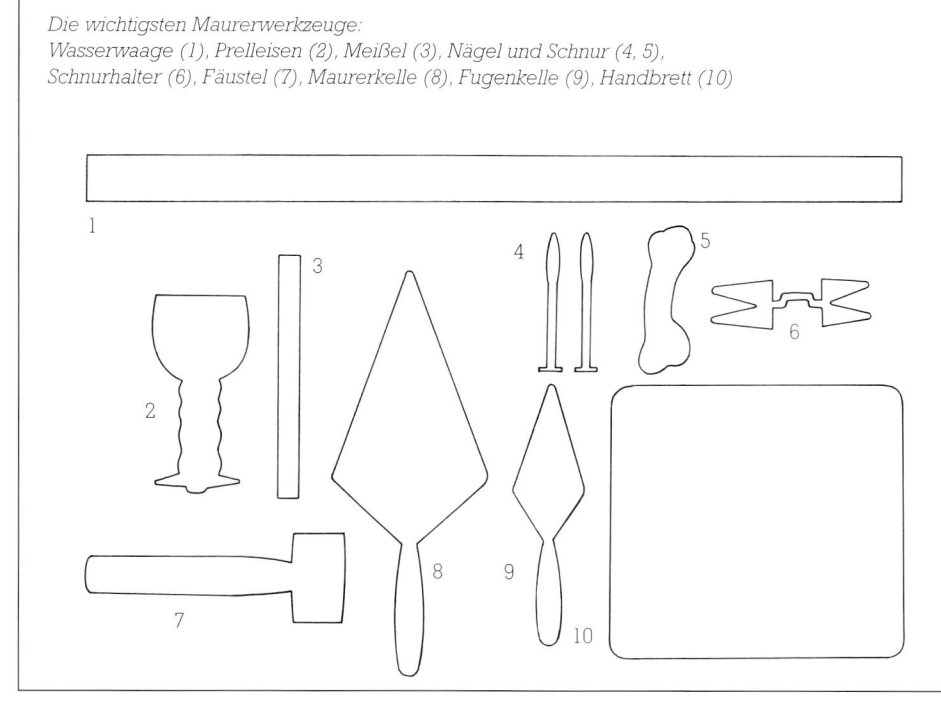

Die wichtigsten Maurerwerkzeuge:
Wasserwaage (1), Prelleisen (2), Meißel (3), Nägel und Schnur (4, 5),
Schnurhalter (6), Fäustel (7), Maurerkelle (8), Fugenkelle (9), Handbrett (10)

Naturstein

Die zur Gartengestaltung häufig verwendeten Natursteine kann man nach ihrer
Entstehung in drei Gruppen einteilen:
Eruptivgesteine, Sedimentgesteine und
Metamorphite oder Umwandlungsgesteine.
Eruptivgesteine haben sich durch die Ab-
kühlung geschmolzenen Magmas gebildet,
Sedimentgesteine entweder durch Erosion
älterer Gesteine und Wiederablagerung
des abgetragenen Materials bzw. durch
Ablagerungen organischen Ursprungs. Metamorphite sind Steine, deren Struktur sich
durch extreme Hitze und großen Druck
verändert hat. Granit ist das am weitesten
verbreitete Eruptivgestein. Er ist extrem
dicht und hart (und deshalb ist seine Förde-
rung und Bearbeitung teuer), sehr widerstandsfähig gegenüber Umwelteinflüssen
und fast wasserundurchlässig. Das macht
ihn zum idealen Pflasterstein. Außerdem
wird Granit häufig für Flächen verwendet,
die großer Beanspruchung ausgesetzt
sind, wie beispielsweise für Stufen und
Bordsteine. Die meisten Granitarten sind
grau oder schwarz, es gibt jedoch auch
Granit mit grünen, roten, rosa oder blauen
Schattierungen, die durch den Einschluss
von Feldspat oder anderen Mineralien her-
vorgerufen werden.

Für die meisten Gartenprojekte verwendet man Sedimentgesteine. Diese lassen
sich in zwei große Gruppen unterteilen:
Sandsteine und Kalksteine. Sandstein besteht vorrangig aus Quarzpartikeln, die
durch andere Mineralien, wie zum Beispiel
Silizium und Karbonate gebunden sind.
Sandstein enthält oft Eisenerz, das dem
Stein seine schöne Färbung verleiht. Sandstein kann fast weiß jedoch auch rot, braun
oder sogar blaugrau aussehen – je nachdem wo er abgebaut wurde. Sandstein guter Qualität ist sehr lange haltbar, doch im
verwitterten Zustand weniger ansehnlich
als Kalkstein. Manche Sandsteinarten können infolge von Luftverschmutzung schnell
schwarz werden. Meistens wird Sandstein
in Form von Steinplatten angeboten.

*Oben: Wenn Sie das Glück haben, in der
Nähe eines Steinbruchs zu wohnen, werden
Sie dort sicher geeignete Steine für Ihr
Projekt finden.*

*Links: Anderenfalls müssen Sie sich mit
dem begrenzten Angebot in Bau- oder
Gartenmärkten oder bei Natursteinhänd-
lern begnügen.*

Kalkstein besteht hauptsächlich aus Kalziumkarbonat (Kalzit) und kann auf drei verschiedene Arten entstanden sein: Die meisten Kalksteine, die als Baustoff eingesetzt werden, sind so genannte oolithische Steine und wurden durch die Verschmelzung von Kalzit um kleine Sandkörner oder Muschelstücke gebildet, die dann durch weiteres Kalzit gebunden wurden. Manche Kalksteine sind auch in Folge von Ablagerungen organischer Überreste, wie z.B. Muschelschalen und anderen tierischen oder pflanzlichen Resten oder durch Kristallisation von Lösungen (zum Beispiel Stalaktiten und Stalagmiten) entstanden. Kalkstein kann unterschiedlich hart sein, doch generell kann man sagen, dass er weicher und einfacher zu bearbeiten ist als Sandstein. Er stellt somit ein ideales Material für Steinmetze dar, eignet sich aber auch für viele andere Bauarbeiten. Kalkstein wird allerdings vom sauren Regen angegriffen. Das

hat zwar anfangs einen Selbstreinigungseffekt, kann langfristig jedoch zur Zersetzung der weicheren Kalksteinarten führen.

Das Farbspektrum von Kalkstein reicht von Creme-weiß (Portlandstein zum Beispiel) bis Hellbraun. Da Kalk- und Sandsteine durch schichtweise Ablagerungen gebildet wurden, haben sie auch deutliche Lager, auf die man beim Verbauen der Steine achten sollte. Verlegt man die Steine in einer Mauer beispielsweise so, dass die Sedimentschichten nicht horizontal, sondern parallel zur Vorderseite der Mauer verlaufen, kommt es zum Abblättern der einzelnen Schichten.

Das am häufigsten vorkommende metamorphe Gestein ist Schiefer, der durch die Erhitzung und Verdichtung von Lehm gebildet wurde – ein Prozess, der Kalkstein in Marmor verwandelt und Sandstein in Quarzit. Im Ergebnis entstand ein Stein, der deutliche Spalten aufweist, die oft fast recht-

winklig zu den ursprünglichen Sedimentschichten verlaufen und entlang derer der Stein in Platten unterschiedlicher Dicke zerteilt werden kann. Schiefer ist ein sehr dichtes Gestein und sehr widerstandsfähig gegen Feuchtigkeit, manche Arten werden jedoch vom sauren Regen angegriffen. Schiefer wird in Blockform oder in Form von Schieferplatten für viele verschiedene Zwecke verwendet.

Wie schon erwähnt, werden Sie bei der Auswahl von Natursteinen für Ihre Garten-

Unten: Beispiele des breiten Spektrums an Farben und Oberflächenstrukturen, besonders bei Sandstein und Kalkstein – den beliebtesten Steinarten für die meisten Bauten und Anlagen im Außenbereich. Wenn möglich sollten Sie Steine wählen, die zum Haus oder anderen bereits vorhandenen Gartenelementen passen.

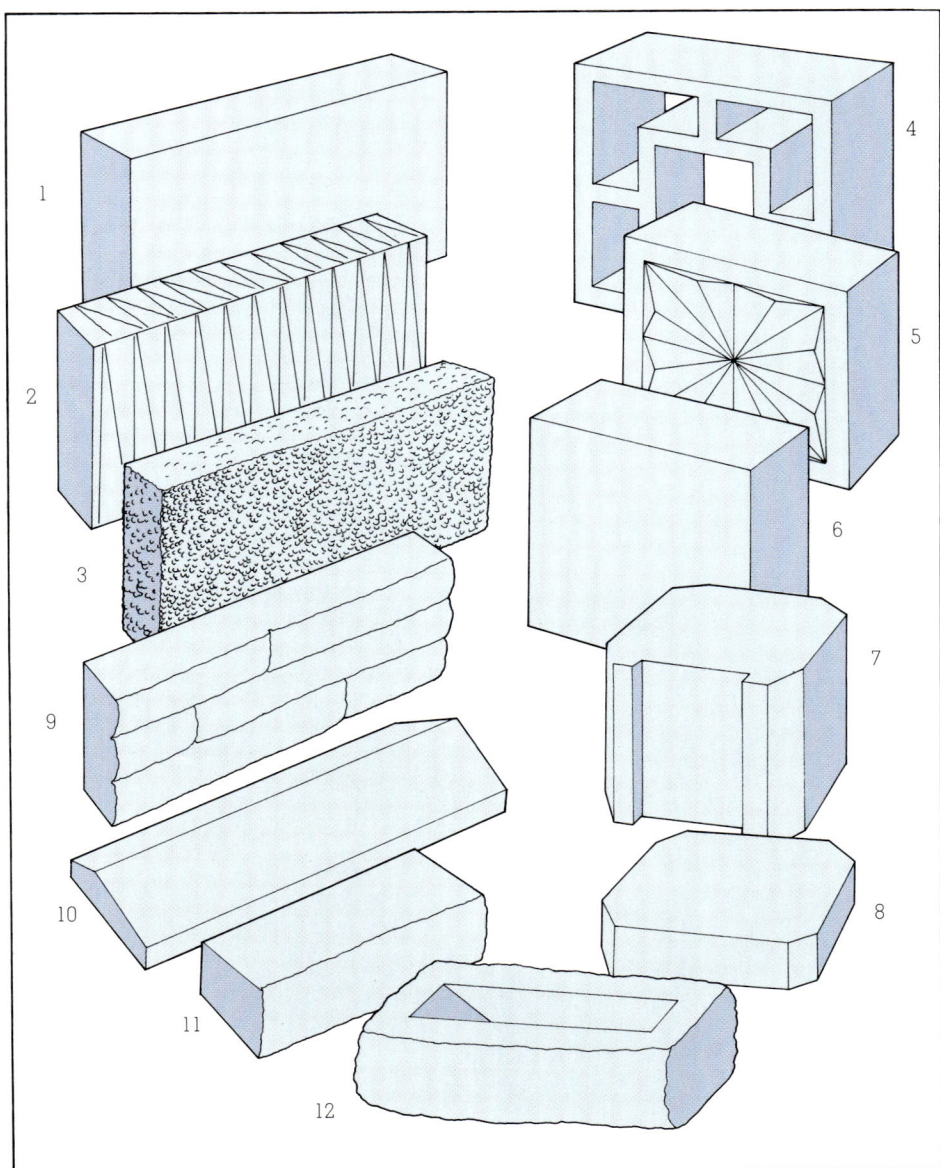

Links: Betonwerksteine: Kompakter Beton mit hoher Dichte (1), Porenbeton (2), Leichtbeton mit Zuschlagstoffen (3), Perforierter Ornamentstein (4), kompakter Ornamentstein (5), quadratischer Kunststein (6) Stein für Zaunpfosten (7), Pfostenabdeckung (8), Kunststein als Mauerwerkimitat (9), Mauerabdeckung (10), Mauerstein mit bruchrauer Sichtfläche (11), Pflanzschale aus Natursteinimitat (12)

sungen von 37,5 x 37,5 cm bis 50 x 25 cm. Anhand von Tabellen, die vom jeweiligen Anbieter zur Verfügung gestellt werden, kann man das Gewicht und die erforderliche Anzahl von Steinen pro Quadratmeter berechnen. Manche Systeme enthalten sogar Steine mit integrierten Pflanztrögen, die die spätere Begrünung der Wand erleichtern. Hat man die Absicht, die jeweilige Mauer aus unterschiedlichen Kunststeinen zu errichten, sollte man unbedingt darauf achten, dass die Maße kompatibel sind und den Verband vorher maßstabgerecht aufzeichnen, um festzustellen, wie viele Steine jeder Art benötigt werden.

Gehwegplatten und Pflastersteine

Zur Befestigung von Wegen oder Flächen werden Garten- und Terrassenplatten oder Pflastersysteme in vielen verschiedenen Formaten, Farben und Oberflächenstrukturen angeboten. Die Auswahl des Belags richtet sich einerseits nach der gewünschten optischen Wirkung, andererseits jedoch auch nach der geplanten Nutzung. Beispielsweise müssen Pflastersteine, die befahren werden sollen, eine Dicke von etwa 8 cm haben, für Gehwege sind dagegen Platten oder Steine mit einer Dicke von 5 bis 6 cm ausreichend. Wichtig ist ebenfalls, dass der Belag auch bei Regenwetter und im Winter möglichst rutschfest ist.

Wetterfeste Terrassenplatten, die durch die Vermischung von frostfesten Naturmaterialien mit besonderen Zuschlagstoffen hergestellt werden, sind häufig so gestaltet, dass sie Natursteinoberflächen – Sandstein, Granit oder auch Marmor imitieren. Da es eine Vielzahl verschiedener Systeme und Anbieter gibt, sollte man sich in den örtlichen Bau- und Gartenmärkten umsehen und beraten lassen, bevor man einen konkreten Plan für die Gestaltung der Terrasse oder des Hofes erstellt.

Um zu ermitteln, wie viele Platten man für ein bestimmtes Areal in etwa benötigt, teilt man die Gesamtfläche der zukünftigen Terrasse durch die Fläche einer Platte. In der Praxis ist es jedoch günstig, die Pflasterfläche so zu bemessen, dass jeweils Reihen ganzer Platten verlegt werden können, um den Aufwand, der durch das Zerteilen und Zurechtschneiden von Platten entsteht, zu minimieren. Verlegt man Platten unterschiedlicher Größe, sollte man sich zuerst einen maßstabsgerechten Plan der künftigen Pflasterfläche aufzeichnen. Ausgehend von diesem Plan kann man ziemlich genau

projekte in erster Linie vom Angebot der örtlichen Händler abhängig sein, es sei denn, Sie wohnen in der Nähe eines Steinbruches und können dort Ihren Bedarf an Steinen decken.

Steinoberflächen werden nach dem Grad der Bearbeitung klassifiziert in naturbelassen, bruchrau, naturrau gespalten, gesägt, grobgeschliffen, geschliffen, fein geschliffen, mattglanzpoliert und hochglanzpoliert. Hochglanzpolierte Steine wird man jedoch kaum für Gartenprojekte verwenden. Bezüglich der Mengen lässt man sich am besten von seinem Lieferanten beraten, nachdem man ihn über die Art und Größe des geplanten Vorhabens genau informiert hat.

Kunststein oder Betonwerkstein

Industriell gefertigte Mauersteine und Betonpflastersteine werden in vielen verschiedenen Größen und Formen angeboten und man kann sie in unterschiedlichen dekorativen Verbänden verlegen. Zur Errichtung von Gartenmauern kann man Betonstein, Porenbeton, Ornamentsteine oder Natur-

steinimitate verwenden. Manche Steine sind so geformt, dass sie miteinander verzahnt werden, was einen stabileren Verband schafft.

Zur Ermittlung der für ein Projekt benötigten Steinmenge nimmt man die Größe des gewählten Steines als Grundlage. Um die erforderliche Anzahl von Steinen für einen Quadratmeter Mauer zu berechnen, addiert man die Stärke der Mörtelfuge (10 mm) zur eigentlichen Länge des Steins, multipliziert diese Zahl mit der Breite des Steins und teilt die Zahl 1 000 000 (Anzahl der Quadratmillimeter in einem Quadratmeter) durch das erhaltene Ergebnis. Die Rechnung für einen 440 x 65 mm großen Mauerstein sollte also wie folgt aussehen: 450 x 75 = 33 750 mm²; 1 000 000 / 33 750 = 29,63. Das heißt, pro Quadratmeter benötigt man 30 Mauersteine dieser Größe.

Perforierte, also licht- und luftdurchlässige Kunst-, Form- oder Ornamentsteine sowie die dazugehörigen Abdeckplatten, Eck- und Randleisten und die Elemente für die passenden Pfeiler gibt es in zahlreichen Mustern und sehr unterschiedlichen Abmes-

den Materialbedarf ermitteln und er dient später auch als Grundlage für die Ausführung der Arbeiten.

Zum Pflastern werden häufig Rechtecksteine in einer Größe von 20 x 10 x 8 cm verwendet, die als Normal- und Halbsteine angeboten werden. Weiterhin gibt es Wabensteine, die von Spitze zu Spitze 25 cm messen und viele andere Arten von Verbundsteinen. In der Regel werden auch zum jeweiligen System passende Randbegrenzungen angeboten.

Schließlich sollen hier auch noch die Böschungssysteme erwähnt werden – spezielle Betonwerksteine, die zum Abstützen und Sichern von Böschungen verwendet werden. Häufig stellen sie gleichzeitig Pflanzschalen dar und gewährleisten so eine optimale Begrünbarkeit der Böschungsmauer.

Mörtel und Beton

Die Ausgangsmaterialien zur Herstellung von Mörtel und Beton sind Zement, Sand oder Kies und eventuell Zusätze, die das Erstarren beschleunigen oder verzögern, die Frostsicherheit verbessern oder die Dichte beeinflussen. Bei Verwendung solcher Zusätze sollten Sie sich genau an die Angaben des Herstellers halten. Es ist oft schwierig die erforderliche Menge zu schätzen. Man sollte jedoch daran denken, dass die Transportkosten für Sand oder Kies meist höher sind als die Kosten des Materials selbst. Im Zweifelsfall ist es also besser, etwas mehr zu bestellen als einen zweiten Transport zu bezahlen.

Sand und Kies wird in der Regel von Transportfirmen oder Baustoffhändlern per Kubikmeter verkauft. Die kleinste lieferbare Menge ist meist ein halber Kubikmeter. Bei der Bestellung ist die gewünschte Körnung anzugeben. Mauer- und Putzsand mit Feinkornanteil ist ein ungewaschener Sand mit einer Körnung von 0 bis 2 mm, scharfer, gewaschener Sand für die Zubereitung von Beton hat in der Regel eine Körnung von 0 bis 4 mm.

Zement wird in vier Festigkeitsklassen, Z 25, Z 35, Z 45 und Z 55 hergestellt. Für die meisten Arbeiten im Gartenbereich eignet sich jedoch der normale, hellgraue Portlandzement, der in Säcken zu 25 kg oder 50 kg angeboten wird. Die Qualität des Betons hängt auch vom richtigen Verhältnis zwischen feinem Sand und grobem Korn (Kies oder Splitt) ab. Geben Sie bei der Bestellung deshalb an, was Sie betonieren wollen.

Zum Mischen von Beton sollte man so wenig Wasser wie möglich verwenden, denn beim Erhärten wird nur eine Bruchteil davon verbraucht, der Rest verdunstet und dadurch entstehen kleine Hohlräume, die die Festigkeit des Betons vermindern. Die optimale Mischung enthält deshalb 1 Gewichtsanteil Wasser auf 4 Gewichtsanteile Zement.

Maurermörtel besteht aus einem Bindematerial – also Zement, Kalk oder beidem, einem feinen Zuschlagstoff und Wasser. Meistens mischt man einen Teil Bindemittel mit 3 Teilen Sand. Je fester jedoch das Material, das mit dem Mörtel verarbeitet wird, umso fester sollte auch der Mörtel selbst sein.

Unten: Sandsteinplatten sind ein haltbares Material und eignen sich ausgezeichnet zur Befestigung von Wegen oder Terrassen.

Transportbeton

Bei der Bestellung von Transportbeton sollten Sie unbedingt angeben, welche Menge Sie benötigen, für welchen Zweck, zu welchem Zeitpunkt die Lieferung erfolgen soll, die Konsistenz und gewünschte Abbindezeit und wie breit die Zufahrt zur Baustelle ist. Der Lieferant wird dann dafür sorgen, dass Sie die richtige Betongüte für das jeweilige Projekt erhalten. Wenn es nur eine schmale Zufahrt zur Baustelle gibt, sollten Sie beim Händler die Maße des Transportfahrzeugs erfragen um sicherzugehen, dass der Beton auch an der von Ihnen vorgesehenen Stelle abgeladen werden kann.

Mörtel und Betonmischungen

Tabelle 1 enthält die Mischungsverhältnisse für Mörtel für die dort genannten Anwendungen und Tabelle 2 die Mischungsverhältnisse für Zement. Die in Spalte 3 der Betontabelle angegebenen Mengen ergeben jeweils 1 m² Beton. Alle Mengen sind sorgfältig mit einem Eimer abzumessen.

1: Mörtelmischungen

Verwendung	Belastung	Mischung
Mauern	mittel	Mischung B
	stark	Mischung A
Fugen	mittel	Mischung A
	stark	Mischung C

Mischungsverhältnisse

Mischung A
1:½:4 Zement : Kalk : feiner Sand oder
1:3–4 Zement : feiner Sand plus Fliessmittel

Mischung B
1:1:6 Zement : Kalk : weicher Sand oder
1:5–6 Zement : feiner Sand

Mischung C
1:3 Zement : feiner Sand

2: Zementmischungen

Verwendung	Mengenverhältnis		Menge pro m²
Für alle Zwecke außer für Fundamente und stark belastete Pflasterflächen	Zement	1	16 Sack à 25 kg
	scharfer Sand	2	680 kg
	Kies 4–16 mm	3	1175 kg
Fundamente Streifenfundamente, Fundamentplatten und Untergrund für Betonpflaster	Zement	1	14 Sack à 25 kg
	scharfer Sand	2½	720 kg
	Kies 4–16 mm	3½	1165 kg
Pflaster Alle belasteten Pflasterflächen, alle Einfahrten	Zement	1	20 Sack à 25 kg
	Scharfer Sand	1½	600 kg
	Kies 4–16 mm	2½	1200 kg

1 Die einzelnen Komponenten sind im trockenen Zustand gut zu vermischen.

2 Nun setzt man die Mischung kraterförmig auf.

3 In die Mitte gibt man etwas Wasser.

4 Die Komponenten werden von außen nach innen in das Wasser gegeben.

5 Alles wird gut vermischt.

6 Wenn die Mischung glatt und fest ist, hat sie die richtige Konsistenz.

Betonieren

Ob man ein Streifenfundament für eine Gartenmauer oder eine Betonplatte als Untergrund für eine Terrasse oder einen Carport anlegen möchte, man beginnt stets damit, den zukünftigen Standort von Bewuchs zu säubern. Dann ist die Form des Fundamentstreifens oder der Platte mit Hilfe von Pflöcken und Schnur, Seil oder Gartenschlauchstücken zu markieren, wobei an allen Seiten etwa 15 cm zugegeben werden sollten, damit man ausreichend Platz für die Schalung hat, falls eine solche erforderlich ist.

Nun ist der Boden bis zur gewünschten Tiefe auszukoffern. Schippen Sie die Muttererde auf einen Haufen, falls Sie sie an anderer Stelle im Garten wiederverwenden möchten, zum Beispiel für einen Steingarten, oder bestellen Sie einen Container um den Aushub abzutransportieren. Jetzt setzt man die Pflöcke, die die Schalung in ihrer

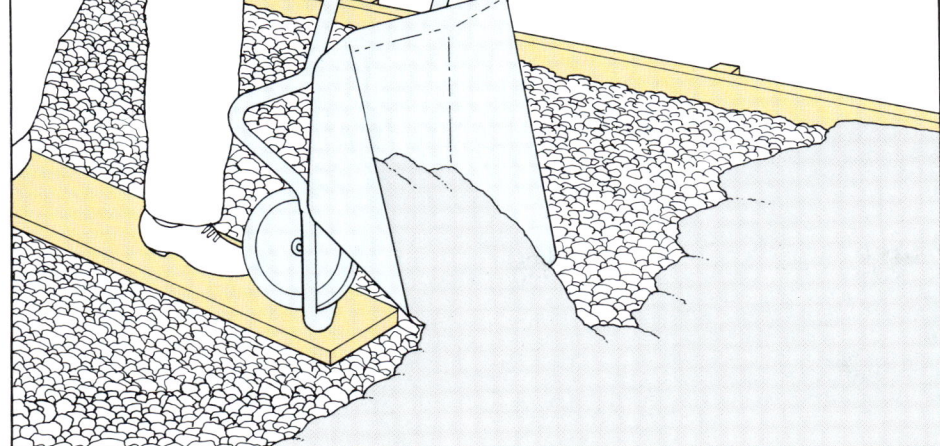

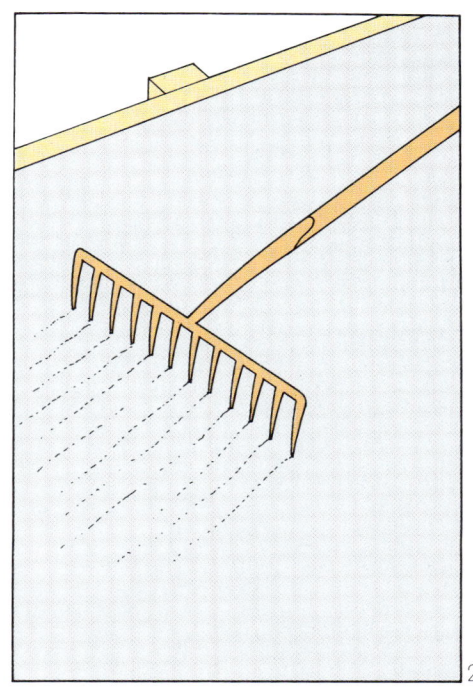

Position halten. Dazu verwendet man dickere Holzpflöcke – 5 x 5 cm Seitenlänge ist ideal – und spitzt ein Ende an, so dass man sie leichter in den Boden treiben kann. Die Pflöcke sind fest in den Untergrund zu schlagen und mit der Wasserwaage oder der Schlauchwaage überprüft man, ob alle Oberkanten auf gleicher Höhe, d. h. der Höhe der späteren Fundamentoberfläche liegen.

Jetzt verteilt man eine Schicht Schotter auf dem Untergrund (etwa 10 cm) und arbeitet diesen mit Hilfe eines Stampfers (ein alter Zaunpfosten eignet sich sehr gut dafür) oder einer Rüttelplatte ein, so dass eine ebene Fläche entsteht.

Nun kann das Betonieren beginnen. Der Beton wird einfach in die Schalung geschüttet (1), glatt geharkt (2) und festgestampft. Dazu legt man ein dickes Kantholz über die Wände der Schalung und drückt zusammen mit einem Helfer den Beton fest in diese hinein (3), wobei man ganz besonders darauf achtet, dass an den Kanten keine Hohlräume bleiben. Entstehen dabei Löcher oder Vertiefungen, ist Beton nachzufüllen. Am Ende wird das Kantholz ähnlich einer Bügelsäge hin- und hergezogen (3), so dass man eine ebene Fläche erhält. Die dabei entstehende Oberfläche ist leicht gefurcht. Wird eine glattere Fläche gewünscht, kann man diese entweder mit einem weichen Besen, der Rückseite einer sauberen Schaufel oder einem hölzernen Putzreibebrett glätten. Bei großen Betonflächen ist es erforderlich, dass Sie sich für diese Arbeit eine bewegliche Brücke bauen, von welcher Sie alle Teile der Betonfläche erreichen können.

Links: Für umfangreichere Projekte, wie z. B. diesen Steingarten, benötigt man größere Maschinen zum Transport der Steine.

Die einfachste Konstruktion besteht aus einer Leiter, über deren Sprossen man Bretter legt und die man etwas erhöht auflegt, so dass sie nicht mit der frischen Betonfläche in Berührung kommt, falls sie sich aufgrund Ihres Gewichtes etwas durchbiegt.

Sobald die Oberfläche leicht erhärtet ist, legt man Plastikfolie darüber, damit sie nicht zu schnell austrocknet, denn dadurch können Risse entstehen. Halten Sie die Fo-

lie an den Ecken mit Gewichten fest und streuen Sie etwas Sand darauf, damit sie bei Wind nicht hin und her weht. Bei kälterem Wetter kann man die Folie sowie die Schalung nach etwa drei Tagen entfernen. Die Fläche ist dann bereits begehbar, man sollte jedoch noch fünf bis sieben Tage warten, bis der Beton vollständig ausgehärtet ist, bevor man beginnt darauf zu bauen.

In Betonplatten mit einer Seitenlänge von mehr als 4 m sind Dehnungsfugen anzule-

gen, um die Entstehung von Rissen zu vermeiden. Diese Fugen kann man auf zwei Arten anlegen, je nachdem, ob man Fertigbeton oder selbst gemischten Beton ver-

Unten: Es empfiehlt sich immer, Pflasterplatten vor Beginn der Arbeit provisorisch zu verlegen um festzustellen, ob und wo Platten zugeschnitten werden müssen (Foto rechts).

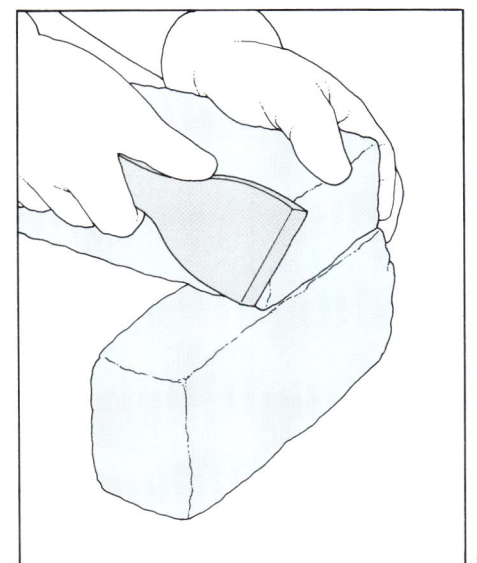

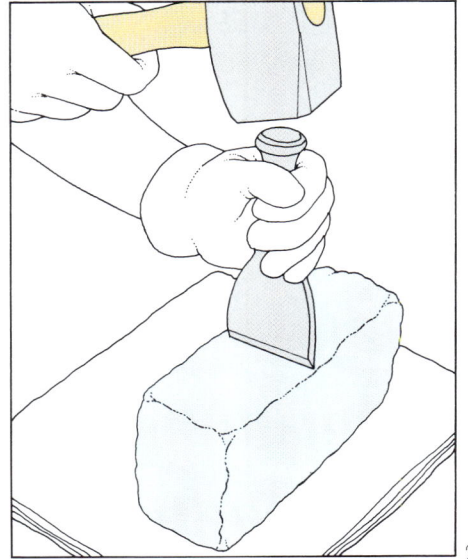

wendet. Teilen Sie die Platte in zwei oder drei etwa gleich große Streifen. In Fertigbeton verwendet man Dehnfugenprofile aus Kunststoff, die so breit und so dick wie die Betonplatte sein sollte, und die man erst provisorisch mit einigen Betonklecksen befestigt. Die Profile müssen bündig mit der Oberkante der Platte abschließen und verbleiben im Beton. Mischt man den Beton selbst, sollte man die entsprechende Fläche abschnittsweise betonieren. Man betoniert den ersten Streifen bzw. die beiden Seitenstreifen, lässt den Beton aushärten, entfernt die mittlere Begrenzung der Schalung und gießt dann erst den nächsten bzw. den mittleren Streifen.

Zerteilen von Steinen und Platten

Bei fast jeder Maurerarbeit wird es irgendwann erforderlich sein, Steine oder Platten zu zerteilen bzw. auf die richtige Größe zuzuschneiden. Dazu benötigen Sie entweder ein scharfes Prelleisen oder einen breiten Meißel und einen Fäustel oder aber einen Trennschleifer mit einer diamantbesetzten Trennscheibe, mit dem sich sehr genau arbeiten lässt.

Um einen Naturstein oder Mauerstein zu zerteilen, legt man diesen auf ein dünnes Bett Sand oder Erde. Reißen Sie die Schnittlinie mit der Spitze einer Mauerkelle oder des Meißels an (1), dann stellen Sie den Meißel oder das Prelleisen senkrecht auf die Schnittlinie und schlagen fest mit dem Fäustel darauf (2), bis der Stein am Riss auseinander bricht.

Ähnlich ist mit Gehwegplatten zu verfahren. Erst zeichnet man die Risslinie an und vertieft diese dann mit Hilfe von Prelleisen und Fäustel, bis die Platte bricht.

Bei Verwendung eines hydraulischen Plattenschneiders wie in Abbildung 3 dargestellt ist zuerst die Schnittlinie auf der Oberseite der Platte zu markieren. Dann schiebt man die Platte so in das Gerät, dass die Schnittlinie genau unter dem Messer liegt und zieht den Hebel nach unten um die Platte in zwei Stücke zu zerteilen.

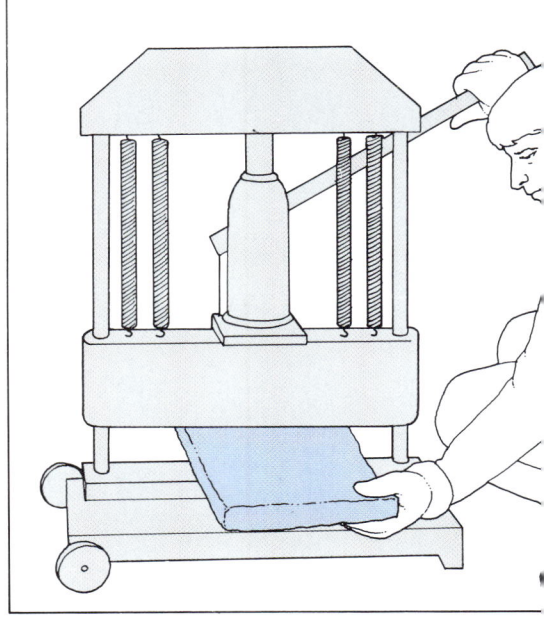

Bauen und Gestalten mit Holz

Will man *seinen Garten aus einer flachen Rasenfläche in eine dreidimensionale Landschaft verwandeln, bietet sich vor allem Holz als natürliches Baumaterial an. Angefangen von Zäunen und Toren über Rankgitter und Pergolen bis zu Sommerhäusern und Pavillons kann man mit diesem vielseitigen Material unzählige Projekte verwirklichen. Das setzt zwar einige Fertigkeiten bei der Holzbearbeitung voraus, doch selbst Hobbyzimmerer mit zwei linken Händen können im Gartenbereich , wo nicht ganz rechtwinklige Verbindungen oder nicht so perfekte Oberflächen weniger auffallen, Ideen verwirklichen, die den Garten verschönern und abwechslungsreicher gestalten.*

Das natürliche Baumaterial Holz fügt sich harmonisch in jeden Garten ein. Holzbauten sind einfach zu errichten, sägeraues oder gehobeltes Holz ist relativ billig und außerordentlich vielseitig. Abgesehen davon gibt es eine reiche Auswahl an vorgefertigten hölzernen Gartenmöbeln, Zäunen, Pavillons usw., die im Handumdrehen zusammengebaut werden können.

Dieses Kapitel enthält zahlreiche Holzprojekte mit unterschiedlichem Schwierigkeitsgrad: einfache Dinge, wie beispielsweise ein Futterhäuschen oder ein Blumenkasten, aber auch aufwändigere Konstruktionen, wie kleine Gartenhäuser oder Kinderspielplätze. Es werden die am häufigsten verwendeten Zauntypen und Tore beschrieben und der interessierte Hobby-Zimmerer erfährt alles, was er über die Auswahl des Materials, den Bau und die Unterhaltung von Holzkonstruktionen wissen muss.

Weiterhin gibt es detaillierte Anleitungen zum Bau von Pergolen und Bogengängen in verschiedenen Stilen und aus unterschiedlichen Materialien, die sich auch als Rankhilfen für Kletterpflanzen eignen.

Natürlich braucht man im Garten auch Wege, eventuell Stufen und einen Platz zum Sitzen, wenn der Rasen nach einem Regenguss noch nass und aufgeweicht ist. Deshalb enthält dieses Kapitel auch Hinweise zur Verwendung von Holz für naturnah gestaltete Wege, Stufen und Terrassen und beschreibt den Bau von offenen und geschlossenen Sommerhäusern.

Schließlich müssen auch die Kinder beschäftigt sein, wenn die Erwachsenen sich erholen wollen. Deshalb gibt es viele Anregungen zur Gestaltung von interessanten Spielplätzen, die Kinderaugen leuchten und kaum Wünsche offen lassen. Ob Schaukeln, Wippen oder Rutschen, Sandkästen, Klettergerüste und Baumhäuser – Ihre Kinder werden begeistert sein!

Das Kapitel schließt mit Vorschlägen für einfache Wochenendprojekte, einem Abschnitt über Werkzeuge zur Holzbearbeitung und einer kleinen Materialkunde. Außerdem werden grundlegende Arbeitstechniken erläutert, die man zur Ausführung der beschriebenen Vorhaben benötigt.

Die Farbfotos und detaillierten Illustrationen zeigen die einzelnen Arbeitsschritte und der begleitende Text behandelt alle Aspekte des Baus, angefangen von der Auswahl des Materials, der Mengenberechnung bis zur Montage und Oberflächenbehandlung. Es gibt auch Hinweise zu möglichen Variationen, so dass ambitionierte und fantasievolle Heimwerker ihre ganz persönlichen Ideen verwirklichen können.

Unten: Gehobeltes Holz eignet sich vor allem für formale Elemente, wie zum Beispiel Grenzzäune und Tore.

Oben: Selbst die einfachsten Konstruktionen wie diese grob gezimmerte Pergola und die schlichte Holzbank können zu einem Blickpunkt im Garten werden.

Rechts: In jedem Garten wünscht man sich im Sommer auch einen kühlen Ort. Eine solche Laube aus Spalierelementen ist ein luftiger Schattenspender.

Unten: Ein Baumhaus lässt jedes Kinderherz höher schlagen und ist leicht aus alten Brettern zu bauen.

Grundstücke *werden meist durch Zäune begrenzt. Zäune sind leicht zu errichten, unkompliziert in der Pflege und müssen nicht die Welt kosten. Das erforderliche Material ist einfach zu beschaffen und man hat die Wahl zwischen vielen verschiedenen Zauntypen. Natürlich ist eine Mauer in der Regel stabiler als ein Zaun, ihr Bau erfordert jedoch erheblich mehr Zeit, Kraft und Geld. Hecken als Grundstücksgrenzen sind zwar auch eine gute Lösung; sie setzen jedoch voraus, dass man genügend Platz hat, warten kann, bis die Hecke hoch und dicht genug gewachsen ist und auch bereit ist, sie regelmäßig zu beschneiden und zu pflegen. Sind Geld und Zeit dagegen knapp, ist ein Zaun die beste Lösung.*

Ob man einen neuen Zaun errichten oder einen verfallenen Zaun reparieren möchte – es ist in jedem Fall angebracht, sich vor Beginn der Arbeiten einige grundlegende Gedanken über die Ausführung zu machen.

Erstens darüber, wie der Zaun aussehen und welchen Zweck er erfüllen soll. Soll er einen Sichtschutz gewähren, eine unüberwindliche Grenze für Kinder und Haustiere bilden, soll er unschöne Ecken im Garten, wie beispielsweise den Komposthaufen, verdecken oder einen attraktiven Hintergrund für Ihre Pflanzen bilden.

Zweitens sollten Sie sich überlegen, wie viel der Zaun kosten darf. Viele Leute sind überrascht von der Länge ihrer Grundstücksgrenzen und die daraus folgenden Kosten der Umzäunung.

Drittens sind auch rechtliche Aspekte zu bedenken. Abgesehen davon, dass das Markieren der Grundstücksgrenzen Streitigkeiten mit den Nachbarn hervorrufen kann, sollte man sich in der örtlichen Bauordnung über die relevanten Bestimmungen informieren. Weitere Hinweise dazu finden Sie auf Seite 102.

Zauntypen

Die meisten Hausbesitzer denken beim Bau eines Zaunes als Erstes an einen Holzzaun, da es bei Zäunen aus Holz die größte Auswahl gibt. Alle Holzzäune werden im Wesentlichen nach dem gleichen Prinzip errichtet: man stellt entlang der Grundstücksgrenze eine Reihe von Zaunpfählen auf und verbindet diese entweder durch Stangen, Bretter oder Zaunfelder.

Der einfachste Zaun, der Koppelzaun oder Schwartenzaun, besteht aus einer oder mehreren horizontalen Stangen oder Schwarten zwischen den Zaunpfählen. Mit einem solchen Zaun kann man zwar die Grundstücksgrenze abstecken, er stellt jedoch kein Hindernis für Kinder, Haustiere oder Kleinwild dar. Soll der Zaun weniger durchlässig sein, nagelt man Zaunlatten,

Rundhölzer, Halbrundhölzer oder Bretter auf die Querriegel – entweder mit einem Abstand dazwischen, dann erhält man einen Palisadenzaun oder Lattenzaun, der zwar keinen Sichtschutz bietet, aber den Bewegungsraum von Kindern und Haustieren begrenzt oder ohne Abstände, so dass ein kompakter Bretterzaun entsteht, der vollständigen Sichtschutz gewährleistet.

Eine Variation des Bretterzauns oder Lattenzauns ist der doppelseitige Lattenzaun, bzw. Bretterzaun, bei dem die Latten oder Bretter auf beiden Seiten der Pfosten befestigt werden und zwar so, dass die Latten oder Bretter der einen Seite jeweils über einer Lücke der anderen Seite liegen.

Viele Zäune bestehen aus vorgefertigten Zaunfeldern, die zwischen den Pfosten montiert werden, wobei die Zaunfelder ganz unterschiedlich ausgeführt sein können – rustikal und natürlich aus geflochtenen Weidenruten oder formaler (und teurer) als Lattenfelder mit unterschiedlicher Lattenkopfausbildung, als Jägerzaun, Lamel-

Rechts: Die Zaunlatten mit ihren dekorativ ausgesägten Köpfen bilden einen kontrastierenden Hintergrund für die farbenprächtigen Pflanzschalen.

weitere wichtige Aufgabe des Zaunes kann auch der Windschutz sein – die Abschirmung einer Terrasse, eines Sitzplatzes oder auch empfindlicher Pflanzen. Dafür kommen ebenfalls die oben genannten Typen in Frage, es ist jedoch besonders darauf zu achten, dass die Pfosten fest verankert und die Zaunfelder gut befestigt sind, damit sie der Windlast widerstehen können.

Wird kein vollständiger Sichtschutz benötigt, stellt auch der doppelseitige Lattenzaun einen ausreichenden Windschutz dar. Da bei dieser Art Zaun die Luft zwischen den Latten hindurch strömen kann, ist er nicht so großer Windlast ausgesetzt wie ein geschlossener Zaun.

Ein weiterer Aspekt ist die Sicherheit der Kinder und Haustiere und der Schutz vor ungebetenem Besuch streunender Hunde oder Katzen. Zäune, die Sicht- und Windschutz bieten, erfüllen in der Regel auch diese Aufgabe. Legt man keinen Wert auf eine abgeschlossene Privatsphäre, stellt auch ein Latten- oder Staketenzaun oder ein Spalierzaun eine ausreichende Einfriedung dar, vorausgesetzt er ist hoch genug.

Soll der Zaun auch als Rankhilfe für Kletterpflanzen dienen, entscheidet man sich am besten für einen Spalierzaun. Er wird schon bald von den Kletterpflanzen erobert werden und sich in eine sehr natürliche Grundstücksbegrenzung verwandeln. Spa-

Links: So naturbelassen wie möglich: ein Zaun aus diagonal angeordneten, geschälten Hölzern und eine alte Bahnschwelle als Gartenbank.

Unten: Kompaktere Zäune wie dieser können auch aus alten Brettern errichtet werden.

lenzaun oder Spalierzaun. Fertige Zaunfelder werden in unterschiedlichen Breiten und Höhen angeboten. Bevor man mit der Planung eines Zaunes beginnt, sollte man sich deshalb in den örtlichen Bau- und Gartenmärkten umschauen.

Zaunfelder werden in der Regel in Standardgrößen angeboten. Die Höhen reichen von 60 cm bis etwa 1,80 m und die meisten Zaunfelder sind 1,80 m breit, in manchen Serien sind jedoch auch kürzere Stücken mit Längen von 60 cm, 90 cm oder 120 cm erhältlich.

Vorüberlegungen

Ein Zaun sollte natürlich zum Stil des Hauses und Gartens passen, jedoch sind bei der Auswahl noch andere Gesichtspunkte zu berücksichtigen.

Ein ganz wichtiges Kriterium für die meisten Familien, besonders auf kleinen Grundstücken, ist die Abschirmung der Privatsphäre. Für einen Zaun, der einen vollständigen Sichtschutz gewährleisten soll, kommt nur ein Lamellenzaun oder ein geschlossener Bretterzaun in Frage, der mindestens 1,80 m hoch sein muss. Eine

lierzäune bieten außerdem den Vorteil, dass sie von allen Seiten Licht und Wasser an die Pflanzen lassen, kompakte Zäune schirmen dagegen die Pflanzen einseitig gegen Niederschläge und Sonnenlicht ab.

Es empfiehlt sich, Spalierzäune aus einem haltbaren Holz, wie zum Beispiel Zedern- oder Lärchenholz zu bauen oder mit einem Holzschutzmittel zu behandeln um Fäulnis vorzubeugen. Wenn die Kletterpflanzen den Zaun erst einmal ganz bedeckt haben, wird die Pflege schwierig.

Will man lediglich seine Grundstücksgrenzen markieren, kann man dazu grundsätzlich jede Art von Zaun verwenden. Die billigste Variante ist in diesem Fall eine Reihe von Zaunpfählen, die entweder durch Querriegel oder durch Ketten miteinander verbunden sind.

Schließlich sollte man auch an die optische Wirkung des Zaunes denken. Hohe, kompakte Bretterzäune können einen lang gestreckten Garten wie einen engen Korridor mit Holzwänden aussehen lassen, wenn man diesen Eindruck nicht durch Kletterpflanzen oder Stauden mildert. Auch weiße Lattenzäune wirken sehr dominant und sind schwer zu verstecken. Niedrigere Zäune sind in der Regel weniger auffällig und naturbelassene Latten oder bewachsene Spaliere fügen sich gut in die Umgebung ein. Auch der Verwitterungseffekt, der Holzzäunen eine natürliche graue Farbe verleiht, kann durchaus ein gewünschter Effekt sein, wenn man auf einen unauffälligen Zaun Wert legt.

Rechtliche Aspekte

Einfriedungen von Grundstücken sind nur bis zu einer bestimmten Höhe genehmigungsfrei, übersteigen Zäune oder Mauern diese Höhe, benötigt man eine entsprechende Baugenehmigung. Dabei gelten in den einzelnen Bundesländern unterschiedliche Bestimmungen. Sie sollten sich deshalb in der nächsten größeren Bibliothek die für Ihre Gemeinde gültige Bauordnung ausleihen oder sich bei der zuständigen Bauaufsichtsbehörde über die geltenden Bestimmungen informieren. In der Bauordnung sind meist die genehmigungsfreien Bauvorhaben aufgelistet, darunter fallen in der Regel auch alle „baulichen Anlagen, die der Garten- und Freizeitgestaltung dienen".

Auch bei Hecken ist der Abstand zum Nachbargrundstück zu beachten. Dieser ist meist abhängig von der Höhe der Hecke. Im Zweifelsfall sollten Sie sich mit Ihrem Nachbarn absprechen und dessen schriftliche Zustimmung einholen, damit es im Nachhinein nicht zu Streitigkeiten kommt.

Kauf von Zäunen

Preise für Gartenzäune können von Anbieter zu Anbieter stark differieren. Es gibt spezielle Anbieter für Zäune, Gartentore usw., bei denen die Auswahl sicher am größten ist. Man erhält Zaunelemente jedoch auch bei Baustoffhändlern und in Bau- und Gartenmärkten. Auch die Bestellung bei einem Versandhandel ist möglich. Denken Sie beim Einkauf daran, dass die Anlieferung meist zusätzlich bezahlt werden muss.

Oben: Die Köpfe der Zaunlatten wurden passend zu den Abdeckungen der Zaunpfähle ausgesägt.

Rechts: Weiße Lattenzäune wirken sehr dominant. Hier ist der Kontrast zwischen dem dunkelgrünen Laub und dem weißen Zaun besonders stark.

Oben rechts: Ein einfacher waagerechter Plankenzaun ist eine preisgünstige Einfriedung, wenn die Sicherheit von Kindern oder Haustieren kein Kriterium ist.

Ganz rechts: Mit vorgefertigten Zaunfeldern lässt sich ein Zaun einfach und schnell errichten.

Vor dem Kauf sollte man die Holzqualität sorgfältig prüfen und möglichst alle Pfosten oder Latten mit Rissen oder vielen Knoten aussortieren. Auch sollten alle Holzteile druck- oder vakuumimprägniert sein und die Beschläge verzinkt und pulverbeschichtet, so dass sie nicht so schnell rosten. Für alle Zaunfelder sind Abdeckprofile und für die Pfosten entsprechende Kappen zu kaufen, damit das Regenwasser abläuft und nicht in das Hirnholz eindringen kann.

Aufstellung eines Holzzaunes

Früher errichtete man Zäune, indem man zuerst die Zaunpfosten eingrub oder einbetonierte und daran dann die Querriegel, Latten oder Zaunfelder befestigte. Heute gibt es eine Vielzahl von Zaunträgern, Einschlaghülsen usw. im Handel. Die alte Methode ist jedoch immer noch die preisgünstigste. Als allgemeine Regel gilt, dass der Pfosten zu einem Viertel im Boden zu versenken ist. Soll ein Zaun 1,80 m hoch werden, benötigt man also 2,40 m lange Pfosten. Weitere Hinweise zur Aufstellung eines Zaunes finden Sie auf den Seiten 180 – 181.

Oben: Ein waagerechter Bretterzaun ist ein zuverlässiger Wind- und Sichtschutz. Man kann dazu Bretter mit geraden oder schrägen Kanten (so genannte Schwarten, an denen sich oft noch die Rinde befindet) verwenden.

Pflege von Holzzäunen

Fehlende Unterhaltung ist des Holzzaunes größter Feind. Durch Wind und Wetter können sich Pfosten oder Scharniere lockern, Latten oder Staketen können zerbrochen werden, ungeschütztes Hirnholz und in die Erde eingegrabene Pfosten beginnen zu verrotten. Die regelmäßige Behandlung aller Oberflächen mit Holzschutzmitteln verlängert die Haltbarkeit des Zaunes erheblich. Bei regelmäßigen Inspektionen, besonders nach Stürmen und Schlechtwetterperioden kann man kleinere Schäden gleich feststellen und beheben, bevor eines Tages der ganze Zaun zusammenbricht. Die entsprechende Vorgehensweise ist auf Seite 185 beschrieben.

Geschlossener Bretterzaun

Ein geschlossener Bretterzaun ist der stabilste Zaun überhaupt. Er fügt sich in der Regel sehr gut in einen naturnahen Garten ein und wird bei richtigem Bau viele Jahre halten. Ein Nachteil eines solchen Zaunes ist, dass man dafür sehr viele Bretter benötigt und er aus diesem Grund teurer als andere Zauntypen sein kann. Der Bretterzaun eignet sich jedoch sehr gut für Grundstücke am Hang, man setzt einfach die Pfosten entlang der abfallenden oder ansteigenden Grundstücksgrenzen und nagelt die Bretter parallel zur Hangneigung fest.

Der grundlegende Aufbau eines Bretterzauns ist ziemlich einfach: Die Zaunpfosten werden mit zwei oder drei Querriegeln (abhängig von der Höhe des Zaunes) verbunden und an diesen befestigt man die an den Rändern überlappenden senkrechten Bretter. Ein guter Handwerker wird die Querriegel mit den Pfosten verzapfen, heutzutage werden jedoch häufig verzinkte Metallverbinder verwendet. Die unteren Enden der Zaunlatten sollten zum Schutz vor Bodenfeuchtigkeit auf einem Sockelbrett stehen. Später ist es dann auch einfacher und billiger, eine einzelne verfaulte Schutzleiste zu ersetzen als ein ganzes Zaunfeld. Eine andere Alternative ist der waagerechte Bretterzaun wie auf dem Foto S. 101 zu sehen, bei dem die Bretter horizontal angeordnet und direkt auf die Pfosten oder auf Leisten genagelt werden, die seitlich an den Pfosten befestigt sind.

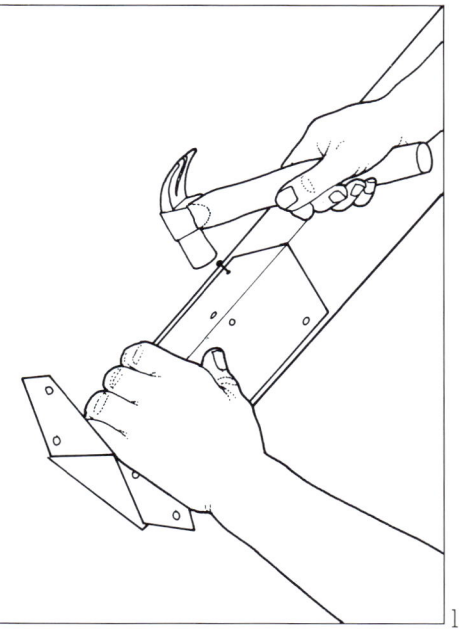

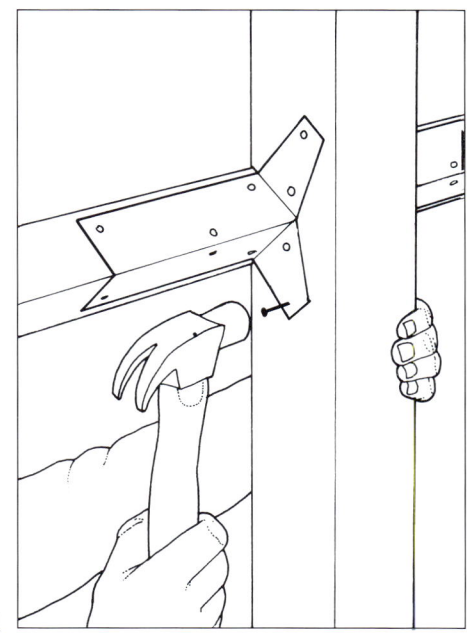

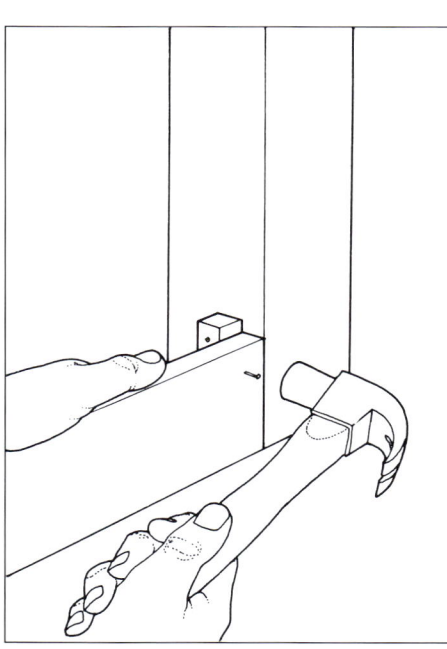

Bau des Zaunes

1 Nachdem Sie alle Zaunpfähle errichtet haben (Siehe S. 180–181), ist die erforderliche Länge der Querriegel zu messen und diese sind zuzusägen. Nageln Sie dann einen Metallverbinder auf jede Seite des Querriegels.

2 Während ein Helfer ein Ende des Querriegels hält, nageln Sie das andere an den Zaunpfosten. Achten Sie beim Befestigen der Querriegel darauf, dass diese parallel zum Boden verlaufen und dass bei drei Querriegeln die Abstände zwischen diesen gleich groß sind.

3 Befestigen Sie nun kurze Holzleisten an den Seiten der Zaunpfähle, um daran die unteren Schutzleisten zu schrauben oder zu nageln. Die Leisten sind so weit nach innen zu setzen, dass die Schutzleisten bündig mit dem Zaunpfahl abschließen so wie es auf der Skizze zu sehen ist. Dann spannen Sie eine Schnur zwischen den Zaunpfählen (etwa 75 mm unter der Oberkante der Pfähle), an welcher Sie die Höhe der senkrechten Bretter ausrichten. Sägen Sie das erste Brett zu, stellen Sie es so auf die Schutzleiste, dass die dickere Kante in Richtung Zaunpfahl weist und die Oberkante in Höhe der gespannten Schnur endet, dann nageln Sie es fest (oben, unten und gegebenenfalls am mittleren Querriegel). Das zweite Brett ist so anzunageln, dass seine dickere Kante die dünnere Kante des ersten um etwa 12 mm überlappt.

4 Aus einem Stück Restholz kann man sich eine kleine Schablone anfertigen, mit der man die gleichmäßige Überlappung der Bretter prüft.

5 Nach jedem vierten oder fünften Brett sollte man mit der Wasserwaage die Vertikalität prüfen. Das letzte Brett vor dem jeweils nächsten Pfosten ist umzudrehen, so dass seine dickere Kante zum Pfosten zeigt. Die restlichen Zaunfelder errichtet man auf die gleiche Art und Weise und setzt dann die Kappen der Pfosten auf. Die Bretter sind möglichst auch von oben zu schützen.

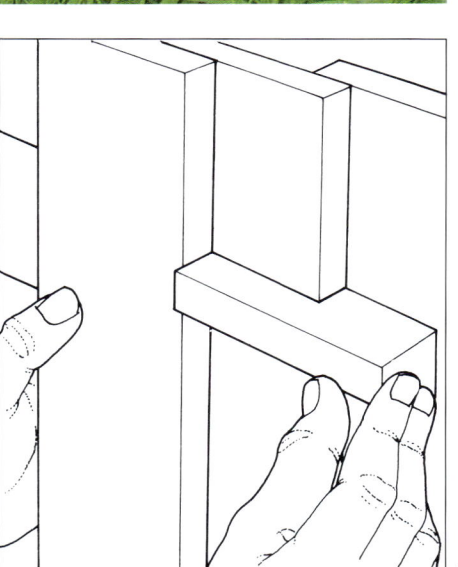

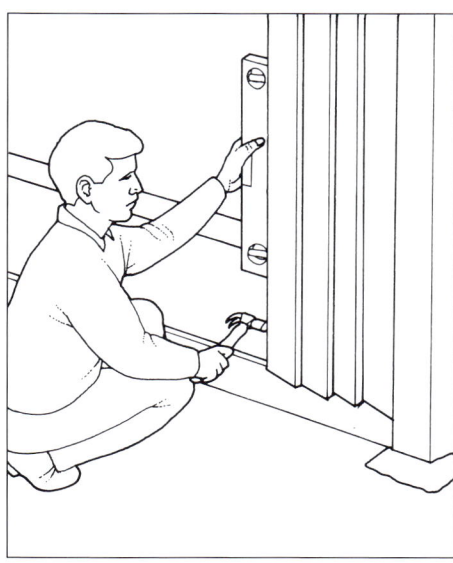

Rechts: Vorgefertigte Zaunfelder können aus überlappenden Brettern oder aus dünnen, kreuzweise verwobenen Holzleisten bestehen.

Lamellenzäune

Lamellenzäune aus vorgefertigten Elementen sind im Vergleich zu den oben beschriebenen geschlossenen Bretterzäunen sehr einfach zu bauen. Man nagelt einfach die Zaunfelder an die Pfosten und versieht diese zum Schluss mit den entsprechenden Schutzkappen. Das Ergebnis ist jedoch nicht so stabil wie ein Bretterzaun, da die Zaunfelder meist aus relativ dünnen Brettern oder Leisten bestehen. Solche Zäune sind jedoch schnell gebaut und preiswert.

Auf zwei Dinge sollte man beim Bau von Lamellenzäunen achten: Erstens muss der Abstand der Zaunpfosten sehr genau ausgemessen werden, wenn man Lücken oder gewölbte Zaunfelder vermeiden will. Zweitens kann man solche Felder nicht an Hängen verwenden, es sei denn, über einer Sockelmauer, die bereits stufenförmig angelegt ist.

1 Da vorgefertigte Lamellenzaunelemente von genormter Größe sind, muss der Abstand zwischen den Zaunpfosten genau eingehalten werden. Fertigen Sie sich aus einem alten Brett eine Schablone, die Ihnen das wiederholte Messen erspart.
2 Setzen Sie nun das erste Feld zwischen die Pfosten. Stellen Sie es auf zwei Ziegelsteine oder Holzklötze und schlagen Sie etwa alle 30 cm einen Nagel ein.
3 Eine andere Möglichkeit ist die Verwendung von verzinkten Zaunelementhaltern – zwei pro Seite bei niedrigen Zäunen und drei bei hohen.
4 Schieben Sie das Zaunfeld zwischen die Halter und befestigen Sie es mit Nägeln.
5 Falls Sie für das letzte Stück Zaun ein schmaleres Element benötigen, lösen Sie die senkrechten Leisten an einer Seite und nageln diese im erforderlichen Abstand wieder fest, wobei die austretenden Nagelspitzen krumm geschlagen werden müssen. Dann sägen Sie die überstehenden Lamellen entlang der Leisten ab, überprüfen, ob das Feld passt und befestigen es an den letzten beiden Pfosten.

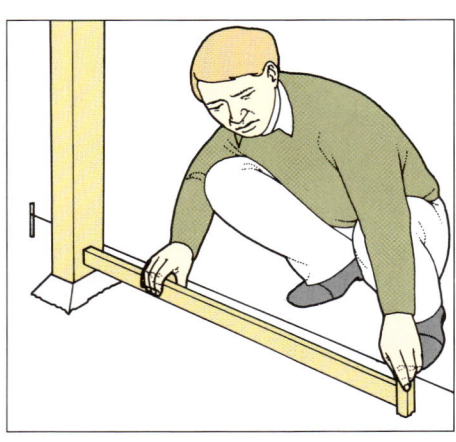

Lattenzaun oder Staketenzaun

Der Latten- oder Staketenzaun mit in Abständen auf einen Querriegel genagelten Zaunlatten, Rund- oder Halbrundhölzern ist typisch für ländliche Gegenden. Diese Art Zaun wurde oft mit einer Hecke kombiniert, die man direkt dahinter pflanzte. Weiß gestrichene Lattenzäune vor dunkelgrünem Laub werden zu besonders augenfälligen Begrenzungen. Die Köpfe der einzelnen Latten sind in der Regel abgerundet oder zugespitzt, damit das Wasser abläuft und nicht in das Hirnholz dringt, manchmal trifft man jedoch auch auf sehr dekorative Lattenkopfausführungen. Zum Schutz des Holzes eignen sich pigmentierte Lasuren besser als Farbe, denn sie dringen direkt in das Holz ein, während Farbe eine Schicht auf der Oberfläche bildet, die schnell abblättert und dann nur mit viel Aufwand zu erneuern ist.

Nachdem Sie die Zaunpfosten aufgestellt haben, sägen Sie die Querriegel auf die erforderliche Länge zu und berechnen, wie viele Latten für jedes Feld benötigt werden.

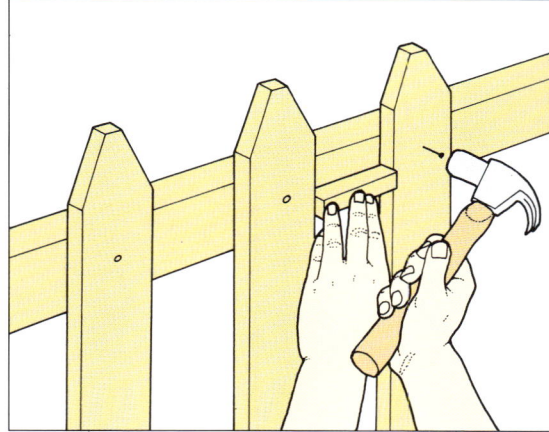

1 Nageln Sie die Latten an die Querriegel, wobei Sie ein Stück Restholz als Abstandsstück verwenden, so dass alle Zwischenräume gleich groß werden.

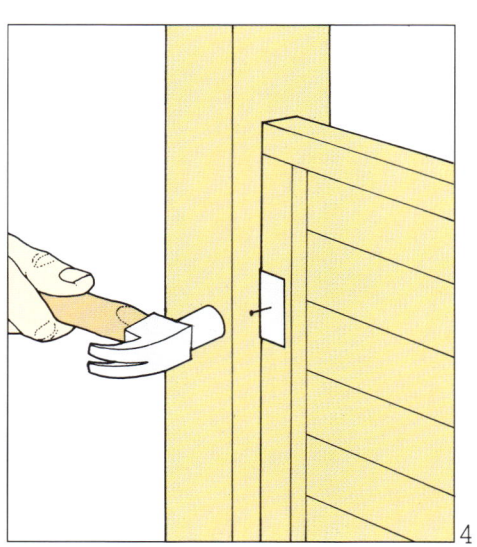

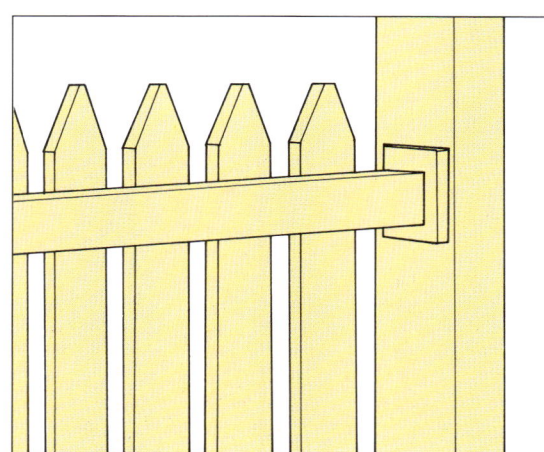

2 Zur Befestigung der Zaunfelder an den Pfosten verwendet man kurze Stücken einer dicken Holzleiste. Sie werden erst an die Pfosten geschraubt, dann montiert man daran die Zaunfelder.

ZÄUNE

Sägen Sie alle Latten auf die entsprechende Länge und die Köpfe in die gewünschte Form.

Koppelzäune oder Weidezäune

Koppel- oder Weidezäune bestehen meist nur aus einer Reihe Pfosten, die durch zwei oder drei Querriegel verbunden sind. Man kann sie aus sägerauem oder gehobeltem Holz bauen. In dieser Form eignen sie sich auch für ein modernes Haus mit einem eher formalen Garten. Unbesäumte Bretter, so genannte Schwarten, passen besser in einen großen Naturgarten. Ein solcher Zaun ist natürlich nicht besonders sicher, er wird weder Kinder noch Hunde oder andere Haustiere erfolgreich auf dem Grundstück halten, es sei denn, man setzt die Querriegel sehr eng oder trifft andere Maßnahmen, damit der untere Bereich des Zaunes undurchlässiger wird. Man kann zum Beispiel, wie im Foto unten zu sehen ist, den unteren Bereich des Weidezauns mit Maschendraht verkleiden.

Eine preisgünstige Variante eines Zaunes, die schnell auf- und wieder abzubauen ist, stellt der auf dem Foto rechts unten gezeigte Zaun aus Latten, die mit Drähten verbunden sind, dar.

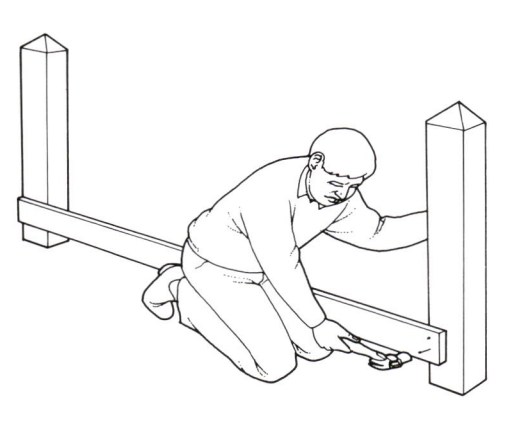

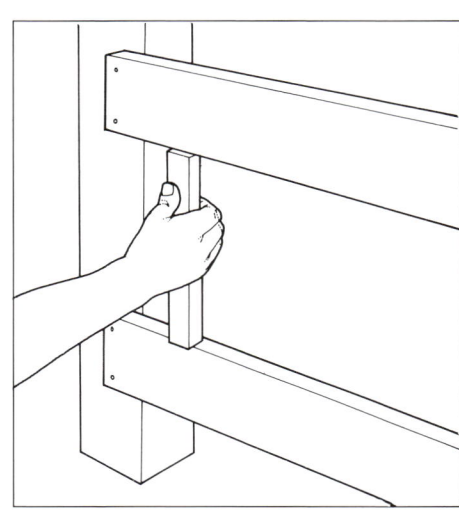

Oben: Ungeschälte Rundhölzer bilden eine sehr natürlich aussehende und dazu sichere Barriere.

1 Nachdem die Zaunpfosten eingegraben sind, nageln Sie den untersten Querriegel an die Pfosten.
2 Um gleichmäßige Abstände zwischen den Querriegeln zu erhalten, verwendet man eine Schablone, d. h. eine Leiste, die man auf den entsprechenden Abstand zusägt.
3 Auf ebenen Grundstücken überprüft man mit Hilfe einer Wasserwaage, ob die Querriegel waagerecht befestigt sind und parallel zueinander verlaufen.

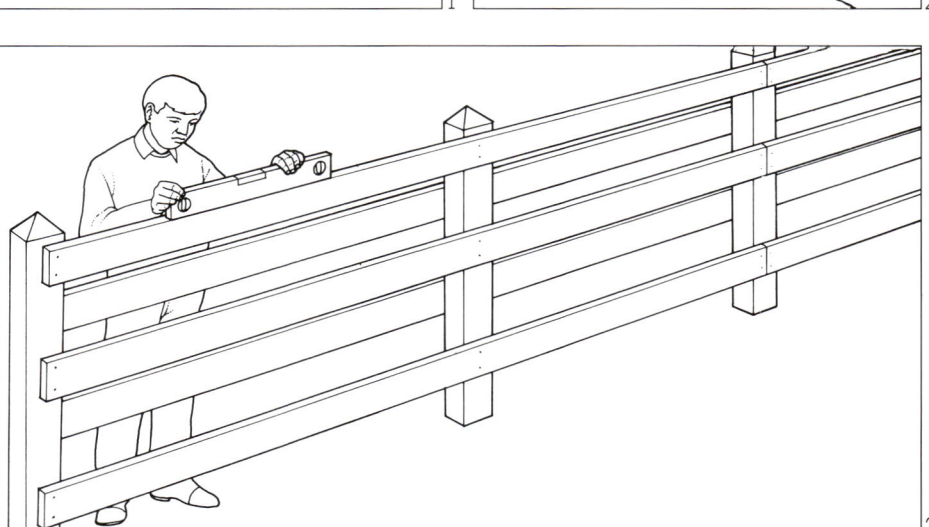

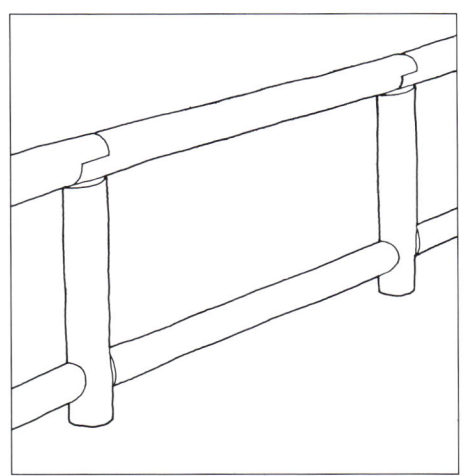

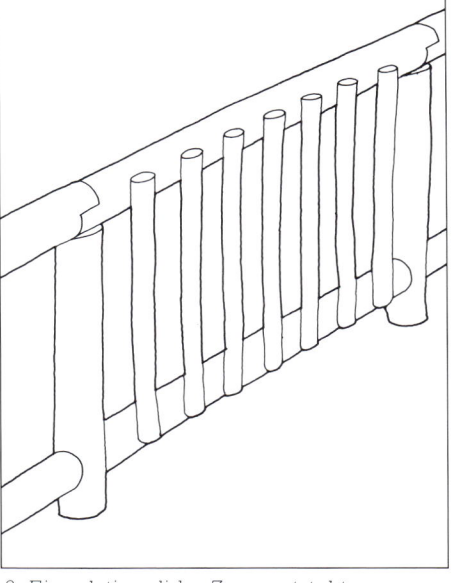

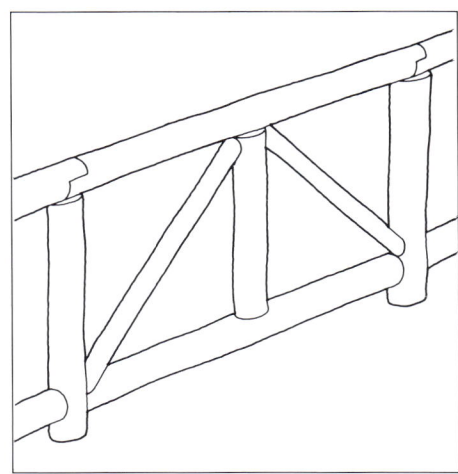

1 Nageln Sie stabile Rundhölzer auf die Pfosten, wobei darauf zu achten ist, dass Sie die Nägel über Kreuz einschlagen. Im unteren Bereich sind die Rundhölzer in die Pfosten einzuzapfen.

2 Ein relativ solider Zaun entsteht, wenn man schmalere Rundhölzer in kurzen Abständen auf die Querriegel nagelt. Beim Einschlagen der Nägel sollte ein Helfer auf der anderen Seite gegenhalten.

3 Eine dekorativere Wirkung wird erreicht, wenn man zwei Rundhölzer wie hier gezeigt diagonal anordnet. Dazu sind die Enden entsprechend schräg abzusägen.

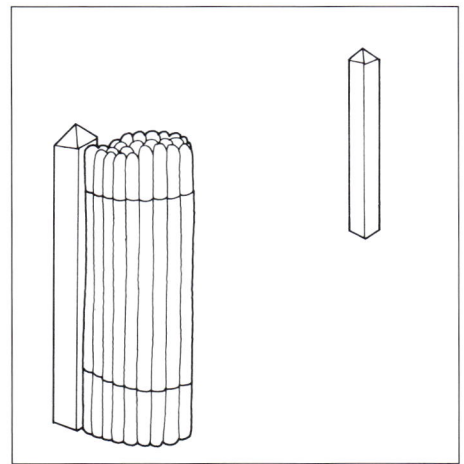

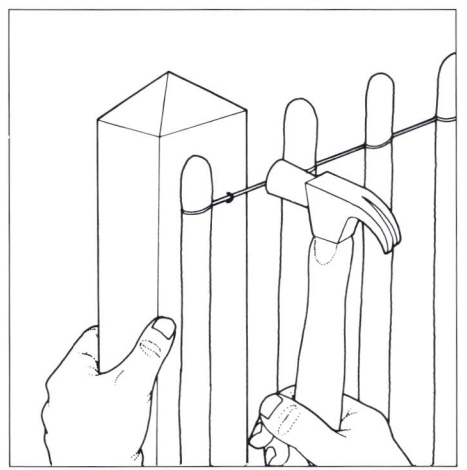

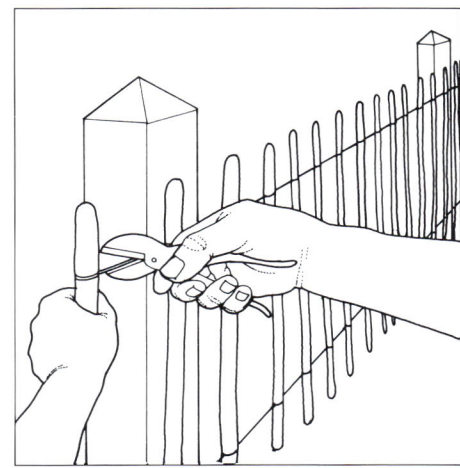

1 Setzen Sie die Zaunpfosten und rollen Sie dann den Zaun auf. Überprüfen Sie, ob alle Latten fest in den Drahtlaschen sitzen.

2 Stellen Sie den Zaun gegen die Pfosten und befestigen Sie erst den oberen Draht und dann den unteren Draht mit kleinen verzinkten Metallkrampen am Pfosten.

3 Gehen Sie nun zum nächsten Pfosten und spannen Sie den Draht, bevor Sie ihn am Zaun befestigen. Trennen Sie gegebenenfalls das nicht benötigte Stück Zaun am Ende mit einer Drahtschere ab.

Links: Ein Zaun aus Brettern als Querriegel, die auf die Zaunpfosten genagelt werden sieht zwar schön aus, ist jedoch sehr durchlässig. Indem man im unteren Bereich

Maschendraht spannt, kann man ihn etwas sicherer machen.
Oben: Dieser Zauntyp ist besonders als temporäre Begrenzung geeignet.

Tore stehen *am Eingang zu einem Grundstück oder auch am Hinterausgang des Gartens, begrenzen den Bewegungsraum kleiner Kinder und halten unerwünschten Besuch fern. Gartentore werden in vielen verschiedenen Stilen, Materialien und Grössen angeboten, vom niedrigen Gartentürchen bis zum imposanten zweiflügeligen Tor für die Garageneinfahrt. Das beliebteste Material für Tore ist mit Sicherheit Holz, denn oft wird das Tor passend zum Stil des Zaunes gewählt.*

Der wichtigste Teil des Tores sind die Torpfosten, die stabil genug sein müssen, um das Gewicht des Tores zu tragen ohne sich dabei nach innen zu neigen. Tore kann man an Holzpfosten befestigen, die oft passend zum Tor erhältlich sind, oder auch an stabileren, gemauerten Pfosten.

Tore benötigt man in der Regel am Eingang und an der Einfahrt zum Grundstück und eventuell an einem Hinterausgang des Hofes oder Gartens. Eingangstore sind meist etwa einen Meter hoch. Für höhere Tore und Zäune braucht man möglicherweise eine Baugenehmigung. Sie sollten sich deswegen bei der zuständigen Bauaufsichtsbehörde erkundigen. Eingangsoder Einfahrtstore können unterschiedlich breit sein: einflügelige Tore von etwa 1 m bis 4 m und zweiflügelige Tore von 2 m bis 6 m. Tore an Nebeneingängen sind meist höher (etwa 2 m) und ungefähr 1 m breit.

Material

Die meisten Holztore und Torpfosten bestehen aus Weichholz, das mit einem Holzschutzmittel behandelt wird, um es vor Fäulnis zu schützen. Tore und Pfosten aus Eichenholz oder Zeder sind bedeutend teurer, jedoch auch viel widerstandsfähiger gegen Feuchtigkeit und Insektenbefall und aus diesem Grunde Weichholz vorzuziehen.

Für niedrige einflügelige Tore sind Pfosten mit einem Querschnitt von 10 x 10 cm ausreichend, für höhere Seiteneingangstore und breitere Einfahrstore benötigt man 12,5 cm oder 15 cm starke Pfosten. Denken Sie beim Kauf auch daran, dass der Pfosten eines 1 m hohen Tores etwa 45 cm in die Erde versenkt werden muss, bei 2 m hohen Toren etwa 60 cm. Die Pfosten doppelflügeliger Tore sollten mindestens 75 cm in die Erde versenkt werden.

Oft werden Tore an gemauerten Pfosten aufgehängt, die einzeln stehen oder Teil einer Grenzmauer sind. Für 1 m hohe Tore

Oben: Eingangstoren kann man eine sehr individuelle Note geben, so dass Besucher das Haus schnell finden.

Unten: Ein elegantes weißes Gartentor passend zum Haus.

sollten die Pfosten mindestens einen Stein dick sein, für höhere oder breitere Tore 1½ Stein dick. Die Pfosten sind auf stabile Fundamente zu stellen. Werden die Pfosten neu errichtet, können die Haspen gleich eingemauert werden. Anderenfalls werden später entsprechende Löcher gebohrt oder auch Holzleisten an den gemauerten Pfosten befestigt, an denen dann wiederum die Scharniere angeschraubt werden. Die letztere Methode ist auch dann zu empfehlen, wenn man ein Tor in eine Öffnung einpassen möchte, die eigentlich etwas zu breit ist.

Fundamente

Gute Fundamente sind wichtig, damit die Torpfosten gerade stehen und sicher verankert sind. Bei Seiteneingangstoren und einflügeligen Eingangstoren sollte man ein Streifenfundament anlegen, das etwa 20 cm tief ist und von einer Seite des Tores bis zur anderen reicht. Dadurch verhindert man, dass die Pfosten durch die Bewegung des Tores nach innen gezogen werden. Um jeden Pfosten ist ein etwa 15 cm breiter Be-

tonkragen anzulegen. Dazu ist ein Loch mit einer Seitenlänge von etwa 30 cm auszuheben und zwar so tief, wie der entsprechende Pfosten in die Erde einzugraben ist.

Gemauerte Pfeiler errichtet man auf einer Betonplatte, deren Fläche bei niedrigen Toren doppelt so groß wie die Grundfläche des Pfeilers, bei höheren dreimal so groß sein sollte. Die Platte muss mindestens 15 cm dick sein. Mischen Sie den Beton für die Fundamente und die Grundplatten wie auf Seite 92 beschrieben und lassen Sie alles mindestens 7 Tage aushärten, bevor Sie die Pfosten setzen.

Aufhängen eines Tores

Am wichtigsten ist der korrekte Abstand zwischen den Torpfosten. Um diesen zu bestimmen, sollten Sie das Tor und die Pfosten flach auf die Erde legen (das Tor auf Unterlagen, so dass es auf gleicher Höhe wie die Rückseite der Pfosten, an denen es später befestigt wird, liegt). Dann legen Sie die Scharniere und den Riegel oder Schnäpper an die entsprechende Position

Oben: Das Farbenspektrum des Hauses wird hier vom Zaun und vom Tor wieder aufgenommen.

und passen den Abstand zwischen den Pfosten entsprechend an. Zeichnen Sie etwa 75 mm unter der Unterkante des Tores eine Linie an, die anzeigt, wie tief die Pfosten im Boden zu versenken sind.

Überprüfen Sie mit Hilfe eines Bandmaßes, dass die Pfosten parallel liegen und nageln Sie dann drei Leisten (zwei rechtwinklig zu den Pfosten, eine diagonal) darauf, so dass der korrekte Abstand zwischen den Pfosten gewahrt bleibt.

Nun markieren Sie die Position der Torpfosten auf dem Boden und graben für jeden ein Loch, das etwa 5 cm tiefer sein sollte als der Pfosten versenkt wird. Verbinden Sie die beiden Löcher durch einen etwa 20 cm tiefen Graben. Schütten Sie etwas Kies oder Schotter auf den Grund jedes Loches und setzen Sie die durch die Leisten verbundenen Pfosten an ihren Platz. Schlagen Sie die Pfosten soweit ein, bis die angezeichnete Markierung genau auf der Höhe der Bodenoberfläche liegt. Dann überprüfen Sie mit einer Wasserwaage die Vertikalität und nageln an die Pfosten Winkelstreben, so dass sie genau senkrecht stehen bleiben.

Füllen Sie bis 15 cm unter die Bodenoberfläche Schotter auf und gießen Sie Beton um die Pfosten. Verwenden Sie dafür eine relativ trockene Mischung aus einem Teil Zement und fünf Teilen grobem Kies. Stampfen Sie alles gut fest, wobei darauf zu achten ist, dass die Pfosten genau senkrecht stehen und formen Sie den Betonkragen so, dass eine leichtes Gefälle vom Pfosten weg entsteht und somit das Regenwasser ablaufen kann. Dann ist auch der Graben zwischen den Pfosten mit Beton zu verfüllen. Bevor man die Winkelstreben und

Rechts: Selbst das schlichteste Tor zieht viele Blicke an, wenn man es in einer leuchtenden Farbe streicht.

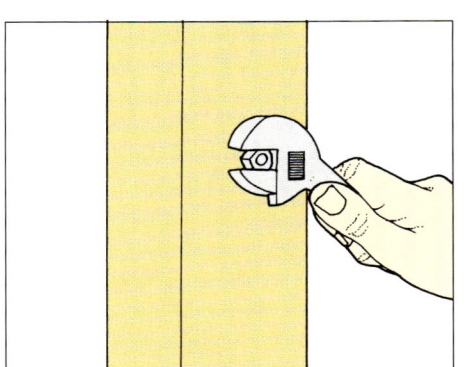

1 Montieren Sie einen Abstandshalter.

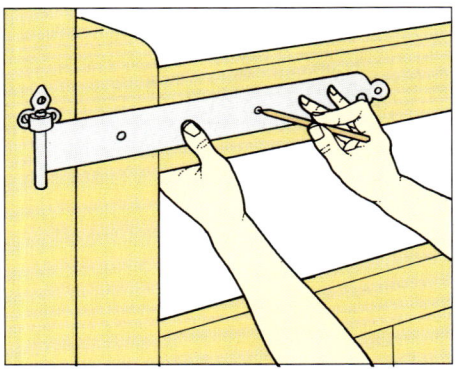

2 Markieren Sie Löcher für die Schrauben.

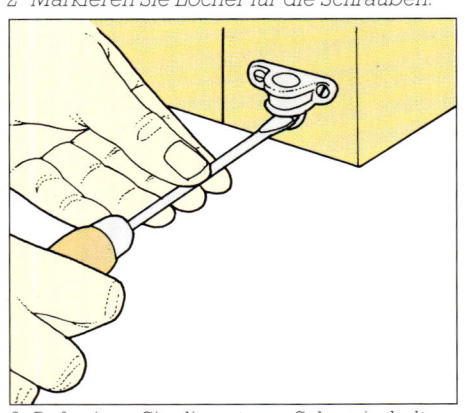

3 Befestigen Sie die unteren Scharnierhalter.

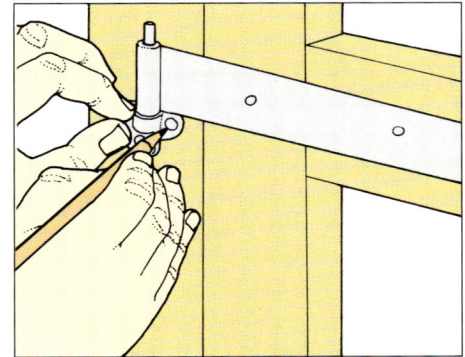

4 Montieren Sie die oberen Scharniere und die Haspen.

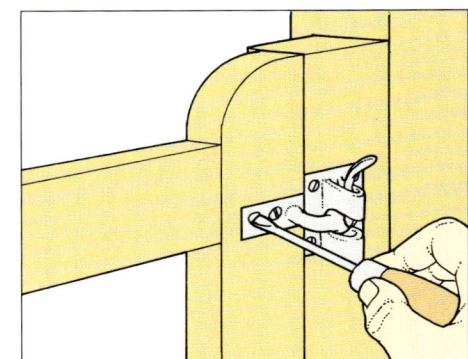

5 Schrauben Sie die beiden Teile des Riegels oder Schnäppers am Pfosten und am Tor fest.

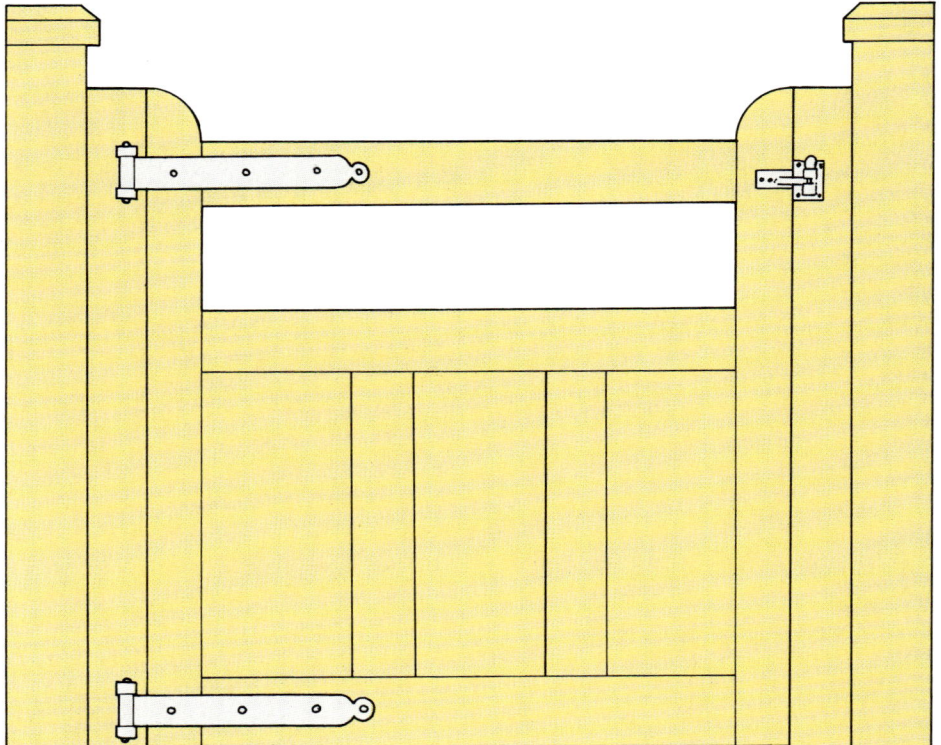

die Abstandshalter zwischen den Pfosten entfernt, lässt man den Beton mindestens 48 Stunden aushärten.

Nun stellt man das Tor zwischen die Pfosten (auf Ziegel oder Holzunterlagen) und zentriert es mit Hilfe von Holzkeilen. Abhängig von der Art der verwendeten Scharniere positioniert man das Tor entweder so, dass eine Seite bündig mit der hinteren Seite der Pfosten abschließt oder dass es sich genau zwischen der Vorder- und Rückseite der Pfosten befindet.

Halten Sie nun die Scharniere an das Tor und markieren Sie die Löcher für die Befestigungsschrauben. Achten Sie darauf, dass das Band des Scharniers genau in der Mitte der Querstreben des Tores verläuft. Falls das Tor diagonale Streben aufweist wie in den Skizzen 2 und 3 zu sehen, ist darauf zu achten, dass diese vom Scharnier aus nach oben verlaufen und nicht umgekehrt. Nun bohrt man Führungslöcher für die Schrauben und befestigt die Scharniere – erst einmal nur mit zwei Schrauben, so dass Sie die

Leichtgängigkeit des Tores prüfen können. Dann dreht man alle restlichen Schrauben ein. Achten Sie darauf, dass Schnapper und automatische Verschlüsse gut schließen.

Breite und schwere Holztore werden in der Regel an Langbändern auf Haspen aufgehängt, die durch den Pfosten gesteckt werden um ausreichende Stabilität zu garantieren. Bringen Sie zuerst die Haspen an, danach stellen Sie das Tor auf, um die Position der Langbänder zu markieren.

Es gibt außerdem eine Reihe zusätzlicher Beschläge, die man anbringen kann, um die Bedienung des Tores zu erleichtern, zum Beispiel Federn, die dafür sorgen, dass sich das Tor von selbst schließt, automatische Verriegelungen, Torhalterungen, die das Tor in geöffneter Stellung festhalten oder Bolzen für zusätzliche Sicherheit. Diese schiebt man entweder in entsprechende Ösen, die am Pfosten befestigt sind oder bei zweiflügeligen Toren in einen Torstopper im Boden. Vorhängeschlösser machen das Eingangstor noch sicherer.

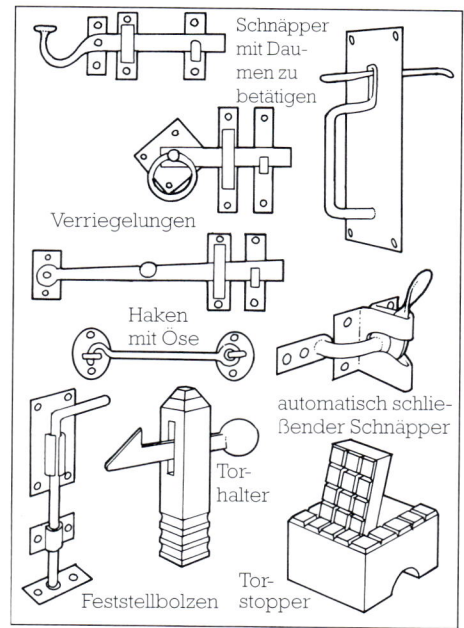

Türverriegelungen

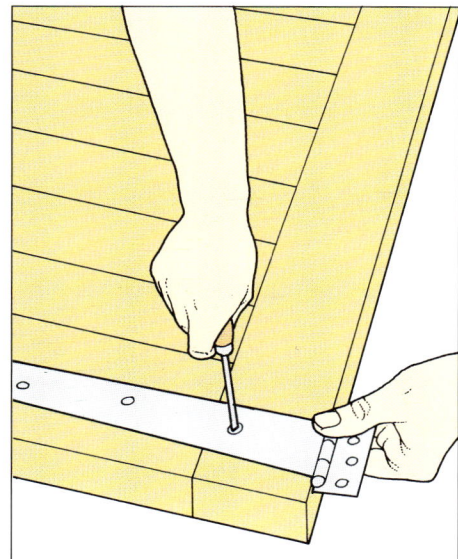

1 Die Scharniere werden am Tor befestigt.

2 Scharnier mit dem Pfosten verschrauben.

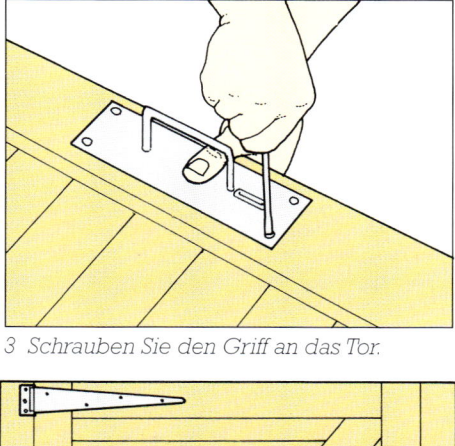

3 Schrauben Sie den Griff an das Tor.

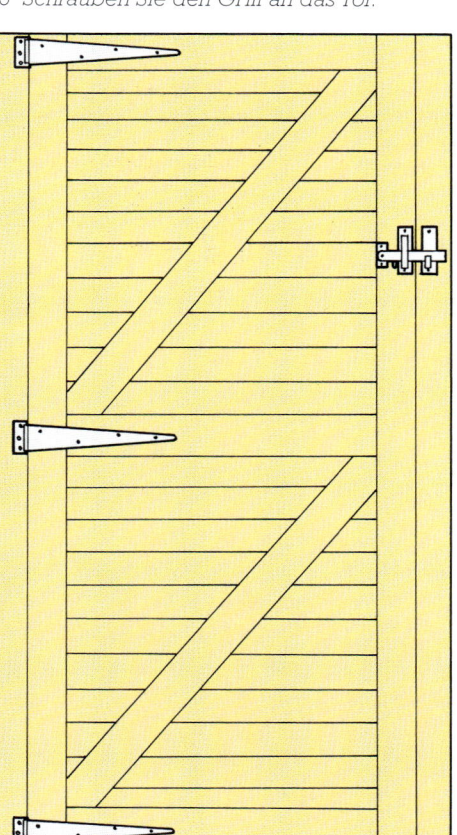

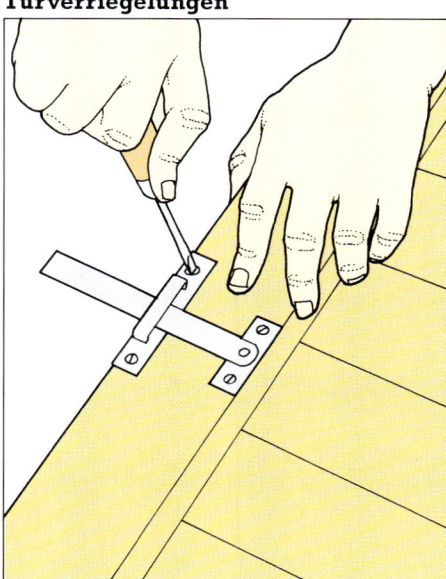

4 Riegel auf das Tor aufschrauben.

5 Schließhaken am Pfosten befestigen.

Freistehende Bögen *sind eine Bereicherung für jeden Garten, gerade wenn sie unterschiedliche Bereiche trennen, zum Beispiel die Rasenfläche vom Gemüsegarten. Sie können relativ einfach aus verschiedensten Holzarten gebaut werden und bieten einen stabilen Rahmen für Kletterpflanzen, wie etwa Ramblerrosen. Pergolen oder Bogengänge können einem Gartenweg oder einer Terrasse Schatten spenden und zu richtigen grünen Lauben werden, wenn sie erst einmal von einem grünen Blätterkleid bedeckt sind.*

Das preisgünstigste und natürlichste Material für hölzerne Bögen und Pergolen sind junge Baumstämme mit bis zu 8 cm Durchmesser, die man von ihren Ästen befreit und entrindet oder aber mit Rinde verwendet. Natürlich kann man einen Bogen oder eine Pergola auch aus sägerauen oder gehobelten Kant- oder Rundhölzern errichten, zum Beispiel auf gemauerten Pfosten oder unter Verwendung von verzinkten Einschlaghülsen oder Pfostenträgern, die man selbst bauen oder kaufen kann. Zusätzliche Kletterhilfen für rankende Pflanzen schafft man, indem man zwischen dem Holzgerüst Drähte spannt oder Spaliere befestigt. Bögen und Pergolen gibt es auch als Bausätze – die beste Lösung für den Gärtner mit wenig Zeit. Trotzdem geht nichts über einen selbst gebauten Laubengang oder Bogen. Man kann das Holz auswählen, Form und Maße genau dem Standort anpassen und der Zusammenbau selbst ist auch für wenig erfahrene Heimwerker kein Problem. Ihre Bemühungen werden auf jeden Fall belohnt, wenn die von Ihnen ausgewählten Kletterpflanzen schon bald den Bogen oder die Pergola erklimmen und mit einem Kleid aus Blättern und Blüten überziehen.

Bei einer Pergola oder einem Bogen kommt es weniger auf die genauen Abmessungen an, als auf die allgemeinen Proportionen. Eine riesige Pergola würde in einem kleinen Garten wohl etwas deplatziert wirken und ein winziger Bogen in der Mitte einer einen Hektar großen Wiese sähe ebenfalls ziemlich lächerlich aus. Vielleicht schauen Sie sich erst einmal etwas in den Gärten Ihrer Nachbarn um, um einen Eindruck von den richtigen (oder auch falschen) Proportionen zu bekommen.

Links: Für die Pergola um diese geschlossene Terrasse wurde gehobeltes und gebeiztes Holz verwendet.

Im Hinblick auf Breite und Höhe sollten Sie bestimmte Mindestmaße berücksichtigen. Ein Bogen und eine Pergola sollten so hoch sein, dass sie auch den größeren unter unseren Mitmenschen genügend Kopffreiheit lassen und mindestens so breit, dass man auch mit einer Schubkarre hindurch fahren kann und seine Kleidung nicht an den Dornen der Kletterrosen ruiniert. Ein Abstand von 1,20 m zwischen den Pfosten eines Bogens ist in der Regel ausreichend, während eine Pergola auch viel breiter sein kann. Die Höhe sollte mindestens 2,10 m betragen, bzw. 2,40 m wenn der Bogen oder die Pergola als Rankhilfe für Kletterpflanzen dienen soll.

Gestaltung

Die Gestaltung des Bogens oder der Pergola liegt ganz in Ihrem Ermessen. Junge Baumstämme werden meistens zu rechteckigen Rahmen mit diagonalen Streben verbunden, wie es auf dem Foto auf Seite

Links: Diese stabile Pergola aus Hartholz fügt sich perfekt in die Umgebung ein.

Unten: Ein Bogen in Form einer Pergola, der einen gelben Anstrich erhalten hat, verstärkt die optische Wirkung dieses Gartenweges.

aus Kanthölzern mit einer Seitenlänge von 7,5 x 7,5 cm bestehen, Pfosten für Pergolen sollten etwas stabiler sein (10 x 10 cm). Die Hauptverbinder sollten einen Querschnitt von 10 x 5 cm haben und die anderen Streben im Bogen 5 x 5 cm. Für die Pergolareiter verwendet man möglichst Kanthölzer mit einem Querschnitt von 7,5 x 5 cm oder auch 7,5 x 3,8 mm, die man auf die Kante stellt. Das Holz sollte druckimprägniert sein, es sei denn, Sie verwenden eine Holzart mit hoher natürlicher Widerstandsfähigkeit gegen Feuchtigkeit, wie zum Beispiel Zeder. Zum Holzkauf sollten Sie sich an eine Zaunfirma oder an spezielle Holzhändler wenden.

Außer Holz benötigen Sie auch kleine Mengen Beton (oder Pfostenträger bzw. Einschlaghülsen aus Metall) zur Montage der Pfosten, sowie 100 mm lange, verzinkte Nägel und Holzschutzmittel zur Behandlung der Hirnholzenden. Sollen die Pfosten auf gemauerten Sockeln montiert werden, benötigt man dazu geeignete verzinkte Pfostenträger und passende Schrauben.

Sockel kann man aus Ziegeln, Betonwerkstein oder aus speziellen Sockelsteinen, wie sie auch für Mauern aus perforierten Ornamentsteinen verwendet werden, mauern. Dabei sind Ziegel die preisgünstigste Lösung, besonders wenn Sie ein paar Gebrauchte auftreiben können. Allerdings sollte man ein paar grundlegende Kenntnisse und Fertigkeiten im Mauern haben, um ein gutes Ergebnis zu erzielen.

Betonwerkstein ist für ungeübte Heimwerker einfacher zu verarbeiten, da gleichmäßige Fugen bei Betonwerksteinen nicht so wichtig sind wie bei Ziegeln. Allerdings sind solche Steine etwas teurer als Ziegel.

116 zu sehen ist, während Pergolen aus sägerauem oder gehobeltem Holz am besten wirken, wenn man die Pergolareiter oder Sparren an beiden Seiten etwas überstehen lässt. Dann können auch die Kletterpflanzen an den Seiten herunterranken ohne dass der Durchgang beengt wird. Für eine Pergola sollte man im Abstand von 1 m einen aufrechten Pfosten planen.

Vorbereitung des Standortes

Störende Äste von Bäumen, die sich in der Nähe der künftigen Pergola oder des Bogens befinden, absägen. Dann ist dort, wo die Pfosten eingeschlagen werden sollen, die obere Vegetationsschicht zu entfernen.

Ist der Untergrund mit Platten oder Pflastersteinen befestigt, die in einem Sandbett verlegt sind, müssen diese an den Standorten der Pfosten vorläufig entfernt werden. Später kann man sie dann passend zuschneiden und neu um die Pfosten verlegen. Ist der Boden jedoch betoniert oder mit einem Pflaster befestigt, das in einem Mörtelbett verlegt ist, muss man Löcher in den befestigten Untergrund hacken oder die Pfosten auf Trägern montieren, die auf der Betonplatte verschraubt werden.

Auswahl des Materials

Haben Sie sich für eine Holzkonstruktion entschieden, können Sie dazu naturbelassene Baumstämme, sägeraues oder gehobeltes Holz verwenden. Bögen und Pergolen aus jungen Baumstämmen wirken besonders gut in informellen Gärten im Stil des Cottage-Gartens. Für die Pfosten sollten Sie Stämme nehmen, die an ihrem unteren Ende einen Durchmesser von etwa 7,5 cm haben, für die Querstreben oder diagonalen Streben etwas dünnere. Falls Sie die Bäume selbst schlagen oder kaufen, ist die Rinde meist noch am Stamm, aber sie lässt sich relativ leicht entfernen, falls Ihnen eine entrindete Oberfläche besser gefällt. Wind und Wetter werden ohnehin dafür sorgen, dass die Rinde mit der Zeit abfällt. Stämme dieser Art finden Sie entweder im Gartenmarkt oder Sie erkundigen sich im nächstgelegenen Forstrevier.

Sägeraues und gehobeltes Holz ergibt natürlich eine etwas formalere Konstruktion. Wenn Sie jedoch schon etwas verwittertes Holz verwenden oder das Holz in einer natürlichen Farbe lasieren, wird die Pergola oder der Bogen sich ebenfalls gut in die Natur einfügen. Die Pfosten für Bögen sollten

Sockel aus speziellen hohlen Sockelblöcken sind am einfachsten aufzusetzen, sie müssen jedoch durch einen Stahlstab, der im Fundament verankert wird, verstärkt und dann mit Beton gefüllt werden. Alle genannten Materialien (mit Ausnahme alter Ziegelsteine) finden Sie im Baumarkt oder beim Baustoffhändler.

Rechts: Diese einfach konstruierte Arkade ist dank üppiger Bepflanzung zu einem zentralen Element des Gartens geworden.

Unten rechts: Für den kleinen Durchgang, der zwei unterschiedliche Gartenbereiche voneinander trennt, wurden entrindete Stämme verwendet.

Unten: Die elegante Pergola überspannt den gesamten Garten, in welchem die Beete zwischen formalen Pflasterwegen angelegt wurden.

Pergola mit Ziegelsockel

Soll die Pergola auf Sockel aus Ziegelsteinen gesetzt werden, legt man zuerst unter jedem künftigen Sockel ein Betonfundament an. Das Fundament sollte eine Seitenlänge von jeweils mindestens 45 cm haben und wenigstens 10 cm dick sein. Als Unterbau bringt man eine 7,5 cm starke Schicht Schotter ein, den man feststampft. Sollen die Sockel auf einer vorhandenen Betonplatte oder einer festen Pflasterfläche errichtet werden, ist kein spezielles Fundament erforderlich. Im Sandbett verlegte Platten oder Pflastersteine sind dagegen keine ausreichend stabile Unterlage.

Wollen Sie spezielle Zaunpfostenträger verwenden, betonieren Sie einen L-förmigen Stahlstab (im Baumarkt erhältlich) in das Fundament ein. Daran befestigen Sie mit verzinktem Draht einen weiteren Stahlstab oder ein 5 cm starkes Winkeleisen und zwar so, dass die Stäbe etwa 500 mm überlappen (siehe auch Zeichnung Seite 25).

Mauern Sie die Sockel mit einer Seitenlänge von anderthalb Stein. Die Abmessun-

Oben: Eine dicht bewachsene Pergola fungiert an heißen Tagen als natürlicher Sonnenschirm.

gen der Sockel werden je nach Größe der verwendeten Steine variieren. Wenn die gewünschte Höhe erreicht ist, lassen Sie den Mörtel aushärten und montieren dann die Pfosten auf winkelförmigen Pfostenträgern, die mit Schrauben auf dem Sockel befestigt werden. Nachdem die Pfosten errichtet sind, messen Sie den Abstand zwischen diesen und sägen die Querstreben auf die gewünschte Länge zu. Die Querstreben werden auf die Pfosten genagelt, wobei Sie die Nägel schräg einschlagen sollten. Am Ende behandeln Sie das Holz mit einer ungiftigen Lasur zum Schutz vor Feuchtigkeit.

Pergola aus gehobelten Kanthölzern

Der Bau jeder Holzpergola beginnt mit dem Setzen der Pfosten. Der Abstand zwischen den Pfosten ist nicht ganz so wichtig; er sollte etwa einen Meter betragen, kann aber auch bis zu 1,20 m groß sein. Auf unbefestigtem Untergrund kann man die Pfosten entweder einbetonieren oder Metallein-

schlaghülsen verwenden. Das geht bedeutend schneller, ist jedoch weniger stabil wenn die Pfosten sehr hoch sind. Einbetonierte Pfosten müssen mindestens 45 cm in die Erde eingelassen werden, Sie sollten also beim Kauf darauf achten, dass die Stämme insgesamt lang genug sind.

Einschlaghülsen treibt man einfach durch kräftige Hammerschläge in den Boden. Dabei steckt man ein abgesägtes Stück Holz in die Hülse, um den Rand der Hülse nicht durch die Hammerschläge zu beschädigen. Steckt die Hülse tief genug im Boden, ziehen Sie das Holzstück wieder heraus und stellen den Pfosten hinein, den Sie mit Nägeln oder Schrauben befestigen. Zwar ermöglichen die Einschlaghülsen ein schnelles Aufstellen der Pfosten, es kann jedoch schwierig sein, die Hülsen gerade einzuschlagen, besonders in steinigem Boden.

Auf vorhandenen Betonplatten oder Pflaster im Mörtelbett ist es wahrscheinlich einfacher die Pfosten auf speziellen Pfostenschuhen zu montieren, die mit Schrauben auf dem Untergrund fixiert werden. Sind alle Pfosten errichtet, lässt man den Beton aushärten. Dann werden die Hauptträger darauf montiert. Zum Schluss müssen die Querstreben angenagelt werden wie bereits im vorhergehenden Abschnitt beschrieben.

Auf den Seiten 121 bis 123 finden Sie weitere Informationen zum Bau einer Pergola.

Rustikale Pergola

Rustikale Bögen und Pergolen aus jungen Baumstämmen zu errichten ist viel einfacher als diese mit Sockeln und gehobelten Kanthölzern zu bauen, da die Verbindungen nicht so sorgfältig ausgeführt zu werden brauchen. An den meisten Stellen werden die Stämme einfach übereinander gelegt und vernagelt oder durch einfache Überblattungen verbunden.

Man kann eine solche rustikale Pergola auf zwei Arten errichten: entweder indem man erst die Pfosten an ihren Platz setzt und dann die Träger und Sparren montiert wie auf den Seiten 118 und 119 beschrieben oder indem man die Seitenteile vormontiert und diese im Ganzen aufstellt, bevor man die Oberteile befestigt. In diesem Falle legt man zuerst ein Pfostenpaar flach auf den Boden. Darüber legt man die Querstreben und markiert die Verbindungsstellen mit Klebeband. Die zu verbindenden Enden sind entweder halb auszusägen wie in Foto 4 zu sehen ist oder man arbeitet mit Hilfe von Stemmeisen und Klüpfel in einem Stamm eine halbrunde Vertiefung aus, die dann über den anderen Stamm gelegt wird. Bestreichen Sie alle Sägeflächen und ausgestemmten Flächen mit reichlich Holzschutzmittel bevor sie die entsprechenden Teile zusammenbauen. Dann sichern Sie die Verbindung mit verzinkten Nägeln, die zur besseren Haltbarkeit schräg eingeschlagen werden.

Jetzt kann man die einzelnen Rahmen aufstellen, indem man die beiden Posten einbetoniert und den Rahmen so lange abstützt, bis der Beton ausgehärtet ist. Zum Schluss wird der Kopf des Bogens aufgenagelt.

1 Markieren Sie zuerst die Position der Pergolapfosten – z. B. mit einer Hand voll Sand. Überprüfen Sie außerdem, ob sich alle Elemente im rechten Winkel zueinander befinden. Dazu messen Sie die Länge der Diagonalen zwischen den Eckpfosten.

Wenn der Grundrahmen rechteckig oder quadratisch ist, haben beide Diagonalen die gleiche Länge.

Graben Sie nun etwa 50 cm tiefe Löcher für die Pfosten und legen Sie auf den Boden jedes Loches einen Ziegelstein auf den Sie später den Pfosten stellen. Damit alle Löcher gleich tief werden, können Sie ein Stück von einem Stamm, das auf die entsprechende Länge (45 cm) zugesägt wird oder an dem diese Länge mit einer Kerbe markiert ist, als Schablone verwenden.

Den Pfosten kann man stabilisieren, indem man ihn mit einem Betonkragen umgibt, wie man das auch bei Zaunpfosten tut oder indem man kurze Stücke Tonrohr in der Erde versenkt, die als Hülsen dienen. Die Pfosten werden dann in diese Rohre gesteckt und ihr Stand wird stabilisiert, indem man den Zwischenraum zwischen Pfosten und Wand des Tonrohres mit feinem Sand füllt. Der Vorteil der zweiten Methode besteht darin, dass sich verrottete Pfosten später leichter ersetzen lassen.

Will man die Pfosten einbetonieren, sind diese aufrecht auf den Ziegel zu stellen und mit zwei Kant- oder Rundhölzern, die im Winkel von etwa 45° auf jeder Seite an den Pfosten genagelt werden, abzustützen. Die Stützen werden etwas in den Boden eingegraben oder auf Pflasterflächen mit Steinen gehalten.

Als Nächstes mischen Sie den Beton mit relativ wenig Wasser an, gießen ihn um den Pfosten herum und stampfen ihn mit einem Stück von einem alten Zaunpfosten fest. Das Betonfundament sollte bis 7,5 cm unter die Bodenoberfläche reichen. Im oberen Bereich wird später wieder Mutterboden aufgefüllt.

Pfostenträger sind auf die gleiche Weise einzubetonieren und zwar so, dass die Oberkante des Trägers bündig mit der Bodenfläche abschließt und das Betonfundament ebenfalls bis etwa 7,5 cm unter die Erdoberfläche reicht.

Montieren Sie den Pfosten im oder auf dem Pfostenträger solange der Beton noch nicht ausgehärtet ist und überprüfen Sie den vertikalen Stand. Steht der Pfosten nicht genau senkrecht, sollten Sie ihn leicht in die gewünschte Richtung drücken und in senkrechter Position fixieren bis der Beton vollständig ausgehärtet ist.

Betonieren Sie auf die gleiche Art und Weise alle weiteren Pfosten ein und lassen Sie den Beton über Nacht aushärten. Entfernen Sie die Stützen erst, wenn Sie sicher sind, dass der Beton vollständig ausgehärtet ist.

2 Als Nächstes markieren Sie die gewünschte Höhe der Pergola und sägen alle Pfosten entsprechend zu. Es ist grundsätzlich zu empfehlen, die Pfosten erst noch etwas länger zu lassen, und nicht alle ganz genau auf Maß zu sägen, denn

einer wird am Ende immer etwas tiefer sitzen und dann kürzer als die anderen sein.

Bevor Sie den Rest der Pergola zusammenbauen, bestreichen Sie die abgesägten Enden der Pfosten mit einem Holzschutzmittel zum Schutz vor Fäulnis. In gleicher Weise sind alle Schnitte und Verbindungsstellen in den Sparren und diagonalen Streben zu behandeln.

Einfache Verbindungen stellt man mit Hilfe einer Säge und eines Stemmeisens her. Verwenden Sie entweder nur eine Säge um etwa halbkreisförmige Vertiefungen auszuarbeiten, die Sie dem Durchmesser des anderen Stammes anpassen oder schneiden Sie mit einem breiten Stemmeisen rechteckige Überblattungen in jedem

4

6

zu den Längsstreben auf wozu Sie wieder einfache Verbindungen aussägen oder ausstemmen. Achten Sie darauf, dass Sie die Nägel diesmal etwas neben den anderen Nägeln einschlagen.

Nun können Sie weitere Sparren hinzufügen, die das „Dach" der Pergola bilden und eine zusätzliche Rankhilfe für Kletterpflanzen darstellen.

Schließlich sägt man die diagonalen Streben auf die entsprechende Länge und den richtigen Winkel zu. Ein Winkel von 45° wirkt meist am besten, es bleibt jedoch Ihnen überlassen, welchen Winkel Sie schließlich wählen. Sägen Sie die Enden der Streben im erforderlichen Winkel ab. Gibt man der Sägefläche eine leicht konkave Form, passt die Verbindung besser und sie sieht gegenüber einer ganz geraden Schnittfläche natürlicher aus.
6 Überprüfen Sie die Form jeder diagonalen Strebe, damit jede Strebe passt.

Schlagen Sie die Nägel erst ein Stück in jedes Ende der Strebe, dann bitten Sie einen Helfer, die Strebe in ihrer endgültigen Position festzuhalten und treiben die Nägel ganz in das Holz. Achten Sie dabei darauf, dass sich die Nägel nicht zu weit an den schrägen Enden befinden, denn sonst besteht die Gefahr, dass sich das Holz spaltet. An den Ecken der Pergola kann man ebenfalls horizontale Streben einpassen um die Stabilität der Konstruktion zu verbessern und zusätzliche Rankhilfen für Kletterpflanzen zu schaffen.

5

Element aus, die dann ineinander gefügt werden. Die letztere Verbindung ist haltbarer, man benötigt jedoch etwas mehr Zeit um sie herzustellen.
3 Fixieren Sie nun die ersten Querstreben auf den Pfosten, indem Sie die Verbindungsstellen zusätzlich mit Nägeln verstärken. Verwenden Sie verzinkte Nägel, die nicht so schnell rosten. Falls einige Nägel zu lang sind und die Spitze auf der gegenüberliegenden Seite herausschaut, sollten Sie sie krumm schlagen, damit sich

niemand daran verletzt. Das macht die Konstruktion außerdem stabiler, denn eine solche Verbindung wird sich auch bei großen Windlasten nicht lockern.
4 Ist eine Strebe einmal nicht lang genug, kürzt man diese so, dass sie noch etwa 50 cm über den nächsten Pfosten hinaus reicht. Dann sägt man mit der Schweifsäge eine einfache Überblattung aus und schlägt einen Nagel durch diese Überblattung in das Hirnholz des Pfostens.
5 Nageln Sie nun die Sparren rechtwinklig

119

Oben: Naturbelassene Rundhölzer bilden eine natürliche Stütze für Kletterrosen, die den Gang zum eigentlichen Rosengarten schmücken.

Nachdem Sie die Pergola fertiggestellt haben, überprüfen Sie alle Verbindungen auf Festigkeit und achten darauf, dass nirgends eine Nagelspitze hervor schaut. Alle abgesägten Enden sollten mindestens zweimal mit einem Holzschutzmittel behandelt werden. Zum Schluss schütten Sie Erde um die einbetonierten Pfosten und die Tonrohrstützen und füllen den Zwischenraum zwischen Pfosten und Tonrohr mit feinem Sand aus, so dass die Pfosten keinen Spielraum mehr haben.

Schließlich kann man grobmaschiges verzinktes Drahtgeflecht in den Zwischenräumen befestigen. Das erleichtert den Rankpflanzen das Erklimmen des Gerüstes. Eine Alternative sind kleinere Holzgitter, besonders wenn man möchte, dass eine Seite der Pergola blickdicht wird. Achten Sie darauf, dass die Gitter gut befestigt werden, so dass sie später auch das Gewicht der Pflanzen tragen können.

Bausätze

Wenn Ihnen das alles zu aufwändig erscheint, können Sie im Bau- oder Gartenmarkt auch eine Pergola oder einen Bogen als Bausatz kaufen. Einige Bögen bestehen aus Holz wie die in diesem Abschnitt beschriebenen, viele Rosenbögen werden jedoch einfach aus Metallelementen zusammengesteckt. Ihre Pfosten werden entweder direkt in den Boden getrieben oder wie beschrieben einbetoniert.

Bau einer Pergola aus gehobeltem Holz

Die detaillierte Anleitung in diesem Abschnitt enthält alle grundlegenden Arbeitsschritte zum Bau einer Pergola aus sägerauem oder gehobeltem Holz wie man es im Baumarkt oder beim Holzhandel findet. Wenn Sie alle Hinweise beachten, wird die fertige Konstruktion stabil genug sein, um auch den dichtesten Bewuchs zu tragen und sich gut in jeden Garten einfügen, selbst wenn Sie nicht genau die hier beschriebene Form nachbauen, sondern die Pergola nach Ihren eigenen Vorstellungen variieren.

Falls Sie die Pergola verlängern oder verbreitern möchten, brauchen Sie nur die Abmessungen entsprechend zu ändern, sollten jedoch im ersten Fall die Sparren 25 oder sogar 50 mm höher wählen, damit sie bei der größeren Spannweite nicht durchhängen. Im zweiten Fall fügt man einfach weitere Felder hinzu, bis die gewünschte Länge erreicht ist.

Für die Eckpfosten verwendet man sägeraue oder gehobelte Kanthölzer mit einem

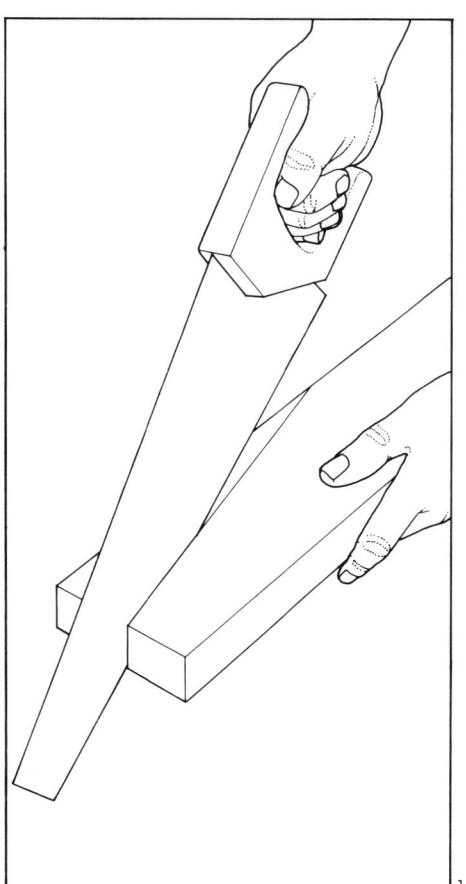

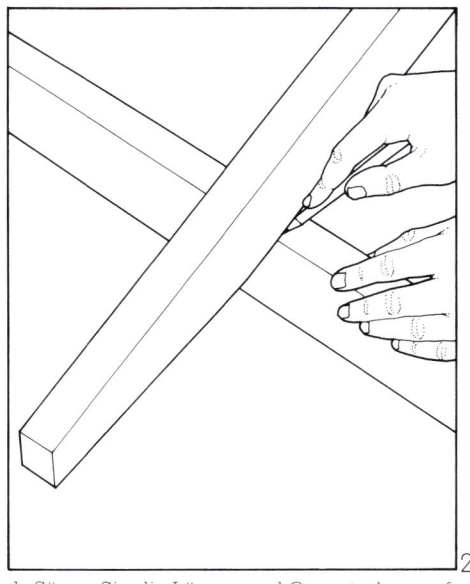

1 Sägen Sie die Längs- und Querstreben auf die erforderliche Länge zu. Mit der Längsschnittsäge die Enden schräg absägen.

2 Legen Sie die Längsstreben und zwei Querstreben auf die Erde, wobei die Querstreben etwa 30 cm überstehen sollten. Messen Sie die Länge der Diagonalen um sicherzugehen, dass alle Ecken rechtwinklig sind. Markieren Sie die Positionen der Querstreben auf den Oberkanten der Längsstreben, sodass dann in jedem Teil die Überblattung ausgesägt werden kann.

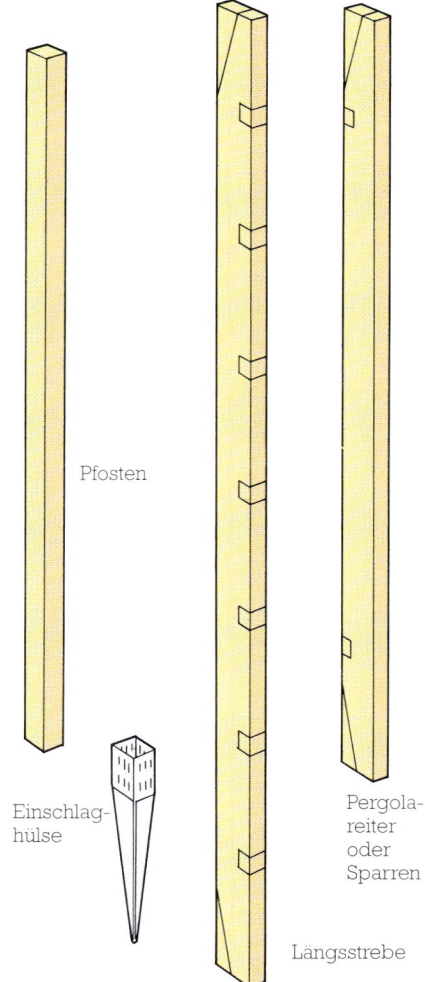

Pfosten

Einschlaghülse

Pergolareiter oder Sparren

Längsstrebe

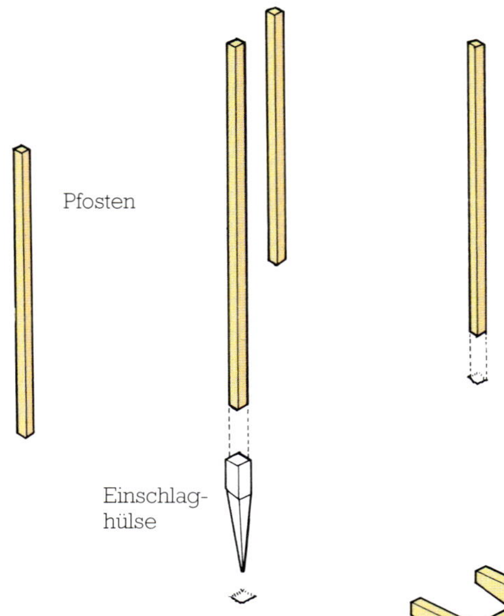

Querschnitt von 75 x 75 mm, für die beiden Längsstreben und die sieben Sparren 100 x 50 mm starke Latten. Die Pfosten werden in passende Einschlaghülsen gesteckt oder einbetoniert (siehe auch S. 88 – 89).

Die Längsstreben und Sparren werden durch einfache Überblattungen miteinander verbunden. Die Längsstreben und die Sparren an den beiden Enden der Pergola werden mit 6 mm starken Sechskantschrauben für Holz auf die Pfosten geschraubt. Die dazwischen liegenden Sparren werden auf die Längsstreben geschraubt, wozu man ebenfalls Sechskant-Holzschrauben verwendet.

Kaufen Sie für Holzkonstruktionen im Außenbereich grundsätzlich druckimprägniertes Holz und schützen Sie die Hirnholzbereiche zusätzlich mit einer Holzschutzlasur.

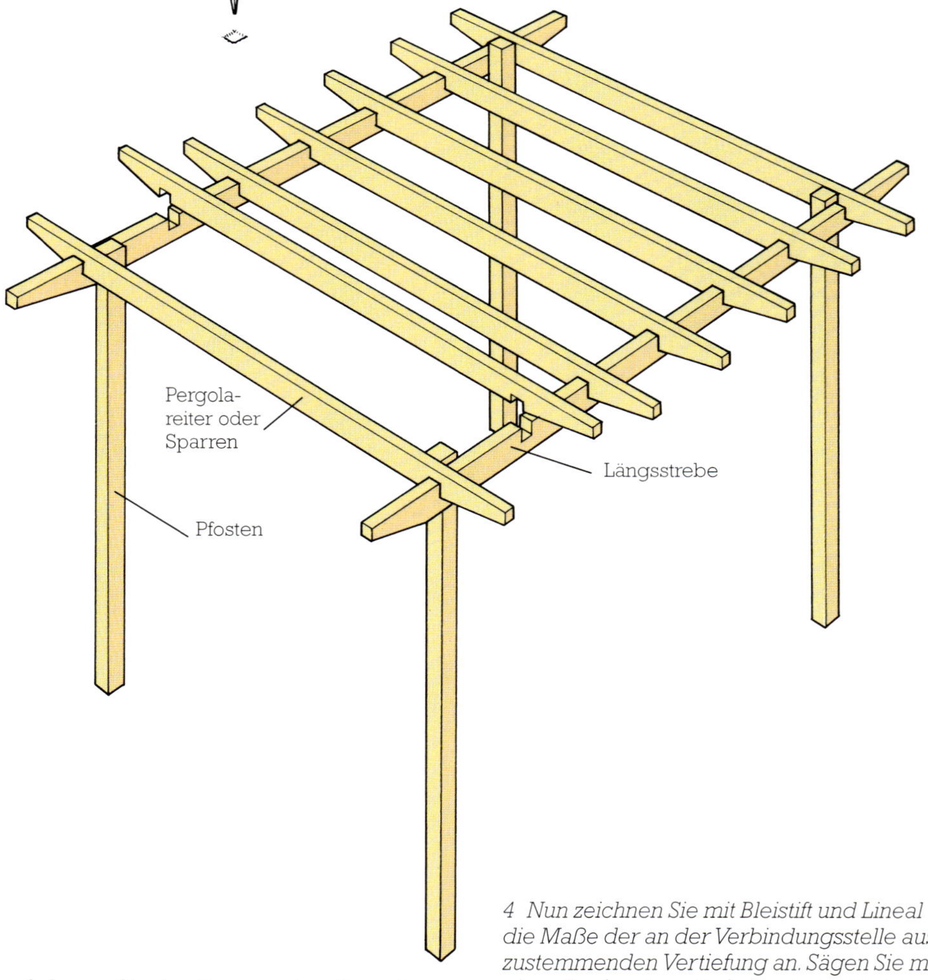

Pfosten

Einschlaghülse

Pergolareiter oder Sparren

Längsstrebe

Pfosten

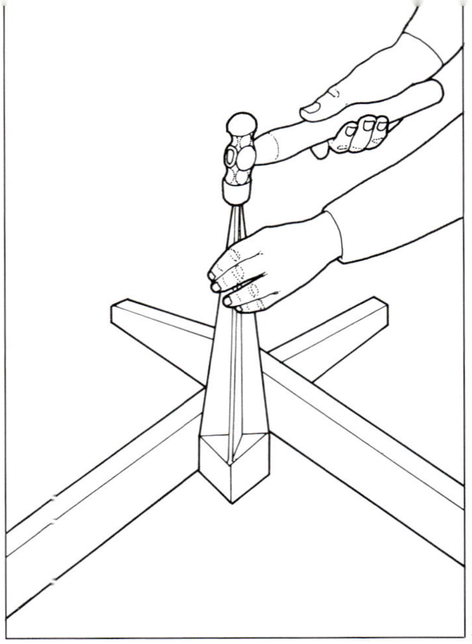

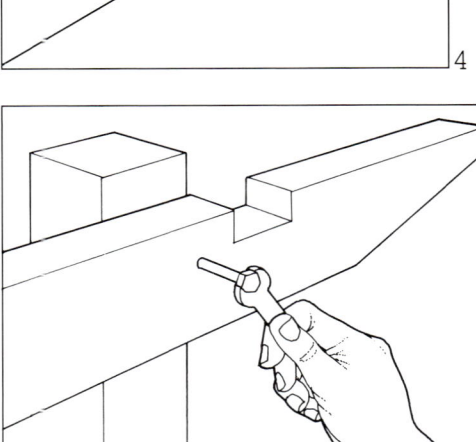

3 Legen Sie den Rahmen des „Pergoladaches" auf den Boden und stellen Sie in jede Ecke ein abgesägtes Stück von einem Pfosten oder eine umgekehrte Einschlaghülse. Schlagen Sie leicht mit dem Hammer darauf, um die Position der Pfosten im Boden zu markieren. Wenn Sie Einschlaghülsen verwenden, schlagen Sie diese nun an den markierten Stellen ein. Verwenden Sie dazu einen Einschlagpflock um die Kanten der Hülse nicht zu beschädigen. Wenn Sie die Pfosten einbetonieren wollen, sollten Sie nun jedes Loch entsprechend tief ausgraben und etwas Schotter hineingeben.

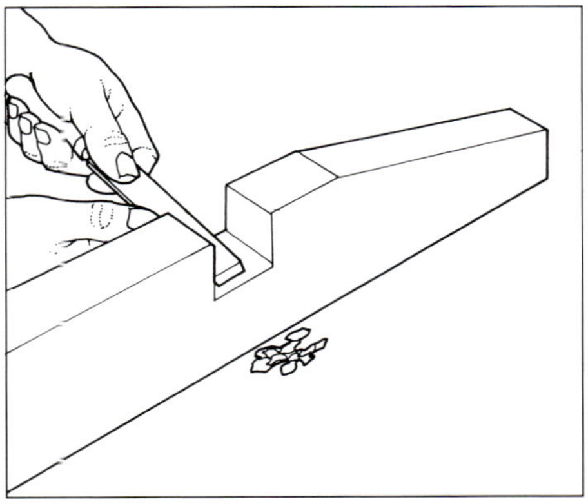

4 Nun zeichnen Sie mit Bleistift und Lineal die Maße der an der Verbindungsstelle auszustemmenden Vertiefung an. Sägen Sie mit einer Zapfensäge die Seiten jeder Verbindung herunter und stemmen Sie die Vertiefung mit Stecheisen und Klüpfel aus.
5 Bohren Sie 38 mm von der Überblattung entfernt 6 mm große Führungslöcher durch jede Längsstrebe. Mit 6 mm Sechskant-Holzschrauben befestigen Sie die Längsstreben an den Eckpfosten.
6 Auch die beiden äußeren Sparren sind mit 6 mm Sechskant-Holzschrauben an den Eckpfosten anzuschrauben. Überprüfen Sie, dass alles rechtwinklig ist und ziehen Sie die Schrauben mit einem Schraubenschlüssel nach.

Rechts: Eine einfache Pergola über der Terrasse kann wie eine Erweiterung des Hauses wirken, wenn die Farben des Hauses wieder aufgenommen werden.

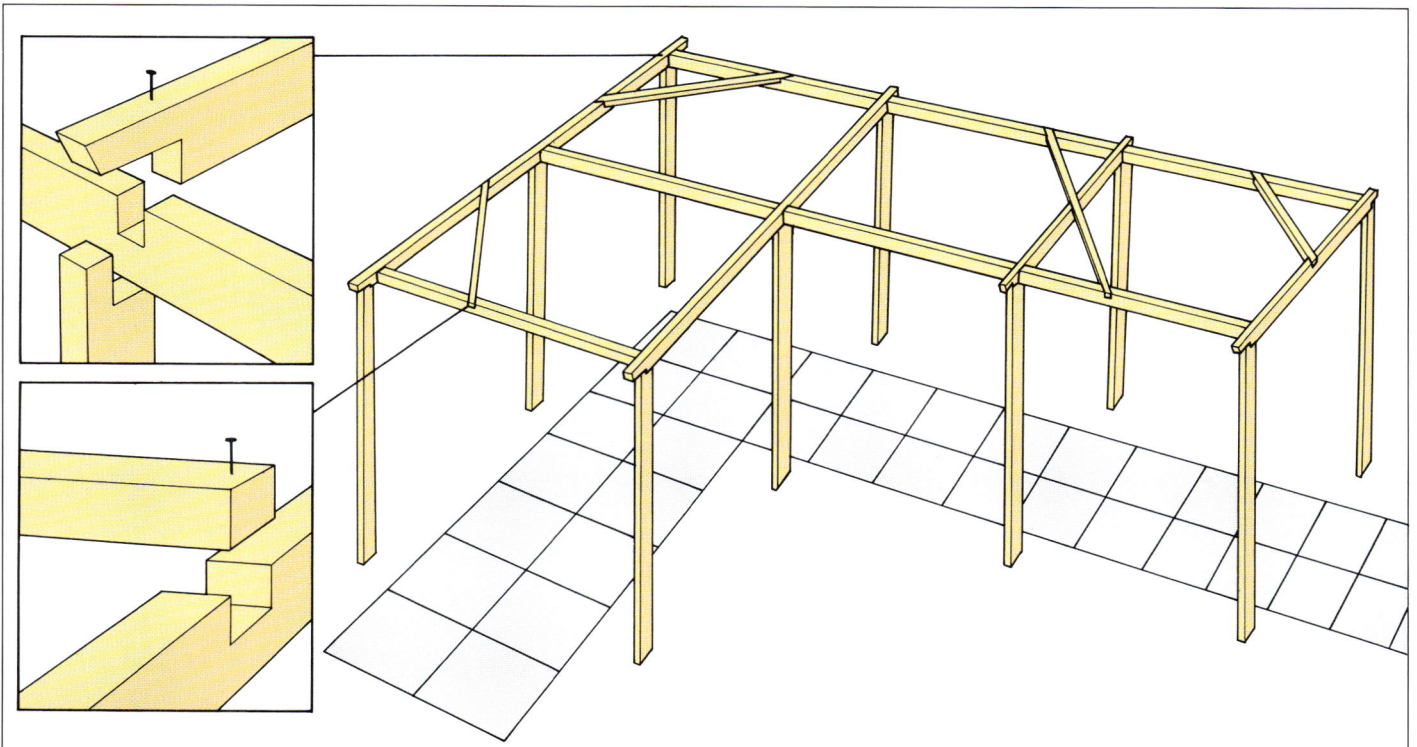

Die grundlegende Struktur einer Pergola wie auf Seite 122 beschrieben kann auf einfache Weise zu einer Arkade erweitert werden. Das „Dach" kann auch durch diagonale Streben versteift werden, wenn man als Rankhilfen lieber Draht oder Gittergeflecht statt der Sparren verwenden möchte. Die Detailzeichnungen zeigen wie die Pfosten oben auszusägen sind, damit die seitlichen Streben hineinpassen, die auch wieder eine Aussparung erhalten müssen um die Sparren aufzunehmen. Durch Vernageln erhält die Verbindung die nötige Festigkeit.

Überdachung einer Pergola

Die natürlichste Verkleidung einer Pergola sind zweifellos die Blätter und Blüten rankender Pflanzen und wenn Sie die Pergola mit Sparren, Rankdrähten oder Spalierelementen ausstatten und die richtigen Kletterpflanzen auswählen, werden diese schon bald ein ziemlich dichtes Dach bilden. Falls Sie allerdings nicht so lange warten können oder wollen oder zusätzlichen Sicht- oder Sonnenschutz benötigen, gibt es auch andere Möglichkeiten der Überdachung.

Wollen Sie ein Dach, dass zwar den Regen abhält, jedoch die Lichtstrahlen hindurchlässt, ist eine Plastikabdeckung zu

empfehlen – aus gewellten, transparenten Kunststoffplatten oder aus den so genannten Hohlkammerplatten, die heutzutage häufig als preisgünstigere Alternative zum Sicherheitsglas zum Bau von Gewächshäusern verwendet werden. Solche Kunststoffplatten passen natürlich in keinem Fall zu einer rustikalen Pergola aus jungen Baumstämmen, mit sägerauen oder gehobelten Kanthölzern können sie jedoch durchaus eine ansprechende Kombination bilden.

Die einzelnen Platten legt man auf Leisten (25 x 25 mm), die auf die Innenseiten der Dachsparren genagelt werden, und zwar so, dass die Platten ein leichtes Gefälle erhalten. Dann sägt man die Hohlkammerplatten mit einer fein gezahnten Säge zurecht und legt sie auf die Leisten. Wenn das Dach auch wasserdicht sein soll, verteilen Sie auf den Kanthölzern etwas Acryl-Dichtmasse und drücken die Platten dort hinein. Dann nageln Sie eine zweite Leiste auf die Platten, so dass diese zwischen den beiden Leisten fest eingeklemmt wird.

Die zweite Alternative verschafft zwar zeitweise Schatten jedoch keine wasserdichte Abdeckung und zwar durch Rollos, die man horizontal zwischen den Sparren der Pergola auszieht. Für diese unkonventionelle Dachgestaltung sollten Sie jedoch unbedingt wasserdichten Markisenstoff verwenden, nicht Stoff für Rollos im Wohnbereich, denn der würde bei länger andauerndem feuchtem Wetter schon bald verrotten.

Um ein solches Rollo herzustellen benötigt man außer Markisenstoff, eine Federwelle, Endstücke, Halterungen, eine Abschlusslatte, eine Umlenkrolle, sowie Schnurhalter und einen Schnurgriff. Man schneidet den Stoff auf die Breite der Dachfelder zu und sägt auch die Federwelle entsprechend zu.

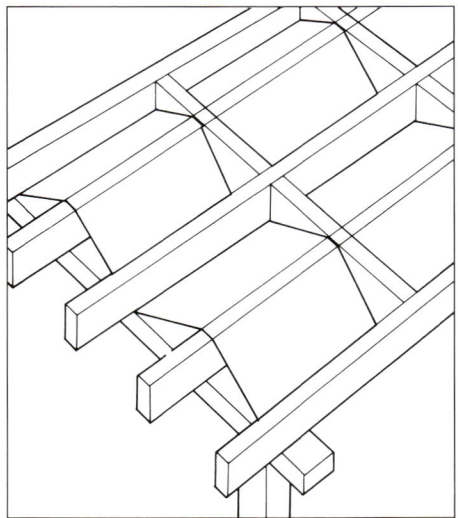

Oben: Ein temporäres Dach für eine Pergola kann einfach aus lichtundurchlässigem Markisenstoff bestehen, den man wie gezeigt zwischen den Sparren hindurch zieht und anheftet.

Unten: Diese ausgeklügelte Konstruktion von horizontalen Rollos verschafft bei Sonnenwetter Schatten und kann zurückgerollt werden, wenn man die Sonne genießen möchte.

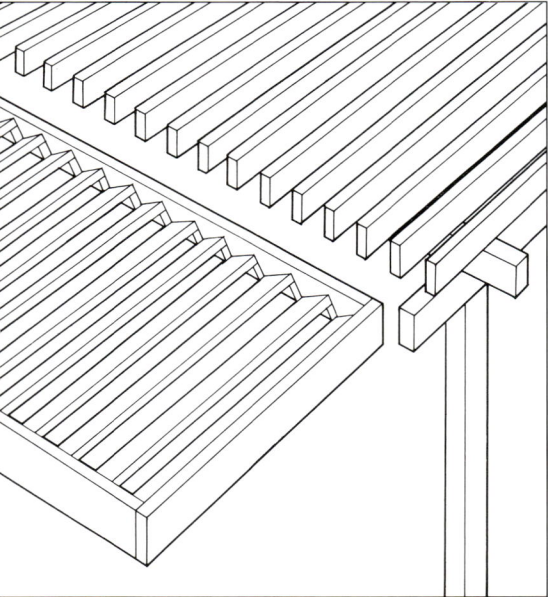

Oben: Eng gesetzte Sparren sorgen für Schatten solange die Sonne nicht genau über dem Dach der Pergola steht. Befestigt man die Sparren schräg, ähnlich einer Jalousie, fällt noch weniger Licht hindurch.

Dann befestigt man die Rollohalterungen jeweils an den Innenseiten zweier gegenüberliegender Sparren. Das Rollo liegt im ausgezogenem Zustand auf Drahtseilen, die man direkt unter dem Rollo spannt. An der Abschlusslatte des Rollos befestigt man eine Schnur, die längs über das Dachfeld und dann über eine Rolle nach unten führt. An der Schnur befindet sich ein Griff, der an einem am Pergolapfosten montierten Schnurhalter befestigt wird. Scheint die Sonne zu stark, zieht man das Rollo aus und befestigt es an dem Schnurhalter. Wird das Rollo nicht mehr benötigt, löst man die Schnur und das Rollo rollt sich durch die Feder wieder auf.

Rechts: Hier wurde eine einfache Pergolakonstruktion mit einem gläsernen Dach versehen und schafft so einen geschützten und doch lichten Gang.

Unten: Das Gittergeflecht wirft interessante Schatten.

Rankgitter oder Spaliere – *meist aus dünnen Latten im Karomuster –
gehören zu den vielseitigsten und preisgünstigsten Gestaltungselementen
für den Garten. Häufig werden solche Gitter als Rankhilfe für Kletterpflanzen benutzt, sie können jedoch auch einen einfachen Sichtschutz darstellen,
besonders wenn man die Latten etwas breiter und die Abstände zwischen
ihnen recht schmal wählt. Man kann Spaliere an einer Hauswand befestigen, um beispielsweise eine zugemauerte Tür oder beschädigten Putz zu
verdecken oder man kann sie frei aufstellen. Wie im Foto rechts zu sehen
können aus Gitterwerk ganze Zäune gebaut werden oder es als Dach für
Pergolen und Pavillons verwenden.*

Rankgitter bieten dem Bastler viele Gestaltungsmöglichkeiten. Die einfachste Form
besteht aus karoförmig oder rautenförmig
übereinander gelegten schmalen Holzleisten, eventuell mit einem Rahmen darum,
der das Gitter stabiler macht und die Montage erleichtert. Je schmaler die Abstände
zwischen den Leisten, umso stabiler das
Gitter. Außerdem erscheint ein enges Gitternetz solider und ist optisch dominanter,
aber vielleicht ist das ja gerade der Effekt,
den Sie anstreben.

Die Grundform des Rankgitters kann man
unbegrenzt variieren. Wenn man die Leisten an den Schnittpunkten nur aufeinander
nagelt, kann man das Gitter am Ende auseinander ziehen oder zusammen schieben,
so dass ein Rautenmuster entsteht. Das ist
wichtig, wenn man das Spalier auf einer
abfallenden Fläche anbringen möchte, zum
Beispiel als oberen Abschluss eines Bret-

terzaunes am Hang oder als Abschirmung
einer Treppe.

Größere Gitterflächen kann man in verschiedene Bereiche aufteilen – solche mit
größeren oder kleineren Karos, mit Rau-
tenformen innerhalb der Karos oder sogar
mit Rundungen. Dazu sollte man beispielsweise Weidenruten oder dünne Holzleisten
verwenden, die noch biegsamer werden,
wenn man sie in Wasser einweicht. Auch
kann man mit Latten unterschiedlicher
Stärke arbeiten.

Wird das Rankgitter an einer Wand angebracht, braucht man keinen Rahmen (es
sei denn der Optik wegen), denn die Halter sorgen dafür, dass das Gitter seine Form
behält. Ein frei stehendes Rankgitter erfordert jedoch einen Rahmen, wenn es nicht
an Zaunposten befestigt oder von anderen
Gartenbauten eingerahmt wird. Denken
Sie auch an das Gewicht der Kletterpflan-

Sie entweder wetterfestes Holz, zum Beispiel Zeder, verwenden oder kesseldruckimprägnierte Latten kaufen und diese vor der Montage mit einer Holzschutzlasur streichen, wobei besonders die Hirnholzbereiche sorgfältig zu behandeln sind. Am besten sollten Sie die abgesägten Enden der Latten über Nacht in der Lasurflüssigkeit oder dem Holzschutzmittel stehen lassen, damit sich das Hirnholz richtig vollsaugen kann. Wünschen Sie sich ein farbiges Rankgitter, sollten Sie es mit entsprechenden Lasuren streichen, möglichst nicht mit konventioneller Farbe, die schon nach kurzer Zeit Risse bekommen und abblättern wird.

Das zweite Problem hat weniger mit dem Rankgitter selbst zu tun, als mit der Wand, an der es befestigt wird. Auch dabei ist daran zu denken, dass es ein stark bewachsenes Spalier schon bald unmöglich macht, an die Wand dahinter zu gelangen. Bei einer Klinkerwand mit intakten Fugen ist das weniger kritisch, wenn die Wand jedoch gestrichen ist, werden Sie bei einem späteren Anstrich vor einem Problem stehen, es sei denn, Sie haben die entsprechenden Vorkehrungen getroffen. Die beste Lösung ist es, die Unterkante des Rankgitters etwa 60 cm über dem Boden mit Hilfe von Scharnieren an einer Leiste zu befestigen, die Sie an der Hauswand angebracht haben. Dann können Sie die anderen Befestigungen lösen und das Gitter vorsichtig von der Wand klappen um dahinter zu streichen. Wenn Sie das noch dazu im Frühjahr vor dem neuen Austrieb der Pflanzen oder im Spätherbst tun und dabei vorsichtig vorgehen, werden die Pflanzen kaum Schaden nehmen.

Oben: Dieses stabile Gitterwerk ohne Begrünung bildet einen außergewöhnlichen Zaun und einen schönen Hintergrund für die Pflanzen im Garten.

Links: Die Mauern um diesen kleinen Hof wurden mit Rankgittern verkleidet und wirken so weniger erdrückend.

Rechts: Auch hier wurde Gitterwerk nur der optischen Wirkung wegen verwendet.

zen und an die Windlast, die so ein Gitter aushalten muss und sorgen Sie deshalb für eine stabile Befestigung oder Verankerung im Boden. Da die Verbindung zwischen den einzelnen Latten nicht besonders fest ist, sind der Rahmen und die stabile Befestigung oder Verankerung von entscheidender Bedeutung.

Zwei andere wichtige Faktoren sollten Sie ebenfalls beachten: Wenn das Rankgitter einmal steht oder hängt und die Rankpflanzen beginnen daran empor zu klettern, wird die Pflege ziemlich schwierig. Um dieses Problem zu umgehen, sollten

Wird das Rankgitter an hölzernen Stützen montiert, ist eine Befestigung mit Nägeln im Prinzip ausreichend. Dazu sollten Sie runde Nägel mit flachen Köpfen verwenden, damit sich das Gitter auch bei starkem Wind nicht von den Pfosten löst. Bohren Sie kleine Führungslöcher bevor Sie die Nägel einschlagen, so dass die dünnen Latten nicht gespalten werden. Besser ist es jedoch Schrauben zu verwenden. Das nimmt zwar mehr Zeit in Anspruch, ist aber langfristig gesehen stabiler. Zur Befestigung von Rankgittern an Wänden sollte man keine Nägel verwenden, da diese später nur schwer wieder zu entfernen sind.

Außerdem darf das Gitter nicht direkt auf die Wand montiert werden, sondern es muss ein Zwischenraum bleiben, damit die Pflanzen um die Gitterstäbe herum ranken können. Deshalb sollte man Schrauben und Dübel verwenden und das Gitter eventuell auf kleine Unterlegklötze aus Hartholz montieren. Auch hier empfiehlt es sich Führungslöcher in die Gitterleisten zu bohren, durch welche Sie dann die Schrauben stecken.

Statt der Unterlegklötze kann man auch Abstandshalter verwenden, die man aus einem Stück Kupferrohr oder starrem Plas-

---

Unten: Hier wurde ein grün gestrichenes Spalier zur Abschirmung der Eingangstreppe verwendet. Es gibt diesem Aufgang Sicht- und Windschutz und vor allem Stil.

tikrohr schneidet und über die Schrauben schiebt. Verwenden Sie möglichst Schrauben aus nichtrostendem Material für alle Befestigungen.

Oft wird Gitterwerk auch auf flache Bretterzäune oder Mauern gesetzt. Dabei sollte man das Gitter jedoch mit einem Rahmen bauen, den man dann auf der Oberseite des Zaunes oder der Mauer, sowie an den Zaunpfosten befestigt.

Spaliere müssen nicht zwangsläufig in gerader Linie verlaufen. Da die Latten flexibel sind, können die Felder leicht gebogen werden, so dass man auch Bögen oder Arkaden aus Gitterwerk bauen kann, selbst eine runde Laube. Je dünner die verwendeten Latten und je größer der Abstand zwischen ihnen, umso flexibler wird das Gitterfeld, wobei der kleinste praktikable Radius etwa 50 cm beträgt.

Nachdem das Spalier angebracht ist, kann man mit dem Begrünen beginnen.

Trompe L'oil Gitterwerk

Mit Gitterwerk kann man zahlreiche optische Effekte erzielen. Im Foto oben wurden an der Rückwand einer an sich schon prächtigen Loggia drei Felder aus handgefertigtem Gitterwerk angebracht, die drei Bögen eingerahmt von klassischen Säulen darstellen. Der Effekt ist fast perfekt, dank des gekonnten Einsatzes der Perspektive.

Ein passendes Feld mit traditionellem Gitterwerk begrenzt die Loggia zur Gartenseite hin. Die ganze Konstruktion wurde mit weißer mikroporöser Farbe gestrichen, um den Erhaltungsaufwand zu minimieren, denn zum Streichen eines solchen Gitters braucht sicher auch der begeistertste Hobbymaler eine große Portion Durchhaltevermögen.

Man flechtet dabei die Triebe der Kletterpflanzen vorsichtig in das Gitter ein. Zu Anfang kann es auch nötig sein, zusätzliche Schnüre zu spannen, zum Beispiel wenn Sie Früchte tragende Rankpflanzen an das Gitter gesetzt haben. Wenn nötig, können Sie später das Rankgitter um zusätzliche Felder im gleichen Stil und in gleichen Abständen erweitern.

Befestigung eines Rankgitters an einer Mauer

Erhöht man eine flache Grenzmauer um ein Rankgitter, schafft man sich durch die Begrünung schon bald einen zusätzlichen Sichtschutz (1). Als Erstes legt man dazu die Länge der Pfosten fest (Höhe des geplanten Rankgitters plus etwa 60 cm) und sägt sie entsprechend zu.

Halten Sie jeden Pfosten gegen die Mauer und prüfen Sie die Vertikalität mit Hilfe einer Wasserwaage. Markieren Sie dann die Position der beiden Befestigungsschrauben, wobei Sie die Löcher für die Dübel direkt in den Stein und nicht in eine Fuge bohren sollten. Dann werden die entsprechenden Führungslöcher im Pfosten gebohrt. Halten Sie die Pfosten erneut an die Mauer, markieren Sie die genaue Position der Löcher und nehmen Sie dann eine Schlagbohrmaschine mit einem Steinbohrer zur Hand um die Löcher in die Mauer zu bohren. Dort hinein stecken Sie die Dübel und schrauben dann die Pfosten an. Nun montieren Sie das erste Gitterfeld an dem Zaunpfosten wie in Abbildung 2 zu sehen. Es dient gleichzeitig als Maß für den nächsten Pfosten. Halten Sie dann den zweiten Pfosten an, überprüfen Sie die Senkrechte (4). Bevor Sie das Gitterfeld mit dem Pfosten verschrauben, bohren Sie zuerst die Löcher im Mauerwerk. Alternativ kann man auch Schlagdübel verwenden, d. h. Pfosten und Wand gemeinsam durchbohren, den Schlagdübel mitsamt

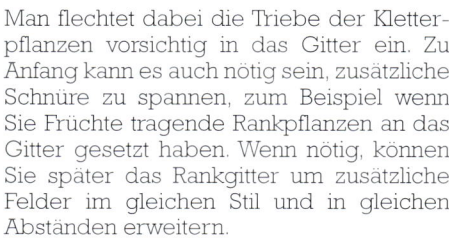

der Schraube in das Loch im Pfosten stecken und alles einschlagen (3). Ist der zweite Pfosten fixiert, befestigt man das nächste Zaunfeld (5) und fährt so fort, bis der Zaun fertig ist.

Auch innerhalb des Gartens finden Spaliere vielfältige Verwendung, beispielsweise um den Gemüsegarten abzugrenzen, einen optischen Mittelpunkt zu schaffen, eine

unschöne Ecke zu verdecken oder eine Sitzecke vor Wind und fremden Blicken zu schützen. Wie auf dem Foto oben zu sehen, kann man eine solche Spalierwand auch mit einen Durchgang bauen, entweder mit flachem Abschluss oder etwas aufwändiger mit einem Bogen, z. B. für Kletterrosen. Das Holz überlässt man entweder der natürlichen Verwitterung oder man streicht

![Ein großformatiges diagonales Rankgitter und ein einfacher Bogen](image)

Oben: Ein großformatiges diagonales Rankgitter und ein einfacher Bogen bilden eine attraktive Trennwand zwischen Terrasse und Garten.

es. Weiß sieht besonders in Verbindung mit dunkelgrünem Laub sehr schön aus.

Will man eine gerade Spalierwand mit einem bogenförmigen Durchgang bauen, stellt man zuerst einen Pfosten als Bezugspunkt für den Bogen auf. (Eine detaillierte Beschreibung der Arbeitsschritte ist auf den Seiten 180 bis 181 zu finden.) Dann zieht man eine Schnur, damit die übrigen Pfosten alle in einer Flucht liegen (1).

Mit Hilfe eines Gitterfeldes bestimmt man die genaue Position der einzelnen Pfosten und betoniert diese ein oder befestigt sie auf Pfostenträgern (2).

Nun lehnt man das erste Feld gegen die Pfosten und richtet die Unterkante mit Hilfe von kleinen Holzstücken so aus, dass das Feld genau waagerecht steht. Wie

Sie sehen wurden die Zaunfelder hier auf einer Seite des Pfostens und nicht direkt zwischen den Pfosten montiert (3). Diese Technik empfiehlt sich, wenn der Abstand zwischen den Pfosten nicht mehr ganz genau stimmt und die Felder deshalb nicht mehr genau dazwischen passen.

Nun nagelt man das Spalierfeld oben an die Pfosten. Es empfiehlt sich, Führungslöcher durch die Latten zu bohren, damit diese nicht gespalten werden. Zuerst ist der oberste Nagel einzuschlagen, dann der unterste und schließlich sind im Abstand von etwa 30 mm weitere Nägel einzuschlagen. Die anderen Zaunfelder werden auf die gleiche Art und Weise befestigt und dann nagelt man ein entsprechend zurechtgesägtes Stück eines Zaunpfostens über den Durchgang (4). Zum Abschluss setzt man die Kletterpflanzen an das Spalier oder passt die vorher abgestochenen Rasensoden wieder ein.

Terrassen, Gartenwege *und Stufen müssen nicht unbedingt gepflastert oder betoniert werden, man kann sie auch aus Holz anlegen. Das ist zwar eine ungewöhnliche doch praktische Alternative, die in jeden Garten passt, denn die Farbe und Struktur von Holz harmoniert ausgezeichnet mit der natürlichen Umgebung. Holzoberflächen sind angenehm zu begehen, nach einem Regenguss schnell wieder trocken und halten viele Jahre, vorausgesetzt, man hat eine haltbare Holzart gewählt oder das Holz sorgfältig mit Holzschutzmittel behandelt, bevor man es verlegt. Außerdem lässt sich Holz viel einfacher verarbeiten als Beton oder Stein. Sein einziger Nachteil besteht darin, dass es vergleichsweise teuer ist.*

Zuerst einmal sollte man sich über die Lage der Terrasse klar werden. Meistens wird eine Terrasse direkt hinter dem Haus angelegt, aber oft ist auch ein anderer Platz im Garten günstiger, wenn er mehr Sonne, einen schöneren Ausblick oder besseren Schutz bietet.

Oben: Dicke Holzbohlen bilden hier die Wegbegrenzung und gleichzeitig den Abschluss der kleinen Terrasse.

Rechts: Holzdecks statt Terrassenplatten wirken besonders auf mehreren Ebenen angeordnet sehr attraktiv.

Ein weiteres wichtiges Kriterium ist der Untergrund. Wenn er mehr oder weniger eben ist, können Sie die Terrasse auf Ziegeln oder niedrigen Schwellen errichten, wobei die Oberfläche grundsätzlich etwa 15 cm unter der Sperrschicht gegen aufsteigende Feuchtigkeit in der angrenzenden Hauswand liegen sollte, um zu verhindern, dass bei starkem Regen Spritzwasser in die Wand eindringt und zu aufsteigender Feuchtigkeit führt. Fällt der Boden ab oder steigt das Gelände hinter dem Haus an, kann man die Terrasse einfach auf hölzernen Pfosten errichten. Verglichen mit einer gepflasterten oder betonierten Terrasse vereinfacht das den Bau erheblich.

Nun kann man sich über die Form und die Größe der Terrasse Gedanken machen. Holzdecks können in jeder beliebigen Form gebaut werden und die Größe wird immer von der beabsichtigten Nutzung abhängen. Achten Sie bei der Planung darauf, dass um Stühle und Tische noch ausreichend Platz bleibt und dass auch ein Durchgang vom Haus zum Garten möglich ist.

Schließlich sind auch noch Sicherheitsaspekte zu beachten. Eine Terrasse, die höher als 45 cm liegt, sollte mit einem Geländer versehen und durch Stufen mit der niedigeren Ebene verbunden werden. Sind noch Kleinkinder in der Familie, ist unbedingt darauf achten, dass die Latten des Geländers nicht weiter als 10 cm auseinander stehen und man sollte das Geländer so bauen, dass es nicht ohne Weiteres zu erklettern ist. Bringt man dazu noch ein Tor vor den zum Garten führenden Stufen an, hat man einen richtig großen Laufstall, in welchem Kleinkinder bei schönem Wetter spielen können. Die Abstände zwischen den Holzplanken sollten nicht größer als 6 mm sein. Das ist völlig ausreichend, damit das Regenwasser ablaufen kann und so schmal, dass sich kleine Füße nicht darin verklemmen können.

Auswahl des Materials

Wenn möglich sollte man für eine Terrasse eine Holzart wählen, die besonders widerstandsfähig gegen Fäulnis ist, zum Beispiel Western Red Cedar oder Teak. Da diese Holzarten jedoch ziemlich teuer sind, werden die meisten trotz allem auf Kiefern- oder Fichtenholz zurückgreifen, dass jedoch unbedingt druck- oder vakuumimprägniert sein sollte. Bei dieser Art der Imprägnierung dringt das Holzschutzmittel sehr tief in das Holz ein und erhöht so dessen Widerstandsfähigkeit gegen Feuchtigkeit und Fäulnis. Der Unterbau der Terrasse kann aus sägerauem Holz errichtet werden, für die Planken, das Geländer und die Balustraden sollte man jedoch gehobeltes Holz verwenden. Die Abmessungen der benötigten Balken und Kanthölzer sind davon abhängig, wie groß die Terrasse werden soll und wie hoch über der Erde sie errichtet wird. Als Faustregel gilt dass 10 cm breite und 5 cm dicke Polsterhölzer alle 1,5 m eine Auflage benötigen, 15 cm breite und 5 cm dicke nur alle 3 m. Beide Größen sind im Abstand von 60 cm

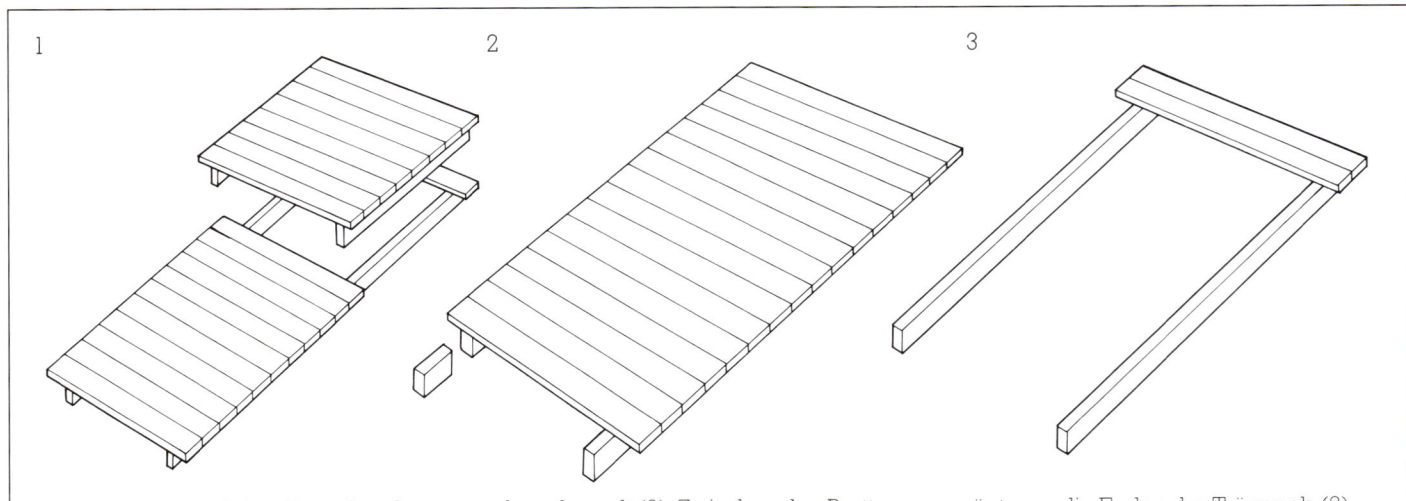

Der Holzboden auf dem Foto oben besteht aus einer Zahl kleinerer Module, die Seite an Seite verlegt wurden. Ein Modul baut man, indem man zwei Träger nebeneinander legt und schmale Bretter darauf nagelt (3). Zwischen den Brettern sollte jeweils ein kleiner Abstand gelassen werden (auf dem Foto gut zu erkennen), so dass Regenwasser ablaufen kann. Hat man die gewünschte Länge erreicht, sägt man die Enden der Träger ab (2). Stufen baut man aus kürzeren Modulen, die so auf den hinteren unbeplankten Abschnitt eines großen Feldes genagelt werden, dass sie nach vorn leicht abfallen.

Links: Die Holzterrasse schafft einen perfekten Übergang vom Haus zum Garten. Die einzelnen Module können auch zu Stufen montiert werden.

zu verlegen und darauf verlegt man 100 x 20 mm oder 150 x 20 mm starke Planken. Pfosten mit einer Seitenlänge von 10 cm sind stabil genug für Terrassen bis zu einer Höhe von etwa 1,80 m über dem Boden. Soll die Terrasse noch höher angelegt werden, lässt man sich am besten von einem Fachmann beraten um sicherzugehen, dass die einzelnen Elemente richtig angeordnet und verbunden und dass die Abmessungen ausreichend sind um die Stabilität der Terrasse zu gewährleisten, denn Sie wollen sicher nicht, dass sie unter Ihnen zusammenbricht.

Die Tragbalken niedrigerer Terrassen können – nachdem der Untergrund von Bewuchs gesäubert wurde – einfach auf einzelne Mauersteine oder Gehwegplatten oder direkt auf eine vorhandene Betonplatte (siehe Seite 137) gelegt werden. Wird die Terrasse jedoch mehr als ein paar Zentimeter über dem Boden errichtet, sind niedrige Ziegelmauern auf Betonstreifenfundamenten erforderlich. Bei erhöhten Terrassen müssen die Stützen in Beton eingelassen oder auf einbetonierten Pfostenträgern montiert werden.

Die Planken werden einfach mit verzinkten Nägeln befestigt, die Tragkonstruktion sollte jedoch mit Sechskant-Holzschrauben montiert werden. Außerdem benötigen Sie noch einige größere Schrauben und Dübel falls die Terrasse auf einer Seite auf einem Balken aufliegt, der an die Hauswand geschraubt wurde.

Niedrige Terrasse

Soll die Terrasse nur wenige Zentimeter über dem Boden auf einer ebenen Fläche angelegt werden, können die Tragbalken wie oben erwähnt auf unterschiedliche Weise abgestützt werden. Markieren Sie die künftige Terrassenfläche und entfernen Sie den Bewuchs von der Fläche über der die Terrasse errichtet werden soll. Dann ist der Boden einzuebnen und festzustampfen. Setzen Sie einen Eckstein in ein Sandbett, überprüfen Sie die Waagerechte und verlegen Sie dann ausgehend vom ersten Eckstein die anderen als Auflage dienenden Steine. Das Sandbett erleichtert es die Steine genau auf die erforderliche Höhe zu bringen. Die Auflagesteine sind entsprechend den Abständen zwischen den Trägerbalken zu positionieren.

Als Nächstes ist ein entsprechend zugeschnittenes Stück Bitumenbahn oder stabile Plastikfolie auf jede Stützte zu legen und mit einem Klecks Bitumenkleber zu befestigen.

Nun positioniert man die Tragbalken auf den Stützen. Falls diese nicht lang genug sind, verbindet man zwei Balken über einer Stütze durch eine Überblattung. Den Boden unter der Terrasse sollte man mit 2 mm starker Polyethylenfolie bedecken, um das Wachstum

von Unkraut zu verhindern. Darauf verteilt man eine Schicht Kies (10 bis 15 cm).

Nun können Sie mit dem Aufnageln oder Verschrauben der Bretter beginnen. Verwenden Sie ein Stück Sperrholz als Abstandshalter um gleichmäßige Abstände zwischen den Brettern zu erhalten. Die Bretter müssen nicht unbedingt wie Dielen verlegt werden, man kann auch mit diagonalen Mustern oder im rechten Winkel zueinander verlegten Latten experimentieren. Dabei erhöht sich allerdings der Aufwand für das Messen und Zusägen erheblich.

Die Bretter sollten bündig mit den Außenkanten der Tragbalken abschließen, sonst kann man leicht darüber stolpern. Man kann an den Kanten auch eine 50 x 25 mm große Abschlussleiste aufnageln.

Falls Sie eine größere Terrasse bauen möchten oder die Terrassenfläche etwas höher über dem Boden liegen soll, sind kleine Stützmauern im Läuferverband auf einem 10 cm dicken Streifenfundament aus Beton zu errichten. Denken Sie auch hier daran, eine Sperre gegen aufsteigende

Feuchtigkeit einzubauen (über der zweiten Schicht Ziegelsteine), damit das Mauerwerk darüber trocken bleibt. Grenzt die Terrasse direkt an das Haus an, kann man sie auch direkt an der Hauswand befestigen und braucht keine Stützmauer zu errichten. Dazu befestigt man entweder ein Kantholz an der Hauswand, auf das man die Polsterhölzer nagelt oder legt die Enden der einzelnen Polsterhölzer auf verzinkte Stahlträger, die an die Wand geschraubt wurden.

Höhere Terrassen

Der Bau einer Terrasse an steileren Hängen gestaltet sich etwas schwieriger, da die Terrasse auf vertikalen Pfosten errichtet werden muss. Beginnen Sie mit dem Einmessen der Baustelle und markieren Sie die Position der Pfosten mit Pflöcken. Dann ent-

Unten: Ein Holzfußboden, der von Mauer zu Mauer reicht, verwandelt diesen winzigen Hinterhof in ein grünes Wohnzimmer.

*Oben: Dicke Holzplatten auf einer Trag-
schicht aus feinem Kies bilden diesen
sehr ungewöhnlichen Weg.*

fernen Sie den Bewuchs und graben etwa
30 cm lange und breite Löcher für die Pfosten. Die Tiefe sollte einem Viertel der Pfos-
tenlänge entsprechen. Dort hinein setzt man
die Pfosten und betoniert diese ein. Eine alternative Lösung für Terrassen bis zu einer
Höhe von 1,20 m ist die Verwendung von
Zaunpfostenträgern, die ebenfalls einbetoniert werden und auf welche man dann die
Holzpfosten setzt. Bei dieser Variante kommen die Holzpfosten nicht mit dem Erdboden in Kontakt und sind so vor Fäulnis geschützt.

Verschrauben Sie die Querträger mit den
Pfosten und achten Sie dabei auf deren waagerechte Ausrichtung. Dann sind gegebenenfalls alle Pfosten auf gleicher Höhe abzusägen und die Polsterhölzer auf die Querträger zu schrauben. Zum Schluss befestigt
man die Planken. Bei solch einer erhöhten
Terrasse ist unbedingt ein Geländer erforderlich. Dazu schraubt man rund um die
Terrasse 5 x 5 cm starke Kanthölzer an die
Tragbalken und befestigt daran einen Handlauf und wenn gewünscht ein Geländer.

Nach Fertigstellung der Terrasse baut
man die Stufen zum Garten oder zum Haus.
Achten Sie dabei darauf, dass die Stufen

mindestens 30 cm tief und nicht höher als
15 cm sind. Besteht die Treppe aus mehr als
drei Stufen, ist auf jeder Seite ein Handlauf
anzubringen.

Holzterrassen auf mehreren Ebenen

Holzterrassen kann man durchaus auch auf
mehreren Ebenen anlegen, was besonders
an leichten Hängen eine praktische und
ansprechende Lösung darstellt. Die Konstruktion flacher Terrassen auf mehreren
Ebenen ist außerdem einfacher als die Errichtung eines hohen Holzdecks auf Pfosten. Die einzelnen Terrassenflächen werden durch Stufen verbunden.

Pflege einer Holzterrasse

Bei Verwendung von druck- oder vakuum-
imprägniertem Holz ist es ausreichend, die
Terrasse einmal im Frühjahr kräftig abzu-
schrubben, um die Algen zu entfernen, die
sich im Laufe des Winters dort angesiedelt
haben. Außerdem sollte man die Planken regelmäßig auf abgesplittertes Holz kontrollieren, bevor sich ein barfüßiger Sonnen-
bader verletzt. Schneiden Sie eventuelle
Splitter ab und schleifen Sie die betreffenden Stellen glatt. Scharfe Kanten sollten dabei leicht abgefast werden um ein weiteres
Absplittern von Holz zu vermeiden.

Wege und Stufen

Auch Gartenwege und Stufen kann man aus
Holz bauen oder mit einem Holzbelag versehen. Wege kann man entweder mit dicken Brettern oder mit Baumscheiben belegen, wobei ein Belag aus Brettern nur bei
mehr oder weniger geraden Wegen möglich ist, während man Baumscheiben auch
für geschwungene Wege verwenden kann.
Falls Sie sich für einen Belag aus Brettern
entscheiden, sollten Sie dafür relativ dicke
Bohlen mit einem Querschnitt von etwa
15 x 5 cm kaufen, die außerdem bereits
druckimprägniert sind. Ob man die Bohlen
dann längs oder quer verlegt, hängt vom
Gefälle des Weges ab.

Für einen Belag aus Baumscheiben sägt
man Holzstämme unterschiedlichen Durch-
messers in etwa 10 cm dicke Scheiben.

Um einen Weg aus Holzbohlen anzulegen, koffert man den Boden etwa 10 cm aus
und bedeckt den Untergrund mit einer 5 cm
dicken Schicht aus feinem Kies. Das erleichtert nicht nur das Verlegen und Ausrichten
der Bohlen, es sorgt auch dafür, dass Regenwasser im Boden versickert und das Holz
nicht ständig feucht ist. Dann legt man die
Bohlen einfach in dieses Kiesbett, schiebt sie
relativ dicht zusammen und sichert sie an
den Kanten mit kleinen Holzpflöcken, die
man in regelmäßigen Abständen in die Erde
schlägt.

*Links: Dieser Gartenweg wurde aus Baum-
scheiben angelegt und mit Beton verfugt.*

*Unten: Dicke Planken, dicht hintereinander
verlegt, kann man auch an leichten Steigun-
gen oder selbst als Stufen verwenden.*

Baumscheiben muss man allerdings einbetonieren, sonst würden sie sich zu schnell
lockern und es bestünde die Gefahr, dass
man ständig über herausragende Kanten
stolpert. Der Boden ist dazu etwa 15 cm auszukoffern, man bedeckt den Untergrund
ebenfalls mit einem Kiesbett und drückt
dort die Baumscheiben hinein, wobei man
sie möglichst dicht an die benachbarten
Scheiben schiebt und auf die waagerechte
Ausrichtung achtet. Zum Schluss füllt man
die Zwischenräume mit einer trockenen
Betonmischung, die die Baumscheiben an
ihrem Platz hält.

Auch Stufen kann man entweder mit dicken Holzbohlen oder mit Baumscheiben
belegen. Als Erstes markiert man dazu die
Lage der künftigen Treppe am Hang und
gräbt die Form der einzelnen Stufen aus.
Falls Sie sich für Bohlen entschieden haben,
sollten Sie relativ große Querschnitte verwenden und diese auf die Breite der Stufen
zurecht sägen. Stellen Sie zuerst hinten auf
jeder Trittstufe eine vertikale Setzstufe auf,
die mit Pflöcken im Boden befestigt wird
und verlegen Sie dann die Bohlen für die
Trittstufen. Achten Sie dabei darauf, dass
die Stufe von links nach rechts waagerecht
verläuft, jedoch leicht nach vorn geneigt ist,
damit sich kein Regenwasser darauf sammelt. Falls die Trittstufe aus mehreren Planken besteht, sichern Sie die vorderste mit
langen Holzpflöcken, die tief in den Boden
getrieben werden.

Bei der Verwendung von Baumscheiben
sind die Stufen so tief in den Hang einzugraben, dass man darauf 15 bis 20 cm dicke
Baumscheiben verlegen kann.

Nachdem Sie *im ersten Abschnitt dieses Buches einige Anregungen zum Bau von Sitzgelegenheiten und Tischen aus Stein erhalten haben, soll es hier nun um Gartenmöbel aus Holz gehen, mit denen Sie Garten und Terrasse schöner gestalten und den Aufenthalt im Freien bequem und angenehm machen können. Für Gartenmöbel guter Qualität muss man schon ziemlich tief in die Tasche greifen. Baut man Gartenmöbel selbst, spart man eine Menge Geld. Noch dazu kann man die Sitzgelegenheiten oder Tische ganz genau seinen Bedürfnissen und dem Stil des Gartens anpassen. Wenn man auch noch den Holzschutz berücksichtigt, brauchen die Möbel nur minimale Pflege und man wird sich viele Jahre daran erfreuen können.*

Überlegen Sie zuerst, welche Gartenmöbel Sie eigentlich benötigen. Einfach eine rustikale Bank, wo man hin und wieder etwas verweilen und den Anblick des Gartens genießen kann? Oder einen bequemen Liegestuhl für ausgedehnte Sonnenbäder? Wie viele Leute werden sich in der Regel um den Tisch auf der Terrasse oder am Grillplatz versammeln? Ziehen Sie einzelne Stühle oder Bänke vor? Oder einen Tisch mit fest stehenden Bänken im Biergarten-Stil? Ist es erforderlich, den Sitzplatz zu beschatten? Wenn diese oder ähnliche Fragen geklärt sind, kann man damit beginnen, die Einkaufs- oder Materialliste zu erstellen.

Auch über die Art der Nutzung sollte man sich Gedanken machen. Manche Möbel sollen vielleicht das ganze Jahr über draußen bleiben, sie müssen also besonders widerstandsfähig gegen Feuchtigkeit und außerdem schwer sein, so dass sie bei stürmischem Wetter nicht umkippen. Andere werden nur herausgestellt, wenn sie gebraucht werden, wie zum Beispiel Sonnenliegen und Sonnenschirme. Dann sind da noch Sommermöbel mit Polsterauflagen, die man über Nacht und bei Regenwetter im Trockenen aufbewahren sollte. Denken Sie beim Kauf bereits daran, wo und wie die Möbel aufbewahrt werden sollen, ob ausreichend Platz vorhanden ist oder man Klappstühle und -tische bevorzugen sollte. Die vorgesehene Nutzung bestimmt also die Eigenschaften der Möbel, d. h. aus welchem Material sie hergestellt sein sollten, die Widerstandsfähigkeit gegenüber Wettereinflüssen, Gewicht und Bequemlichkeit.

Die Vorteile von Holz bestehen darin, dass es sich harmonisch in jeden Garten einfügt – besonders wenn man es in seinem natürlichen Farbton belässt – und dass es relativ gut haltbar ist, vorausgesetzt, es wurde sorgfältig imprägniert und gestrichen bzw. es handelt sich um eine widerstandsfähige Holzart. Außerdem ist es relativ einfach zu reparieren, falls doch einmal etwas kaputt gehen sollte. Allerdings können kleinere Möbelstücke leicht vom Wind umgeworfen werden und größere sind oft ziemlich schwer und nicht tragbar. Außerdem dauert es nach einem Regenguss eine ganze Weile, bis das Holz wieder trocken ist.

Weichholz wie Fichte oder Kiefer ist an sich für die Verwendung im Außenbereich nicht sehr gut geeignet, da es relativ schnell verrottet, wenn es nicht mit entsprechenden Holzschutzmitteln behandelt wurde. Achten Sie deshalb darauf, für die Konstruktion von Gartenmöbeln nur druck- oder vakuumimprägniertes Weichholz zu verwenden. Auch einige Harthölzer können draußen nur mit entsprechendem Schutz verwendet werden, es gibt jedoch Holzarten, die Feuchtigkeit gegenüber so resistent sind, dass sie keinen Schutz benötigen, zum Beispiel Western Red Cedar. Andere widerstandsfähige Arten sind tropische Hölzer aus Afrika, Südamerika und Südostasien oder auch

Oben: Diese einfache Gartenbank ist im Handumdrehen gebaut: Man nimmt einfach einen dicken Holzbalken und setzt ihn auf zwei genauso dicke Klötze.

Links: Eine einfache Bank in einer leuchtenden Farbe gestrichen wird besonders vor dunkelgrünem Laub zu einem echten Blickfang.

spezielle Arten aus Europa und Nordamerika.

Ein im Gartenbereich häufig verwendetes tropisches Hartholz ist Teak. Sein hoher Ölgehalt macht es sehr widerstandsfähig gegenüber Feuchtigkeit und somit zum idealen Material für Gartenmöbel. Lässt man es unbehandelt, bekommt Teakholz mit der Zeit eine schöne silbergraue Farbe. Andere geeignete tropische Harthölzer sind zum Beispiel Afrormosia, Iroko und Meranti.

Eichenholz ist die beste Wahl unter den europäischen Holzarten, wenn es um die Haltbarkeit bei im Außenbereich geht und auch Kastanie ist ein guter Kandidat.

Spanplatten und Sperrholzplatten sind zum Bau von Gartenmöbeln völlig ungeeignet, mit einer Ausnahme: Marine-Sperrholz, wie es auch im Bootsbau verwendet wird. Die Schichten dieses Sperrholzes bestehen aus feuchtigkeitsbeständigem oder entsprechend behandeltem Holz und sind mit einem wasserfesten Kleber verleimt. Verwenden Sie niemals anderes Sperrholz, selbst wenn es als für den Außenbereich geeignet bezeichnet wird. Der verwendete Kleber ist vielleicht wasserbeständig, die Furnierblätter mit großer Wahrscheinlichkeit nicht, es sei denn, sie werden vollständig durch Farbe oder Lack geschützt. Sperrholz passt sowieso nicht sehr gut in den Garten, denn man sieht ihm seine industrielle Fertigung an. Eine Bank oder ein Tisch aus Vollholz sehen einfach viel natürlicher aus.

Auch die Art der Montage der Gartenmöbel ist ganz wichtig. Stahlnägel und Schrauben rosten natürlich sehr schnell. Außerdem wird Holz im Außenbereich je nach Jahreszeit und Wetter quellen oder schwinden, was eine große Belastung für alle Verbin-

dungselemente darstellt. Die beste Lösung sind deshalb einfache, doch stabile Holzverbindungen, vor allem Zapfenverbindungen in unterschiedlichen Ausführungen und eventuell Überblattungen. Die Zapfen kann man zusätzlich einsägen und kleine Keile hineintreiben, die die Stabilität und Zugbelastung der Verbindung noch erhöhen. Die stabilste Verbindung ist eine Schlitz- und Zapfenverbindung, bei der in den Zapfen selbst noch ein schräger Schlitz gebohrt wird, in den man einen Spannkeil steckt, der einfach etwas weiter hinein geschoben wird, wenn die Verbindung sich lockern sollte.

Die meisten Kleber sind für die Montage von Gartenmöbeln ungeeignet, da sie nicht wasserbeständig sind. Nur wenige, wie zum Beispiel PUR-Kleber oder Epoxydharzkleber eignen sich für den Außenbereich. Außerdem verhindert der Ölgehalt wasserbeständiger Holzarten (z. B. Teakholz), dass auf Wasserbasis hergestellte Kleber gut binden. Auch deshalb sollte man bei Gartenmöbeln besser auf Holzverbindungen zurückgreifen.

Die Konstruktion der Gartenmöbel hat

ebenfalls einen wichtigen Einfluss darauf, ob diese lange halten oder schon nach kurzer Zeit unansehnlich werden bzw. reparaturbedürftig sind. Man sollte beispielsweise keine breiten Bretter verwenden, die proportional stärker als schmale Bretter quellen und schwinden. Außerdem tendieren breite Bretter dazu sich zu verwerfen. Von schmalen Latten läuft das Regenwasser besser ab, deshalb sind auch die meisten Gartenbänke und Tische aus solchen schmalen Latten gefertigt.

Hirnholz absorbiert Feuchtigkeit viel schneller als die seitlichen Schnittflächen, deshalb sollte man Gartenmöbel so konstruieren, dass möglichst wenige Hirnholzenden der Witterung ausgesetzt sind. Wenn sich Hirnholz an einer exponierten Stelle befindet, ist es satt mit Holzschutzmittel zu behandeln und das Ende außerdem abzuschrägen oder abzurunden, damit das Wasser besser abläuft. Alternativ kann man Hirnholzenden auch mit Kappen aus Metall oder Holz abdecken.

Schließlich ist auch daran zu denken, dass Gartenmöbel oft auf unebenem Grund stehen, deshalb sollte man Stühle und Tische mit Beinen bauen und diese nicht so konstruieren, dass sie auf den Kanten von Brettern stehen. Möbelstücke mit drei Beinen sind übrigens die perfekte Lösung für dieses Problem sind: Sie wackeln niemals!

Oben: Hier hat man einen Tisch um einen Baum mit breiter Krone gebaut, der als natürlicher Sonnenschirm fungiert.

Links: Gartenmöbel aus Teakholz brauchen keinen Schutz. Mit der Zeit bekommen sie eine schöne silbergraue Farbe.

Unten: Nur Gartenmöbel, die man in der Regel drinnen aufbewahrt, sollten gestrichen werden.

Lattentisch

Beim Entwurf dieses Tisches wurden all die Dinge beachtet, auf welche zu Anfang dieses Kapitels hingewiesen wurde. Der abgebildete Tisch besteht aus dem Holz der Western Red Cedar, man kann ihn jedoch genauso aus einem Weichholz bauen, das einfacher zu beschaffen und preisgünstiger ist.

Die langen Streben, auf denen die Tischlatten liegen, sind durch Bügelzapfen mit den oberen Enden der Tischbeine verbunden und die Querstreben durch Schlitz-und-Zapfen-Verbindungen befestigt. Die Latten der Tischplatte wurden (mit zwei Ausnahmen) von unten angeschraubt und so angeordnet, dass das empfindliche Hirnholz der Tischbeine verdeckt ist. An den Enden der langen Streben sind geschwungene Konsolen befestigt, die lediglich Schmuckzwecken dienen. Das gleiche gilt für die ausgefräste Nut unten an den Tischbeinen. Man kann diese dekorativen Elemente auch weglassen.

Beginnen Sie damit die vier Beine auf etwas mehr als die endgültige Länge (725 mm) zuzusägen. Dann markieren Sie die offenen Schlitze für die Bügelzapfenverbindung wie in Abbildung 1 auf der nächsten Seite dargestellt. Sie sollten etwa 40 mm breit und 10 mm kürzer als die Breite der langen Streben sein, die aus Holzleisten mit einem Querschnitt von 75 x 50 gesägt werden. Sägen Sie die Schlitze mit einer Feinsäge aus.

Markieren Sie nun mit Hilfe eines Streichmaßes die Schlitze für die Zapfen der Querstreben an der Innenseite jedes Tischbeins (Abbildung 1, nächste Seite) und stemmen

Sie diese bis zu einer Tiefe von etwa 50 mm aus. Diese Zapfenverbindung wird durch einen quer zum Zapfen eingeschlagenen Dübel (auf dem Foto unten gut zu sehen) zusätzlich gesichert.

Nun markieren Sie auf den Längsstreben den auszustemmenden Zapfen, wobei Sie mit der Aussparung an der schmalen Unterseite beginnen, die nicht zu tief werden sollte, um die Stabilität der Längsstrebe nicht zu gefährden. Zeichnen Sie mit Hilfe eines Streichmaßes den Zapfen an und zwar so, dass das stehenbleibende Mittelstück genau die gleiche Dicke hat wie der entsprechende Schlitz in den oberen Enden der Tischbeine. Arbeiten Sie den Zapfen mit einer fein gezahnten Zapfensäge und einem breiten Stechbeitel sorgfältig aus (2). Zum Schluss können Sie noch die dekorativen Konsolen aussägen.

Jetzt sind die Zapfen an den Enden der Querstreben entsprechend den Abmessungen der ausgestemmten Schlitze in den Tischbeinen anzureißen und auszusägen. Schließlich kann man, wenn gewünscht, die unteren Enden der Tischbeine schräg zusägen und die Nuten fräsen oder mit einem Hohleisen ausstemmen (3).

Dann bohrt man mit der Bohrmaschine ein Loch durch die Tischbeine und zwar genau in der Mitte des Schlitzes, in dem der Zapfen der jeweiligen Querstrebe steckt. Der Durchmesser des Bohrers sollte der Größe des verwendeten Holzdübels entsprechen. Stecken Sie den Zapfen der Querstrebe in den Schlitz und markieren Sie mit dem Bohrer die Position des Bohrloches auf dem Zapfen. Dann ziehen Sie die

Querstrebe wieder heraus und versetzen den Mittelpunkt des Bohrloches 1,5 mm nach innen, so dass bei der Montage eine Zugspannung entsteht, die die Stabilität der Verbindung erhöht. An dieser Stelle bohren Sie nun ein Loch durch den Zapfen und stecken die Querstrebe in die Zapfenlöcher. Spitzen Sie einen Dübel an einem Ende an und schlagen Sie ihn durch das vorgebohrte Loch. Dadurch wird die Verbindung automatisch festgezogen. Das Ende des Dübels ist abzusägen und bündig mit der Oberfläche des Tischbeins abzuhobeln oder abzuschleifen.

Die gleichen Arbeitsgänge führt man dann auch an den anderen drei Beinen aus, so dass man schließlich zwei H-förmige Stützen erhält. Wird der Tisch aus Weichholz gebaut, sollten Sie alle der Witterung ausgesetzten Hirnholzenden mit reichlich Holzschutzmittel bestreichen.

Nun sind die Längsstreben in die entsprechenden Schlitze in den oberen Enden der Tischbeine zu stecken. Diese Verbindungen werden nicht verleimt, damit man den Tisch wieder auseinandernehmen und platzsparend aufbewahren kann. Wenn Schlitz und Bügelzapfen sorgfältig ausgearbeitet wurden, sollte alles genau zusammenpassen und straff sitzen, so dass der Tisch fest steht, die Tischplatte jedoch mit

Unten: Dieser Gartentisch und die Bank wurden aus Western Red Cedar hergestellt. Die ungewöhnliche Krümmung der Bankfläche gibt dem Ensemble einen orientalischen Touch.

ein paar vorsichtigen Hammerschlägen abgenommen werden kann.

Dann sind die quadratischen Kanthölzer (25 x 25 mm), auf welche die Latten der Tischplatte geschraubt werden, innen auf die Längsstreben aufzuleimen (ein langes Stück zwischen den Beinen und jeweils ein kurzes Stück an das überstehende Ende). Markieren Sie die Position der mittleren Latte mit einer Linie und legen Sie die Latten lose über den Rahmen. Der Abstand ist so zu wählen, dass die mittlere Latte jeder Hälfte genau über den Tischbeinen liegt und das Hirnholz geschützt wird. Markieren Sie die Position der Latten auf den Leisten, der Abstand zwischen ihnen sollte etwa 15 mm betragen.

Nun bohrt man in der Mitte der Kanthölzer kleine Führungslöcher und reibt die Bohrlöcher von unten bis zum Durchmesser der Schraubenköpfe auf.

Sägen Sie die mittlere Latte zu und deren Enden beidseitig im Winkel von 60° ab. Schrauben Sie die Latte von unten mit Messingschrauben auf die Kanthölzer. Die

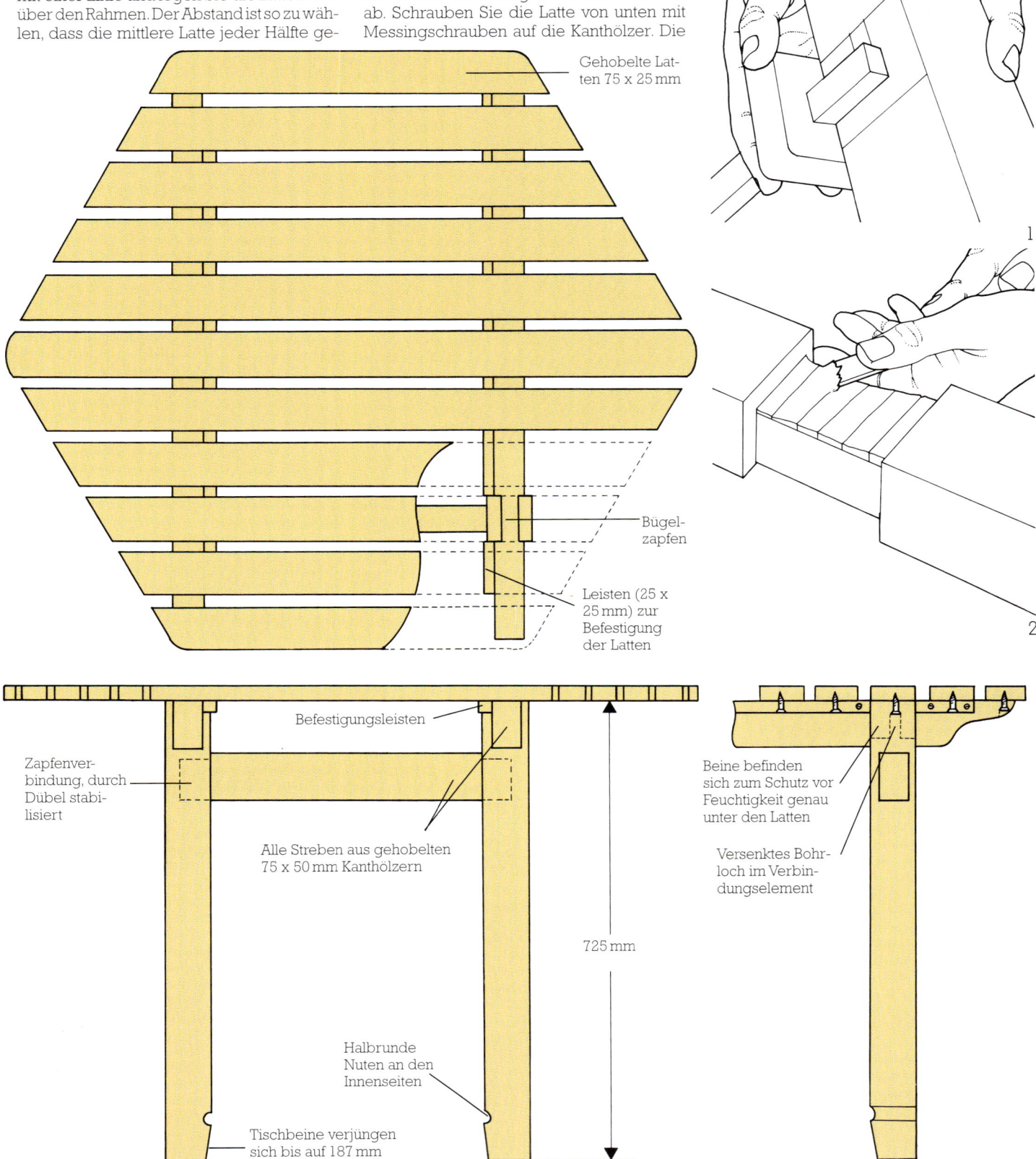

Gehobelte Latten 75 x 25 mm

Bügelzapfen

Leisten (25 x 25 mm) zur Befestigung der Latten

1

2

Befestigungsleisten

Zapfenverbindung, durch Dübel stabilisiert

Alle Streben aus gehobelten 75 x 50 mm Kanthölzern

Halbrunde Nuten an den Innenseiten

Tischbeine verjüngen sich bis auf 187 mm

725 mm

Beine befinden sich zum Schutz vor Feuchtigkeit genau unter den Latten

Versenktes Bohrloch im Verbindungselement

142

Gehobelte Latten 75 x 38 mm

Gehobelte Längsstrebe 50 x 32 mm

1000 mm

130 mm

Schraube im Verbindungselement

Schräge 19 cm

Querstrebe, gehobelt

Bügelzapfen

Tischbeine aus 50 x 50 mm Kanthölzern

420 mm

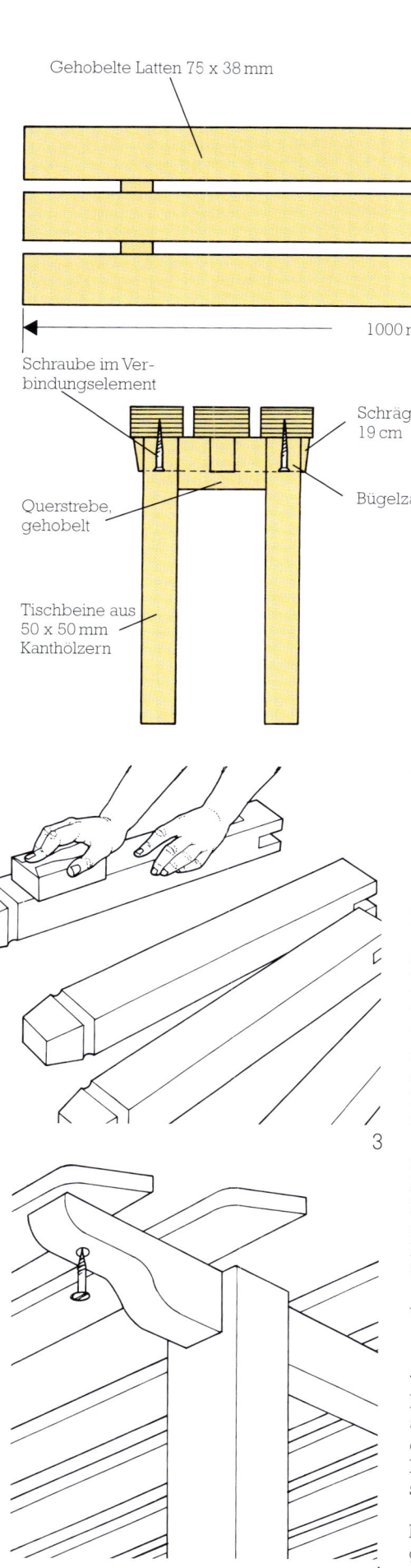

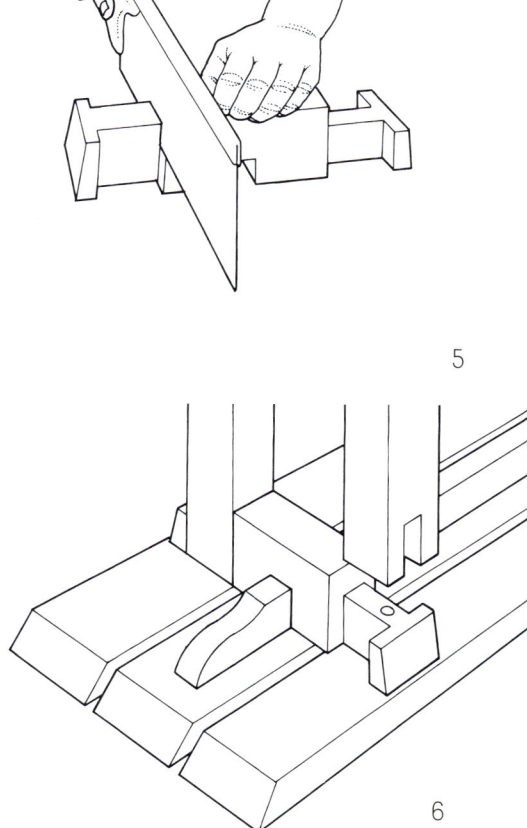

5

6

3

4

Schrauben sollten so lang sein, dass sie soweit wie möglich in die Latten eindringen, ohne dass jedoch die Spitze oben herausschaut. Bei der nächsten Latte sägt man zuerst eine Seite im Winkel von 60° ab, legt die Latte dann auf das Tischgestell, wobei man Abstandshalter zwischen die Latten legt, um gleichmäßige Abstände zu erhalten. Man hält eine Holzleiste als Anschlag gegen die schräg zugesägten Enden, markiert mit der Schmiege die Schräge am anderen Ende, sägt die Latte entsprechend zu und schraubt sie an. So fährt man mit den übrigen Latten fort mit Ausnahme der beiden, die genau über den Tischbeinen liegen. Die äußeren Latten werden auf die konsolenartigen Enden der Längsstreben geschraubt (4).

Nehmen Sie nun die fertige Tischplatte ab, drehen Sie sie um und bohren Sie tiefe Löcher in die Unterseite der Zapfen in den Längsstreben. Legen Sie die beiden übrigen Latten auf, versenken Sie die Schrauben in den gebohrten Löchern und drehen Sie sie in die Unterseite der Latten.

Zum Abschluss bestreichen Sie alle dem Wetter ausgesetzten Flächen mit Teak-Öl.

Bank

Die Lattenbank passend zum Tisch besteht aus vier Beinen, zwei kurzen Querstreben, die jeweils zwei Beine verbinden und einer langen Mittelstrebe, die die beiden Querstreben verbindet.

Reißen Sie auf einem 75 x 50 mm Kantholz, das auf die entsprechende Länge zugesägt wurde, die Aussparungen für die

jeweiligen Verbindungen an. Das offene Zapfenloch für die Langstrebe liegt auf der Oberseite des Werkstücks genau in der Mitte zwischen beiden Bügelzapfen (5). Arbeiten Sie nun die Zapfen und das Zapfenloch aus und stecken Sie die fertige Querstrebe in die Schlitze, die in den Beinen der Bank ausgesägt wurden.

Um die Enden der Latten zu verdicken, treibt man schmale Keile in drei parallele Sägeschnitte wie auf dem Foto S. 141 zu erkennen ist: Man kann die Form aber auch aus einem Stück Vollholz herausarbeiten. Dann sind die Latten auf dem Gerüst der Bank zu befestigen. Die Schrauben zur Befestigung der beiden äußeren Latten werden von unten durch den Bügelzapfen gedreht. Die Bank ist genau so wie der Tisch mit einer Holzschutzlasur oder mit Teak-Öl zu behandeln.

Optimaler Standort

Schließlich müssen Sie nur noch einen optimalen Standort für die Bank oder die Sitzgruppe finden. Vielleicht haben Sie ja von einer Stelle im Garten eine wunderbare Aussicht auf die umgebende Landschaft, dann ist diese Frage bereits geklärt. Wenn nicht, sollten Sie den Sitzplatz so wählen, dass man von dort aus eine schöne Ecke Ihres eigenen Gartens sieht – den Teich vielleicht oder den Steingarten oder auch einen besonders interessanten Baum.

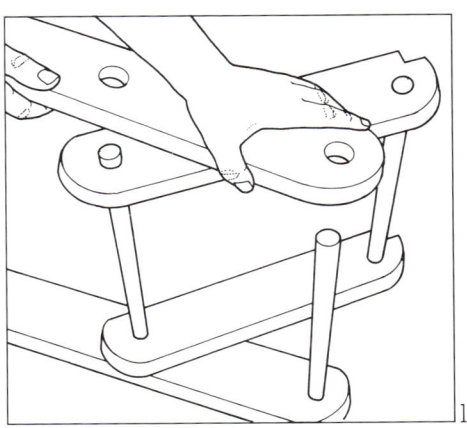

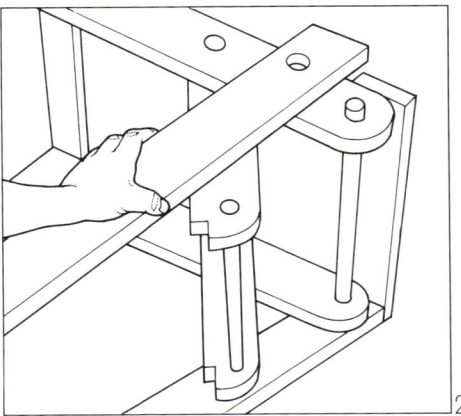

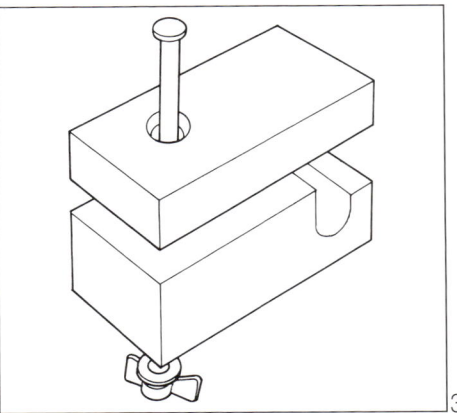

Klappmöbel

Dieser Gartentisch ist nicht nur schön anzusehen, sondern auch sehr praktisch, denn er kann zusammengelegt werden und lässt sich so gut transportieren und platzsparend aufbewahren. Der Bau des Tisches und der Bänke ist wirklich einfach, da in dieser Konstruktion nur Stoßverbindungen (verleimt und vernagelt oder verschraubt) vorkommen. Die meisten Elemente des Tisches wurden aus 100 x 25 mm starken Brettern gesägt, für die passenden Bänke wurden Bretter mit einem Querschnitt von 75 x 25 mm verwendet. In der folgenden Zuschnittliste sind alle benötigten Teile aufgeführt.

Zuschnittliste

Tisch

Aus 100 x 25 mm Brettern sägt man:
- 15 Latten für die Tischplatte, 750 mm lang
- 2 Längskanten, 1495 mm lang
- 2 Stirnkanten, 706 mm lang
- 2 Querstreben, 704 mm lang
- 4 Beine, 765 mm lang
- 4 Diagonalstreben, 456 mm lang

Aus Rundhölzern Ø 25 mm sägt man
- 2 Streben, 750 mm
- 2 Streben, 704 mm
- 2 Streben, 658 mm

Außerdem benötigt man:
- 2 Stück Holz 125 x 75 x 50 mm, sowie
- 2 Stück Holz 125 x 75 x 38 mm für die hölzernen Klammern
- 2 Maschinenschrauben, 100 mm lang, Ø 6 mm, sowie passende Flügelmuttern und Unterlegscheiben
- 8 nichtrostende, 50 mm lange Holzschrauben, Ø 4 mm

Bank

Aus 75 x 25 mm Brettern sägt man:
- 15 Latten für die Sitzfläche, 400 mm lang
- 2 Längskanten 1195 mm lang
- 2 Stirnkanten 356 mm lang
- 2 Querstreben 400 mm lang
- 4 Beine 702 mm lang
- 4 Diagonalstreben 410 mm lang

Für beide Teile benötigen Sie außerdem 19 mm und 38 mm lange, nichtrostende Nägel, wasserfesten Holzleim und farblose oder pigmentierte Holzschutzlasur.

Sägen Sie zuerst alle Komponenten auf die erforderliche Länge. Die Beine für den Tisch und die diagonalen Streben sind jedoch etwas länger zuzusägen, da die Enden während der Montage noch abgerundet werden müssen. Spannen Sie die langen Tischkanten zusammen und bohren Sie 71 mm von jedem Ende entfernt ein 25 mm großes Loch. Ziehen Sie genau in der Mitte aller Tischbeine eine lange Linie und markieren Sie auf dieser Linie 48, 53 und 268 mm. Setzen Sie einen Zirkel auf die Markierung bei 53 mm und ziehen Sie von einem Rand des Brettes zum anderen einen Halbkreis. Messen Sie nun vom Scheitelpunkt dieses Bogens aus 715 mm ab und ziehen Sie dort eine Linie rechtwinklig zur Längsseite. Das ist das untere Ende des Fußes. Von dort misst man 50 mm zurück und zieht eine zweite Linie. Halten Sie auf diese Linie ein Brett mit einem Querschnitt von 100 x 25 mm und zeichnen Sie um dieses herum die Aussparung für die Querstreben zwischen den Füßen an. Nun sägt man das Bein auf die richtige Länge, sägt dann mit einer Stichsäge oder Laubsäge die halbrunden Oberseiten und die angezeichneten Aussparungen aus und bohrt durch jedes Bein an den Markierungen bei 48 und 268 mm jeweils ein Loch mit einem Durchmesser von 25 mm.

Für die diagonalen Streben sägt man zuerst vier Bretter auf eine Länge von 456 mm, reißt auf jedem eine Mittellinie an und markiert jeweils 53 mm vom Rand entfernt den Mittelpunkt für den Halbkreis. Der Mittelpunkt für den gegenüberliegenden Halbkreis befindet sich 311 mm von der ersten

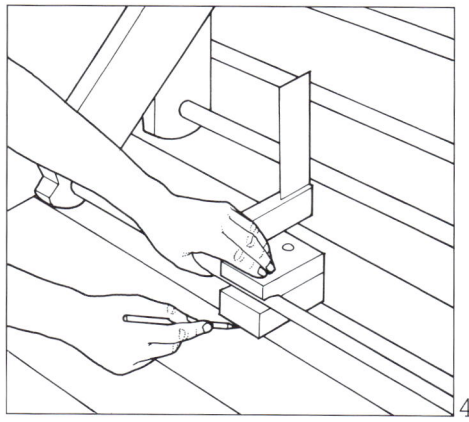

4

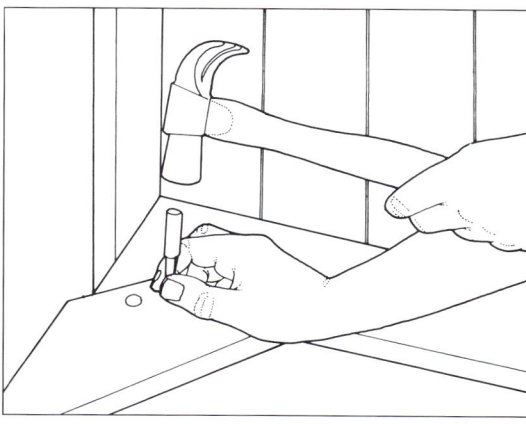

5

Markierung entfernt. Sägen Sie beide Enden halbkreisförmig aus und bohren Sie
bei jedem Kreismittelpunkt ein Loch mit einem Durchmesser von 25 mm. Mit einer
Feinsäge sägen Sie nun in einem Ende der
diagonalen Strebe eine Kerbe mit den Maßen 35 x 22 mm, so dass die Strebe über die
untere Querstrebe passt, wenn der Tisch
zusammengeklappt wird.

Die Montage beginnt mit dem Verleimen
der diagonalen Streben. Dabei ist darauf zu
achten, dass das längere der beiden Rundhölzer an beiden Seiten gleichmäßig übersteht. Die überstehenden Ende schiebt man
dann durch die entsprechenden Bohrungen
in den Tischbeinen (1), überprüft, ob sie
sich leicht darin drehen lassen und verbindet dann die Beine mit der unteren Querstrebe (die verleimt und vernagelt wird) und
dem oberen Rundholz (verleimt), wobei
wieder darauf zu achten ist, dass das Rundholz an jeder Seite gleichmäßig übersteht.
Wenn beide Beinpaare so montiert sind und
Sie überprüft haben, dass sie sich ohne
Probleme drehen lassen, verbinden Sie
diese mit den Längsseiten und den Stirnseiten des Tisches (2). Zum Schluss werden
die Latten aufgenagelt.

Dann fertigt man zwei hölzerne Klammern an wie in Abbildung 3 auf Seite 144
dargestellt. Dazu steckt man die Schraube
zuerst durch den dünneren Block, dann wird
die Klammer darüber geschoben und mit
Hilfe von Unterlegscheibe und Mutter befestigt (4). Stellen Sie das Bein genau senkrecht zur Tischplatte und markieren Sie die
Position des Blocks auf der Unterseite des

Tisches. Nun bauen Sie die Klammer wieder ab und schrauben den dünneren Block an die Unterseite der Tischplatte. Die Klammer fixiert das Bein, wenn der Tisch steht und wenn er zusammengeklappt ist.

Die Montage der Bank beginnt mit den Seitenkanten und Stirnseiten, dann nagelt man die Latten auf und befestigt schließlich die Beine, die unteren Querstreben und die diagonalen Streben (5). Vergessen Sie nicht, die Gartenmöbel mit einer Holzschutzlasur zu behandeln.

Sitzgruppe für die Terrasse

Diese farbenfrohe Sitzgruppe könnte einfacher nicht zu bauen sein. Die Tischplatte sowie die Sitzflächen der Bänke bestehen aus dicken Brettern, die auf stabilen X-förmigen Füßen befestigt sind, so dass Bänke und Tisch auch bei windigem Wetter nicht umfallen. Gestrichen wurde alles mit einer mikroporösen, dampfoffenen Farbe, die nicht reißt und abblättert wie konventionelle Farben. Diese Farbe wird durch Wettereinwirkung langsam abgetragen, so dass man die Oberfläche nur leicht anschleifen braucht, wenn man die Möbel später neu streichen möchte.

Zuerst baut man die Tischplatte in der gewünschten Größe. Der Tisch auf dem Foto hat eine Platte, die aus acht Brettern (150 x 38 mm) besteht. Sie wurden so auf 50 x 38 mm große Querträger geschraubt, dass jeweils ein kleiner Zwischenraum bleibt, damit das Regenwasser ablaufen kann. Die Schraubenlöcher sind tief zu versenken und die Löcher füllt man mit einem für den Außenbereich geeigneten Holzkitt. Die Sitzflächen der Bänke baut man auf die gleiche Weise.

Dann sind die Beine an der Reihe. Sie bestehen aus zwei Brettern (100 x 38 mm), die im Winkel von 60° durch eine schräge Überblattung verbunden sind. Die erforderliche Aussparung lässt sich auch ohne Winkelmesser und Schmiege leicht anreißen, wenn man weiß, dass in einem gleichseitigen Dreieck alle Winkel 60° betragen. Mit Feinsäge, Stemmeisen und Klüpfel ist nun die Überblattung auszuarbeiten und die Passform zu prüfen. Schließlich bohrt man ein Loch durch die Mitte der Verbindung und sichert das Ganze mit Schraube und Mutter.

Jedes Beinpaar wird nun mit dem äußeren Ende einer Diagonalstrebe unter der Tischplatte bzw. der Sitzfläche verschraubt. Dann schrauben Sie ein kürzeres Brett (50 x 38 mm) auf die Unterseite der Tischplatte oder Sitzfläche, an dem dann wiederum die diagonale Strebe befestigt wird. Markieren Sie die erforderliche Länge der diagonalen Streben, sägen Sie die Enden im Winkel von 45° ab, bohren Sie tiefe Löcher, in welche die Schrauben versenkt werden, und verschrauben Sie alle Teile. Zum Schluss sind die Bänke und der Tisch abzuschleifen und zu streichen.

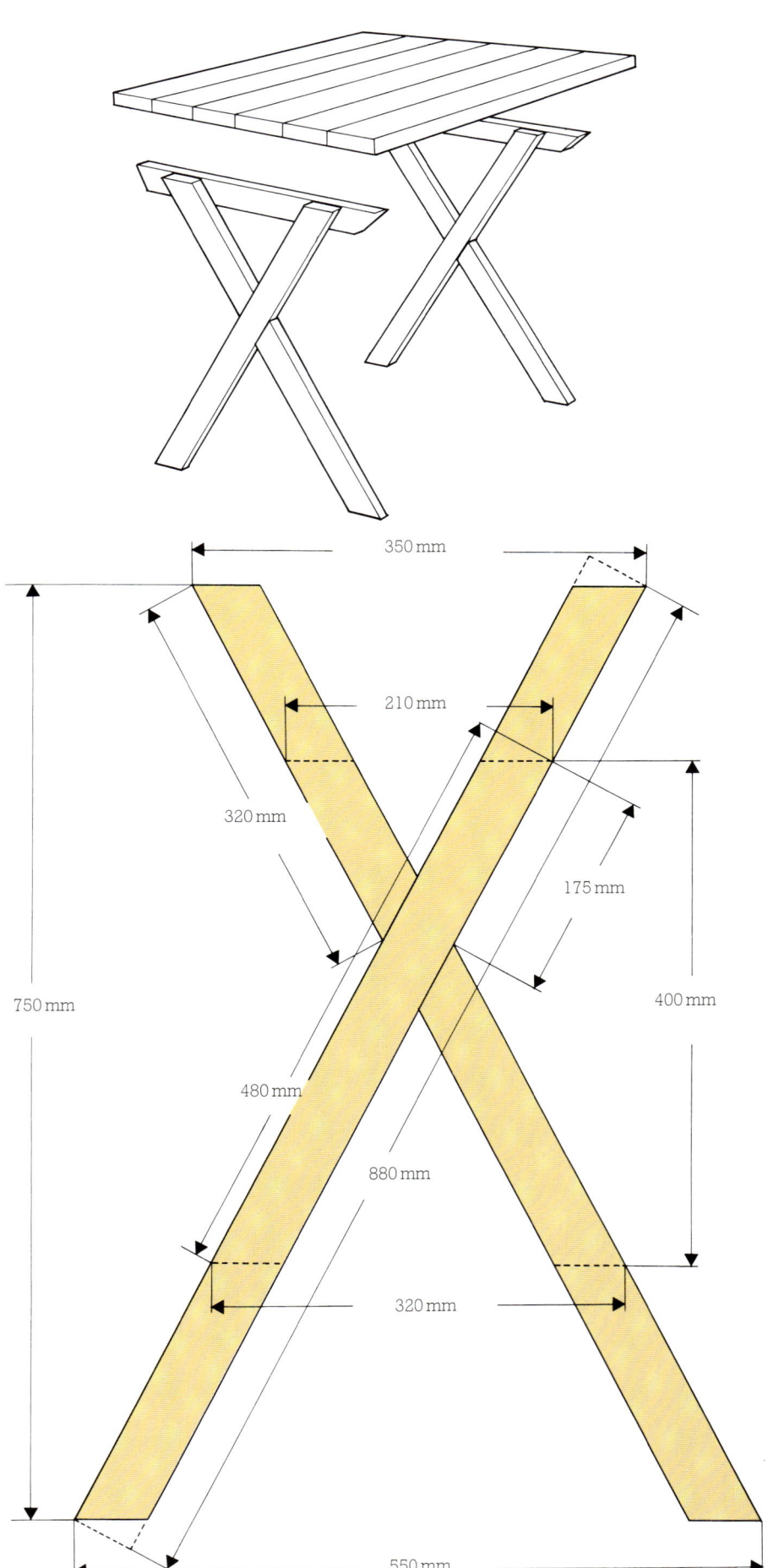

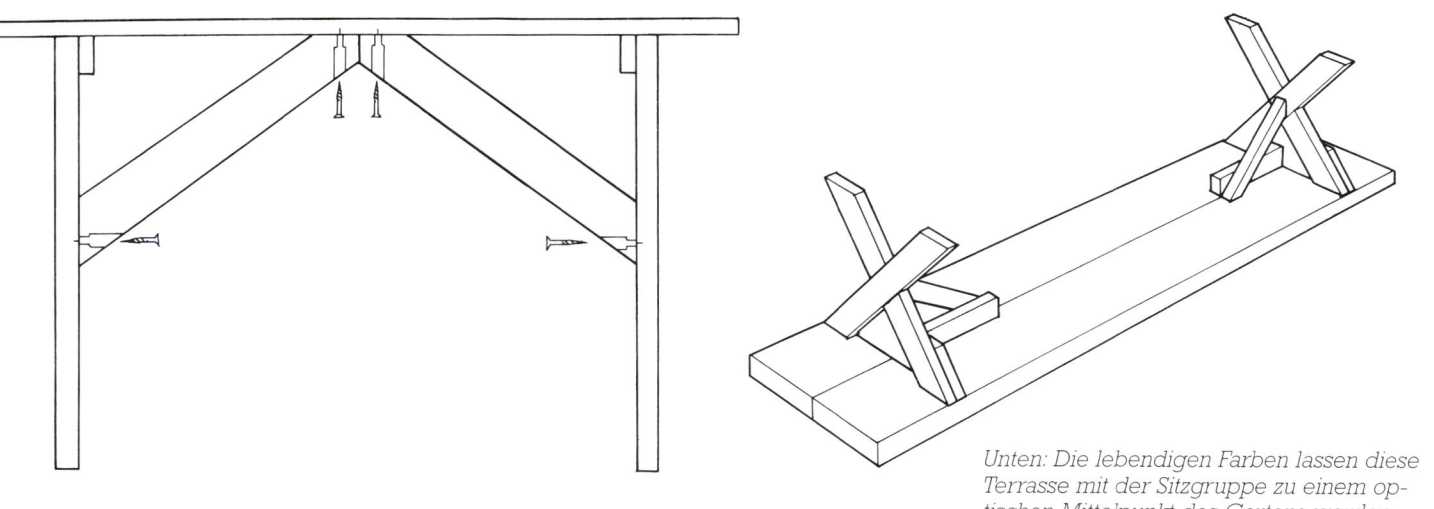

Unten: Die lebendigen Farben lassen diese Terrasse mit der Sitzgruppe zu einem optischen Mittelpunkt des Gartens werden.

Gartenlauben und Pavillons haben einen erheblichen Einfluss auf die Gesamtwirkung eines Gartens, denn allein schon aufgrund ihrer Grösse stellen sie relativ dominante Strukturen dar. In den meisten Gärten gibt es auch einen Schuppen, oft unaufgeräumt und voll mit Gartengeräten und kaputten Liegestühlen, doch solch ein funktionelles Gerätehaus ist selten ein Schmuckstück und meist irgendwo in einer Gartenecke versteckt. Die wahren Blickpunkte sind hübsche kleine Sommerhäuser oder Pavillons, die der Freizeitgestaltung dienen.

designs dar, z. B. bildeten den optischen Mittelpunkt des Gartens, manchmal entstanden sie einfach aus einer Laune des Gartenbesitzers heraus – oft als architektonische Späße oder Kuriositäten. Manche Gartenhäuser gewähren einen schönen Ausblick auf die umgebende Landschaft oder das Wohnhaus, manche wurden einfach nur gebaut, um dort gemütlich zu sitzen und die optischen Reize, die Klänge und Düfte des Gartens zu genießen.

Geräteschuppen auf der anderen Seite sind zwar nötige und praktische, doch meist

Gartenhäuser haben eine lange und faszinierende Geschichte. Schon immer haben Gartenbesitzer, die ihren Garten eher der Schönheit wegen als zur Versorgung mit Nahrungsmitteln hielten, dort auch mehr oder weniger große Häuser der einen oder anderen Art errichtet. Manchmal stellten diese Gartenhäuser einen Teil des Gesamt-

Unten: Das gepflegte Sommerhaus im Stil eines Schweizer Chalet passt gut in diesen Garten am Wald.

nicht sehr schön aussehende Bauten, es sei denn, sie wurden sorgfältig entworfen und gebaut und sind gut gepflegt. Leider ist das aber in der Praxis selten der Fall.

Die Hersteller von Fertighäusern für den Garten bieten eine ganze Reihe von Sommerhäusern, Schuppen und Gewächshäusern unterschiedlicher Größe und in verschiedenen Stilen an und jeder, der einigermaßen mit Schraubenschlüssel und Schraubendreher umzugehen weiß, ist in der Lage, ein solches Haus im Laufe eines Nachmittags oder Wochenendes zusammenzubauen. Wer sich jedoch nicht mit einem Entwurf von der Stange begnügen möchte und die entsprechenden handwerklichen Fähigkeiten hat, kann ein Gartenhaus auch selbst entwerfen und bauen.

Dabei sind mehrere Punkte zu beachten. Zuerst und vor allem das Baumaterial: In den meisten Fällen wird man aus Kostengründen Weichholz wie Fichte oder Kiefer verwenden. Das sollte in jedem Fall druck- oder vakuumimprägniert sein und zusätzlich mit einer schützenden Lasur behandelt werden.

Zweitens die Dachform und das Material für die Dachabdeckung: In Frage kommt entweder ein Flachdach mit einer Neigung zwischen 5 und 10° oder ein Spitzdach. Spitzdächer sehen meistens schöner aus, sind jedoch etwas schwieriger zu bauen. Außerdem ist zu klären, ob das Dach wasserdicht sein muss oder nicht. Die meisten Fertighäuser haben Bretterdächer, die mit

Bitumenbahnen abgedeckt sind. Das ist bei einem Flachdach fast die einzige Möglichkeit der Dachabdeckung, es sei denn, Sie entscheiden sich für ein begrüntes Dach. Spitzdächer sehen ansprechender aus, wenn sie mit Holzschindeln oder – bei ausreichender Stabilität des Hauses – mit Dachziegeln gedeckt sind. Soll das Dach jedoch eher dekorativen Zwecken dienen, kann man es auch aus in Abstand verlegten Latten oder Gitterelementen bauen und dann von Kletterpflanzen beranken lassen.

Drittens sollte man sich Gedanken über den Aufbau der Wände machen. Auch dieser hängt davon ab, ob das Haus wetterfest sein sollte oder nicht. Für eine wetterfeste Ausführung passen natürlich eine Holzverkleidung oder Schindeln am besten in den Garten, ansonsten können die Wände aus Spalierfeldern bestehen oder man lässt die Seiten ganz oder teilweise offen.

Schließlich muss man noch entscheiden, ob das Haus einen Fußboden haben soll oder ob es direkt auf einer Betonplatte oder Pflasterfläche errichtet wird. Wenn Sie sich für einen Fußboden entscheiden, müssen Sie diesen gegen aufsteigende Feuchtigkeit aus dem Erdreich schützen, indem Sie ihn etwas höher setzen und auf der Unterseite mit einem wasserdichten Material verkleiden, z. B. mit Bitumenbahn.

Hat man die wichtigsten funktionellen Fragen geklärt, sollte man sich über den Stil des Gartenhauses Gedanken machen. Da-

bei kann man sich von den auf dem Markt angebotenen Modellen inspirieren lassen, sich in einschlägigen Zeitschriften oder selbst in Geschichtsbüchern Ideen holen, falls es denn ein kleines Pantheon werden soll. Lässt man die Laube oder den Pavillon offen, sind die Gestaltungsmöglichkeiten fast unbegrenzt, hat man sich jedoch für eine geschlossene Konstruktion entschieden, wird man sicher wenigstens einige vorgefertigte Elemente, wie zum Beispiel Türen und Fenster, im Handel beziehen. Die dort verfügbaren Stile und Größen werden also teilweise das endgültige Aussehen des Hauses beeinflussen.

Denken Sie auch an die Oberflächenbehandlung und die farbliche Gestaltung des Gartenhauses, besonders im Hinblick auf den künftigen Erhaltungsaufwand. Verwenden Sie deshalb keine konventionellen Farben, denn diese werden schon bald Risse bekommen und abblättern. Stattdessen empfiehlt es sich, das Holz mit einer Holzschutzlasur oder mikroporöser Farbe zu streichen.

Schließlich ist auch der Sicherheitsaspekt

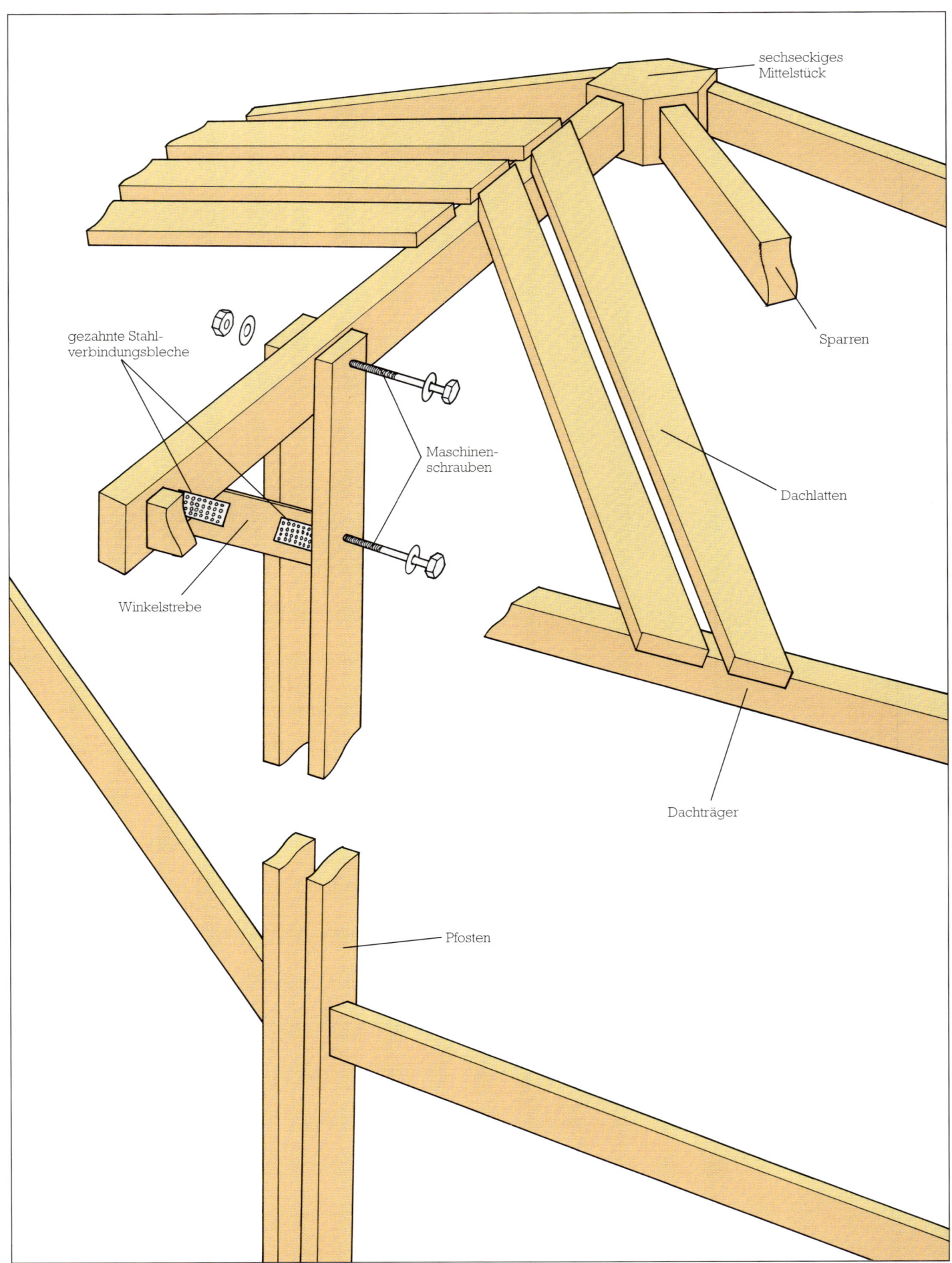

sechseckiges
Mittelstück

Sparren

gezahnte Stahl-
verbindungsbleche

Maschinen-
schrauben

Dachlatten

Winkelstrebe

Dachträger

Pfosten

zu beachten. In Sommerhäusern und Schuppen stehen oft wertvolle Werkzeuge und Möbel, sie sollten also fest verschließbar sein.

Offene Laube

Diese ungewöhnliche sechseckige Laube mit ihren offenen Seiten und dem Lattendach, das für kühlen Schatten sorgt, hätte sicher jeder gern in seinem Garten. Das Grundgerüst besteht aus sechs Pfostenpaaren, die im unteren Bereich auf fünf Seiten durch waagerechte Streben verbunden sind. Zwischen jedem Pfostenpaar wird eine Dachsparre und eine diagonale Stützstrebe befestigt. Die überstehenden Enden der Sparren sind durch Streben verbunden, die den äußeren Rand des Daches bilden und als Auflagen für die Dachlatten dienen. Jeder Dachabschnitt hat zwei weitere Auflagen, die parallel zu den Randstreben verlaufen und zwar so, dass die Abstände zwischen den Auflagen etwa gleich sind. Die Sparren treffen sich in der Mitte des Daches und stecken in einem sechseckigen Mittelstück. Jedes der sechs Dachelemente wird mit im Abstand verlegten Dachlatten gedeckt.

Pfosten und Sparren werden aus 100 x 25 mm großen Kanthölzern gesägt, die Auflagen für die Dachlatten und die diagonalen Streben aus 75 x 25 mm Kanthölzern. Die Dachlatten haben einen Querschnitt von 50 x 19 mm und werden im Abstand von etwa 25 mm verlegt. Das sechseckige Mittelstück wird aus einem 100 mm dicken Holzstück herausgearbeitet. Der Abstand zwi-

Oben rechts: Die Dachlatten wurden bei dieser ungewöhnlichen sechseckigen Laube so verlegt, dass sie rechtwinklig zum unteren Rand verlaufen. Dabei müssen die aufeinander stoßenden Kanten jeweils schräg abgesägt werden.

Unten: Das Dach wirft je nach Sonnenstand mehr oder weniger Schatten.

schen den gegenüberliegenden Seiten des Sechsecks sollte ebenfalls 100 mm betragen. Falls Sie ein solch dickes Holzstück nicht finden können, ist es auch möglich zwei 50 mm dicke Stücke miteinander zu verleimen.

Beginnen Sie damit, den künftigen Standort der Laube genau einzumessen. Da ein Sechseck aus sechs nebeneinander liegenden, gleichseitigen Dreiecken besteht, deren Winkel alle 60° betragen, empfiehlt es sich, zuerst den Standort des mittleren Pfostens zu markieren. Dann spannen Sie eine Schnur durch diesen Mittelpunkt und zeichnen die Position der ersten beiden Randpfosten an.

Um den Standort der nächsten Pfosten zu bestimmen, spannt man zwei Schnüre, deren Länge der Seitenlänge der Dreiecke entspricht – eine vom Mittelpunkt und die zweite von einem Randpfosten aus. Dort, wo sich beide treffen, ist der nächste Pfosten zu setzen. Genau so verfährt man mit den restlichen Pfosten.

Montieren Sie zuerst die sechs Pfostenpaare mit Hilfe von Maschinenschrauben und Stahl-Verbindungsplatten wie in der Abbildung dargestellt. Dann stellen Sie zusammen mit einem Helfer jeweils zwei sich gegenüberstehende Pfostenpaare auf und

Oben: Naturbelassenes, verwittertes Holz und alte Dachziegel verleihen diesem überdachten Sitzplatz ein rustikales Aussehen.

verbinden diese mit den Sparren und dem sechseckigen Mittelstück, wobei Sie vorgebohrte Metallstreifen verwenden. Falls die Pfosten einbetoniert werden, sind sie so lange abzustützen, bis der Beton ausgehärtet ist. Dann montieren Sie die Randstreben und die Sparren, sowie die Auflagen für die Dachlatten. Schließlich sind die Dachlatten zuzusägen und anzunageln.

Überdachter Sitzplatz

Dieser rustikale, geschützte Sitzplatz kann an eine Wand oder einen kompakten Zaun bzw. an das Haus selbst angelehnt werden. Die Konstruktion ist sehr einfach: Die vier Eckpfosten werden in Beton gesetzt und bilden einen soliden Rahmen. Ein weiterer

Pfosten in der Mitte der Rückseite stabilisiert die aus überlappend aufgenagelten Brettern bestehende Wand zusätzlich.

Das Dach wird von zwei dicken Balken getragen, die auf den vorderen und hinteren Eckpfosten liegen. Darauf werden im Abstand von 60 cm die Sparren gelegt, die unten und oben durch Klauenverbindungen gesichert sind. Auf die Sparren wiederum nagelt man die Dachlatten, auf welche man dann die Schindeln oder Dachziegel legt. Wird ein solches Schleppdach an der Hauswand gebaut und soll es passend zum Hausdach gestaltet werden, kann man für die Dacheindeckung neue Dachziegel verwenden. Falls Sie alte Ziegel besorgen können, passen diese natürlich viel besser zu einer rustikalen Konstruktion. Alte Ziegel

werden beim Abriss alter Häuser oder Schuppen oft weggeworfen oder man kann sie bei Händlern, die sich auf alte Baumaterialien spezialisiert haben, kaufen.

Damit die oberste Reihe Ziegel oder Schindeln bei starkem Wind nicht heruntergeworfen wird und am First kein Regen in das Dach eindringen kann, bringt man oben ein Dichtungsblech an.

Nachdem das Hauptgerüst steht und der Dachstuhl errichtet ist, werden die Bretter der Rückwand und die Holzgitter an den Seiten befestigt. Sie werden auf Kanthölzer

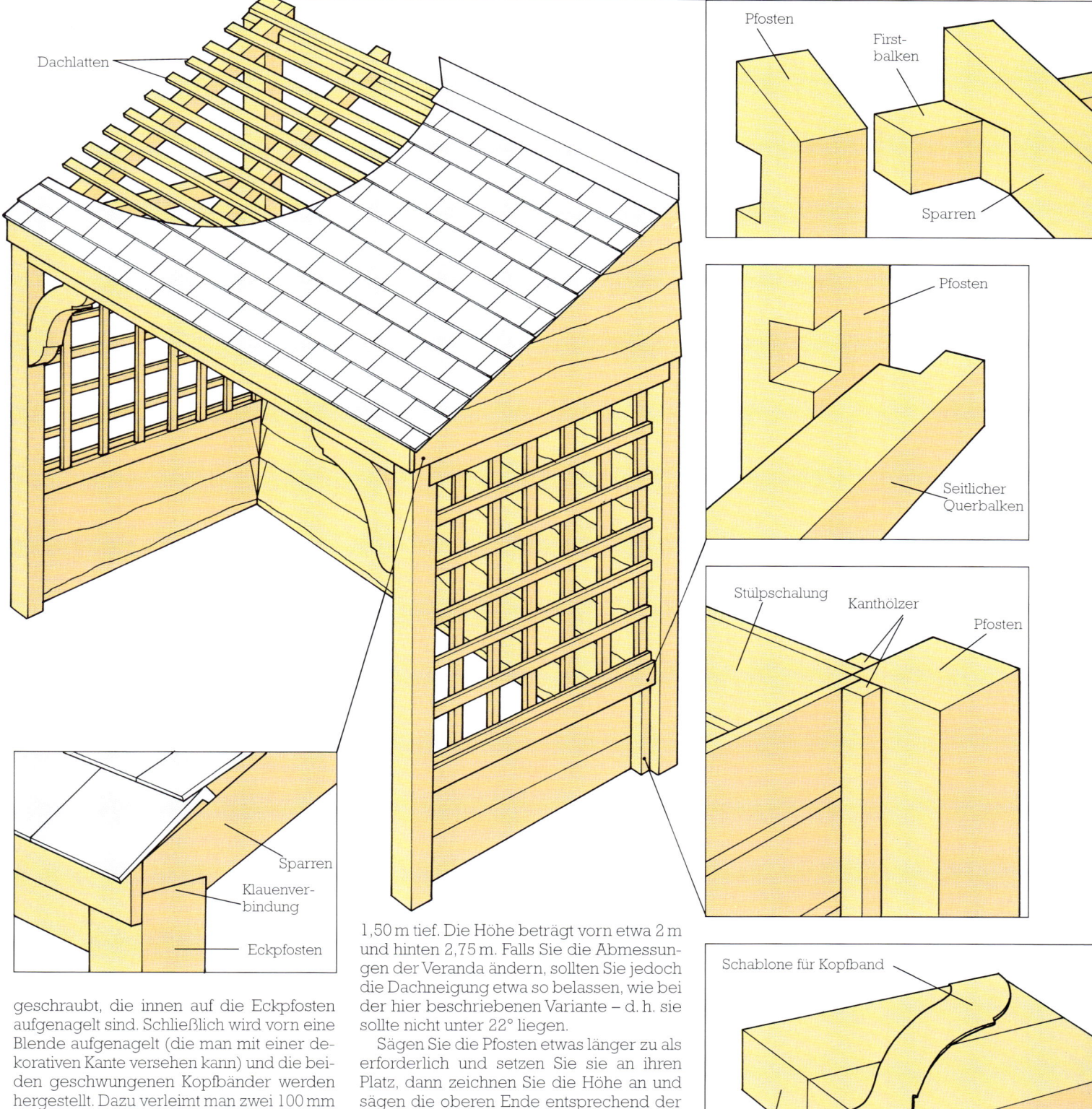

Dachlatten

Pfosten

First-
balken

Sparren

Pfosten

Seitlicher
Querbalken

Stülpschalung

Kanthölzer

Pfosten

Sparren

Klauenver-
bindung

Eckpfosten

Schablone für Kopfband

100 mm starke
Holzblöcke

geschraubt, die innen auf die Eckpfosten aufgenagelt sind. Schließlich wird vorn eine Blende aufgenagelt (die man mit einer dekorativen Kante versehen kann) und die beiden geschwungenen Kopfbänder werden hergestellt. Dazu verleimt man zwei 100 mm starke Holzstücke mit wasserfestem Holzleim und zeichnet die Form des Kopfbandes an. Das Kopfband wird dann mit Hand ausgesägt und -gestemmt oder mit einer elektrischen Bandsäge herausgearbeitet.

Zum Abschluss streicht man alle Holzteile ein- oder auch zweimal mit einer pigmentierten Holzschutzlasur.

Die Größe des überdachten Sitzplatzes ist von der Größe des Gartens und der voraussichtlichen Nutzung abhängig. Die hier gezeigte Veranda ist etwa 3,60 m lang und

1,50 m tief. Die Höhe beträgt vorn etwa 2 m und hinten 2,75 m. Falls Sie die Abmessungen der Veranda ändern, sollten Sie jedoch die Dachneigung etwa so belassen, wie bei der hier beschriebenen Variante – d. h. sie sollte nicht unter 22° liegen.

Sägen Sie die Pfosten etwas länger zu als erforderlich und setzen Sie sie an ihren Platz, dann zeichnen Sie die Höhe an und sägen die oberen Ende entsprechend der Dachschräge ab. Als Nächstes arbeitet man in den Pfosten die Aussparungen für die beiden Querträger aus, die dann dort fixiert und festgenagelt werden.

Die Sparren werden nun im Abstand von 60 cm über die oberen und unteren Balken gelegt, wobei die beiden äußeren auf den Eckpfosten aufliegen. In jeder Sparre sind oben und unten Klauen auszusägen, so dass sie straff auf den oberen und unteren Trägerbalken sitzen. Die Dachlatten sind dann in Abständen, die der Größe der verwende-

Oben: Die Detailzeichnungen zeigen, wie die verschiedenen Teile des Grundgerüstes miteinander verbunden sind und wie die Bretter der Rückwand, sowie die Gitterelemente an den Seiten befestigt werden.

ten Ziegel oder Schindeln entsprechen, aufzunageln.

Nun werden die beiden unteren Querstreben zwischen den vorderen und hinteren Pfosten und die Kanthölzer, die zur Befestigung der Stülpschalung und der Gitterelemente dienen montiert. Zum Schluss ist das Dichtungsblech anzubringen, die Blendleiste anzunageln und die Kopfbänder sind herzustellen und einzupassen.

Geräteschuppen

Wenn man nicht gerade eine riesige Garage hat, in der neben dem Auto auch noch andere Dinge Platz finden, benötigt man im Garten einen mehr oder weniger großen Schuppen, in dem man den Rasenmäher, alle möglichen Gartengeräte und alle anderen Gärtnerutensilien unterbringen kann. So ein Schuppen kann gleichzeitig als Werkstatt oder Gewächshaus, sowie zur Aufbewahrung von Gartenmöbeln oder des Grills dienen. Bevor Sie mit der Planung und dem Bau des Schuppens beginnen, sollten Sie sich also Gedanken darüber machen, welche Zwecke er erfüllen soll. Im Zweifelsfall baut man ihn lieber einen Meter länger und breiter als ursprünglich geplant, der zusätz-

liche Stauraum wird sich mit Sicherheit schon bald füllen.

Wie bei den anderen Gartenhäusern haben Sie auch beim Geräteschuppen die Wahl zwischen Fertighaus oder Selbstbau. Die meisten Gerätehäuser aus Fertigteilen haben ein ziemlich funktionelles Aussehen. Baut man den Schuppen selbst, kann man ihn ansprechender und ganz nach eigenen Vorstellungen gestalten, auch wenn das am Ende nicht unbedingt viel billiger ist als eine vorgefertigte Konstruktion.

Ein Geräteschuppen braucht unbedingt einen Fußboden, ansonsten wären die darin aufbewahrten Dinge ständiger Feuchtigkeit ausgesetzt, die Werkzeuge würden rosten und Dünger usw. verderben. Ein einfacher Bretterfußboden auf druckimprägnierten Balken ist völlig ausreichend, wenn die Balken auf stabile Plastikfolie oder Bitumenbahn gelegt werden, so dass sie vor Feuchtigkeit geschützt sind. Bauen Sie nur dann Fenster ein, wenn Sie den Schuppen auch als Werkstatt nutzen möchten, denn Fenster

Unten: Ein gut gepflegter Gartenschuppen wie dieser braucht sich nicht in einer dunklen Ecke zu verstecken.

stellen immer ein zusätzliches Sicherheitsrisiko dar, besonders wenn der Schuppen ein Stück vom Haus entfernt steht. Es empfiehlt sich entweder Fenster aus Sicherheitsglas oder aus unzerbrechlichem Kunststoff zu kaufen.

Achten Sie auch darauf, dass die Tür sicher zu verschließen geht. Zusätzlich zum Schloss sollten man in der Mitte und unten jeweils einen Riegel anbringen, der durch ein Vorhängeschloss gesichert wird.

Soll der Schuppen außerdem als Werkstatt genutzt werden, und das auch den Winter über, ist eine Wärmedämmung durchaus angebracht. Eine mögliche Variante der Fußbodendämmung wären beispielsweise 25 mm dicke Polystyrolplatten mit Nut und Feder. Die gleichen Platten können auch zum Dämmen der Wände verwendet werden. Dafür schneidet man sie so zu, dass sie zwischen die Pfosten der Wandkonstruktion passen. Die Wände werden innen mit dünnem Sperrholz, Gipskarton oder Paneelen verkleidet. Auf die gleiche Art und Weise dämmt man auch das Dach. Eine noch bessere Dämmung erreicht man, wenn man außerdem doppelt verglaste Fenster einsetzt und die Tür mit Filzstreifen abdichtet um Luftzug zu verhindern.

Schließlich sollten Sie vor dem Bau unbedingt auch an die Stromversorgung denken, damit Sie Licht und Strom für die Elektrogeräte in der Werkstatt haben und außerdem eine Stromquelle für den Rasenmäher oder die elektrische Heckenschere. Bei der Verlegung von Stromkabeln im Außenbereich sind die geltenden Bestimmungen zu beachten.

Oben: Das traditionelle Gewächshaus zum Vorziehen von Pflanzen mit der großen Fensterfront auf der Südseite ist der ideale Ort für die Anzucht von Jungpflanzen.

Links: Eine so genannte Wetterschlagschalung oder Stülpschalung aus überlappend befestigten Brettern eignet sich als Außenwandverkleidung für alle Arten von Gartenhäusern. Sie fügt sich gut in die Umgebung ein, wenn man das Holz auswittern lässt.

1

2

3

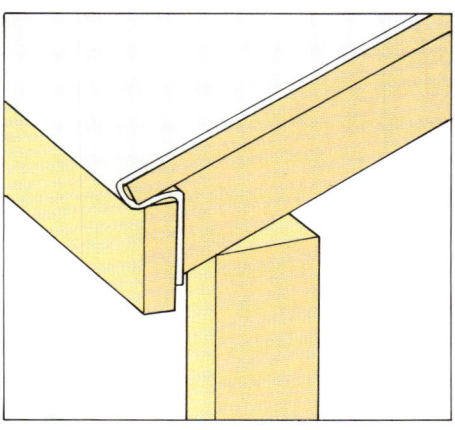

4

Bau eines Gerätehauses

Vorausgesetzt, man verwendet ausschließlich hochdruckimprägniertes Holz guter Qualität und ist im Umgang mit Werkzeugen schon etwas geübt, wird ein selbst gebauter Schuppen viele Jahre halten und die ihm zugedachten Funktionen erfüllen.

Beginnen Sie mit dem Bau des Fußbodens. Dazu benötigt man 75 x 50 mm starke Trägerbalken, die im Abstand von 30 cm auf den Boden oder eine Betonplatte verlegt werden. Die Enden sind so einzusägen, dass man 50 x 25 mm starke Querstreben hineinstecken kann, die dafür sorgen, dass die Grundfläche rechtwinklig bleibt. Als Fußboden kann man Dielen mit Nut und Feder, Sperrholz oder Spanplatten verwenden, die direkt auf die Trägerbalken genagelt oder geschraubt werden. Die Trägerbalken selbst sind auf Bitumenbahnstreifen oder Streifen aus stabiler Plastikfolie zu verlegen, damit sie nicht mit dem feuchten Boden in Kontakt kommen.

Danach sind die vier Seitenwände zu montieren. Als Eckpfosten verwendet man ebenfalls Kanthölzer mit einem Querschnitt von 75 x 50 mm. Zwischen den Eckpfosten werden im Abstand von etwa 45 cm vertikale Streben angeordnet, die auf halber Höhe durch Querstreben verbunden sind, um der Konstruktion zusätzliche Stabilität zu verleihen. Alle Verbindungen sind einfache Überblattungen, die verleimt und verschraubt werden. Die Tür und Fensteröffnungen sind so zu bemessen, dass Fenster und Türen in den Standardmaßen passen. Die Stirnwände haben kleine Giebel und die Dachsparren sind mit den oberen Enden der Eckpfosten verblattet.

Nachdem die vier Wände vormontiert sind, stellen Sie eine Giebelseite und eine Längsseite auf die Kanten des Fußbodens und verbinden diese mit Hilfe von Zwingen. Dann bohren Sie zwei Löcher durch beide Eckständer (das erste auf einem Drittel der Höhe, das zweite auf zwei Dritteln) und verbinden beide Rahmen mit Maschinenschrau-

ben und Muttern. Diese Arbeitsschritte wiederholen Sie nun an den übrigen drei Ecken bis das Grundgerüst des Schuppens komplett ist. Nun befestigen Sie die mittleren Dachsparren, die einfach auf die Oberkanten der Rahmen der Seitenwände aufgenagelt werden und verkleiden die Wände. Beginnen Sie dabei mit den Giebelseiten und arbeiten Sie von unten nach oben. Die Bretter sind so zuzusägen, dass sie bündig mit Vorderseite des Rahmens der Seitenwand abschließen. Die Bretter für die Seitenwände sägt man dann so lang, dass sie die Hirnholzenden der Giebelwandbretter verdecken. Behandeln Sie die nicht verdeckten Hirnholzenden mit einer Holzschutzlasur.

Nun ist das Dach an der Reihe. Sägen Sie zwei Sperrholzplatten aus für den Außenbereich geeignetem Sperrholz entsprechend zu und schrauben sie jede auf die Dachsparren, wobei der Abstand zwischen den Schrauben 30 cm betragen sollte (2). Legen Sie einen Streifen Bitumenbahn darüber, ziehen Sie die Bitumenbahn bis über den First und befestigen Sie sie mit verzinkten Nägeln. Dann legen Sie einen zweiten Streifen auf die andere Dachseite, ziehen ihn ebenfalls bis über den First und nageln die Bitumenbahn auf den Sparren fest. Auf breiteren Dächern wird die Bitumenbahn nicht vom Dachvorsprung bis über den First reichen. In diesem Fall legt man einen dritten Streifen so über den First, dass er etwas weiter unten die anderen beiden Streifen überlappt. An den Ecken des Daches ist die Bitumenbahn einzuschneiden und übereinander zu legen und sorgfältig anzutackern. Die unteren Kanten der Bitumenbahn sind, wie auf der

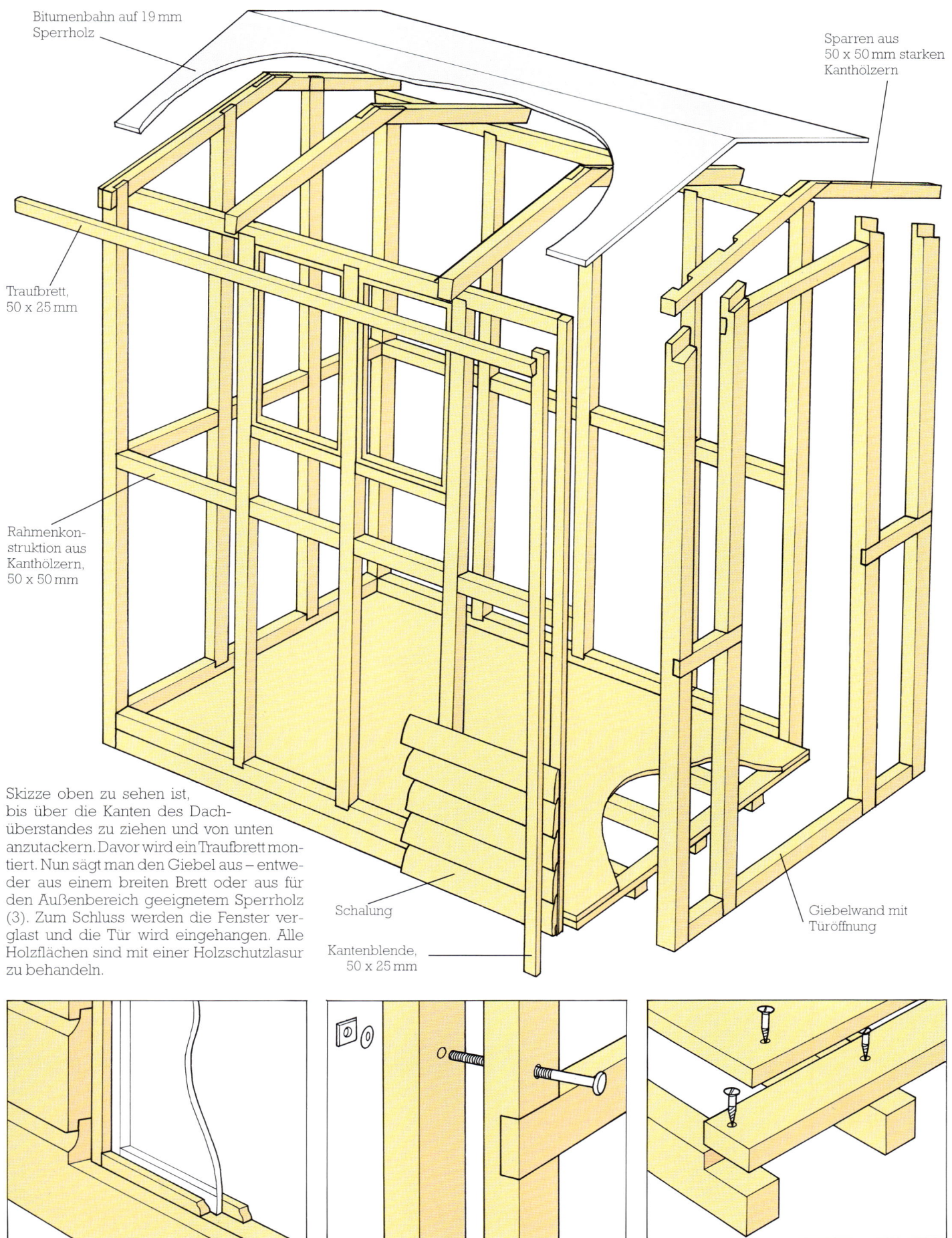

Bitumenbahn auf 19 mm
Sperrholz

Sparren aus
50 x 50 mm starken
Kanthölzern

Traufbrett,
50 x 25 mm

Rahmenkon-
struktion aus
Kanthölzern,
50 x 50 mm

Skizze oben zu sehen ist,
bis über die Kanten des Dach-
überstandes zu ziehen und von unten
anzutackern. Davor wird ein Traufbrett montiert. Nun sägt man den Giebel aus – entweder aus einem breiten Brett oder aus für
den Außenbereich geeignetem Sperrholz
(3). Zum Schluss werden die Fenster ver-
glast und die Tür wird eingehangen. Alle
Holzflächen sind mit einer Holzschutzlasur
zu behandeln.

Schalung

Kantenblende,
50 x 25 mm

Giebelwand mit
Türöffnung

Alle Kinder *spielen gern draussen und das um so lieber, wenn es im Garten einen richtigen Spielplatz mit Schaukel, Sandkasten und vielleicht einem Klettergerüst gibt. Holz eignet sich ausgezeichnet als Baumaterial für Spielplätze, ob für einen einfachen Sandkasten oder für schwierigere Konstruktionen, wie zum Beispiel Klettergerüste oder Baumhäuser. Es ist stabil, einfach zu bearbeiten und zu montieren und wenn alle Oberflächen abgeschliffen und die Kanten abgerundet werden, ist die Verletzungsgefahr sehr gering. Bei Schaukeln und Klettergerüsten ist außerdem darauf zu achten, dass sie fest im Boden verankert werden, damit sie nicht umkippen können.*

Sandkasten

Kinder lieben das Meer vor allem wegen des Strandes, wo man nach Herzenslust im Sand buddeln und Burgen bauen kann. Der Meeresstrand ist allerdings für die meisten Familien ziemlich weit entfernt und ein Ausflug dahin oft nur einmal im Jahr möglich. Jedoch kann man auch im Garten hinter dem Haus einen kleinen Strand in Form eines Sandkastens anlegen, wo die Kinder bei schönem Wetter jeden Tag spielen können.

Der Bau eines Sandkastens ist eine schöne, nicht zu schwierige Arbeit für den Heimwerker und eine gute Gelegenheit, seine Fertigkeiten bei der Holzbearbeitung zu trainieren. Ein Sandkasten kann über dem Boden oder in einer Vertiefung angelegt werden, wobei die zweite Variante noch einfacher zu realisieren ist. Sind die Kinder dem Sandkastenalter entwachsen, kann man ihn in ein Wasserbassin oder Pflanzenbeet verwandeln.

Standort

Bei der Auswahl des Standortes sind vor allem zwei Dinge zu beachten – die Sicherheit der Kinder und die Abgrenzung vom übrigen Garten. Der Sandkasten sollte so gelegen sein, dass Sie von Ihrem Arbeitszimmer oder der Küche aus gut beobachten können, was Ihre Sprösslinge gerade so anstellen. Sandkästen haben außerdem die Tendenz, sich wie Wüsten immer weiter auszubreiten und deshalb empfiehlt es sich, den Sandkasten entweder mit einer befestigten Fläche, zum Beispiel einer Pflasterfläche, zu umgeben oder ringsherum eine kleine Wand oder auch eine breite Sitzbank zu bauen. Ein Sandkasten sollte sich außerdem nicht gerade unter einem Obstbaum befinden, wo verdorbenes oder überreifes Obst hineinfallen könnte und die Gefahr von Insektenstichen relativ groß wäre.

Konstruktion

Die Seitenwände eines Sandkastens, der über dem Boden gebaut ist, sollten nicht höher als 38 cm sein, so dass auch Kleinkinder ohne Hilfe hinein und wieder hinaus klettern können. Bei einem in den Boden eingelassenen Sandkasten sollte die Sandschicht etwa genau so tief sein. Die anderen Abmessungen richten sich natürlich nach der Größe des Gartens und auch danach, wie viele Kinder in der Regel dort spielen werden. In jedem Fall sollte der Sandkasten eine Seitenlänge von mindestens 1,20 m haben.

Material

Die Begrenzung eines Sandkastens kann man unterschiedlich gestalten. Zwei Möglichkeiten sind hier auf den Fotos dargestellt: Entweder baut man aus zersägten Baumstämmen einen Palisadenzaun oder man konstruiert den Sandkasten in Form eine Bretterbox mit umlaufendem breiten Rand, auf dem man sitzen kann und der gleichzeitig dafür sorgt, dass der Sand nicht in der Umgebung verstreut wird.

Speziellen Sandkastensand erhält man auf Baumärkten oder bei Baustoffhändlern, er wird meist in Säcken verkauft. In keinem Fall sollte man Bausand verwenden, er verfärbt die Kleidung und die Hände der Kinder. Der Sand sollte mindestens 25 cm tief

Links: Ist der Spielplatz großzügig bemessen, wird der Rest des Gartens weniger in Mitleidenschaft gezogen.

sein, d. h. für einen Sandkasten mit einer Seitenlänge von 1,20 m benötigt man etwa ein Drittel Kubikmeter Sand. Für größere Sandkästen ist das Volumen entsprechend zu berechnen.

Nicht zuletzt sollten Sie auch an die Drainage und an eine Abdeckung für den Sandkasten denken, damit er sich bei starkem Regen nicht in einen Sumpf verwandelt und auch nicht als Katzentoilette missbraucht wird. Damit Regenwasser gegebenenfalls schnell versickern kann, ist der Sandkasten unten mit einer 5 cm dicken Schicht Kies zu füllen, auf welchen man eine Lage stabile Plastikfolie legt, in die man im Abstand von

10 cm kleine Löcher sticht (z. B. mit einem kleinen Schraubendreher oder einem Handbohrer). Die Plastikfolie sorgt außerdem dafür, dass kleine Möchtegern- Maulwürfe nicht zu tief graben. Zur Abdeckung des Sandkastens baut man am besten einen passenden Holzdeckel der einfach auf den Rand gelegt wird.

Sandkasten in einer Vertiefung

Stecken Sie am gewählten Standort den Umriss des Sandkastens mit Pflöcken und Schnur ab. Dann wird die Erde bis zu einer Tiefe von etwa 30 cm ausgeschachtet, wobei

Oben: Dieser Stadtgarten ist auf die Bedürfnisse einer jungen Familie abgestimmt und bietet sichere Spielmöglichkeiten für Kinder unterschiedlichen Alters.

die Seiten sauber und so gerade wie möglich abzustechen sind. Die Begrenzung des Sandkastens baut man entweder aus angespitzten Rundhölzern, die man dicht an dicht in den Boden schlägt. Sie sorgen dafür, dass der Sand im Kasten bleibt und der abgestochene Rand nicht einbricht. Alternativ kann man die Wände aus Brettern bauen, die man mit einem ungiftigen Holzschutzmittel behandelt. Sie werden durch kleine

Pflöcke gehalten, die man etwa alle 90 cm in den Boden treibt. Ebnen und verdichten Sie den Grund des Sandkastens und schütten Sie dann 5 cm Kies hinein. Darüber legen Sie wiederum ein Stück stabile Teichfolie, die wie beschrieben zu durchlöchern ist. Zum Schluss füllt man den Sand in der erforderlichen Tiefe ein.

Sandkasten und Podest um einen Baum

1 Als Erstes entfernt man die Pflanzen oder den Rasen und trägt die oberste durchwurzelte Erdschicht ab. Danach werden die Umrisse des Podestes mit Hilfe von kleinen Pflöcken und Schnur markiert.
2 Treiben Sie nun an jeder Ecke des künftigen Podestes eine Einschlaghülse in den Boden. Stecken Sie dazu ein Stück dickes Kantholz in die Hülse damit der Rand durch die Hammerschläge nicht beschädigt wird. Auch an jeder Ecke des Sandkastens wird eine solche Einschlaghülse in den Boden getrieben.

3 Sägen oder stemmen Sie die Überblattung am Ende eines jeden Pfostens (Kantholz 100 x 100 mm) aus wie in der Skizze gezeigt und stabilisieren Sie die Verbindung mit Nägeln oder Schrauben. Dann sind die Kanthölzer für die Umrandung zuzusägen. Die Enden werden auf Gehrung gesägt und in zwei gegenüberliegenden Kanthölzern sind die Aussparungen für die Überblattungen auszuklinken.
Montieren Sie die Kanthölzer der Randbegrenzung und sägen Sie dann die Zwischenträger entsprechend zu. Die einfachen Überblattungen sind zu vernageln.
4 Soll das Podest um einen Baum herum gebaut werden, sägen Sie die nötigen Verbindungsstücke wie auf der Skizze gezeigt zu.

Beim Sandkasten fährt man nun fort, indem man Pfostenträger an den inneren Ecken einschlägt und diese ebenfalls durch Kanthölzer verbindet, wie in den Skizzen 7 und 8 dargestellt. Der innere und äußere Rand dient als Auflage für die Bretter der Sitzbank.
5 Nun können Sie die Bretter an die Seitenwände nageln. Dabei sollten Sie unten beginnen und darauf achten, dass alle Nagelköpfe etwas versenkt werden. Verwenden Sie dazu einen Körner.
6 Dann werden die Bretter für die Sitzfläche aufgenagelt, man bedeckt den Untergrund mit einer Schicht Kies und Plastikfolie und schüttet den Sand hinein. Zum Abschluss ist noch eine passende Abdeckung zu bauen.

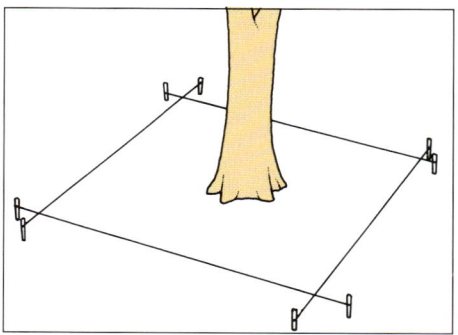

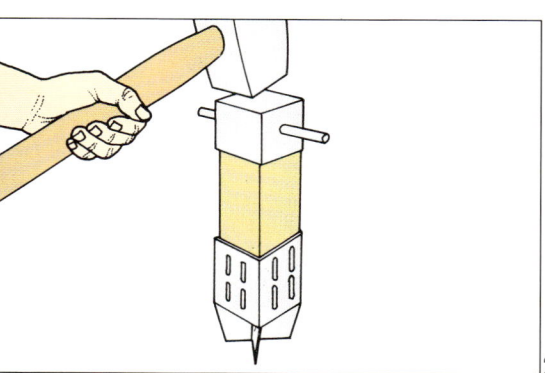

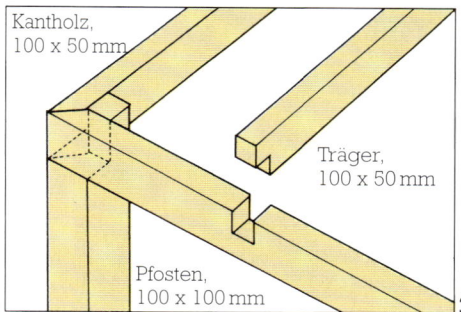

Kantholz, 100 x 50 mm

Träger, 100 x 50 mm

Pfosten, 100 x 100 mm

Rechts: Das Podest um den Baum, der Sandkasten und die Schaukel wurden aus den gleichen Materialien gebaut – entstanden ist ein Spielplatz, auf dem die ganze Familie spielen oder sich erholen kann.

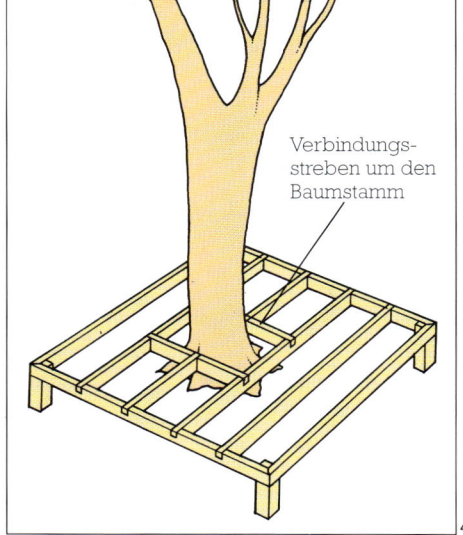

Verbindungs-
streben um den
Baumstamm

4

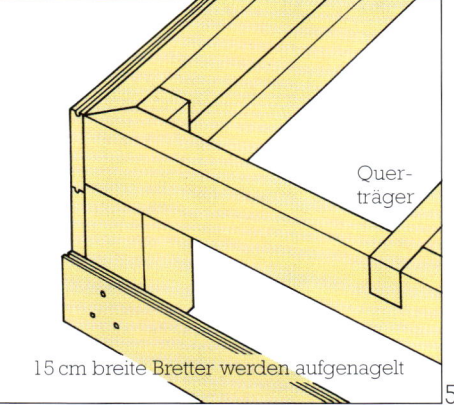

Quer-
träger

15 cm breite Bretter werden aufgenagelt

5

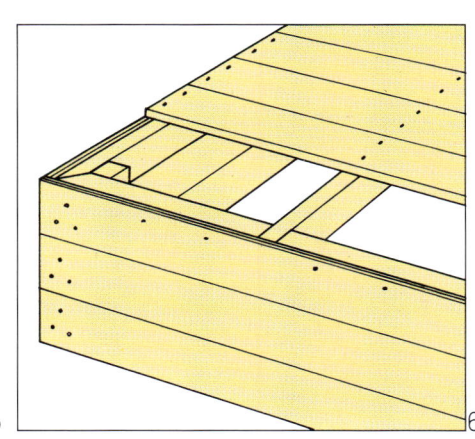

6

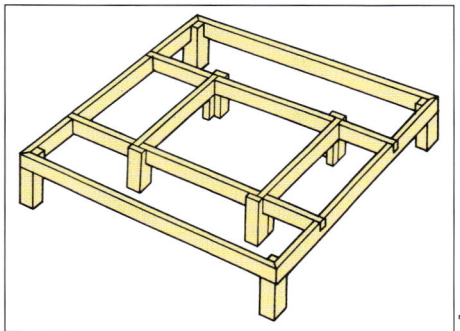

7

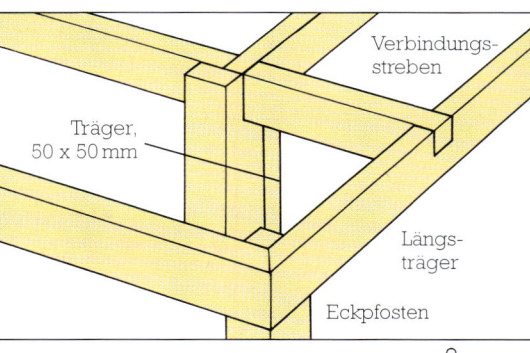

Verbindungs-
streben

Träger,
50 x 50 mm

Längs-
träger

Eckpfosten

8

Abdeckung für Sandkasten

Für den Sandkastendeckel sägt man Bretter
mit Nut und Feder auf die erforderliche
Länge zu, schiebt diese ineinander und nagelt auf der Unterseite drei 50 x 25 mm
starke Leisten auf. Die Leisten sollten etwas
kürzer sein als die Abdeckung, so dass die
äußeren Bretter auf der Umrandung des
Sandkastens aufliegen. Streichen Sie das
Holz mit einer ungiftigen, schützenden Lasur, um Fäulnis vorzubeugen. Alternativ
kann man für den Außenbereich geeignetes Sperrholz entsprechend zusägen und
auf der Unterseite einen Rahmen aus Leisten aufnageln, der genau in die Öffnung des
Sandkastens passt. Auch ein solcher Sperr-
holzdeckel ist mit einem Holzschutzmittel
zu behandeln.

Schaukel

Eine Schaukel sollte man niemals auf einer
Beton- oder Pflasterfläche aufstellen, da es
immer mal wieder vorkommt, dass ein Kind
von der Schaukel fällt. Der beste Platz für
eine Schaukel ist der Rasen, denn dort ist
die Verletzungsgefahr am geringsten.

Allerdings wird der Rasen direkt unter der
Schaukel schon nach kurzer Zeit sehr stark
abgenutzt sein und deshalb empfiehlt es
sich, den Platz um die Schaukel mit einem
weichen Material, zum Beispiel Rindenmulch, abzupolstern. Die Schaukel selbst
muss fest verankert sein, denn beim Schaukeln wirken enorme Kräfte auf die Pfosten.
Die Pfosten der hier gezeigten Schaukel
haben einen Querschnitt von 100 x 50 mm
und wurden 60 cm tief einbetoniert. Das
dürfte ausreichen, damit das Gerüst auch

Bretter für den Schaukelsitz,
375 x 100 x 25 mm

4 Schraub-
ösen

4 Unterleg-
scheiben

Brett,
200 mm x 100 mm x 25 mm

4 Flügel-
muttern

Schaukel

bei der wildesten Schaukelei noch fest steht.
Nachdem der Beton vollständig ausgehärtet ist (siehe auch Seite 151), verschraubt
man den Querträger auf den Pfosten. Dann
bohrt man zwei Löcher für die stabilen
Ösen, an denen die Schaukel aufgehängt
wird. Verwenden Sie am besten ein Nylon-
seil, dem Feuchtigkeit nichts anhaben kann
und erhitzen Sie die Knoten vorsichtig mit einer Heißluftpistole, so dass sie verschmelzen und sich nicht mehr lösen können.

Spielhäuser

Wenn Kinder die Wahl zwischen verschiedenen Spielgeräten in Hof und Garten hät-
ten, würden sich die meisten sofort für ein
eigenes Haus entscheiden. Die abenteuer-
lustigen unter ihnen wünschen sich bestimmt ein Baumhaus in luftiger Höhe, wo sie
ganz unter sich und unbeobachtet sind, ih-

rer Fantasie freien Lauf lassen und nach Herzenslust wie Tarzan herumtoben können. Die bodenständigeren ziehen vielleicht ein kleines Spielhaus auf der Wiese vor. Das kann eine Miniaturversion eines Sommerhauses sein oder aber eine etwas einfachere und rustikalere Konstruktion, bei deren Bau die Kinder selbst mit Hand anlegen können. Bei so einem Projekt kommt in den Sommerferien garantiert keine Langeweile auf und die Kinder werden wahnsinnig stolz sein, beim Bau des eigenen Hauses geholfen zu haben. Außerdem können Sie bei dieser Gelegenheit auch gleich die ganzen alten Bretter und Holzreste verarbeiten, die im Schuppen und in der Werkstatt herumstehen, und die Sie sich nicht entschließen können wegzuwerfen.

Was beim Bau des Spielhauses jedoch unbedingt beachtet werden muss ist die Sicherheit der Kinder. Deshalb sind die Konstruktion des Hauses, das verwendete Material und die Produkte für die Oberflächenbehandlung auch unter diesem Gesichtspunkt zu prüfen.

Fundament und Fussboden

Alles, was auf dem Gartenboden errichtet wird, sollte auf geeignetem Untergrund stehen, ideal ist dafür eine Betonplatte. Einfachere Konstruktionen kann man jedoch auch direkt über der Erde errichten, wenn man den Fußboden auf Stützen stellt, so dass er vor Bodenfeuchtigkeit geschützt ist.

Betonplatten sollten etwa 75 mm dick gegossen werden – über einer 75 bis 100 mm dicken Schicht gut verdichteten Schotters. Den Beton für eine solche Grundplatte mischt man aus einem Teil Zement und vier Teilen grobem Kies. Die Bodenplatte ist in eine Schalung zu gießen, so dass man gerade Kanten erhält. Auf der Betonplatte wird dann ein Holzfußboden verlegt, auf dem man das Grundgerüst des Spielhauses montiert. Bei einem einfachen Haus kann man die Fußbodenbretter oder für den Außenbereich geeignete Sperrholzplatten auch direkt auf Trägerbalken nageln, die nur auf Ziegeln, Gehwegplatten oder Betonwerksteinen liegen. Man drückt oder klopft die Steine fest in den Untergrund, achtet darauf, dass alle Oberflächen eben sind und auf gleicher Höhe liegen und legt dann einen Streifen wasserdichtes Material darüber, zum Beispiel Bitumenbahn oder stabile Teichfolie. Wenn man dazu noch eine Lage schwarze Plastikfolie über die Stützen legt, bevor man die Fußbodenbretter aufnagelt, hat man gleichzeitig dafür gesorgt, dass kein Unkraut durch den Fußboden des Spielhauses wachsen kann.

Bau des Spielhauses

Am einfachsten ist es, das Spielhaus ähnlich wie vorgefertigte Gartenhäuser aus Wandelementen in Rahmenbauweise zu errichten, die man dann mit Brettern verkleidet. Für den Rahmen sollte man Kanthölzer verwenden, die einen Querschnitt von mindestens 50 x 25 mm haben. Der Abstand zwischen den senkrechten Pfosten sollte etwa 45 cm betragen, so dass eine ausreichende Stabilität gewährleistet ist, nachdem die Schalung aufgenagelt ist. Als Verkleidung bietet sich vor allem für den Außenbereich geeignetes Sperrholz an, aber prinzipiell kann man von alten Dielen bis zu Zaunlatten alles verwenden, was irgendwo übrig geblieben ist. Dort, wo Fenster oder Türen vorgesehen sind, passt man zwischen den Ständern Querriegel ein und nagelt an den inneren Kanten der Öffnungen Leisten, auf denen die Kunststofffenster befestigt werden bzw. die als Anschlag für die Tür dienen.

Nun baut man eine passende Tür und hängt diese an den Türpfosten auf. Zum Verschließen schraubt man einfach einen Haken auf die Tür und eine Öse auf den Pfosten. Man kann natürlich auch eine richtige Türklinke mit Schloss oder einen Riegel anbauen.

In die Fenster passt man unzerbrechliche durchsichtige Plastikplatten ein, die jeweils zwischen zwei Leisten befestigt werden. Nachdem alle Seitenwände vormontiert sind, stellen Sie die erste Wand zusammen mit einem Helfer an eine Kante der Bodenplatte. Dann wird die nächste Wand im rechten Winkel zur ersten aufgestellt und beide Wandelemente werden mit Nägeln verbunden, die durch die Eckpfosten geschlagen werden. So fährt man mit der dritten und vierten Wand fort und vernagelt oder verschraubt zum Schluss das unterste Kantholz jedes Wandelements fest mit dem Holzfußboden.

Dach

Das einfachste Dach besteht aus einer für den Außenbereich geeigneten rechteckigen Sperrholzplatte und hat einen umlaufenden Überstand von etwa 5 cm. Es sollte eine leichte Schräge erhalten, so dass das Regenwasser ablaufen kann. Dafür sägt man ein 10 x 5 cm großes Kantholz diagonal

Rahmenbauweise

Pfette

Sparren

Pfette

Fußboden aus Sperrholzplatten, auf 75 x 25 mm starke Kanthölzer genagelt

Rahmen aus 50 x 25 mm Kanthölzern

Rechts: In diesem Spielhaus werden die Kinder im Sommer viele Stunden verbringen. Es ist so groß, dass auch ältere Kinder bei Regen darin spielen können.

durch, so dass zwei lange keilförmige Stücken entstehen. Jedes Stück davon ist oben auf eine Seitenwand zu nageln und zwar so, dass das dickere Ende nach vorn zeigt. Dazwischen, auf die Oberkante der Vorderwand, nagelt man nun eine 5 cm dicke Leiste. Darauf legt man dann die Dachplatte, nagelt sie ringsherum fest und bedeckt sie mit einem Stück Bitumenbahn, die man mit Pappnägeln befestigt. Die Bitumenbahn wird an allen Seiten bis über die Dachüberstände gezogen und von unten festgetackert. Achten Sie darauf, dass die Nägel nicht durch die Dachplatte stoßen.

Auch ein schräges Dach kann man aus Sperrholz bauen, allerdings sollten Sie unbedingt den Dachfirst abstützen, denn früher oder später wird eines der Kinder doch versuchen, das Dach des Hauses zu erklim-

men. Die einfachste Lösung ist ein Firstbrett mit einem Querschnitt von 75 x 50 mm oder 100 x 50 mm, das man in eine U-förmige Aufhängung legt, die aus Holzresten hergestellt werden kann, und die man oben an die Innenseiten jedes Giebels annagelt, so dass die oberen Ecken bündig mit der Oberkante des Giebels abschließen. Das Firstbrett ist mit 10 cm langen Holzschrauben zu sichern, die man durch die Giebelwand in das Hirnholz des Brettes schraubt. Dann legen Sie die beiden Dachplatten auf, nageln die Oberkanten auf das Firstbrett und die seitlichen Kanten auf die Giebelränder. Das Dach ist mit zwei Streifen Bitumenbahn abzudecken, von denen jede bis über den First reicht, so dass die schwächste Stelle des Daches doppelt geschützt ist.

Rechts: Ein guter Ersatz für das beliebte Baumhaus, wenn kein geeigneter Baum im Garten vorhanden ist.

Unten: Dieses Spielhaus im skandinavischen Stil mit begrüntem Dach wäre ein Schmuckstück in jedem Naturgarten. In etwas größerer Ausführung könnte es auch als Sommerhaus dienen.

Selbst für Gärtner, *die Eigentümer eines grossen Gartens sind, birgt das Topfgärtnern einen grossen Reiz, denn das Gestalten eines Kübelarrangements ist immer eine anspruchsvolle und lohnenswerte Aufgabe. Mit Pflanzkübeln, -schalen und -kästen kann man Fensterbretter, Balkone und Terrassen verschönern oder auch mal eine Schachtabdeckung verstecken. Holz eignet sich ausgezeichnet für solche Pflanzgefässe, die man in beliebiger Grösse, Form und in unterschiedlichen Stilen herstellen kann. Entweder man belässt das Holz in seiner natürlichen Farbe, oder man beizt, lasiert oder streicht es, besonders wenn der Blumenkasten oder der Pflanzkübel mit der Farbgestaltung des Hauses harmonieren soll.*

Wie die Fotos auf dieser Doppelseite beweisen, braucht man außer etwas Fantasie und ein paar einfachen Materialien nicht

Oben: Halbierte Holzfässer sind praktische Pflanzgefäße und passen in nahezu jede Umgebung.

Links: Die schlichte flache Holzbaracke gewinnt durch die weiß gestrichenen und mit bunten Blumenarrangements bepflanzten Fensterkästen.

viel um schöne und ungewöhnliche Pflanzgefäße für den Garten herzustellen. Pflanzgefäße müssen zwei wesentliche Anforderungen erfüllen: Erstens müssen sie so dicht sein, dass die Pflanzerde bei Regen nicht ausgewaschen wird und sie müssen so konstruiert sein, dass überschüssiges Wasser jederzeit ablaufen kann. Abhängig von der Art des Pflanzgefäßes und der vorgesehenen Oberflächenbehandlung muss man eventuell auch dafür sorgen, dass das Holz nicht mit der Erde in Kontakt kommt, d.h. das Pflanzgefäß mit einem wasserdichten Material auskleiden.

Ganz einfach ist es beispielsweise einen Pflanztrog aus ungeschälten Baumstämmen zu bauen, die man nur zusammennagelt. In den fertigen Trog gibt man zuerst eine Schicht Kies, füllt ihn dann mit Blumenerde und setzt die Pflanzen ein. Den Trog selbst stellt man wiederum auf zwei zurechtge-

sägte Baumstämme, damit er nicht ständig in Kontakt mit dem Boden ist.

Noch weniger Arbeit fällt an, wenn man andere Behälter als Pflanztröge „zweckentfremdet", beispielsweise alte Holzfässer, die zur Hälfte durchgesägt werden. Um eine gute Drainage zu gewährleisten, bohrt man ein paar Löcher in den Boden der Fässer. Die Lebensdauer solcher Pflanztröge kann man verlängern, indem man sie mit stabiler Teichfolie auskleidet, die man innen antackert und am Boden ebenfalls durchlöchert. Je nach Geschmack kann man die Fässer entweder in ihrer natürlichen Farbe belassen oder das Holz in einer Farbe streichen, die einen Kontrast zu den Ringen bildet wie oben auf dem Foto. Nun wird erst eine Schicht Kies oder Blähton eingefüllt, damit die Löcher am Boden des Fasses nicht von der Blumenerde verstopft werden. Das Fass ist dann ebenfalls etwas erhöht aufzustellen, z. B. auf Ziegelsteine, man füllt es mit Erde und Kompost und setzt die Pflanzen ein.

Größere Pflanzbehälter oder Hochbeete

kann man beispielsweise aus dicken Bohlen oder alten Eisenbahnschwellen bauen. Solche Bohlen sind so schwer, dass sie nicht zusätzlich befestigt werden brauchen, sondern durch ihr Eigengewicht fest genug liegen. Alte Eisenbahnschwellen sollte man jedoch niemals für Hochbeete im Gemüsegarten verwenden, denn sie sind mit giftigen Holzschutzmitteln getränkt und diese Gifte könnten durch den Boden in das Gemüse gelangen. Beim Abriss alter Häuser fallen ebenfalls oft Balken mit dicken Querschnitten an, aber auch dort ist nicht auszuschließen, dass diese mit Holzschutzmitteln behandelt wurden. Also Vorsicht bei der Verwendung im Garten!

Nachdem Sie die Bohlen zusammen mit einem Helfer an den vorgesehenen Platz gelegt oder dort aufgestapelt haben, brauchen Sie den so entstandenen Pflanzbehälter nur noch mit Erde zu füllen. Da es sich um gesägtes Holz handelt, sind die Fugen zwischen den Bohlen so klein, dass man keine spezielle Auskleidung benötigt.

Mit den entsprechenden Fertigkeiten können Hobbytischler natürlich Pflanzge-

fäße jeder Größe und Form selbst bauen. Ein Beispiel dafür finden Sie auf Seite 169. Bepflanzte Kästen sehen auf Fensterbänken ganz besonders schön aus. Solche Kästen müssen nach den Maßen der Fensterbank angefertigt werden, doch der grundlegende Aufbau eines solchen schmalen Kastens ist relativ einfach. Auf der nächsten Seite ist die Herstellung eines solchen Blumenkastens beschrieben.

Der Boden eines Blumenkastens kann aus Vollholz oder aus für den Außenbereich geeignetem Sperrholz bestehen, in das Löcher gebohrt werden, damit überschüssiges Wasser ablaufen kann und keine Staunässe entsteht. Alternativ kann man den Boden auch aus Latten bauen, zwischen denen man Abstände von etwa 6 mm lässt. Wenn Sie das Holz streichen möchten, behandeln Sie es vorher mit einem Holzschutzmittel oder streichen Sie es gleich mit einer farbigen Holzschutzlasur. Dabei ist besonders auf die Hirnholzstellen zu achten, die besonders anfällig für Fäulnis sind. Bevor Sie den Kasten mit Erde füllen, sollten Sie ihn mit Plastikfolie auskleiden, die Sie auf der Innenseite antackern. Bohren Sie dort, wo sich die Drainagelöcher im Kasten befinden, ebenfalls Löcher in die Folie. Eine andere Möglichkeit besteht darin, mehrere viereckige Blumentöpfe nebeneinander in den Kasten zu stellen.

Denken Sie daran, dass alle Blumenkästen gesichert werden müssen, so dass sie bei stürmischem Wetter nicht herunter fallen oder aus Versehen herunter geworfen werden können. Die einfachste Befestigung ist ein L-förmiges Metallstück, dass an den Kasten und die Fensterbank geschraubt wird.

Links: Ein solcher rustikaler Pflanzbehälter ist sehr schwer und sollte möglichst gleich an seinem künftigen Standort zusammengebaut werden.

Unten: Aus dicken Bohlen wurden diese Hochbeete angelegt.

Blumenkasten für die Fensterbank

Diesen einfachen aber trotzdem schicken Blumenkasten kann man aus Vollholzbrettern oder auch aus 19 mm starken geeigneten Faserplatten herstellen. Der Blumenkasten aus den in der Zuschnittliste aufgeführten Teilen ist 762 mm lang, 197 mm hoch und 203 mm breit. Die Maße können Sie jedoch abhängig von der Größe Ihrer Fensterbänke variieren.

Sägen Sie die Komponenten entsprechend der Schnittliste zu und fräsen Sie dann 3 mm tiefe Nuten im Abstand von 12 mm vom rechten und linken Rand der langen Seitenwände, in welche später die kurzen Seiten des Blumenkastens geschoben werden. Eine weitere Nut, die später die Bodenplatte aufnimmt, ist entlang der Unterseite der Vorder- und Rückwand sowie entlang der Unterseiten der Seitenwände zu fräsen (ebenfalls 12 mm vom Rand entfernt).

Nun kann man schon mit der Montage beginnen. Die Ränder der Bodenplatte sind ringsherum mit Leim zu bestreichen. Dann wird der Boden zuerst in die Nut der hinteren Wand gesteckt, man setzt die beiden Seitenteile und schließlich die vordere Wand auf. Alle Verbindungen sind zusätzlich mit kleinen Nägeln zu verstärken.

Zum Schluss sägt man die Blendleisten (38 x 19 mm) für den oberen Rand zurecht. Man schneidet die Kanten genau auf Gehrung und verleimt und verschraubt die Leisten auf dem Kasten.

Falls Sie nicht nur Blumentöpfe in den Kasten stellen, sondern ihn direkt mit Erde füllen, sollten Sie Drainagelöcher in den Boden bohren und den Kasten zum Schutz des Holzes mit Plastikfolie auskleiden.

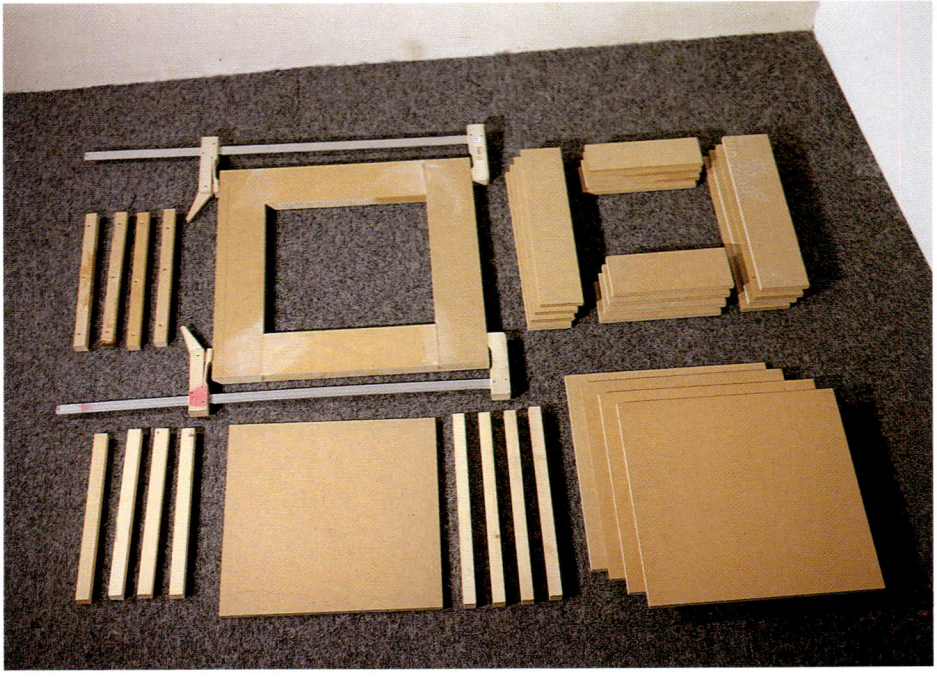

Zuschnittliste

A: Blumenkasten
Rückseite: 762 x 197 x 19 mm
Vorderseite 762 x 177 x 19 mm
2 Seitenwände, 172 x 177 x 19 mm
Bodenplatte 705 x 172 x 19 mm

B: Randleisten
2 Leisten 732 x 38 x 19 mm
2 Leisten 193 x 38 x 19 mm

Zur Montage verwendet man wasserbeständigen Holzleim und 38 mm lange Nägel.

Links: Der fertige Pflanzbehälter wurde weiß gestrichen, was einen schönen Kontrast zu der Pflanze schafft.

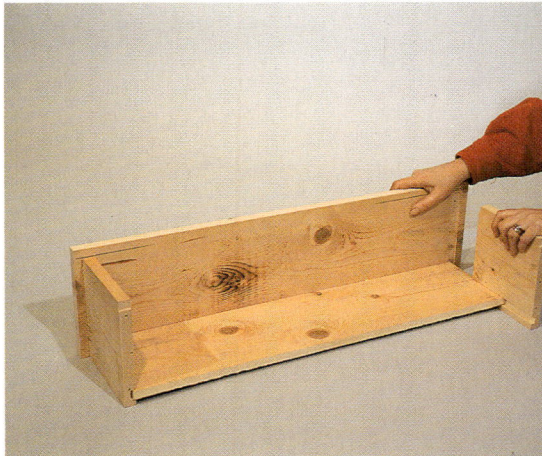

Links: Leuchtend rot gestrichen ist dieser Blumenkasten ein freundlicher Farbtupfer bei grauem Winterwetter.

Pflanzbehälter aus Sperrholz

Diesen schönen Pflanzbehälter kann man aus wetterfesten Sperrholzplatten oder MDF-Platten herstellen. Er besteht aus einem würfelförmigen Kasten aus Kassettenwänden mit einer abnehmbaren Abdeckung, die den Pflanzbereich einrahmt.

In der Zuschnittliste sind alle benötigten Teile aufgeführt. Die Maße können natürlich verändert werden, wenn man einen Pflanzbehälter gleichen Stiles jedoch größer oder kleiner bauen möchte.

Beginnen Sie, indem Sie alle Komponenten sorgfältig anreißen und zusägen und dann gemäß der Zuschnittliste markieren. Fertigen Sie zuerst die vier Kassettenwände an, indem Sie jeweils zwei Querleisten und zwei senkrechte Leisten auf eine Seitenwand leimen. Beachten Sie dabei, dass die jeweils gegenüberliegenden Seitenwände unterschiedlich groß sind (in der Zuschnittliste mit A und B bezeichnet). Beachten Sie weiterhin, dass die oberen und unteren Querleisten bündig mit den Kanten der Seitenwand abschließen, während die senkrechten Leisten etwa 12 mm überstehen. Dadurch entstehen stabile überlappende Verbindungen, wenn die vier Seitenwände vernagelt und verleimt werden.

Nachdem Sie die Seitenwände zusammengebaut haben, sägen Sie die Tragleisten für die Grundplatte auf die erforderliche Länge und befestigen Sie diese so in der Box (mit Leim und Nägeln), dass sie unten etwa 10 mm hervorschauen. Sägen Sie die Grundplatte aus und leimen und nageln sie diese auf die Oberseiten der Leisten. Zum Schluss befestigen Sie die 4 inneren Eckleisten und bohren 6 mm große Drainagelöcher in die Grundplatte.

Die Abdeckung baut man aus den vier 25 mm starken und 100 mm breiten Leisten, die verleimt und bis zum Trocknen des Holz-

leims zwischen zwei Zwingen gespannt werden. Auf der Unterseite des Abdeckung befestigt man vier Leisten, die einen Rahmen bilden, der genau in die Öffnung des Pflanzbehälters passt.

Zuschnittliste

12 mm Sperrholz oder MDF-Platte

2 Seitenwände A	425 x 426 mm
4 Leisten B	425 x 100 mm
2 Seitenwände B	425 x 402 mm
4 Leisten B	425 x 88 mm
4 obere Querleisten	250 x 75 mm
4 untere Querleisten	250 x 100 mm

25 mm Sperrholz oder MDF-Platte

1 Grundplatte	400 x 400 mm
2 Abdeckleisten	550 x 100 mm
2 Abdeckleisten	350 x 100 mm

25 x 25 mm Holzleisten

4 Eckleisten	360 mm
4 Leisten für die Ober- und Unterkanten	400 mm
4 Leisten für die Ober- und Unterkanten	350 mm

Viele kleine Dinge *für den Garten kann der begeisterte Hobbytischler an einem Wochenende Bauen – angefangen von Futterhäuschen und Nistkästen bis zu kleinen Frühbeeten, die zarte junge Gemüsepflanzen an kälteren Frühlingstagen schützen. Die hier vorgestellten Projekte sind ideal für lange Winterabende, denn sie lassen sich in der warmen Werkstatt realisieren. Beim Bau der Futterhäuschen oder des Vogelbauers können auch die Kinder mithelfen.*

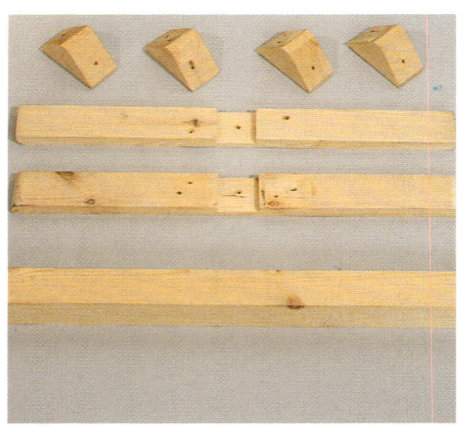

Futterhaus

Dieses Futterhaus in schlichtem Design wurde aus ein paar Weichholzresten und Sperrholzstücken hergestellt. Es hat ein abnehmbares Dach zum Einfüllen der Körner und eine Pyramide im Inneren, die dafür sorgt, dass bei Bedarf ständig Futter nachrutscht.

Man beginnt mit dem Aussägen des Bodens (305 x 305 mm) aus 16 oder 19 mm starkem Sperrholz, das für die Verwendung im Außenbereich geeignet ist. Die Bodenplatte wird von 4 Leisten (30 x 6 x 317 mm) begrenzt, die genau auf Gehrung zugeschnitten wurden. Sie werden so mit der Sperrholzplatte verleimt und vernagelt, dass die Unterseiten bündig sind.

Dann sägt man die Wände (200 mm x 125 mm x 12 mm) zu, die ebenfalls aus Sperrholz bestehen. Jede Wand hat unten eine kleine Aussparung (35 mm x 25 mm), die man mit einer Laubsäge oder Stichsäge aussägt. Die Oberkante jeder Wand wird im Winkel von 70° abgesägt (mit Hilfe von Bleistift und Winkelmesser anzeichnen). Verlei-

men Sie die vier Wände nun eine nach der anderen, so dass die jeweils folgende Wand stets über der Schnittkante der vorhergehenden steht. Dann wird das Haus so auf der Bodenplatte verleimt, dass die Öffnungen auf die Ecken weisen.

Nun ist das Dach an der Reihe. Sägen Sie dafür zwei 305 x 200 mm große Teile aus 12 mm dickem Sperrholz aus. Die Giebel sind rechtwinklige Dreiecke mit einem langen Schenkel von 175 mm und einer Höhe von 35 mm. Beide werden aus 19 mm starkem Sperrholz ausgesägt. Hobeln Sie jeweils eine lange Kante der Dachflächen auf einen Winkel von 70° ab und prüfen Sie, ob die beiden schrägen Kanten genau aneinander liegen, wenn man sie auf die beiden Giebelstücke auflegt. Kleben Sie die Giebel etwa 25 mm vom Rand des Daches entfernt an, wie unten auf dem Foto gezeigt. Dann sägen Sie ein paar kleine Holzreste zurecht, die Sie ebenfalls unten auf das Dach leimen, so dass Sie dieses oben auf das Haus stecken können. Es sollte relativ fest sitzen und auf keinen Fall hin und her wackeln.

Schließlich ist noch die Pyramide zu bauen, die man entweder aus vier Sperrholzdreiecken herstellt oder aus einem dickeren Holzstück schnitzt. Sie hat einen quadratischen Boden mit einer Seitenlänge von 110 mm.

Als Ständer wurde ein 1,40 m langes Kantholz (50 x 50 mm) verwendet, das in einer Fassung steckt, die aus Holzresten gefertigt und an die Unterseite des Bodens geschraubt wurde. Die Füße bestehen aus drei Leisten wie im Foto rechts oben zu sehen, die über Kreuz verblattet und an der Verbindungsstelle verleimt und verschraubt werden. Der Pfosten steckt unten in einer Fassung aus vier Holzdreiecken, die aus 75 x 50 mm großen Weichholzstücken zurechtgesägt wurden. In windigen Gegenden sollte man den Fuß des Futterhäuschens beschweren oder den Pfosten einbetonieren bzw. in einem Zaunpfostenträger befestigen.

Rechts: Grün und weiß gestrichen bringt dieses Futterhäuschen Farbe in den winterlichen Garten.

Links: Dieses rustikale Futterhäuschen mit Schindeldach wurde mit einer Holzschutzlasur behandelt.

Futterhäuschen mit Nistkasten

Hier wurde ein offenes Futterhäuschen mit einem Nistkasten kombiniert, der eigentlich nur ein dekoratives Element darstellt, denn kaum ein Vogel wird wirklich über einem Futterplatz nisten.

Man beginnt mit dem Bau des Tisches, wofür man die folgende Materialien benötigt: eine quadratische Platte (305 mm Seitenlänge) aus 16 oder 19 mm starkem Sperrholz und 317 mm lange Leisten aus Hartholz mit einem Querschnitt von 30 x 6 mm, die auf Gehrung zuzusägen sind. Bohren Sie in die Ecken der Grundplatte 10 mm starke Löcher für die Dübel, auf die dann die vier Kanthölzer, die das Dach tragen, aufgesetzt werden. Der Abstand zwischen den Löchern sollte 200 mm betragen. Die Kanthölzer bestehen aus Weichholz, sind 185 mm lang und haben Seitenmaße von 30 mm. Bohren Sie jeweils in ein Ende der Hölzer ein 10 mm starkes Loch und verleimen Sie darin einen Holzdübel, der noch so weit herausschauen sollte, wie die Grundplatte dick ist. Am anderen Ende sägen Sie auf der einen Seite eine Aussparung von 15 x 15 mm aus und den Rest in einem Winkel von 45° ab, wie im Foto mit den einzelnen Komponenten zu sehen ist. Befestigen Sie die Pfosten so auf der Grundplatte, dass die Schrägen nach außen und alle Aussparungen nach innen zeigen, denn darauf wird der Boden des Nistkastens gelegt und verleimt, der aus einem 230 x 200 mm großen, 12 mm dicken Stück Sperrholz besteht.

Nun beginnt die Arbeit am Dach. Sägen Sie zuerst die beiden Giebel aus. Jeder ist ein gleichschenkliges Dreieck mit einem langen Schenkel von 232 mm und einer

Höhe von 140 mm. Etwa 25 mm unter der obersten Spitze wird ein Loch mit einem Durchmesser von 40 mm gebohrt. In einem der Giebelwände steckt außerdem eine Sitzstange, die in einem kleinen Loch unter der Einflugsöffnung verleimt wird. Sägen Sie ein drittes Dreieck der gleichen Form aus, dessen langer Schenkel jedoch nur 194 mm misst. Es teilt den Nistkasten in der Mitte und wird auf den Boden geleimt.

Das Dach selbst besteht aus Weichholzleisten mit Nut und Feder, die verleimt und dann auf die Maße 320 x 260 mm gesägt werden. Danach ist eine lange Kante jeder Dachhälfte auf 45° abzuschrägen. Als Firstbalken dient eine 267 mm lange, dreieckige Profilleiste (30 mm), die man mit den Dachhälften und den Giebeln verleimt. Nun leimt man wie auf dem Foto rechts unten zu sehen ist, die breitere Seite einer 280 mm langen Dreiecksleiste (19 mm) unten auf die Dachschräge und genau solche Dreiecksprofile (15 mm) auf die Kanten des Nistkastenbodens.

Zum Schluss setzt man das Dach auf und baut einen Ständer wie für das auf S. 170 beschriebene Futterhäuschen.

Zum Schluss setzt man das Dach auf und baut einen Ständer wie für das auf S. 170 beschriebene Futterhäuschen.

Oben: Blau und weiß gestrichen wird dieses Futterhäuschen zu einem schönen Detail in jedem Garten.

Vogelbauer

Wellensittiche und andere Vögel werden sich sicher freuen, wenn Sie einen Teil des Sommers draußen verbringen können und dieser farbenfrohe Vogelbauer schafft außerdem einen schönen Blickfang im Garten. Er steht auf Rollen, so dass man ihn je nach Wetterlage an einen eher sonnigen oder schattigen Platz stellen und ihn auch bis in die Garage oder den Hausflur schieben kann, wenn Sie die Vögel umsetzen möchten. Die Konstruktion ist ziemlich einfach. Der Bauer besteht aus vier Eckpfosten (Kanthölzer, 50 x 50 mm), die oben, in der Mitte und unten jeweils durch vier Streben (Kanthölzer, 50 x 50 mm) verbunden sind. Alle Verbindungen sind einfache Stoßverbindungen, die verleimt und verschraubt werden.

Ist der Grundrahmen montiert, leimt und nagelt man vorn und an den Seiten die Abdeckleisten (50 x 25 mm) auf. Die Rückwand wird aus 12 mm starken, für den Außenbereich geeigneten Sperrholzplatten gesägt und ringsherum ebenfalls mit Holzleim und Nägeln befestigt. Auch der Boden besteht aus Sperrholz, das an die Unterseiten der unteren Verbindungsstreben geleimt und genagelt wird.

Die Bretter für das Dach sägt man aus zwei Stücken Sperrholz und zwar so groß, dass sie an allen Seiten etwa 5 cm überstehen. Mit einer elektrischen Säge zersägt man nun zwei Kanthölzer (50 x 50 mm) in Längsrichtung, so dass man zwei Hölzer mit dreieckigem Querschnitt erhält.

Wie im Aufriss zu sehen, leimt und nagelt man diese Hölzer oben auf die seitlichen Verbindungsstreben. Ein drittes dient als First (im Aufriss nicht dargestellt), auf den man die beiden Dachhälften nagelt. Das so vormontierte Dach wird auf das Grundgerüst gesetzt und mit Nägeln, die man durch die Unterkanten des Daches in die dreieckigen Kanthölzer schlägt, befestigt. Schließlich sägt man aus Sperrholz die beiden Giebelseiten aus und befestigt diese oben am First sowie unten an der oberen Verbindungsstrebe.

Nun baut man den Rahmen für die Tür in der unteren Hälfte des Käfigs aus 38 x 25 mm langen Leisten und zwar so, dass diese vorn bündig mit den Eckpfosten abschließen. Die Tür selbst besteht aus 38 x 38 mm starken Leisten; die Eckverbindungen sind entweder als Überblattungen auszuführen oder die Leisten werden auf Gehrung zugesägt, verleimt und vernagelt. Die Tür wird mit Scharnieren am Rahmen befestigt. Auf der anderen Seite montiert man einen Riegel oder Haken und Öse für ein kleines Schloss.

Jetzt schneidet man das Gitternetz passend zurecht, bringt es aber erst an, nachdem der Vogelbauer gestrichen und die Farbe vollständig getrocknet ist. Es wird innen an die Eckpfosten und Verbindungsstreben getackert.

Der obere Teil besteht aus Sicherheitsgründen aus einem durchgehenden Stück. Messen Sie innen die Längen der drei Seiten des Vogelkäfigs, schneiden Sie das Gitternetz entsprechend zu und biegen Sie es bereits vor dem Einbau in Form. Nun stecken Sie das Gitter vorsichtig in den Bauer und befestigen es zuerst hinten an einem der Eckpfosten. Dann tackern Sie es an die horizontalen Verbindungsstreben, drücken die erste Ecke an den vorderen Eckpfosten, tackern es dort fest usw.

Komplettieren Sie die Auskleidung, indem Sie passende Gitterstücke für die beiden unteren Seiten und die Tür zuschnei-

Grundriss

Dreiecksprofile, die aus 50 x 50 mm Kanthölzern gesägt wurden

Aufriss

Sperrholz

obere Verbindungsstrebe

Pfosten

Abdeckleisten

Verbindungsstreben, 50 x 50 mm

Eckpfosten, 50 x 50 mm

Verbindungsstreben, 50 x 50 mm

Abdeckleisten

Verbindungsstreben, 50 x 50 mm

Rechts: Die Sommerwohnung für Wellensittiche und Co. steht auf Rollen und kann somit leicht umgestellt werden. Achten Sie darauf, dass der Bauer niemals in der prallen Sonne steht!

den und auch diese sorgfältig befestigen. Ganz zum Schluss montiert man die Laufrollen, die man von unten durch den Boden hindurch in die vier Eckpfosten schraubt.

Frühbeet

Ein Frühbeet verlängert die Gartensaison und schützt wärmebedürftige Jungpflanzen so lange wie die Sonne den Boden im Garten noch nicht ausreichend erwärmt hat. Die Wände dieses Frühbeets wurden aus Brettern mit Nut und Feder gebaut und auf stabile Eckpfosten geschraubt. Die beiden Fenster lassen sich separat öffnen. Zum Bau benötigen Sie die üblichen Holzwerkzeuge, sowie eine Fräse oder entsprechende Aufsätze für die Bohrmaschine.

Man beginnt damit, die 19 mm starken Bretter zurecht zu sägen: 1169 mm für die Vorder- und Rückseite und 578 mm für die Seitenwände. Dann verleimt man sie und spannt die einzelnen Teile zwischen Holzzwingen bis der Leim getrocknet ist. Die vier Wände können danach genau auf die erforderliche Höhe gesägt werden: die Rückwand ist 406 mm hoch, die vordere Wand 353 mm, die Seitenwände sind entsprechend schräg zuzusägen. Die oberen Kanten der Vorder- und Rückwand werden auf einen Winkel von etwa 20° abgehobelt.

Als Nächstes fertigt man die mittlere Auflage für die Fenster. Dazu benötigt man drei Leisten: 75 x 19 x 578 mm, 75 x 19 x 588 mm und 25 x 15 x 537 mm.

Verleimen und verschrauben Sie die beiden breiteren Leisten so, dass ein T-Profil entsteht, wobei eine Leiste auf einer Seite 10 mm überstehen sollte. Dieses überstehende Stück wird in ein vertikales blindes Zapfenloch geschoben, das in der Mitte des oberen Bretts der Rückwand ausgefräst oder ausgestemmt wurde. Die Oberkante des Zapfenloches befindet sich 44 mm unter der Oberkante der Wand. Dann verleimen und verschrauben Sie die dritte, schmalere Leiste so auf dem T-Profil, dass sie vorn 44 mm vorsteht.

Nun sägt man die Eckpfosten aus 45 x 45 mm großen Kanthölzern zu. Man benötigt zwei mit einer Länge von 406 mm und zwei, die 353 mm lang sind. Verleimen und verschrauben Sie die Seitenwände mit den Eckpfosten. Dann schrauben Sie die Vorderwand sowie die Rückwand so auf, dass die Hirnholzflächen der Seitenwände überdeckt werden. Schieben Sie die mittlere Leiste hinten in das blinde Zapfenloch. Vorn wird die Leiste mit einer Schraube fixiert, die von außen durch das obere Brett der Vorderwand gedreht wird. Schließlich ist noch der hintere obere Rand, auf dem die Fenster befestigt werden, aufzusetzen. Seine Abmessungen sind 1199 x 85 x 25 mm und er wird oben auf die Eckpfosten, sowie auf die mittlere Leiste geschraubt.

Die Teile für die Fensterrahmen werden aus 25 mm starkem Holz gesägt. Die beiden Seiten sind 572 mm lang und 50 mm breit und jede hat eine 9 mm breite und

12 mm tiefe Nut an der inneren Seite, in welche später die Glasscheibe geschoben wird. Der hintere Rand jedes Fensters, der mit Scharnieren auf der Rückwand des Frühbeetes befestigt wird, ist eine 538 mm lange und 75 mm breite, ebenfalls genutete Leiste mit 25 mm langen Zapfen an

beiden Enden. Der Abstand zwischen den Zapfenbrüstungen sollte genau 488 mm betragen. Der vordere Rand ist 588 mm lang und 80 mm breit und hat längs einen 50 x 12 mm großen Falz.

Die obere Eckverbindung jedes Rahmens ist eine offene Zapfenverbindung während

Oben: Dieses Frühbeet ist nicht nur eine praktische Hilfe, sondern ein wirkliches Schmuckstück.

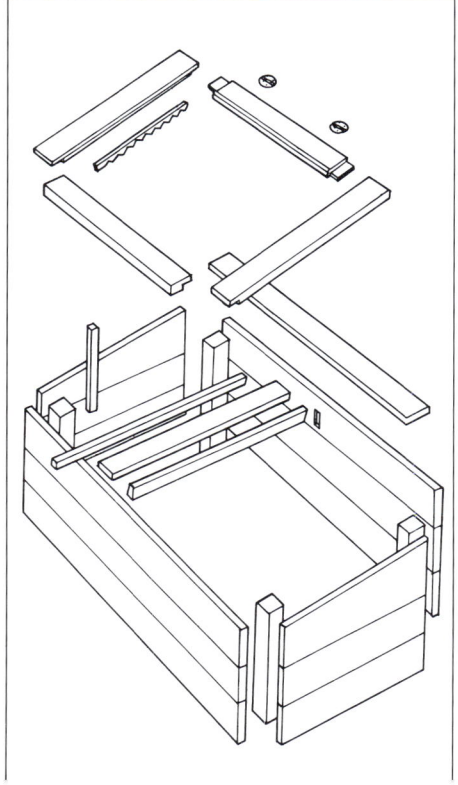

die unteren Ecken überblattet werden, so dass die Scheiben bis ganz an den Rand reichen. Auf diese Weise kann das Wasser ablaufen und nicht in den Holzrahmen gelangen.

Bauen Sie den Rahmen zusammen und schieben Sie dann die Scheibe (506 x 490 mm) hinein. Befestigen Sie die untere Kante der Scheibe mit Hilfe von Spiegelhaltern am Rahmen. Zum Schluss schraubt man die Scharniere auf.

Im Maschinenzeitalter *werden die guten alten Handwerkzeuge oft vergessen und dies sehr zu Unrecht. So manch ein Hobbytischler wird die präzise und sorgfältige Handarbeit den Lärm und Staub produzierenden maschinen vorziehen. Im Folgenden sind einige wichtige Handwerkzeuge für die Holzbearbeitung beschrieben.*

Handwerkzeuge

Die einfachste Tätigkeit bei der Holzbearbeitung ist wahrscheinlich das Verbinden von Teilen mit Hilfe von Schrauben oder Nägeln. Nägel sind einfacher zu handhaben als Schrauben; alles was man zum Einschlagen eines Nagels benötigt, ist ein Hammer (siehe unten). Jedoch ist es nicht immer ganz so einfach den Nagel genau an einer bestimmten Stelle einzuschlagen und noch schwieriger ihn wieder herauszuziehen. In dieser Hinsicht sind Schrauben doch praktischer, sie können problemlos wieder ausgedreht werden, wenn eine Verbindung aus einem bestimmten Grund gelöst werden soll. Allerdings benötigen Sie zum Schrauben mindestens zwei Werkzeuge – einen Bohrer und einen Schraubendreher.

Bohrer

Jeder Hobbyhandwerker benötigt zweifellos eine Bohrmaschine. Zwar gibt es auch Handbohrmaschinen, aber selbst Heim- und Handwerker, die großen Wert auf die manuelle Bearbeitung legen, verwenden zum Bohren in der Regel elektrische Bohrmaschinen. Ideal ist eine Bohrmaschine mit einem 13 mm großen Bohrfutter, stufenlos verstellbarer Drehzahl und Schlagbohrfunktion mit der man unterschiedlich große Löcher in Holz, Metall und Stein bohren kann. Auf Seite 178 sind elektrische Bohrmaschinen detaillierter beschrieben.

Außer der Bohrmaschine selbst benötigen Sie natürlich auch die entsprechenden Bohrer. Kaufen Sie sich am besten einen Satz Holzbohrer aus Stahl und zwei oder drei Steinbohrer für die Dübelgrößen, die Sie am häufigsten verwenden.

Schraubendreher

Zum Eindrehen von Schrauben benötigt man einen Schraubendreher oder genauer gesagt, eine ganze Reihe von Schraubendrehern für Schrauben unterschiedlicher Größe und mit unterschiedlicher Kopfform. Um effektiv arbeiten zu können, sollte der Schraubendreher möglichst genau in die Aussparung im Kopf der jeweiligen Schraube passen. Ein Abrutschen des Schraubendrehers kann zur Beschädigung eines mit viel Mühe hergestellten Werkstückes führen. Wahrscheinlich kommen Sie mit zwei flachen Schraubendrehern unterschiedlicher Größe für Schlitzschrauben und einem Kreuzschraubendreher der Größe 2 aus. Die meisten Schraubendreher haben heutzutage Plastikgriffe. Wählen Sie einen, der gut in der Hand liegt.

Mess- und Anreisswerkzeuge

Für viele Arbeiten sind Mess- und Anreißwerkzeuge unbedingt erforderlich. Erstens benötigen Sie ein Stahlbandmaß, das mindestens 3,5 m lang sein sollte. Wählen Sie möglichst eines mit einem Feststellmechanismus, so dass es sich nicht ständig von allein aufrollt.

Zweitens sollte jeder Heimwerker eine Wasserwaage besitzen, mit der man die waagerechte und senkrechte Ausrichtung von Bauteilen überprüft. Kaufen Sie eine Wasserwaage, die etwa 90 cm lang ist, aus Metall besteht und mit der man die Horizontale sowie die Vertikale prüfen kann. Mit Bleistift und Wasserwaage kann man beispielsweise die Positionen von Schraubenlöchern markieren, Richtlinien ziehen usw.

Ein drittes wichtiges Werkzeug zum Messen und Anreißen ist ein Winkel, um zum Beispiel Schnittlinien an Brettern oder Balken rechtwinklig zur Kante anzuzeichnen.

Hämmer

Obwohl Schraubverbindungen in den meisten Fällen praktischer und sicherer sind, kommen Sie niemals ohne einen Hammer aus. Kaufen Sie möglichst einen Klauenhammer, mit dem Sie auch Nägel wieder herausziehen können. Ein Hammer mit einem Metallstiel und einem Plastikgriff ist stabiler als die traditionelle Ausführung mit Holzstiel.

Zapfensäge

Selbst wenn sich Ihre Tischlerfertigkeiten darauf beschränken, ein paar Bretter auf Länge zu sägen, benötigen Sie dazu eine Säge. Mit einer Zapfensäge kann man die meisten kleinen Sägearbeiten an dünnen Brettern und bis zu 5 cm starken Leisten zufriedenstellend ausführen. Wählen Sie eine mit einem 30 bis 35 cm langen Sägeblatt und einem Plastikgriff der im Gegensatz zu einem Holzgriff nicht zersplittern kann.

Zum Sägen größerer Holzteile verwendet man entweder eine elektrische Kreissäge, eine Stichsäge (siehe S. 178) oder eine größere Handsäge. Querschnittsägen haben 60 bis 65 cm lange Sägeblätter mit einer Zahnweite zwischen 3,2 und 4,2 mm und sind, wie ihr Name schon sagt, besonders

Werkzeuge

1 Fuchsschwanz	*6 Winkel*
2 Zapfensäge	*7 Stahlbandmaß*
3 Fäustel	*8 Satz Schraubendreher*
4 Satz Stecheisen	*9 Klauenhammer*
5 Wasserwaage	*10 Surform-Feilen*

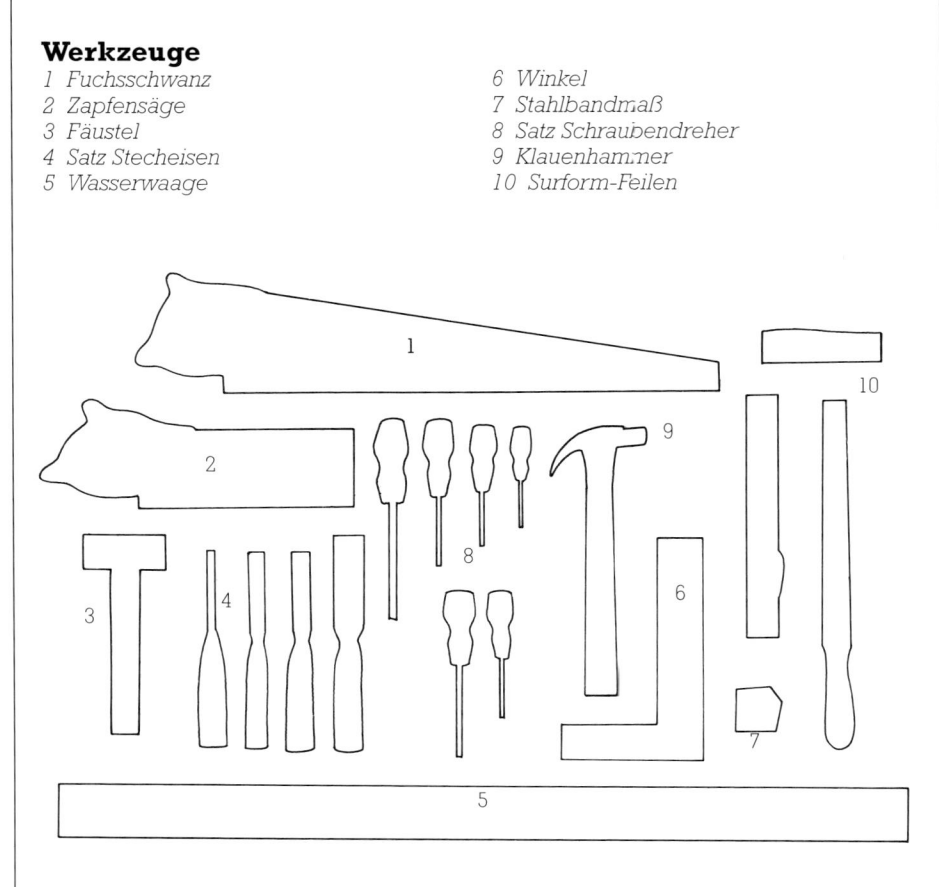

für Schnitte quer zur Holzfaser geeignet.
Will man Bretter längs durchsägen, sollte
man stattdessen eine Längsschnittsäge verwenden, die eine größere Zahnweite hat
und deren Zähne meißelförmig ausgebildet sind – im Gegensatz zu den messerför-
migen Zähnen der Querschnittsäge.

Surform-Feilen

Wahrscheinlich kommt es häufiger vor, dass
Sie ein Holzstück in eine bestimmte Form
bringen müssen. Dafür eignet sich eine
Surform-Feile besonders gut. Feilen dieser
Art gibt es als flache Raspeln, Hobelfeilen
und Halbrundfeilen. Alle haben austausch-
bare Blätter.

Werkzeuge zum Ausstechen von Holzverbindungen

Zum Ausstechen oder Ausstemmen von
Holzverbindungen ist ein Satz Stemmeisen
unverzichtbar, wobei Stemmeisen mit ab-
gefaster Schneide vielseitiger als Stechbeitel sind.

Sie benötigen mindestens vier Stück, in
den Breiten 6, 12, 18 und 25 mm. Kaufen Sie
lieber welche mit Plastik- statt mit Holzgrif-
fen, dann können Sie die Eisen auch mit dem
Klauenhammer treiben und benötigen keinen speziellen Klüpfel. Zum Schärfen der
Eisen ist ein Ölstein erforderlich. Die wichtigsten Holzverbindungen sind auf den
Seiten 182 bis 183 erklärt.

Verstellbare Schraubenschlüssel

Beim Zusammenbau größerer Holzele-
mente verwendet man oft Sechskantschrauben und Muttern. Der versierte Heimwerker
hat sicher einen ganzen Satz Schraubenschlüssel für Schrauben aller Größen in seiner Werkstatt. Sollten Sie nicht so gut aus-
gerüstet sein, tut es auch ein verstellbarer
Schraubenschlüssel oder genauer gesagt
zwei, denn oft muss man die Mutter festhalten und gleichzeitig die Schraube anziehen.

Zangen

Zangen benötigt man für viele verschiedene
Tätigkeiten – zum Festhalten von Werkstü-
cken, zum Herausziehen von Nägeln, zum
Biegen von Draht usw. Legen Sie sich mög-

schäfte bis 10 oder 13 mm, die größeren haben eine Leistung von bis zu 600 W. Damit kann man Löcher bis zu einem Durchmesser von etwa 25 mm in Holz und 12 mm in Stein bohren. Die meisten Bohrmaschinen mit zwei Drehzahlen haben ebenfalls eine Schlagbohrfunktion.

Noch vielseitiger sind Bohrmaschinen mit stufenloser Drehzahlregelung, da man die Drehzahl abhängig von der auszuführenden Arbeit genau einstellen und diese selbst während des Bohrvorgangs verändern kann. Bohrmaschinen mit stufenloser Drehzahlregelung haben einen oder zwei Drehzahlbereiche, manche außerdem einen Rücklauf, dessen Drehzahl sich ebenfalls regeln lässt. Das ist besonders bei sich wiederholenden Tätigkeiten, wie zum Beispiel beim Herausdrehen von Schrauben nützlich. Die meisten Bohrmaschinen dieser Art haben eine Schlagbohrfunktion. Die Größe des Spannfutters beträgt meist 13 mm, bei Spezialmaschinen manchmal auch 16 mm.

Akkubohrer sind inzwischen sehr verbreitet, besonders als Zweitwerkzeug, denn manchmal ist es einfach praktischer, ohne ein langes Kabel zu arbeiten, das ständig im Weg ist. Auch bei Arbeiten am Auto, Wohnwagen, Boot oder im Garten, wo es keine Steckdose gibt, wird oft der Akkubohrer eingesetzt. Die Drehzahl von Akkubohrern ist viel geringer als die von elektrischen Bohrmaschinen, trotzdem kann man damit noch Löcher bis zu einem Durchmesser von 19 mm in Holz und 10 oder 12 mm in Stein bohren. Manche haben zwei Drehzahlen oder sogar eine stufenlose Drehzahlregelung. Alle Akkubohrer werden zusammen mit einem Ladegerät verkauft, so dass die Bohrmaschine immer in geladenem Zustand aufbewahrt werden kann und sofort betriebsbereit ist. Die meisten haben auch einen Rücklauf, was besonders beim Herausdrehen von Schrauben sehr hilfreich ist.

Schleifmaschinen

Muss man häufiger große Flächen schleifen, freut man sich ganz besonders über eine effektive Hilfe in Form einer elektrischen Schleifmaschine. Schleifmaschinen werden in verschiedenen Ausführungen angeboten: als Exzenterschleifer, Schwingschleifer, Bandschleifer oder beispielsweise Deltaschleifer.

Zum Schleifen größerer ebener Flächen kommt meist ein Exzenterschleifer zur Anwendung. Die Motoren solcher Schleifmaschinen haben eine Leistung von bis zu 250 Watt und die beiden gängigsten Schleiftellergrößen sind 115 und 125 mm. Die dazugehörigen Schleifscheiben haben einen speziellen Haftrücken, der dafür sorgt, dass sie fest auf den Schleiftellern haften. Für manche Schleifmaschinen gibt es spezielle Staubbeutel in denen der größte Teil des Schleifstaubs aufgefangen wird, wenn man die entsprechenden Schleifscheiben mit Löchern benutzt. Manche Exzenter-

lichst eine Kombizange mit fein und grob gezahnten Backen und einem Drahtschneider zu. Griffe aus Plastik machen die Arbeit mit der Zange bequemer.

Elektrowerkzeuge

Während unsere Großväter noch alle Arbeiten per Hand ausführten, ist die Werkstatt des Hobbyhandwerkers heutzutage mit allen möglichen Elektrowerkzeugen ausgestattet. Zwar produzieren Elektrowerkzeuge meist eine ganze Menge Lärm und Staub, sie erleichtern jedoch viele Arbeiten erheblich. Oft kann man mit Hilfe von Elektrowerkzeugen auch perfektere Oberflächen erzielen. Im Folgenden sind die wichtigsten kurz beschrieben.

Bohrmaschinen

Eine Bohrmaschine ist mit Abstand das vielseitigste und wichtigste Elektrowerkzeug. Mit einer Bohrmaschine kann man nicht nur Löcher bohren, sondern mit den unterschiedlichsten Aufsätzen auch eine ganze Reihe anderer Arbeiten ausführen. Die einfachsten und billigsten Bohrmaschine haben eine feste Drehzahl, einen etwa 400 Watt starken Motor und ein Futter, das Bohrer bis zu einem Durchmesser von 10 mm bzw. bei etwas größeren Ausführungen bis zu 13 mm aufnehmen kann. Mit einer solchen Bohrmaschine kann man Löcher bis zu einem Durchmesser von 19 mm in Holz bohren.

Dann gibt es Bohrmaschinen mit zwei Geschwindigkeiten – zum Bohren von Holz stellt man die höhere, für Metall und Stein die niedrigere Drehzahl ein. Solche Bohrmaschinen haben Spannfutter für Bohrer-

schleifer haben auch eine stufenlose Drehzahlregelung.

Bandschleifer haben ein durchgehendes Schleifband, das über zwei Rollen läuft und freihändig oder stationär betrieben werden können. Sie sind generell leistungsfähiger als Exzenterschleifer und mit ihnen kann man auch größere Mengen Material relativ schnell abtragen. Dabei ist jedoch ein Staubbeutel oder eine Staubabzugsvorrichtung ganz wichtig, besonders wenn man drinnen arbeitet. Die meisten Modelle verwendet man mit Schleifpapierstreifen, die entweder 65 oder 75 mm breit sind, für den Profi gibt es jedoch auch Modelle mit 100 mm breiten Streifen. Nur bei wenigen Modellen kann man die Drehzahl verstellen.

Deltaschleifer und andere Schleifmaschinen mit speziell geformten Aufsätzen sind vor allem für das Schleifen kleinerer Flächen, Ecken und Kanten gedacht, die man mit einer größeren Maschine nicht erreicht.

Stichsägen

Eine elektrische Stichsäge ist ein sehr vielseitiges Werkzeug, da man mit ihr die unterschiedlichsten Schnitte ausführen kann, bis hin zu Kurvenschnitten oder Laubsägearbeiten. Für lange, gerade Schnitte montiert man einen Anschlag an der Säge oder auf dem Werkstück. Bei den meisten Stichsägen kann man die flache Platte auf der Unterseite (Sägeschuh) geneigt werden, um schräge Schnitten auszuführen.

Die meisten Stichsägen mit nur einer Drehzahl haben Motoren mit einer Leistung von etwa 350 W womit man eine Schnitttiefe von etwa 50 mm in Weichholz erreicht. Für komplizierte Formen benötigt man jedoch Stichsägen mit regelbarer Drehzahl, denn enge Kurven und kleingliedrige Muster kann man nur bei langsamer Sägegeschwindigkeit aussägen. Stichsägen mit regelbarer Drehzahl haben meist kräftigere Motoren (bis zu 550 Watt) und man kann in der Regel auch tiefere Schnitte damit ausführen, etwa bis 70 mm.

Bei einer speziellen Art der Stichsäge, dem elektrischen Fuchsschwanz, zeigt das Sägeblatt nach vorn. Man kann sie also so verwenden wie eine Handsäge und unterschiedliche Sägeblätter für feine oder grobe Schnitte einsetzen. Eine weitere Neuentwicklung ist eine fast schwingungsfreie Säge mit zwei sich hin und her bewegenden Sägeblättern, ähnlich einer Heckenschere.

Kreissägen

Kreissägen werden meist von ambitionierten Hobbytischlern eingesetzt, die ihr Holz lieber selbst zuschneiden, anstatt es im Baumarkt oder beim Holzhändler in den dort vorhandenen Maßen zu beziehen. Kreissägen können mit der Hand geführt oder aber an einem Sägetisch montiert werden. Sie haben einen kippbaren Sägeschuh, so dass man damit auch schräge Schnitte ausführen kann sowie einen verstellbaren Anschlag,

der für präzise Schnitte parallel zur Kante des Werkstücks und im vorher festgelegten Abstand sorgt. Manche Modelle sind auch mit einer Staubabzugseinrichtung ausgestattet.

Die kleinsten Kreissägen haben Sägeblätter mit einem Durchmesser von 125 mm mit denen man eine maximale Schnitttiefe von etwa 30 mm erreicht, bei 45° schrägen Schnitten nur 22 mm. Modelle mit Sägeblättern von 150 mm Durchmesser erreichen Schnitttiefen bis etwa 45 mm.

Für die Arbeit mit dickerem Holz braucht man eine leistungsstärkere Säge mit einem Motor bis etwa 1000 Watt. Diese Sägen haben Sägeblätter mit Durchmessern bis 180 mm und können bis 60 mm tiefe Schnitte ausführen. Die leistungsstärksten mit einem Sägeblatt von 235 mm Durchmesser erreichen eine Schnitttiefe in Holz von bis zu 85 mm, die Motoren haben eine Leistung von bis zu 1500 W und sind somit auch stärkerer Beanspruchung gewachsen.

Weiterhin gibt es spezielle Kreissägen für Gehrungsschnitte mit Anschlägen für Gehrungen und Schrägen. Man legt das Werkstück einfach in die entsprechende Führung und drückt das Sägeblatt nach unten.

Fräsen

Viele ambitionierte Hobbytischler schwören auf Oberfräsen, da man mit den vielen unterschiedlichen Aufsätzen eine ganze Palette von Schlitzen, Nuten, Fasen, Falze und dekorative Profile fräsen kann. Die Fräse hat eine extrem hohe Drehzahl – etwa 24 000 Umdrehungen pro Minute und man erzielt damit sehr saubere Schnitte, vorausgesetzt die Fräser sind scharf.

Zum Fräsen hält man das Gerät entweder in beiden Händen und führt es entlang der angerissenen Linie oder montiert es an einem Frästisch und zieht das Werkstück über den Fräser oder seitlich am Fräser entlang.

Elektrohobel

Elektrohobel sehen den Bankhobeln sehr ähnlich, aber das ist fast die einzige Gemeinsamkeit zwischen beiden Werkzeugen. Der Schnitt beim Elektrohobel wird durch eine rotierende Trommel mit zwei Schneiden ausgeführt, die in der Mitte der Sohle montiert ist. Die Schnitttiefe ist einstellbar und kann von etwa 0,5 mm pro Arbeitsgang bei kleineren Modellen bis zu etwa 3 mm bei leistungsstärkeren Elektrohobeln variieren. Die meisten Elektrohobel haben eine Schnittbreite von etwa 82 mm (breiter als die Schnittbreite eines Bankhobels) und man kann mit ihnen auch Fasen und Falze schneiden.

Tragbarer Arbeitstisch

Wenn Sie häufig draußen arbeiten, empfiehlt es sich, einen tragbaren und zusammenklappbaren Arbeitstisch, wie zum Beispiel den bekannten Workmate anzu-

schaffen. Ein solcher Tisch stellt im Prinzip einen großen Schraubstock mit Beinen dar, dessen Spannbacken von zwei Brettern gebildet werden, die im geschlossenen Zustand eine kleine flache Arbeitsfläche bilden. Die beiden Bretter haben mehrere Löcher für Plastikhaken, die beim Hobeln und Sägen als Anschläge dienen. Stellt man einen Fuß auf die flache Trittstufe, kann man mit seinem eigenen Körpergewicht die Standfestigkeit der Werkbank erhöhen. Manche Arbeitstische haben einklappbare Beine, so dass zwei Arbeitshöhen zur Verfügung stehen. Da die beiden Backen durch zwei unabhängige Schraubmechanismen geöffnet und geschlossen werden können, kann man auch unregelmäßig geformte Werkstücke einspannen.

Erdbohrer

Muss man viele Pfostenlöcher graben, zum Beispiel für einen langen Zaun, lohnt es sich dafür einen Erdbohrer auszuleihen. Das ist im Prinzip ein riesiger Spiralbohrer mit einem T-förmigen Griff, mit dem man tiefe schmale Löcher bohren kann. Außer der handbetriebenen Version wie unten im Foto dargestellt gibt es auch motorbetriebene Erdbohrer und Erdbohrer als Anbaugeräte für Traktoren.

Pfosten

Für viele in diesem Buch beschriebene Projekte, zum Beispiel für Zäune, Pergolen oder Gartenhäuser ist es erforderlich Pfosten aufzustellen. Das sollte man unbedingt mit der nötigen Sachkenntnis tun, ansonsten reißt möglicherweise die nächste Sturmböe den mit viel Mühe errichteten Zaun oder sogar den Pavillon wieder ein, was auch im Garten noch viel Schaden anrichten kann. Oft sind Gartenhäuser und Ähnliches gar nicht durch die Haushaltversicherung gedeckt, so dass Sie im schlimmsten Fall auch noch die Kosten für Reparatur oder Wiederaufbau tragen müssten. Um solche Probleme von vornherein zu vermeiden, sollten Sie alle Pfosten ausreichend stabil aufstellen.

In der Regel werden Pfosten entweder einbetoniert oder auf Pfostenträgern aus Metall montiert. Pfostenträger gibt es in verschiedenen Ausführungen, als Einschlaghülsen, zum Aufschrauben auf vorhandene Betonplatten oder ebenfalls zum Einbetonieren.

Graben von Löchern

Will man Pfosten in den Boden einlassen, ist zuerst ein Loch zu graben. Um eine ausreichende Stabilität zu erreichen, sollte etwa ein Viertel der Gesamtlänge des Pfostens im Boden versenkt werden. Ein 1,80 m hoher Pfosten muss also 60 cm versenkt werden, d. h. seine Gesamtlänge muss 2,40 m betragen.

Das Loch ist etwas tiefer zu graben als erforderlich (ungefähr 10 cm), so dass man ganz unten noch eine Drainageschicht einbringen kann, damit der Fuß des Pfostens nicht permanent im Wasser steht. Ein Loch für einen Pfosten mit einer Seitenlänge von 10 cm sollte etwa 30 cm lang und breit sein.

In festem, homogenem Boden ist es relativ einfach, mit einem Gartenspaten ein entsprechendes Loch mit geraden Kanten zu graben, in bröckeliger oder sehr lockerer Erde kann es jedoch sein, dass die Seiten einbrechen. Sollte dies der Fall sein, empfiehlt es sich, einen Erdbohrer (wie auf Seite 179 beschrieben) auszuleihen. Der rotierende Schaft bohrt ein zylindrisches Loch mit geraden Kanten bis zur gewünschten Tiefe. Falls ein Handbohrer bei sehr dichtem Boden nicht ausreicht, kann man auch einen Bohrer mit Motorbetrieb einsetzen. Für sehr steinige Böden sind solche Bohrer jedoch nicht geeignet. Da müssen Sie wohl oder übel die Spitzhacke oder sogar einen Presslufthammer zur Hand nehmen. Wenn man sich bezüglich der Bodenbeschaffenheit nicht sicher ist, sollte man rechtzeitig ein paar Testlöcher graben um herauszufinden, welche Werkzeuge man benötigt.

Senkrechte Ausrichtung der Pfosten

Nachdem das Loch in der erforderlichen Tiefe gegraben ist, gibt man eine Lage Kies hinein und setzt darauf einen Ziegelstein oder ein Stück einer Gehwegplatte, auf den bzw. auf die man wiederum den Pfosten stellt. Als eine Art Höhenanschlag nagelt man auf jeder Seite des Pfostens eine Leiste an, die sicherstellt, dass der Pfosten nicht zu tief im Loch versinkt. Wenn nötig, ist die Dicke der Kiesschicht entsprechend anzupassen.

Als Nächstes sägt man aus Restholz zwei Streben für jeden Pfosten und befestigt sie auf etwa einem Drittel der Pfostenhöhe an zwei benachbarten Seiten. Dazu wird jeweils nur ein Nagel eingeschlagen, so dass die Streben beweglich bleiben. Justieren Sie die Streben nun so, dass der Pfosten ganz senkrecht steht, dann schlagen Sie am Fuß jeder Strebe einen hölzernen Pflock in den Boden und vernageln diesen mit der Strebe (1). Kontrollieren Sie noch einmal, ob der Pfosten lotrecht steht.

Beim Bau von Zäunen aus vorgefertigten Zaunfeldern muss man außerdem auf den korrekten Abstand zwischen den Pfosten achten, damit die Zaunfelder später ganz genau dazwischen passen (2). Das Gleiche gilt natürlich auch für Gartentore. Nicht ganz so wichtig ist der Abstand der Pfosten bei Zäunen mit horizontalen Stangen oder Brettern, da man diese auf die erforderliche Länge zusägen kann.

Einbetten des Pfostens

Wenn der Pfosten genau senkrecht steht, kann man ihn einbetonieren. Am besten füllt man dazu das Loch komplett mit Beton und legt einen Betonkragen an, der vom Pfosten weg abfällt, damit das Regenwasser ablaufen kann (4). Dann bedeckt man den Betonkragen mit einer dünnen Schicht Erde. Die benötigte Betonmenge lässt sich reduzieren, wenn man das Loch halb mit Ziegelsteinbruch oder Steinen füllt, die mit einem Stampfer oder einem Stück eines alten Zaunpfostens festgestampft werden (3). Darüber gießt man dann den Beton.

Der Beton sollte aus einem Teil Zement und 5 Teilen Zuschlagstoffen (z. B. Kies der Körnung 0–16 oder 0–32) gemischt sein. Es ist nur so viel Wasser dazuzugeben, dass die Mischung gerade etwas feucht wird.

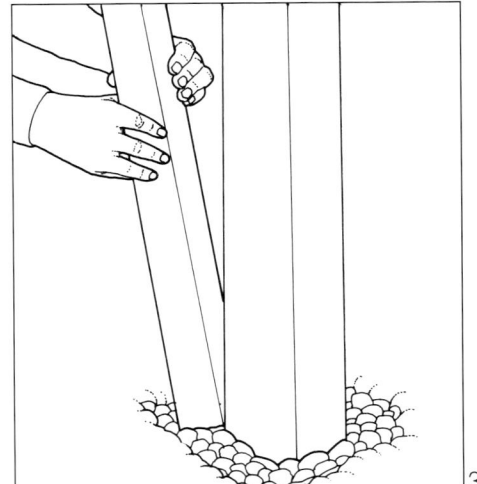

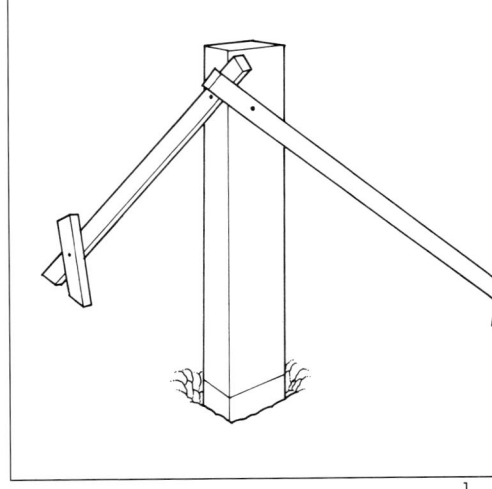

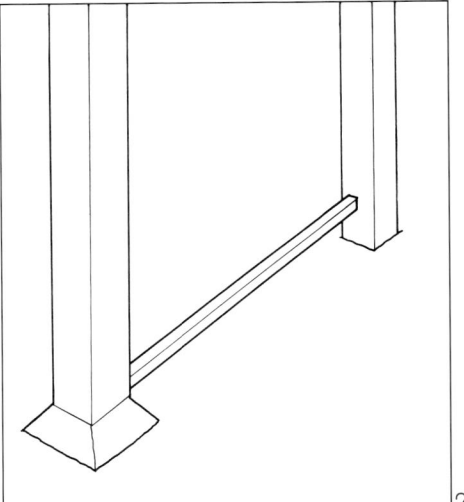

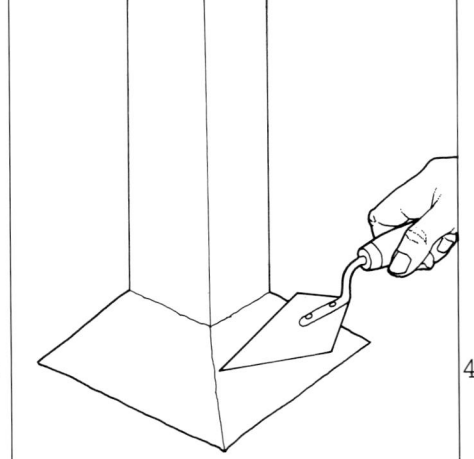

Man schaufelt alles in das Loch, stampft den Beton Schicht für Schicht fest und glättet die Oberfläche mit Hilfe einer Maurerkelle (4). Dann bedeckt man sie mit etwas Erde, so dass der Beton nicht zu schnell austrocknet. Nun wartet man mindestens sieben Tage, bevor man die Stützstreben entfernt und mit dem Bau des Zaunes oder dem jeweiligen Vorhaben fortfährt.

Einschlaghülsen

Einschlaghülsen sind eine relativ neue Erfindung. Sie bestehen aus einer quadratischen Metallhülse, die oben auf einen langen Metallspieß geschweißt ist, und werden mit einem Vorschlaghammer in den Boden getrieben. Damit die Ränder der Hülse nicht durch die Hammerschläge beschädigt werden, steckt man eine Einschlaghilfe aus Plastik oder Stahl in die Hülse. Stattdessen kann man auch ein abgesägtes Stück eines Zaunpfahls verwenden (1), das jedoch durch die Wucht der Schläge möglicherweise schnell zersplittert. Für Pfosten bis zu einer Höhe von 1,20 m brauchen Sie Einschlaghülsen, die 60 cm lang sind, für 1,50 m und 1,80 m hohe Pfosten sind 76 cm lange Einschlaghülsen notwendig. Einschlaghülsen gibt es mit Seitenlängen von 50, 75 und 100 mm. Nachdem die Hülse eingeschlagen wurde, setzt man den Pfosten hinein und sichert ihn mit Schrauben oder Nägeln (2).

Zwar stehen einbetonierte Pfosten stabiler, jedoch kann man Zaunpfosten mit Hilfe von Einschlaghülsen relativ schnell und einfach aufstellen. Die einzige Schwierigkeit dabei besteht darin, die Hülse genau senkrecht einzuschlagen. Sie müssen deshalb beim Einschlagen regelmäßig mit einer Wasserwaage und einem Stück Zaunpfahl prüfen, ob die Senkrechte noch stimmt. Einschlaghülsen eignen sich vor allem für dichte, weitgehend steinfreie Böden und sollten nicht für die Verankerung hoher Pfosten, die großen Windlasten ausgesetzt sind, verwendet werden. Es empfiehlt sich, alle Pfosten, die höher als 1,20 m sind, einzubetonieren.

Pfostenträger

Pfostenträger sind den Einschlaghülsen relativ ähnlich. Sie bestehen aus einer verzinkten Stahlhülse oder einem Stahlträger, in welcher bzw. auf welchem der Pfosten montiert wird. Die Pfostenträger selbst werden entweder einbetoniert oder auf einem Betonfundament festgeschraubt.

Graben Sie dazu ein Loch in der erfor-

derlichen Tiefe, geben Sie etwas losen Kies hinein und setzen Sie ein Plastikrohr, das Sie auf die entsprechende Länge zugeschnitten haben, hinein (3), so dass es noch etwa 5 cm aus dem Boden herausschaut. Überprüfen Sie die waagerechte Ausrichtung der Oberkanten mit einer Wasserwaage und drücken Sie ringsherum Erde an, damit es sicher steht.

Füllen Sie das Rohr nun mit Beton. Er wird festgestampft und die Oberfläche flach abgezogen (4). Dann stecken Sie in der Mitte einen Maueranker hinein, dessen Gewindeende etwa 25 mm herausschauen sollte. Überprüfen Sie die senkrechte Ausrichtung des Gewindes mit Hilfe einer Wasserwaage und warten Sie, bis der Beton vollständig ausgehärtet ist. Schneiden Sie das überstehende Stück des Plastikrohres mit einem scharfen Messer ab.

Nun setzt man den Pfostenanker auf das Fundament, schiebt die Ankerplatte über das Gewindestück und zieht die Mutter mit einem Schraubenschlüssel fest (6). Schließlich wird der Pfosten in die Hülse gestellt und mit Nägeln, die durch die vorgebohrten Löcher geschlagen werden, befestigt.

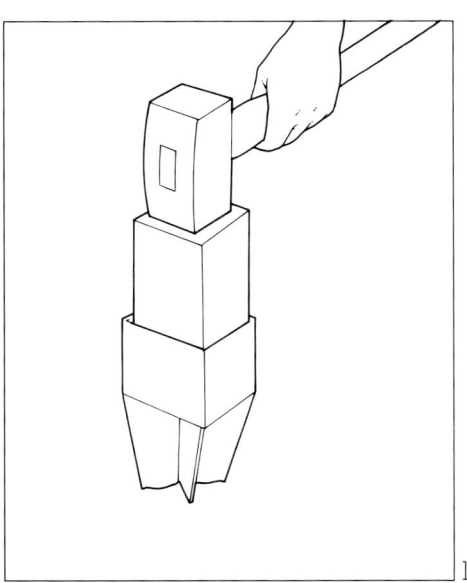

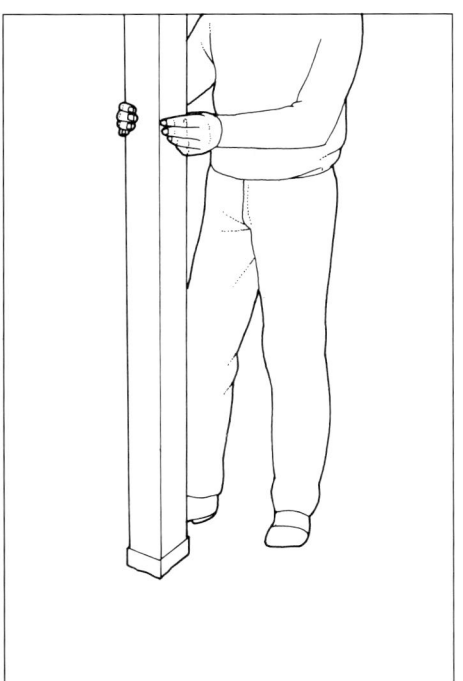

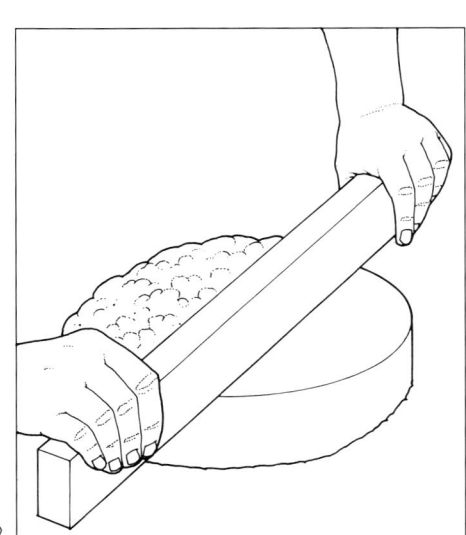

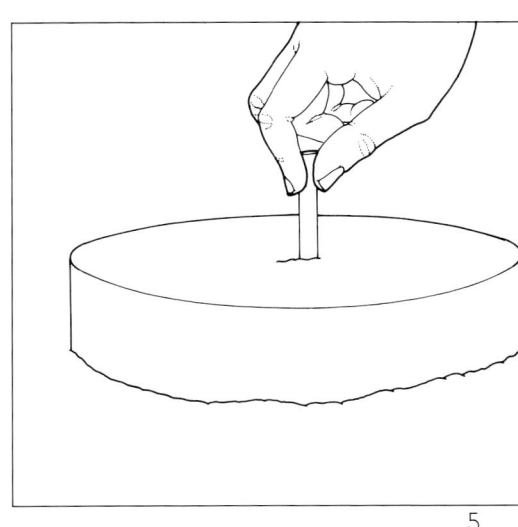

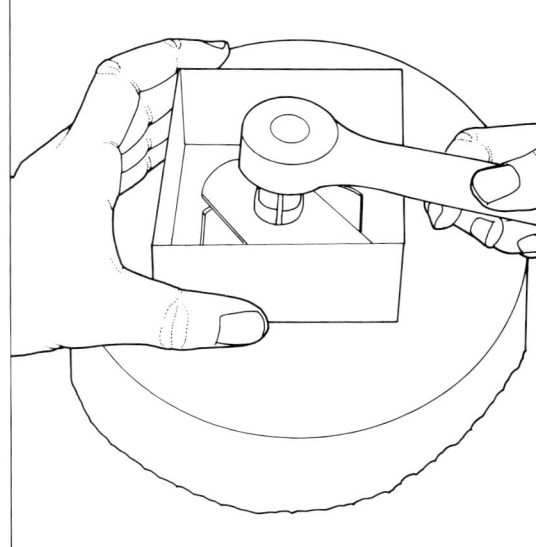

Holzverbindungen

Bei vielen der in diesem Buch vorgestellten Holzkonstruktionen wurden die einzelnen Teile einfach auf Stoß vernagelt oder verschraubt. Manchmal ist es jedoch nötig oder empfehlenswert, eine fachgerechte Holzverbindung herzustellen, um eine größere Stabilität zu erreichen. Dazu eignen sich vor allem Überblattungen und Schlitz- und-Zapfen-Verbindungen.

Stossverbindungen

Stoßverbindung bedeutet, dass zwei Teile einfach übereinander oder nebeneinander gelegt und dann durch Nägel oder Schrauben verbunden werden (1). An Ecken oder bei T-Verbindungen kommt dabei das Ende des einen Teils oft über das Hirnholz des anderen Teils zu liegen.

Im Allgemeinen sollte man bei Stoßverbindungen den Nagel oder die Schraube immer erst durch das dünnere Teil in das dickere Teil schlagen bzw. drehen. Die ver-

wendeten Nägel oder Schrauben sollten dreimal länger sein als das dünnere Teil dick ist.

Da die Schrauben oder Nägel bei Stoßverbindungen oft in das Hirnholz gedreht bzw. geschlagen werden, sind diese Verbindungen nicht sehr stabil und neigen dazu, sich bei Belastung zu lockern. Aus diesem Grund werden Stoßverbindungen häufig zusätzlich stabilisiert, z. B. durch Holzleim (muss bei Verwendung im Außenbereich wasserfest sein) oder indem man die Nägel schräg einschlägt (2). Eine andere Alternative ist die Verwendung überlanger Nägel, die durch beide Teile getrieben und dann auf der Rückseite krumm geschlagen werden. Stoßverbindungen können außerdem durch Verbindungsblöcke, die man innen an den entstehenden Winkel schraubt oder durch stabilisierende Platten, die man an der Verbindungsstelle über beide Kanten legt und verschraubt, verstärkt werden.

Überblattungen

Die Überblattung ist eine Holzverbindung, die relativ leicht auszusägen und zusammenzufügen ist. Beim Überblatten fügt man gleich starke Teile zusammen, indem man sie an der Verbindungsfläche je um die halbe Materialstärke ausklinkt. Verglichen mit der Stoßverbindung sind Überblattungen an Ecken, T-Verbindungen und schräge Überblattungen viel stabiler, da sich die Bauteile nicht gegeneinander verschieben können und da eine größere Kontaktfläche für den Leim vorhanden ist.

Um eine überblattete Eckverbindung herzustellen (3) geht man folgendermaßen vor. Zuerst überprüft man, ob die beiden zu verbindenden Enden rechtwinklig sind. Dann legt man ein Teil über das andere und markiert die Brüstungslinie, bis zu welcher die halbe Materialstärke auszuklinken ist. Mit einem Streichmaß zeichnet man auf dem Hirnholz jedes Stückes die Risslinie an. Nun spannt man beide Teile nacheinander in einen Schraubstock und sägt mit einer Fein-

säge entlang der angerissenen Linie in das Hirnholz. Dann legt man das Teil flach auf den Arbeitstisch und sägt rechtwinklig dazu die Brüstungslinie bis zur Hälfte ein, so dass das Abfallstück herausfällt. Überprüfen Sie, ob die beiden Komponenten genau aufeinander passen, dann geben Sie wasserfesten Holzleim auf die eine Schnittfläche und spannen beide Teile zusammen, bis der Leim fest geworden ist. Die so entstandene Verbindung kann man noch zusätzlich mit Nägeln oder Schrauben verstärken.

Für T-Verbindungen und schräge Überblattungen muss man in der Mitte eines Teils (T-Verbindung) bzw. in beiden Teilen (schräge Überblattung, siehe Projekt S. 146) eine Vertiefung ausschneiden. Man legt wieder erst beide Teile übereinander um die Risslinien zu markieren, die man bis zur Hälfte der Holzstärke einsägt. Mit einem scharfen Stecheisen arbeitet man dann den Abfall heraus. Dabei ist darauf zu achten, dass die Kanten gerade heruntergestochen werden und dass die Flächen, die aufeinander zu liegen kommen, ganz flach sind. Bei der T-Verbindung wird das zweite Element ausgesägt, wie oben bereits bei der überblatteten Eckverbindung beschrieben wurde (4).

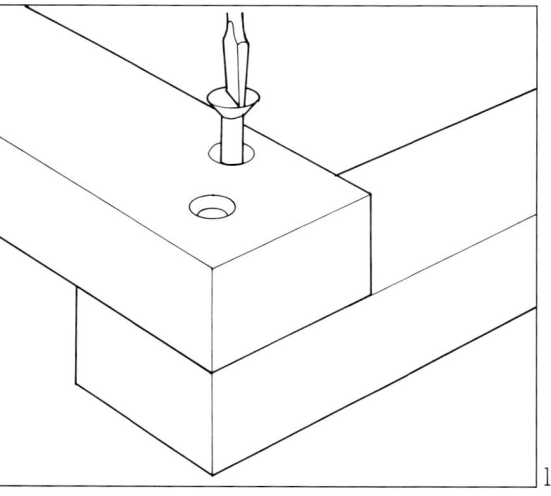

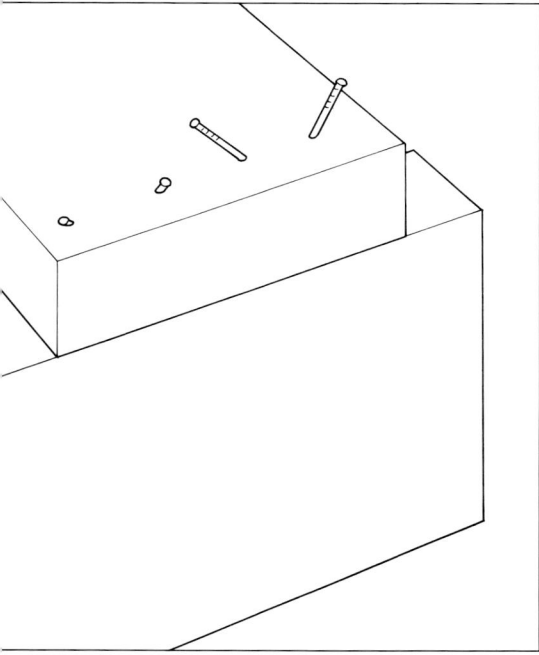

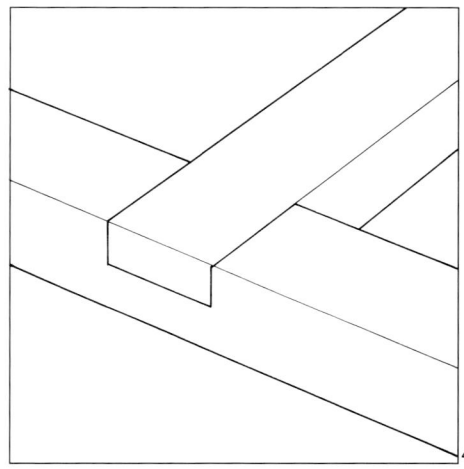

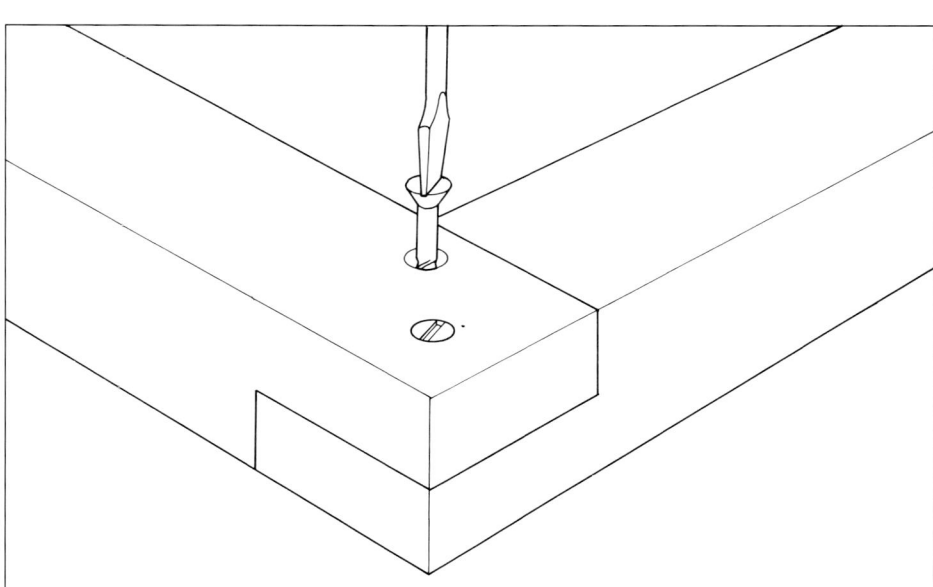

Schlitz-und-Zapfen-Verbindung

Diese Art der Verbindung ist die stabilste und präziseste Verbindung für Gartenmöbel oder andere Holzkonstruktionen im Außenbereich. Dabei wird in einen ausgestemmten Schlitz ein Zapfen gesteckt, den man aus dem Ende des anderen aussägt. Schlitz-und-Zapfen-Verbindungen gibt es in unterschiedlichen Ausführungen, die einfachste Art ist die mit einem durchgehenden Zapfen, der am anderen Ende des Schlitzes wieder herausschaut. Die Variante bei der ein kürzerer Zapfen in ein blindes Zapfenloch gesteckt wird, stellt eine Verbindung dar, bei der das anfällige Hirnholz komplett geschützt ist.

Die Herstellung einer Schlitz-und-Zapfen-Verbindung ist Präzisionsarbeit, denn der Zapfen muss ganz genau in den Schlitz passen. Man beginnt mit Hilfe eines Zapfenstreichmaßes den Zapfen anzureißen (5). Dann spannt man das Holzstück schräg in einen Schraubstock und sägt es mit einer Zinkensäge oder Rückensäge auf beiden Seiten bis zur Brüstungslinie des Zapfens ein. Nun wird es senkrecht eingespannt und beide Seiten werden exakt bis zur Brüstung heruntergesägt. Zum Schluss legt man das

Werkstück flach auf den Arbeitstisch, führt auf jeder Seite den Absetzschnitt aus und entfernt das Abfallstück.

Dann legt man den fertigen Zapfen über das zweite Werkstück, in welchem der Schlitz auszustemmen ist und reißt dessen Umrisse an. Mit Hilfe des Zapfenstreichmaßes, dessen Anreißnadeln auf die gleiche Breite gestellt sind wie für den Zapfen, reißt man auf der Kante den Querschnitt des Schlitzes an. Man spannt das Werkstück in einen Schraubstock und bohrt sorgfältig den größten Teil des Abfalls aus. Dann stemmt man mit einem passenden Stemmeisen, das mit einem Klüpfel getrieben wird, den übrigen Abfall aus und sticht zum Schluss die Enden sauber herunter. Überprüfen Sie, ob der Zapfen in den Schlitz passt. Falls er sich noch nicht ganz hineinstecken lässt, arbeiten Sie das Zapfenloch vorsichtig etwas weiter aus.

Bevor Sie nun den Zapfen in den Schlitz stecken, geben Sie etwas Holzleim auf die Zapfenflächen sowie auf die Brüstungsfläche (6). Achten Sie darauf, dass beide Teile genau im rechten Winkel verbunden sind. Wenn möglich spannen Sie die Werkstücke zusammen, bis der Leim getrocknet ist. Danach hobeln Sie das überstehende Ende des Zapfens bündig ab.

Verwendung von Nägeln und Schrauben

Bei den meisten der vorgestellten Projekte werden die einzelnen Elemente durch Nägel oder Schrauben verbunden. Verwenden Sie grundsätzlich verzinkte oder andere rostfreie Verbindungsmittel im Außenbereich. Wie bereits gesagt ist immer das dünnere Teil auf das dickere zu schrauben oder zu nageln und man sollte Nägel oder Schrauben verwenden, die etwa dreimal länger als das dünnere Teil sind. Die Stärke von Nägeln hängt meist von deren Länge ab. Schrauben sollten höchstens so dick sein wie ein Zehntel des Holzteils, in das sie gedreht werden.

Beim Nageln sollten Sie versuchen mit dem Hammer ganz gerade auf den Nagelkopf zu treffen, damit der Nagel nicht krumm wird. Sollte das doch einmal passieren, ist der Nagel herauszuziehen und ein neuer

einzuschlagen. Mit Hilfe eines Körners kann man den Nagelkopf noch ein ganz kleines Stück unter die Holzoberfläche schlagen. Beim Schrauben ist zu beachten, dass man für alle Schrauben (mit Ausnahme der ganz kleinen) zwei Löcher bohren muss. Eines durch den dünneren Holzteil, so dass der Schaft der Schraube das Holz nicht zerdrückt oder aufsplittert und ein Führungsloch in das dickere Holzteil. Wenn Sie darauf Wert legen, dass der Schraubenkopf bündig mit der Holzoberfläche abschließt, benötigen Sie außerdem einen Versenker, mit dem man die Holzoberfläche trichterförmig bis zum Durchmesser des Schraubenkopfes aufweitet. Das Loch im dünneren Holzstück sollte etwa so groß sein wie der Durchmesser des Schraubenschaftes, das Führungsloch so groß wie zwei Drittel des Gewindedurchmessers und etwa 6 mm kürzer als das Gewinde lang ist.

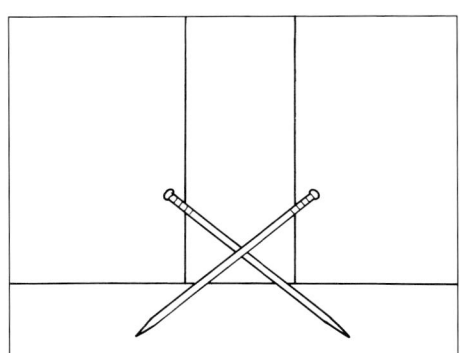

Die Stabilität von genagelten Verbindungen kann man erhöhen, indem man die Nägel überall dort, wo es möglich ist, schräg einschlägt.

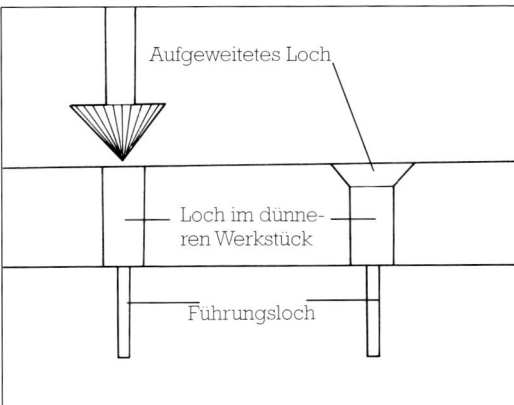

Sechskantschrauben

Zur Montage größerer Holzkonstruktionen empfiehlt es sich oft Sechskantschrauben mit Unterlegscheiben und Muttern zu verwenden. Dafür bohren Sie durch beide Komponenten ein Loch, das dem Durchmesser der verwendeten Schraube entspricht, stecken die Schraube hindurch, legen eine Unterlegscheibe auf und drehen dann mit Hilfe eines Schraubenschlüssels die Mutter fest. Durch das Anziehen der Mutter wird der viereckige Grat an der Un-

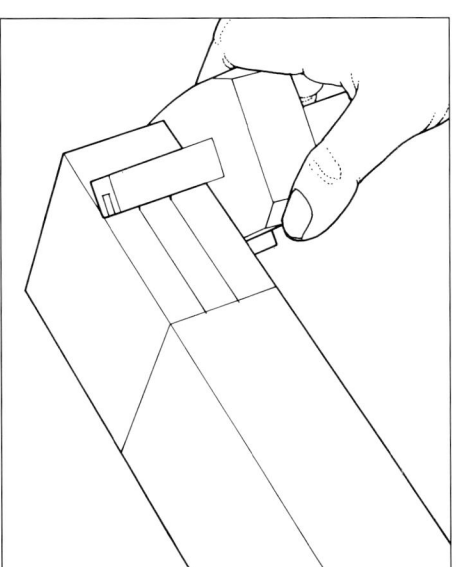

5

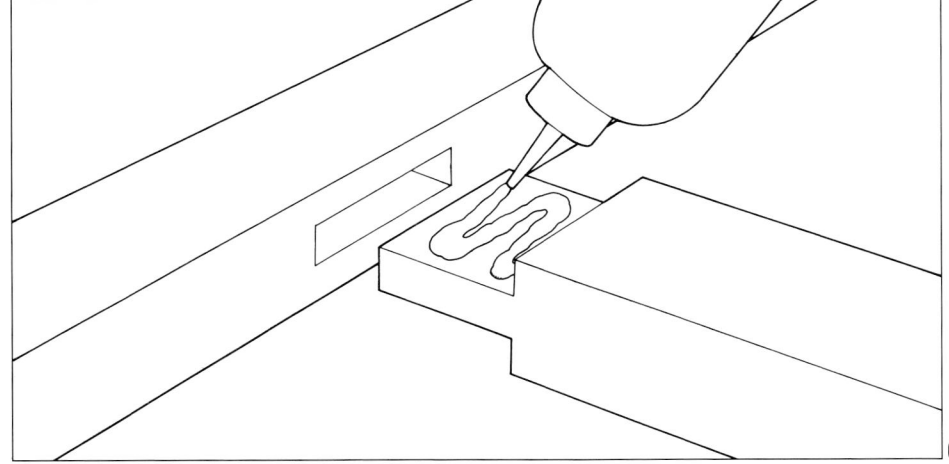

6

terseite des Schraubenkopfes in das Holz gezogen, so dass sich der Kopf nicht mehr drehen kann und eine stabile Verbindung entsteht.

Holzschutz

Ein großer Vorteil, jedoch auch ein großes Problem des Baustoffes Holz besteht darin, dass es sich am Ende seiner Lebensdauer wieder in seine natürlichen Bestandteile zerlegt. Der Prozess des Vergehens wird auch noch dadurch beschleunigt, dass das Holz ständig der Sonnenstrahlung, dem Wind, Regen, tierischen Holzschädlingen und Pilzbefall ausgesetzt ist. Die Lebensdauer von Holzkonstruktionen kann man durch verschiedene Maßnahmen verlängern, indem man beispielsweise möglichst haltbare Holzarten wählt, den konstruktiven Holzschutz beachtet, Holz verwendet, das vorbeugend chemisch geschützt wurde und/oder das Holz selbst mit Holzschutzmitteln behandelt.

Einige Holzarten haben aufgrund spezieller Inhaltsstoffe eine relativ hohe Widerstandsfähigkeit gegen Pilz- und Insektenbefall, sowie gegen Feuchtigkeit. Das sind in der Regel jedoch keine einheimischen Hölzer und deshalb sind sie entsprechend teuer (z. B. Teakholz). Relativ dauerhafte einheimische Holzarten sind die Eiche und die Robinie. Unbedingt zu beachten ist hierbei, dass bei allen Holzarten das Splintholz eine viel geringere Haltbarkeit aufweist als das Kernholz. Die am häufigsten vorkommenden und deshalb auch preisgünstigsten einheimischen Holzarten, wie Kiefer und Fichte, sind weniger dauerhaft. Deshalb sind Holzschutzmaßnahmen unbedingt erforderlich, wenn man längere Zeit Freude an den Holzkonstruktionen im Garten haben möchte. Dabei sind zuallererst einmal die Regeln des konstruktiven Holzschutzes zu beachten. Da konstruktiver Holzschutz bei Holzkonstruktionen im Außenbereich jedoch nur bedingt möglich ist, sollte man auch überlegen, wie das Holz zusätzlich durch die Behandlung mit Holzschutzmitteln dauerhafter gemacht werden kann.

Konstruktiver Holzschutz

Konstruktiver Holzschutz bedeutet nichts weiter, als dass man bereits bei der Konstruktion von Holzbauten, Zäunen usw. darauf achtet, die empfindlichen Hirnholzenden, Schnittstellen usw. möglichst verdeckt anzuordnen und waagrechte Flächen zu vermeiden. Am Beispiel der rustikalen Pergola auf S. 119, Bild 5, sieht man gut, dass die ausgeschnittenen Bereiche immer nach unten weisen und nicht umgekehrt, da sonst Regenwasser in die Schnittstelle laufen könnte und das Holz dort schon bald verrotten würde. Zum konstruktiven Holzschutz gehört ebenfalls, dass man Zaunpfosten mit Kappen und Zaunfelder mit speziellen Profilen abdeckt und weitgehend Erdkontakt vermeidet, in-

dem man zum Beispiel Pfostenträger verwendet. Alle Holzbauten sind außerdem so zu konstruieren, dass überall die Luft zirkulieren kann, so dass das Holz nach einem Regenguss schnell wieder abtrocknet.

Chemischer Holzschutz

Durch vorbeugenden chemischen Holzschutz soll der Befall des Holzes durch Schädlinge von vornherein verhindert werden. Dafür gibt es unterschiedliche industrielle Verfahren, darunter die Kesseldruckimprägnierung, durch welche ein mehr oder weniger effektiver Holzschutz erreicht wird. Der Deutsche Holzschutzverband e. V. empfiehlt beim Einkauf von Gartenholzprodukten auf das Gütezeichen RAL-GZ 411 zu achten um sicherzugehen, dass man kontrollierte Qualität erwirbt, auf die der Hersteller 10 Jahre Garantie gewährt.

Beim Holzschutz in Eigenregie, der zusätzlich zu den bereits erwähnten Maßnahmen erfolgen sollte, kommen entweder konventionelle Lacke und Farben, spezielle Holzlasuren und offenporige Farben sowie Holzschutzsalze oder Steinkohlenteerölpräparate zur Anwendung.

Konventionelle Farben und Lacke haben vorwiegend eine Dekorfunktion und bieten einen gewissen Schutz vor dem Eindringen von Wasser ins Holz. Der Nachteil schichtbildender Farben und Lacke ist, dass sie schnell reißen und abblättern und nur mit viel Aufwand zu erneuern sind.

Die bessere Alternative sind deshalb nicht schichtbildende Holzschutzlasuren, die einen umfassenderen Schutz vor Feuchtigkeit, UV-Strahlung, Insekten und Pilzbefall bieten und bei Bedarf einfach überstrichen werden können.

Da es sehr viele Mittel auf dem Markt gibt, die häufig weder auf Umwelt- und Gesundheitsgefährdung noch auf Wirksamkeit hin geprüft wurden, empfiehlt der Deutsche Holzschutzbund auch hier darauf zu achten, dass nur Mittel eingesetzt werden, die mit dem Gütezeichen der RAL-Gütegemeinschaft Holzschutzmittel e.V. (RAL-GZ 830) gekennzeichnet sind.

Dieses schöne Sommerhaus hat dringend etwas Aufmerksamkeit nötig. Holzbauten sollten jährlich auf Schäden und Reparaturbedarf kontrolliert werden.

Reparatur von Zäunen

Die Zäune um ein Grundstück haben auf jeden Fall genauso viel Aufmerksamkeit verdient wie jeder andere Teil des Hauses und Gartens. Gepflegte und instand gehaltene Zäune helfen nicht nur menschliche und tierische Eindringlinge fern zu halten und zeigen an, wo die Grenzen Ihres Grundstückes verlaufen, sie sind auch eine optische Bereicherung der Gartenanlage oder des Hofes. Kaputte und vernachlässigte Zäune dagegen sind eine Beleidigung für das Auge und können ihre Aufgaben nicht mehr erfüllen.

Wenn Sie ein Grundstück gerade erst erworben haben, sollten Sie vor einer Reparatur des Zaunes erst einmal die Eigentumsfragen klären. Der Verlauf der Grenzen eines Grundstückes ist aus dem Liegenschaftskataster zu ersehen, das vom örtlichen Katasteramt geführt wird. Im Bürgerlichen Gesetzbuch, § 921, ist in Bezug auf Zäune und anderen Einfriedungen bestimmt, dass, wenn zwei Grundstücke durch eine Mauer, Hecke, Planke oder eine andere Einrichtung, die zum Vorteil beider Grundstücke dient, voneinander geschieden sind, vermutet wird, dass die Eigentümer der Grundstücke zur Benutzung der Einrichtungen gemeinschaftlich berechtigt seien, sofern nicht äußere Merkmale darauf hinweisen, dass die Einrichtung einem Nachbarn allein gehört. Deshalb sind die Art und Weise der Einfriedung und der Unterhalt mit den Nachbarn abzustimmen und die Kosten müssen von beiden Parteien in gleicher Höhe getragen werden. Sie sollten alle getroffenen Vereinbarungen am besten schriftlich festhalten, um Streitigkeiten in der Zukunft vorzubeugen.

Inspektionsgang

Eine gründliche Inspektion eines längeren Zaunes führt man am besten an einem Wochenende durch. Laufen Sie Ihre Grundstücksgrenzen ab und untersuchen Sie den Zustand der Zaunpfosten, der Querriegel und der Latten. Überprüfen Sie, ob die Latten und Querriegel noch fest sitzen und die Pfosten sicher stehen. Wenn alles in gutem Zustand ist, genügen wahrscheinlich ein paar kosmetische Reparaturen und die Behandlung mit einer schützenden Lasur. Wenn der Zaun jedoch längere Zeit nicht gewartet wurde, können umfangreichere Arbeiten notwendig sein.

Verwendung von Holzschutzanstrichen

Auch Holzzäune, die noch gut intakt sind, sollten regelmäßig mit einem Konservierungsmittel behandelt werden, um ihre Funktionalität so lange wie möglich zu erhalten. Im Abschnitt über den Holzschutz finden Sie detailliertere Informationen zu diesem Thema. Wenn der Zaun bereits vorher mit Lasuren behandelt wurde, ist es ein Einfaches, eine neue Schicht aufzutragen. Wachsen am oder vor dem Zaun Pflanzen, sollte man jedoch darauf achten, ein ungiftiges Produkt zu verwenden und versuchen, die Pflanzen etwas vom Zaun weg zu biegen und mit Plastikfolie abzudecken. Mit einem Pinsel trägt man die Lasur oder Farbe gleichmäßig auf und behandelt dabei besonders alle Hirnholzenden und die Bereiche, die sich in Bodennähe befinden.

Bauliche Reparaturen

Wenn Sie festgestellt haben, dass der Zaun in keinem besonders guten Zustand mehr ist, ist es kostengünstiger und weniger aufwändig, ihn gleich ordnungsgemäß zu reparieren als ihn in ein paar Jahren komplett ersetzen zu müssen.

Handelt es sich um einen kompakten Bretterzaun, wie im Foto unten zu sehen, entfernt man verfaulte Bretter, indem man die Befestigungsnägel ganz in den dahinterliegenden Zaunpfosten schlägt und dann das entsprechende Brett abnimmt. Man ersetzt es durch ein neues Brett, das mit einem Holzschutzmittel behandelt wurde.

Achten Sie auf die Breite der Überlappung und nageln Sie das Brett auf die Pfosten.

Zerbrochene oder zersplitterte Querriegel und Querriegel, bei denen der Zapfen verfault oder aus dem Schlitz im Pfosten gerutscht ist, kann man reparieren, indem man verzinkte Metallklammern oder Winkel aufnagelt oder anschraubt.

Alle verrotteten Sockelbretter und die Holzblöcke, an denen sie befestigt sind, werden entfernt und durch neue ersetzt, die reichlich mit einem Holzschutzmittel behandelt wurden.

Bei einem Zaun aus vorgefertigten Zaunfeldern ist zu kontrollieren, ob die Nägel Risse in den Seiten der Zaunfelder verursacht haben. Lose Felder sind neu zu befestigen. Ersetzen Sie Felder, die stark gerissen oder verzogen sind. Felder kann man kürzen, indem man die Randleisten vorsichtig entfernt, das Feld mit einer Säge entsprechend kürzt und die Leisten wieder aufnagelt.

Reparatur an Zaunpfosten

Haben Sie festgestellt, dass ein Zaunpfosten nicht mehr fest sitzt, schachten Sie den Boden um den Pfosten herum aus, damit Sie sehen, ob der untere Teil des Pfostens verrottet ist. Scheint das Holz noch in Ordnung zu sein, behandeln Sie es satt mit Holzschutzmittel, rammen um den Pfosten herum einige Ziegelsteine in die Erde und stabilisieren ihn mit einem etwa 15 cm dicken Betonkragen.

Ist der im Boden steckende Teil des Pfostens bereits komplett verrottet, können Sie entweder einen ganz neuen Zaunpfosten einsetzen oder aber auch den oberen intakten Teil retten, indem Sie ihn auf einen Betonfuß oder Pfostenträger setzen.

Der Vorteil dabei ist, dass man den Zaun nicht auseinander zu nehmen braucht. Man sägt den Pfosten kurz über der Erde ab und entfernt das verrottete Stück. Dann gräbt man unter dem Pfosten ein Loch und setzt den Betonfuß dort hinein. Überprüfen Sie die senkrechte Ausrichtung, bohren Sie Löcher durch den Pfosten, die mit Holzschutzmittel zu bestreichen sind und schrauben

Sie schließlich den Pfosten auf den Betonfuß, wozu Sie Sechskantschrauben, Unterlegscheiben und Muttern verwenden. Stampfen Sie um den unteren Teil des Betonfußes herum etwas Schotter ein und gießen Sie darüber einen Betonkragen, der vom Pfosten weg abfällt, so dass das Regenwasser ablaufen kann.

Verwendet man zur Stabilisierung eines beschädigten Pfostens einen Pfostenträger, muss man den alten Pfosten erst ganz herausnehmen. Dazu sind die benachbarten Zaunfelder oder die Querriegel vorsichtig zu lösen, etwas vom Pfosten weg zu biegen und abzustützen. Man bindet dann ein Stück eines dicken Holzpfahles an den Pfosten und hebelt ihn langsam heraus, indem man nach und nach mehrere Ziegelsteine unterlegt. Das verrottete Stück wird abgesägt. Dort, wo der alte Pfosten entfernt wurde, ist der Boden wieder gut zu verdichten, dann schlägt man die Einschlaghülse ein. Man prüft die senkrechte Ausrichtung, setzt den Pfosten hinein und befestigt ihn mit Nägeln oder Schrauben. Schließlich stellt man die Zaunfelder wieder an ihren Platz und nagelt sie an den Pfosten oder befestigt sie mit entsprechenden Metallverbindungsstücken. Schützen Sie das Hirnholz am oberen Ende des Pfostens durch entsprechend geformte Abdeckkappen.

Andere Holzkonstruktionen

Auch andere Holzkonstruktionen im Garten müssen regelmäßig gewartet werden, wenn Sie möglichst lange ihren Zweck erfüllen sollen.

Sollte das Holz nur an der Oberfläche etwas angegriffen sein, ist es möglichst sofort mit einer Drahtbürste gründlich zu reinigen und dann zwei- oder dreimal mit einem Holzschutzmittel zu streichen. Arbeiten Sie dabei von unten nach oben, damit möglichst wenig Holzschutzmittel auf den Boden tropft. Am besten Sie legen alte Zeitungen oder Plastikfolie unter den zu streichenden Bereich, um Pflasterflächen, den Rasen oder Pflanzen zu schützen.

Geht der Schaden schon tiefer, kann man einzelne Stellen mit Holzkitt reparieren. Mit Holzkitt ausgebesserte Stellen sind jedoch ziemlich auffällig und deshalb eignet sich diese Methode nur für Flächen, die überstrichen werden. Eine bessere Lösung ist es, die verrotteten Holzteile sorgfältig auszusägen und durch neues, vorbeugend mit Holzschutzmitteln behandeltes Holz zu ersetzen.

Links: Tragen Sie bei der Arbeit mit Holzschutzmitteln und besonders bei der Verwendung von Steinkohlenteerölpräparaten Handschuhe, da diese Hautreizungen verursachen können.

Bauen und Gestalten
mit Ziegel- und Betonsteinen

In diesem Kapitel *geht es vor allem um die Verwendung von Ziegeln und Betonsteinen im Garten oder Hof. Da Gärten und Höfe heute immer weniger ihrem ursprünglichen Zweck, der Versorgung mit Lebensmitteln und der Tierhaltung dienen, sondern mehr im Sinne eines grünen Wohnzimmers genutzt werden, legt man auf die optische Wirkung dieser Bereiche grösseren Wert als früher. Baustoffe, die zur Gestaltung des Aussenbereiches verwendet werden, unabhängig davon ob es sich um natürliche oder industriell gefertigte Materialien handelt, sollten in jedem Fall zu den beim Hausbau verwendeten Materialien passen – gleich ob Sie im Hof einen Wasserspeier installieren, eine Terrasse anlegen oder eine Mauer bauen.*

In diesem Abschnitt wird eine ganze Palette möglicher Bauvorhaben im Gartenbereich beschrieben – darunter Teiche und Bassins mit dem erforderlichen Zubehör für Wasserspeier, Kaskaden und Beleuchtung, gemauerte Pflanztröge, Sitzgelegenheiten und Grillplätze, Säulen, Pfeiler und Bögen einschließlich Böschungsmauern und Mauern aus perforierten Ornamentsteinen, die Anlage von Beton- und Klinkerpflasterflächen und sogar der Bau einer Garage aus Betonfertigteilen.

Jeder Abschnitt enthält detaillierte Illustrationen oder Fotos, die die einzelnen Projektschritte zeigen. Auf den Seiten 262 bis 273 sind die wichtigsten Baumaterialien und Maurertechniken beschrieben.

Einige wichtige Regeln

Wie bei allen Bauvorhaben ist auch bei Arbeiten an Außenanlagen eine gute Planung und Vorbereitung wichtig. Studieren Sie die künftige Baustelle sowie die Gesamtwirkung des Hauses sorgfältig, bevor Sie mit der Planung der Außenanlagen beginnen. Für größere Projekte, wie beispielsweise eine Garage, benötigen Sie außerdem eine Baugenehmigung.

Klären Sie zuerst, welche Zwecke die jeweilige Anlage genau erfüllen soll, suchen Sie den günstigsten Standort und wählen Sie dann das geeignete Material für Ihr Bauvorhaben.

Bei der Planung sind maßstabgerechte Zeichnungen eine große Hilfe, denn auf dem Papier lassen sich Fehler einfacher korrigieren als später in der Praxis.

Beachten Sie Höhenunterschiede, bestehende Strukturen oder Hindernisse, Versorgungsleitungen, vor allem Kabel und Leitungen, die in der Erde verlegt sind, sowie die Bodenbeschaffenheit (alle Maurerarbeiten gestalten sich auf sehr weichem Boden oder Lehmboden schwieriger).

Die fachgerechte Ausführung und die Verwendung hochwertiger Materialien sind wichtig, wenn eine Mauer, ein Grillplatz oder andere Bauten viele Jahre überdauern sollen.

Denken Sie außerdem daran, dass optisch ansprechende und praktische Bauten im Außenbereich den Wert Ihres Grundstücks erhöhen.

Oben rechts: Das Hochbeet, die Terrasse und die Stufen wurden aus Ziegelsteinen gebaut.

Ganz rechts: Betonsteine dienen als Wegbegrenzung und als Bekrönung für die Mauern.

Rechts: Ein effektvoll geschwungener Pfad aus Pflasterklinkern.

Unten: Eine aus Ziegeln gemauerte Bank zwischen zwei Hochbeeten.

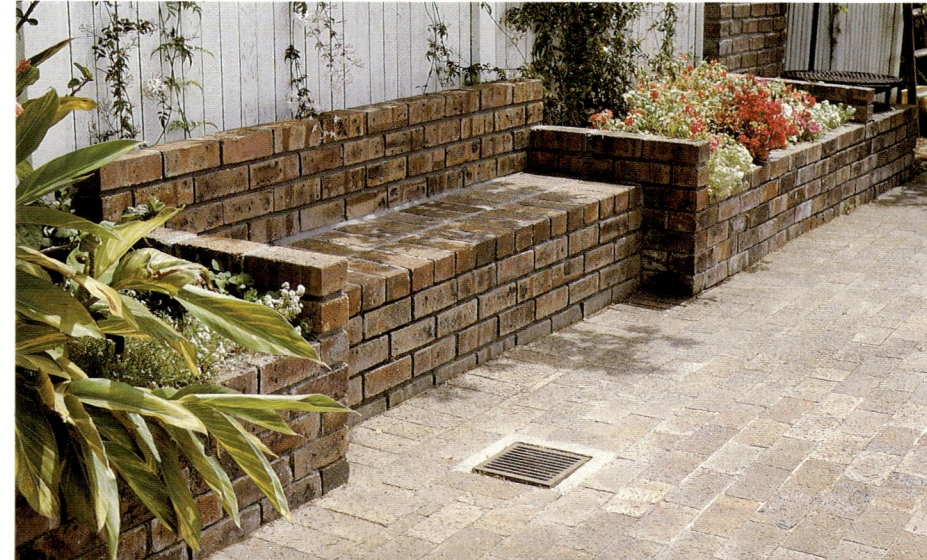

Frei stehende *oder in Mauern integrierte Hochbeete und Pflanzgefässe können zu einem schönen Blickpunkt im Garten, Hof oder auf der Terrasse werden und bringen neue Formen und Farben ins Spiel. Sie erfordern weniger Pflege als Blumentöpfe und Schalen, denn man braucht die Pflanzen darin nicht so oft zu giessen und zu düngen. Pflanzgefässe sind in Gegenden mit kargen Böden besonders praktisch, wenn sie mit spezieller Pflanzerde gefüllt werden, wachsen darin auch Pflanzen, die auf dem vorhandenen Boden sonst gar nicht gedeihen würden.*

Funktion

Hochbeete werden oft vor dem Hintergrund einer Mauer, als Teil einer Böschungsmauer oder auf einer gepflasterten Fläche errichtet. Die Bepflanzung trägt dazu bei, die strengen Formen einer Mauer aufzulockern oder eine langweilige Pflasterfläche interessanter zu gestalten.

Hochbeete werden oft angelegt, um tief liegende, feuchte Stellen im Garten urbar zu machen. Sie sind auch für ältere oder behinderte Menschen ideal, da man sich beim Bestellen der Beete nicht zu bücken braucht. Für Rollstuhlfahrer beispielsweise können ganze Gärten aus Hochbeeten angelegt werden.

Ein Hochbeet am Rand einer Terrasse oder eines Wasserbassins kann eine attraktive Abgrenzung bilden. Mit einem geschmackvollen Blumenarrangement bepflanzt, wird es zu einem farbenprächtigen Blickpunkt. Wählt man dagegen dichte grüne Büsche oder üppige Blätterpflanzen, schafft man eine geschützte und beruhigende Atmosphäre.

Hochbeete verleihen einer gleichförmigen Rasen- oder Pflasterfläche ohne interessante Details mehr Charakter, denn sie schaffen unterschiedliche Ebenen und die Bepflanzung bringt Abwechslung. Gemauerte Pflanzbehälter können farbenprächtige Pflanzen einrahmen, große Rasenflächen auflockern oder eine Abtrennung zwischen verschiedenen Gartenbereichen darstellen. Ein freistehendes Pflanzgefäß neben einer gemauerten Sitzbank kann zu einem dominierenden Gestaltungselement einer Terrasse werden, wenn es mit farbenprächtigen oder exotischen Pflanzen bestückt ist.

Drainage

Ein großer Vorteil von Hochbeeten besteht darin, dass man sie unten offen lassen kann, so dass sich die Pflanzen zwar in einem geschlossenen Behälter befinden, die Drainage jedoch stets gesichert ist. Trotzdem sollten immer zusätzliche Drainageöffnungen im Wurzelbereich der Pflanzen vorgesehen werden, damit sich dort kein Wasser staut. Auf Seite 250 ist beschrieben wie man in Böschungsmauern Drainageöffnungen anlegt und eine gute Drainage sichert.

Eine funktionierende Drainage ist besonders wichtig, wenn man einen gemauerten Pflanzbehälter direkt an einer Hauswand errichtet. In diesem Fall muss die Hauswand unbedingt vor eindringender Feuchtigkeit geschützt werden, zum Beispiel mit schwarzer Plastikfolie, die an der Rückwand des Pflanzbehälters angebracht wird, oder mit einem geeigneten Bitumenanstrich.

Materialien

Pflanzbehälter werden oft aus Klinkersteinen gemauert, denn sie sind lange haltbar und einfach zu pflegen. Fassadenklinker wirken besonders gut, wenn sie passend zum Haus oder zu anderen baulichen Strukturen im Garten gewählt werden. Verwendet man billige Betonsteine oder weniger harte Ziegel, müssen diese verputzt und gegebenenfalls mit einem Anstrich versehen werden. Statt aus Ziegeln kann man Pflanzbehälter auch aus dekorativen Betonwerksteinen mauern, besonders wenn sich dieses Material in anderen Mauern oder Pflasterflächen wiederholt.

Hochbeete können außerdem aus Holzbalken oder Bohlen gebaut werden, zum Beispiel aus alten Eisenbahnschwellen oder Lichtmasten. Holz, das zum Bau von Pflanzbehältern verwendet wird, muss mit einem Holzschutzmittel behandelt und/oder durch eine Auskleidung aus Plastikfolie vor ständigem Bodenkontakt geschützt werden, ansonsten wird es schon bald verrotten.

Pflanzbehälter aus Ziegelsteinen, die man ohne Mörtel übereinander legt, sind weniger stabil und können nicht sehr hoch gebaut werden. Ihr Vorteil besteht jedoch darin, dass man sie schnell wieder abbauen kann, wenn einem der Sinn nach Veränderung des Gartens oder des Hofes steht.

Manchmal wirkt die Kombination unterschiedlicher Materialien ganz besonders interessant – zum Beispiel ein aus Ziegelsteinen gemauerter Pflanzbehälter mit einer Abdeckung aus Dachziegeln oder Holz. Gleich für welches Material Sie sich letztendlich entscheiden, achten Sie darauf, dass es sich harmonisch in die Umgebung einfügt.

Arbeitsanleitung für Pflanzbehälter

Für einen 80 x 70 cm großen Pflanzbehälter mit einer Höhe von 49 cm (einschließlich Fundament) auf einem 100 x 90 cm großen und 10 cm dicken Fundament benötigt man die folgenden Materialien:

Fundament	Pflanzbehälter
25 kg Zement	*70 bis 75 Ziegel-*
165 kg Zuschlag-	*steine*
stoffe	*10 kg Zement*
	40 kg Sand
	5 kg Kalk

1 Obwohl ein Streifenfundament für einen kleinen Pflanzbehälter ausreichend wäre, ist es in diesem Falle einfacher, eine Betonplatte zu gießen. Um eine gute Drainage zu gewährleisten, legt man in der Mitte zwei Ziegelsteine in den Beton und entfernt diese später, bevor der Beton ganz ausgehärtet ist.
2 Nun spannt man Schnüre, an denen man die Wände des Pflanzbehälters ausrichtet. Achten Sie darauf, dass die Ziegelsteine einer Schicht alle auf gleicher Höhe liegen

1

2

*Oben: Den oberen Abschluss der Wände
bilden dünnere Pflasterklinker. Die Fugen
wurden mit einem Metallkratzer gesäubert.*

und dass alle Ecken genau rechtwinklig
sind. Kontrollieren Sie die Ausrichtung mit
einer Wasserwaage und einem Winkel.
3 Drainageöffnungen im unteren Bereich
der Wände legt man am einfachsten an,
indem man manche Fugen nicht mit Mörtel
füllt. Für diesen Pflanzbehälter, der nur
80 x 70 cm misst, sind drei Drainagelöcher
ausreichend. Bei größeren Behältern sollte
man entsprechende Drainagerohre ein-
mauern. Mauern Sie sechs Schichten und
überprüfen Sie regelmäßig, ob alle Oberflächen waagerecht und lotrecht sind.

3

Wasserbassins und Teiche *üben eine magische Anziehungskraft auf Groß und Klein aus und können selbst den schlichtesten Garten verwandeln. Wasser bringt Leben, Licht und Bewegung in den Garten und schafft somit einen faszinierenden Kontrast zu gepflasterten Flächen und anderen feststehenden Strukturen. Ob man sich für ein formales Bassin oder einen Naturteich entscheidet, wird vom Charakter der Gartenanlage und des Hauses abhängen, sicher ist jedoch, dass Sie eine Wasserstelle im Garten als grosse Bereicherung empfinden werden.*

Standort

Der wichtigste Faktor bei der Planung eines Wasserbeckens ist der Standort. Besonders geeignet sind „tote" Ecken, schattige Winkel, die bereits einem Teichufer ähneln, oder Stellen, an denen Natursteine oder Felsbrocken liegen.

Manchmal kann ein Hang, an dem die Pflanzen einfach nicht so richtig wachsen wollen, in einen faszinierenden Wasserfall verwandelt werden, der in ein niedriger gelegenes Becken mündet.

Bäume um einen Teich sind zwar willkommene Schattenspender, doch sollte man daran denken, dass ihre starken Wurzeln in einem Betonbecken verursachen bzw. die Teichfolie beschädigen können. Außerdem kann im Herbst herabfallendes Laub, das im Wasser vermodert, Probleme mit der Wasserqualität verur-

Links: Ein leicht erhöht angelegtes Becken, das aus Natursteinen gemauert wurde.

Oben: Den Mittelpunkt dieses rechteckigen erhöhten Wasserbeckens bildet die wasserspeiende Statue.

sachen. Deshalb ist es vorzuziehen, den Teich oder das Bassin an einer offenen Stelle oder aber unter einem nicht Laub abwerfenden Baum anzulegen.

Gestaltung

Es gibt viele Gestaltungsmöglichkeiten für Teiche und Wasserbecken. In jedem Fall sollte das Becken so gestaltet werden, dass es mit der Gartenanlage insgesamt und dem Haus harmoniert, wobei die Abmessungen natürlich von der Größe der zur Verfügung stehenden Grundstücksfläche abhängen.

Unter anderem muss man sich entscheiden, ob man das Wasser nur sehen oder aber auch hören will. Ein stiller Teich, der das

einfallende Licht reflektiert, hat auf manche eine ebenso beruhigende Wirkung wie auf andere das Geräusch plätschernden Wassers. Falls Sie eine stille Wasserfläche bevorzugen, sollten Sie überlegen, ob Sie diese gleich am Rand der Terrasse anlegen oder sogar direkt in die Terrasse integrieren. Ein Beispiel dafür ist auf Seite 72 zu sehen.

Natürlich übt fließendes Wasser immer eine ganz besondere Anziehungskraft aus und belebt jeden Garten. Bewegung kann man entweder durch einen Wasserspeier schaffen, wie man ihn häufig in formalen Bassins findet oder aber durch einen der Natur nachempfundenen Wasserfall (siehe auch Foto auf Seite 199).

Will man einen Fischteich anlegen, hängt

die Gestaltung des Bassins oder des Teiches auch von der Art der Fische ab, die man einsetzen möchte. Das Wasser eines Bassins für Kois sollte gefiltert werden, so dass man die brillanten Farben der Fische auch gebührend bewundern kann. Das Becken sollte außerdem mindestens 60 cm tief sein und groß genug, damit die Kois sich darin wohlfühlen und genügend Bewegungsfreiheit haben. Legen Sie den Grund des Beckens in unterschiedlichen Ebenen an, so dass die Fische die Wahl zwischen den kühleren tiefen Stellen und den flachen wärmeren Bereichen haben.

Goldfische sind anspruchslose Teichbewohner, für sie genügt ein kleiner, flacher Teich ohne besonderes Zubehör. Sie sind relativ pflegeleicht.

In jedes Becken und jeden Teich gehören Wasserpflanzen, die das Wasser mit Sauerstoff anreichern.

Im und um den Teich leben die folgenden vier Hauptgruppen von Pflanzen:
• *Uferpflanzen,* die nicht zwangsläufig im Wasser stehen müssen und vor allem eine dekorative Funktion ausüben. Dabei kann man unter einer Palette von farbenprächtigen Blüten- und Blattpflanzen wählen.
• *Pflanzen, die im flacheren Wasser leben,* z. B. Rohrkolben und Wasserschwaden. Einige Arten wachsen sehr stark und müssen regelmäßig zurückgeschnitten werden.
• *Schwimmpflanzen,* die einfach auf die Wasseroberfläche gesetzt werden und die wie Seerosen helfen, das Algenwachstum zu begrenzen
• *Unterwasserpflanzen,* die an den tiefsten Stellen gepflanzt werden und besonders wichtig zur Algenbekämpfung sind. Von diesen Pflanzen, z. B. Wasserpest oder Laichkraut, benötigt man etwa fünf Pflanzen pro Quadratmeter Teichoberfläche.
Ein kleines Becken oder ein Teich mit Pflanzen erfordert lediglich eine größere Säuberungsaktion im Frühjahr, die nicht mehr als ein paar Stunden in Anspruch nimmt. Dabei sollten zu stark gewachsene Wasserpflanzen aus dem Wasser genommen, zurückgeschnitten und wieder eingesetzt werden.

Bau eines Wasserbeckens

Wenn man sich darüber im Klaren ist, welche Funktion das Wasserbecken haben soll und wie man es gestalten möchte, kann man mit der Planung der Bauarbeiten beginnen. Am einfachsten ist es, einen Fertigteich aus glasfaserverstärkter Plastik oder Polyethylen zu kaufen. Manche dieser Fertigteiche können direkt auf dem Boden aufgestellt werden, andere werden eingegraben.

Die preisgünstigere Alternative, die zudem einen weiten Gestaltungsspielraum lässt, besteht darin, eine ausgehobene Teichmulde mit stabiler Teichfolie oder Kautschukfolie auszukleiden. Eine dritte Variante ist der Bau eines dauerhaften Beckens aus Beton- oder Ziegelsteinen, entweder über der Erde oder in einer Vertiefung. Es empfiehlt sich ein Bassin aus Beton oder Ziegelsteinen ebenfalls mit Plastikfolie auszukleiden oder mit einem ungiftigen Bitumenanstrich zu versiegeln um Lecks zu vermeiden.

Das erste hier beschriebene Projekt ist ein schlichtes rechteckiges Wasserbecken, das aus Ziegelsteinen gemauert und mit einem ungiftigen Bitumenanstrich versiegelt wird. Der Grund des Beckens liegt etwas tiefer als das umgebende Bodenniveau und die Seitenwände werden drei Ziegelsteine hoch gemauert.

Abdichtung

Das häufigste Problem bei künstlichen Teichen und Wasserbecken sind undichte Stellen, durch die das Wasser versickert. Manch ein verzweifelter Heimwerker weiß sich schließlich nicht anders zu helfen, als sein Wasserbassin in einen Sandkasten oder ein Blumenbeet zu verwandeln. Soweit muss es jedoch nicht kommen, wenn man den Bau des Wasserbeckens oder Teiches gründlich vorbereitet.

Teichfolie ist zweifellos eine preisgünstige und praktische Auskleidung für einen Teich, sie ist jedoch ziemlich anfällig für mechanische Beschädigungen. Oft wird deshalb unter der Folie noch eine Schicht Teichfilz verlegt. Der Filz soll verhindern, dass spitze Steine oder Wurzeln die Folie beschädigen. Bei sachgemäßer Verlegung kann die Lebenszeit einer hochwertigen Teichfolie bis zu 15 Jahren betragen. Nach Ablauf dieses Zeitraumes oder wenn es häufig Probleme mit undichten Stellen gibt, sollte sie ausgewechselt werden.

Will man zur Auskleidung eines gemauerten Bassins keine Folie verwenden, können die Innenflächen auch mit einem Bitumenanstrich versiegelt werden, wobei die Anweisungen des jeweiligen Herstellers ge-

Links: Die Wirkung dieses runden gemauerten Bassins wird durch die Bepflanzung dahinter noch verstärkt.

nau zu beachten sind. Werden Ziegelsteine zuerst verputzt, verringert sich die Anzahl der erforderlichen Bitumenanstriche. Die schwarze Farbe des Bitumenanstrichs oder der Teichfolie verleiht einem Bassin den Anschein von Tiefe und Rätselhaftigkeit.

Drainage

Ein Teich mit einer eingebauten Ablassmöglichkeit für das Wasser hat seine Vorteile, jedoch kann die Ausführung auch einige Probleme bereiten. Jeder Abfluss muss mit einer PVC-Leitung verbunden sein, die wiederum in eine Abwasserleitung mündet. Dabei ist besonders darauf zu achten, dass der Abfluss im geschlossenen Zustand völlig dicht ist, was man in der Regel durch Abdichtung mit einem flexiblen Dichtungsmittel erreicht. Ist kein Abfluss vorhanden, leert man den Teich bei Bedarf mit einer Pumpe.

Falls der Grund des Bassins höher liegt als das umgebende Bodenniveau, kann man das Wasser auch einfach mit Hilfe eines Gartenschlauches ablassen wobei man sich die Sogwirkung zunutze macht.

Arbeitsanleitung für ein gemauertes Bassin

Die Gesamthöhe des Beckens einschließlich des Fundamentes beträgt 40 cm und die Höhe der Wände über der Pflasterfläche 20 bis 23 cm. Das Fundament ist 196 cm lang, 115 cm breit und zwischen 15 cm und 20 cm dick. Dafür benötigen Sie:

Oben: Das fertige, mit Wasser gefüllte und bepflanzte Bassin.

Fundament	Ziegelmauern:
Beton: 1 Teil Zement, 6 Teile Zuschlagstoffe	*120 bis 130 hart gebrannte Ziegelsteine*
50 kg Zement	*20 bis 30 Pflasterklinker*
300 kg Zuschlagstoffe (Kies der Körnung 0–16 oder 0–32)	*18 kg Zement*
	108 kg Mörtelsand
	9 kg Kalk

1 Markieren Sie die Fläche für das Bassin (siehe auch Hinweise zum Einmessen von rechten Winkeln S. 266) und koffern Sie die Erde bis zu der erforderlichen Tiefe aus. Da dieses Bassin etwas erhöht ist, wird der Boden nur bis zu einer Tiefe von 30 cm ausgeschachtet.

2 Nun mischt man den Beton (siehe S. 269) und verteilt eine dünne Schicht auf dem Boden und entlang der Seiten der Vertiefung.

3 Gießen Sie das Fundament für die Wände und mauern Sie diese aus fünf Schichten Ziegelsteinen. Den Abschluss bildet eine Schicht Pflasterklinker. Beim Mauern ist regelmäßig die waagerechte und lotrechte Ausrichtung zu kontrollieren.

4 Falls Sie zur Auskleidung Plastikfolie verwenden, ist diese nach Fertigstellung der ersten drei Reihen im Bassin zu verlegen. Erst danach werden die übrigen zwei Schichten und die Abdeckung aus Pflasterklinkern gemauert.

Arbeitsanleitung Folienteich

Zwar richten sich die Abmessungen und die Form eines Folienteiches nach den persönlichen Vorstellungen des Teichbauers und der Größe des Grundstücks, die Erfahrung hat jedoch gezeigt, dass ein Teich mindestens 4 m² groß sein muss, damit eine gute Wasserqualität erreicht wird und sich ein harmonisches Verhältnis zwischen Pflanzen und Fischen einstellt.

Kleine und mittelgroße Teiche sollten zwischen 38 und 45 cm tief sein, größere mit einer Wasseroberfläche von über 10 m² 60 bis 75 cm. An den Rändern entlang sind 23 cm breite und 23 cm tiefe Pflanzterrassen anzulegen.

Der hier gezeigte Teich wurde mit stabiler Teichfolie ausgekleidet – dazu sollte der Rand des Teiches etwa 20° geneigt sein, d. h. 7,5 cm Gefälle auf eine Entfernung von 23 cm haben.

Die Länge der Teichfolie berechnet sich aus dem Doppelten der maximalen Tiefe plus der Gesamtlänge, die Breite ebenfalls aus dem Doppelten der maximalen Tiefe plus der Gesamtbreite.

Für einen 4 m² großen Teich benötigt man etwa:

Teichgrund	**Uferzone**
100 kg Sand	*5 m² Pflastermaterial*
Teichfolie	*40 kg Zement*
	80 kg Sand

1 Markieren Sie die Teichoberfläche mit Hilfe eines Gartenschlauches oder Seils.

1

3

5

2

4

Experimentieren Sie so lange, bis Sie mit der Form zufrieden sind. Einfache Rundungen sind am günstigsten, vermeiden Sie spitze Winkel und enge Buchten. Beginnen Sie dann mit dem Ausschachten, wobei Sie innerhalb der markieren Grenzen bleiben.
2 Nun werden entlang des Teichrandes die Terrassen für die Randbepflanzung angelegt und am oberen Rand werden noch einmal etwa 5 cm abgetragen, um dort später die Platten der Randbefestigung zu verlegen.
3 Anschließend treibt man am Rand entlang etwa jeden Meter einen hölzernen Pflock in die Erde und überprüft mit Hilfe einer Wasserwaage ob die Teichoberfläche waagerecht ist.
4 Nachdem die Teichmulde geformt ist

6

7

Oben: Bei schönem Wetter sitzt man gern am Teich und genießt das Plätschern des Springbrunnens.

und man die Pflanzterrassen angelegt hat (hier sind es zwei unterschiedliche Ebenen), sollte man den Grund nach scharfen Steinen oder Wurzeln absuchen, die die Teichfolie beschädigen könnten.

5 Dann ist der Boden mit einer 12 mm dicken Sandschicht zu bedecken. Auch alle Löcher, die eventuell durch das Entfernen von spitzen Steinen entstanden sind, füllt man mit Sand. Die Sandschicht ist überall fest anzudrücken und die waagerechte Ausrichtung ist zu kontrollieren.

6 Nun legt man die Teichfolie lose in die Vertiefung und beschwert die überstehenden Kanten ringsherum mit Steinen. Dann beginnt man mit dem Einfüllen des Wassers.

7 In dem Maße, wie sich der Teich langsam füllt, entfernt man nach und nach die Beschwerungssteine, bis die Teichfolie zum Schluss fest an allen Seiten anliegt. Manche Falten können beim Einfüllen des Wassers noch geglättet werden, ein paar sind jedoch unvermeidlich.

8 Wenn der Teich voll ist, schneiden Sie den überstehenden Rand bis auf 10 bis 12 cm ab. Dieser Randstreifen wird vorübergehend gesichert, indem man etwa 10 cm lange Nägel durch die Folie in den Boden schlägt.

9 Die Uferränder rechteckiger Becken kann

8

9

man mit regelmäßigen Betonpflastersteinen gestalten; zur Randbefestigung geschwungener Formen eignen sich unregelmäßige Natursteinplatten oder kleine Pflastersteine besser. Die Steine verlegt man in einem Mörtelbett (Mörtel aus einem Teil Zement und drei Teilen Sand) und entfernt im Zuge der Arbeit die zur vorübergehenden Befestigung eingeschlagenen Nägel.

10 Bevor man Pflanzen und Fische einsetzt, sollte der Teich noch einmal entleert und neu gefüllt werden, besonders wenn Mörtelreste in das Wasser gefallen sind. Danach können kleine Wasserspeier, Leuchten und andere Gestaltungselemente installiert werden. Hier hat man sich für ein kleines sprudelndes Wasserspiel entschieden.

10

Teichpumpen

Teichpumpen bringen Sauerstoff und Bewegung in Ihren Gartenteich. Für Teiche und Becken mit oder ohne Fischbesatz gibt es eine ganze Reihe spezieller Pumpen. Wählen Sie eine, die der Wasserkapazität des Teiches entspricht und die auch einen Wasserfall oder einen Springbrunnen betreiben könnte. Es sollte außerdem möglich sein, mit der Pumpe den Teich zu entleeren, wenn das zum Säubern oder aus anderen Gründen notwendig wird.

Teichpumpen sind relativ klein, müssen robust, wartungsfrei und für den Dauerbetrieb geeignet sein. Es gibt Pumpen, die direkt aus der Steckdose gespeist werden sowie Niederspannungspumpen, bei denen ein Transformator zwischengeschaltet ist. Befindet sich das Wasserbecken dicht am Haus, kann das Transformatorkabel in eine Steckdose im oder am Haus gesteckt werden und das Niederspannungskabel wird bis zum Wasserbecken geführt. Bei weiter entfernten Teichen oder Bassins ist ein Kabel in oder über der Erde bis in die Nähe des Teiches zu verlegen und man installiert den Transformator in einem wasserdichten Kasten oder einem Gartenhaus in der Nähe des Teiches. Die Verlegung der Kabel und die elektrischen Anschlüsse sollten Sie besser einem Fachmann überlassen.

Relativ neu auf dem Markt sind Solarpumpen für Gartenteiche, die durch Sonnenenergie angetrieben werden. Dank einer Speicherschaltung können diese Pumpen auch bei bedecktem Himmel arbeiten.

Beleuchtung

Wenn Sie bereits eine Stromquelle in der Nähe des Teiches oder Wasserbeckens installiert haben, steht auch einer nächtlichen Beleuchtung des Ufers oder der Wasserfläche nichts mehr im Weg. Es gibt Niederspannungsleuchtkörper, die um den Teich herum aufgestellt werden können oder spezielle schwimmende Leuchten, die auf oder unter der Wasseroberfläche treiben.

Mit einer ausgeklügelten Kombination von Beleuchtung und Wasserspielen kann man eindrucksvolle Effekte erzielen.

Wasserspiele

Abhängig von der Ausbildung der Sprühdüse und dem eingestellten Druck kann man das Spritzbild von Wasserspeiern und die Spritzhöhe variieren. Auf den Fotos sehen Sie einige Beispiele für unterschiedliche Spritzbilder.

Teichfiguren mit integriertem Wasserspiel zieren den Gartenteich auch während der Winterzeit.

Oben: Ein kunstvoll angelegter Wasserfall, der durch eine Tauchpumpe gespeist wird. Die farbenprächtigen exotischen Pflanzen verleihen der Anlage einen tropischen Charakter.

Rechts: Dieses winzige Becken, das passend zur dahinter liegenden Wand gestaltet wurde, gewinnt durch den Wasserspeier in Form eines Löwenkopfes an Interesse.

Links: Die roten Seerosen und die Putte, die den Springbrunnen trägt, geben dieser Anlage einen barocken Charakter.

Ganz links: Eine kreative Beleuchtung, noch dazu mit farbigem Licht, kann einen Teich am Abend in einen magischen Wassergar ten verwandeln.

Feststehende Sitzgelegenheiten *und Tische im Garten nehmen nur we-nig Platz in Anspruch und sind eine praktische Angelegenheit. Wenn Sie sich kurzfristig dazu entschliessen, die nächste Mahlzeit in den Garten zu verle-gen oder sich nur auf einen Drink ins Grüne setzen möchten, ist das Wich-tigste dafür schon vorhanden. Sie brauchen nur noch ein paar Kissen, damit es bequemer wird.*

Standort

Gestaltung und Lage des Sitzplatzes kön-nen abhängig von den Bedürfnissen der Nutzer ganz unterschiedlich sein. Wünscht man sich zum Beispiel einen stillen Ort ab-seits vom geschäftigen Treiben im Haus, an dem man lesen und sich entspannen kann, wird man sich vielleicht eine einfache, aber doch bequeme Bank irgendwo in einer stil-len Ecke bauen. Plant man jedoch häufig die gemeinsamen Mahlzeiten draußen ein-zunehmen oder Feste unter freiem Himmel zu feiern, wird die Sitzecke ganz anderen Ansprüchen genügen müssen.

Feststehende Sitzgelegenzeiten und Ti-sche können mit anderen gemauerten Strukturen kombiniert werden, zum Beispiel mit Grillplätzen oder Kochstellen unter freiem Himmel. Orte, an denen man häufig zusammenkommt, und die sich deshalb ebenfalls für die Aufstellung von Sitzge-legenheiten eignen, sind gepflasterte Flä-chen um Teiche oder Wasserbecken. Die Gartenmöbel können so gestaltet werden, dass sie sich ganz dezent in die Umgebung einfügen oder aber zu besonders auffälli-gen Gestaltungselementen im Garten wer-den.

Materialien

Gartenmöbel, die bei jedem Wetter drau-ßen stehen, sollten aus wetterbeständigen Materialien gebaut werden. Ziegelsteine oder Naturstein sind zwar sehr haltbar, aber nicht sehr bequem und sollten des-halb mit einem angenehmeren Material kombiniert werden.

Holz eignet sich ausgezeichnet für Tisch-platten oder Sitzflächen und es passt auch sehr gut zu Ziegelsteinen. Ein praktischer Tisch kann jedoch auch aus einer glatten, vorgefertigten Betonplatte, die man auf eine stabile Säule legt, entstehen. Mit einem Minimum an Maurerarbeit kommt man aus, wenn man eine Bank in eine Böschungs-mauer oder Sichtschutzmauer integriert,

Oben: Praktische Essecke am Rande einer Terrasse.

wobei die Mauer selbst die Lehne formt und die Sitzfläche aus Holzlatten besteht.

Arbeitsanleitung Bank und Tisch
Für diese Sitzgruppe wurde eine 10 cm dicke Fundamentplatte mit den Abmessun-gen 2,10 m x 1,70 m gegossen. Für das Fun-dament und die Sitzgruppe selbst benöti-gen Sie die folgenden Materialien:

Fundament
75 kg Zement
500 kg Zuschlagstoffe (Kies der Körnung 0 – 16 oder 0 – 32)

Tisch und Bank
410 bis 450 Ziegelsteine
66 kg Zement
396 kg Sand
33 kg Kalk
4 Holzlatten 150 x 38 x 1800 mm
2 Holzlatten 150 x 38 x 570 mm
3 Holzlatten 150 x 38 x 1550 mm
2 Holzlatten 150 x 38 x 420 mm
22 Sechskant-Holzschrauben, 75 mm lang (12 für den Tisch, 10 für die Bank)

1 Markieren Sie die Standfläche des Tisches und der Sitzbank und geben Sie an allen Seiten noch etwa 10 bis 20 cm zu. Dann koffern Sie den Boden bis zu einer

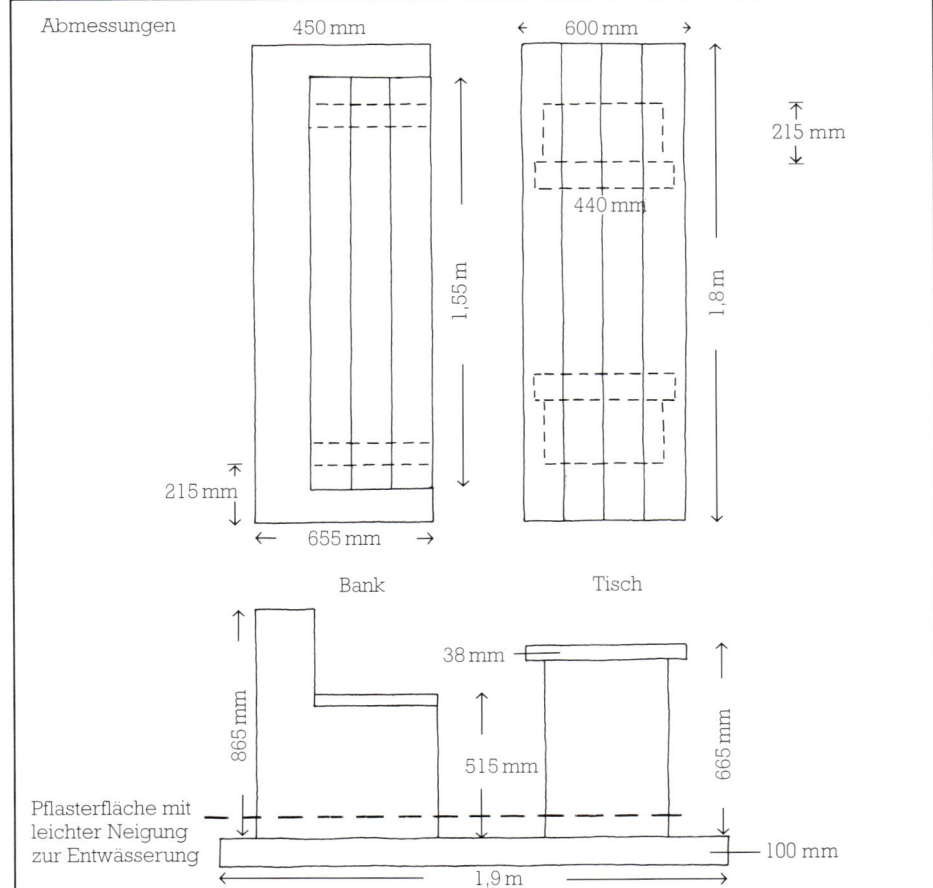

Tiefe von 10 cm aus. Achten Sie darauf, dass die Oberfläche eben ist, bevor Sie den Beton mischen und gießen Sie dann das Fundament. Die waagerechte Ausrichtung können Sie prüfen, indem Sie an jeder Ecke einen Ziegelstein aufstellen und darüber ein langes Brett mit einer Wasserwaage darauf legen.

2 Mischen Sie Zement und groben Kies im Verhältnis von 1:6. Verteilen Sie den Beton über die gesamte Fläche und ebnen Sie alles mit dem Rücken eines Spatens ein. Die Ziegelsteine in den Ecken können Sie als Orientierungspunkte stehen lassen.

3 Nachdem der Beton getrocknet ist, mauern Sie die Lehne und die Seiten der Sitzbank im Läuferverband. Überprüfen Sie mit einem Winkel, ob alle Ecken 90° betragen.

4 Die Seitenwände der Bank werden aus zwei Schichten Ziegelsteinen aufgesetzt. Achten Sie bei Mauern stets darauf, dass die Oberflächen genau waagerecht bzw. lotrecht sind. Eine Schichtenlatte sorgt für regelmäßige Abstände zwischen den Schichten.

5 Nun mauern Sie die beiden Säulen, die als Auflage für die Tischplatte dienen. Am einfachsten und praktischsten ist es, gleichzeitig an der Bank und am Tisch zu arbeiten. Beide werden im Läuferverband gemauert (siehe S. 244) und haben Auflagen aus Holzlatten. Die Rückseite der Bank besteht aus elf Schichten (vom Fundament aus gezählt), die Seitenwände aus sieben und die Auflagen für die Tischplatte aus neun Schichten. Beachten Sie dabei, dass sich fast zwei Schichten unter der Oberfläche der Pflasterfläche befinden. Die Bretter für die Bank sind auf die entsprechende Länge zu sägen und auf zwei Querstreben zu schrauben. Die Rückenlehne der Bank, sowie die Seitenwände werden oben mit dünneren Klinkern abgedeckt, die gleichzeitig dafür sorgen, dass die hölzerne Sitzfläche stabil liegt. Der Tischplatte wird ähnlich zusammengebaut, ist aber ein Brett breiter als die Bank. Die Querstreben befestigt man so, dass sie genau an den gemauerten Säulen sitzen, damit die Platte nicht hin und her rutschen kann.

201

Bei schönem Wetter *geht nichts über eine Mahlzeit im Freien, noch dazu wenn man draussen auch kochen kann. Ein feststehender Grillplatz ist der ideale Ort, um gemeinsam mit der Familie oder mit Freunden zu kochen und zusammen zu sitzen. Der hier gezeigte gemauerte Grill ist weitgehend wartungsfrei und wetterbeständig. Er ist einfach zu bauen und der Aufwand lohnt sich sicherlich, wenn Sie daran denken, wie viel Spass Sie später beim Grillen haben werden.*

Standort

Der Standort des Grillplatzes ist ein wichtiger Faktor. Bei sorgfältiger Planung kann ein praktischer und gemütlicher Freizeitbereich entstehen, den man häufig und gern nutzen wird. Mangelnde Planung jedoch und ungenügende Beachtung solcher Faktoren wie Sonneneinstrahlung, Wind, Erreichbarkeit vom Haus und mögliche Belästigung der Nachbarn durch den Rauch des Grills, können dazu führen, dass die investierte Zeit, die Mühe und das aufgewandte Geld umsonst waren.

Setzen Sie sich einfach einmal für eine Weile in verschiedene Ecken des Grundstücks und beachten Sie das dort vorherrschende Kleinklima. Wie lange scheint die Sonne auf diese Stelle des Gartens? Welche Ecke liegt besonders windgeschützt? Sicherlich wollen Sie letztendlich nicht allein am Grill stehen, während die anderen an einer sonnigeren oder geschützteren Stelle sitzen. Der ideale Standort für einen Grillplatz sollte teils in der Sonne und teils im Schatten und vor allem windgeschützt liegen. Oft ist es günstig, den Grillplatz in der Nähe des Hauses anzulegen, um sich lange Wege zur Küche zu sparen. Wenn er jedoch zu nahe am Haus gebaut wird, kann es passieren, dass der Rauch die Hauswand schwärzt oder sogar ins Haus dringt. Beim Bau eines Grills oder Backofens ist immer auch auf den Brandschutz zu achten.

Viele werden sich dafür entscheiden, den Grillplatz direkt an die Terrasse angrenzend anzulegen. In diesem Fall sollte man einen Schornstein bauen, der den Rauch ableitet.

Gestaltung

Das Design und die Ausstattung des Grillplatzes hängen sicher weitgehend von der Häufigkeit der Nutzung ab, jedoch sollte man auch bei einfachen Konstruktionen nicht vergessen, dass man eine ausreichend große Ablagefläche und etwas Stauraum für die Grillutensilien und das Holz oder die Holzkohle benötigt.

Wenn das Budget nicht groß genug ist, um alle Wünsche gleichzeitig zu erfüllen, sollte man den Grillplatz so planen, dass er später noch komfortabler gestaltet oder erweitert werden kann, zum Beispiel um feststehende Sitzgelegenheiten oder einen gemauerten Tisch, Türen für die Stauräume (wie auf dem Foto zu sehen) oder Pflanzgefäße.

Der Stil des ganzen Ensembles sollte zum Stil des Hauses und der Nebengebäude passen. Wenn Sie beispielsweise die gleichen Ziegelsteine, den gleichen Putz oder die gleiche Farbe benutzen, haben Sie schon die Grundlagen dafür gelegt, dass der Grillplatz nicht aus dem Rahmen fällt oder zu dominant wirkt.

Grillplätze können aus Ziegeln, Betonwerkstein oder auch Naturstein gebaut werden. Es gibt außerdem bereits fertige Bausätze oder auch transportable Grills. Als Brennstoff verwendet man entweder Holz, Holzkohle oder Gas.

Die Vorteile eines feststehenden Grillplatzes liegen auf der Hand. Es sind keine großen Aufbau- und Abräumarbeiten erforderlich, wenn man sich kurzfristig entschließt, draußen zu kochen, ein gemauerter Grill ist sehr lange haltbar und erhöht außerdem den Wert Ihres Grundstücks, vorausgesetzt, er wurde sorgfältig geplant und ansprechend gestaltet.

Die Ausführung kann sehr unterschiedlich sein, es gibt schlichte, funktionelle Grills wie der hier beschriebene, größere Ausführungen mit drehbaren Grillspießen bis hin zu Pizzaöfen oder Backöfen.

Fundament

Alle größeren und auch kleineren Bauwerke sollten auf einem stabilen Fundament errichtet werden. Die Stärke des Fundamentes hängt natürlich von der Größe und vom Gewicht des Grills ab. Ein kleinerer Grill kann auf einer 75 bis 100 mm starken Fundamentplatte errichtet werden, wie auch der auf Seite 200 beschriebene Sitzplatz. Eine vorhandene Terrasse, beispielsweise, stellt meist einen ausreichend stabilen Untergrund dar, wenn sie eben und fest ist.

Um die Reinigung einfacher zu gestalten und den Ablauf von Regenwasser zu gewährleisten sollte das Fundament leicht vom Grill weg abfallen.

Bauarbeiten

Markieren Sie die Grundfläche des Grillplatzes und geben Sie an jeder Seite noch

Rechts: Dieser schlichte und praktische Grillplatz ist ein überschaubares Vorhaben, das von jedem durchschnittlich begabten Heimwerker verwirklicht werden kann. Die Lamellentüren und die Holzbank wurden später ergänzt.

10 bis 20 cm zu. Beim Mauern sollten Sie die waagerechte und lotrechte Ausrichtung der Oberflächen regelmäßig kontrollieren. Dafür verwendet man eine Wasserwaage, die man auf ein langes gerades Brett legt. Wenn nötig, ist die Höhe jeder Schicht Ziegelsteine zu korrigieren, indem man etwas Mörtel wegnimmt oder hinzufügt. Halten Sie die Wasserwaage bei der Kontrolle diagonal, waagerecht und senkrecht gegen die gemauerten Wände. Die Rechtwinkligkeit der Ecken prüft man mit Hilfe eines Winkels. Liegt ein Ziegelstein etwas schräg, ist er vorsichtig gerade zu klopfen. Mörtel, der aus den Fugen quillt, ist sofort zu entfernen.

Bauanleitung Grillplatz

Der hier beschriebene Grill ist 1,80 m lang und 52,5 cm tief. Die Abmessungen der 10 cm starken Grundplatte betragen 2,00 m x 0,80 m. Folgende Materialien werden benötigt:

Fundament	Grillplatz
Beton aus 1 Teil Zement und 6 Teilen grobem Kies	*240 Ziegelsteine (30 davon halbiert)*
50 kg Zement	*53 Pflasterklinker*
325 kg Kies der Körnung 0–16 oder 0–32	*75 kg Zement*
	300 kg Mörtelsand
	38 kg Kalk
	4 Betonstürze, 1,50 m lang
	8 runde Eisenstäbe oder ein 450 x 450 mm großes Rost

1 Nachdem Sie den Standort für den Grill eingemessen haben, ist der Boden etwa 10 cm auszukoffern und das Fundament zu gießen. Den Beton dazu mischt man im Mengenverhältnis von 1:6.

2 Wenn der Beton ausgehärtet ist, legen Sie die erste Reihe Steine ohne Mörtel und markieren die Umrisse der Wände mit Bleistift auf der Grundplatte. Bereiten Sie den Mörtel zum Mauern vor. Mischen Sie dafür einen Teil Zement, einen Teil Kalk und sechs Teile Mörtelsand.

3 Geben Sie nun entlang der angezeichneten Linie einen Streifen Mörtel auf die Grundplatte (etwa 10 bis 12 mm dick und 10 cm breit), ziehen Sie in der Mitte eine Furche um eine bessere Haftung zu erreichen und drücken Sie dort hinein die erste Schicht Ziegelsteine. Achten Sie darauf, dass die Seitenwand genau rechtwinklig zu der für die Rückwand angezeichneten Linie verläuft.

4 Verlegen Sie die erste Schicht für beide Seitenwände (insgesamt 10 Steine) und überprüfen Sie regelmäßig die Ausrichtung. Spannen Sie dann eine Fluchtschnur zwischen die beiden Seitenwände, an der Sie die Steine der Rückwand ausrichten.

5 Nun verlegen Sie die erste Schicht Steine der Rückwand und dann die der beiden Zwischenwände, die auch nur einen Halbstein dick sind. Alle Fugen zwischen den Steinen sollten ganz mit Mörtel gefüllt werden, bevor man mit dem Aufsetzen der zweiten Schicht beginnt.

4

6 Der Grillplatz wird im Läuferverband gemauert und deshalb benötigt man für jede zweite Schicht 6 halbe Steine. Man beginnt an den Außenecken der Rückwand. Bevor man den ersten Stein der zweiten Schicht an seinen Platz setzt, bestreicht man die Oberseite der ersten Schicht mit Mörtel. Bevor man mit der zweiten Schicht der Rückwand und der Zwischenwände beginnt, werden beide Außenecken erst einmal drei Schichten hoch gemauert. Um die zweite Schicht zu komplettieren, schiebt man einen halben Stein in die innere Ecke. Dann füllt man die Fugen mit Mörtel und setzt den letzten Stein der dritten Schicht ein.

7 Ziehen Sie alle Mauern bis zur zehnten Schicht auf. Verlegen Sie eine Reihe Steine entlang der Außenkanten und legen Sie dann die vier Betonstürze über die Zwischenwände. Bestreichen Sie die ganze Fläche mit Mörtel und bauen Sie zum Schluss die Wände, die das Grillfeuer abschirmen.

8 Vergessen Sie nicht, die Auflagen für das Grillrost einzumauern und kratzen Sie alle äußeren Fugen sauber aus. Für die letzte Schicht sowie für die Fußbodenfläche unter dem Grillplatz verwendet man dünnere Klinker. Alternativ kann man über den Stürzen noch eine Schicht normaler Ziegelsteine verlegen und die Fläche links und rechts vom Grillfeuer fliesen.

2

1

3

5

6

8

7

Stufen, *gleich ob sie aus Ziegelsteinen, Naturstein, Betonstein oder einer Kombination unterschiedlicher Materialien gebaut sind, schaffen Abwechslung im Garten und lassen ihn interessanter wirken, ganz abgesehen von ihrem praktischen Nutzen auf abschüssigen Grundstücken. Treppen können einen sonst nicht erreichbaren oder selten besuchten Gartenbereich zugänglich machen und unterschiedliche Ebenen miteinander verbinden. Eine Treppe zu bauen ist gar nicht so schwierig, wie es auf den ersten Blick erscheint, vorausgesetzt man befolgt einige wichtige Grundregeln.*

Standort und Ausführung

Die konstruktive Ausführung und Gestaltung einer Treppe hängt in erster Linie von ihrem Standort und ihrem Zweck ab. Eine sorgfältige Planung ist in jedem Fall wichtig. Vor dem Beginn der Bauarbeiten sollten Sie sich deshalb über den günstigsten Standort und die optische Ausführung Gedanken machen.

Auch wenn ein Grundstück nur leicht abfällt oder ansteigt und eine Treppe nicht unbedingt nötig wäre, kann man aus gestalterischen Gründen die Anlage von Stufen in Erwägung ziehen. Unbedingt vermeiden sollte man jedoch eine sehr lange gerade Treppe. Eine Treppe die von Pflanzen flankiert wird, wie oben auf dem Foto zu sehen, ist eine ganz besondere Augenweide. Kriechende Bodendecker oder Blumen mildern die Wirkung der geraden Linien. Baut man entlang der Treppe spezielle Pflanzgefäße, kann man dort auch Pflanzen mit besonderen Ansprüchen kultivieren, die in dem vorhandenen Boden sonst nicht gedeihen würden. Natursteintreppen wirken besonders anziehend, wenn man in einige Fugen kleinwüchsige, duftende Kräuter setzt.

Baumaterial

Für welchen Stil Sie sich auch entscheiden, ob für eine formale Ziegelsteintreppe oder eine Natursteintreppe, achten Sie immer darauf, dass die Treppe zwar eine optische Bereicherung bildet, jedoch nicht in Konflikt mit bestehenden Bauten gerät oder den ganzen Garten dominiert. Wenn das Haus beispielsweise in einem charakteris-

tischen Stil gebaut wurde, empfiehlt es sich, für eine zur Eingangstür führende Treppe ein Material zu wählen, das gut zu diesem Stil passt oder Farben und Formen des Hauses im Design der Treppe wieder aufzunehmen. In anderen Fällen ist es vielleicht angebracht, die farbliche Gestaltung und Struktur bereits vorhandener Bodenbeläge in der Treppe fortzusetzen.

Viele Treppen im Außenbereich bestehen aus Betonplatten, die auf gemauerte Setzstufen gelegt wurden. Die Skizze unten links zeigt, wie eine solche Treppe aufgebaut ist. Die unterste Setzstufe wird auf einer Betonplatte errichtet, der Raum dahinter mit Schotter und Erde verfüllt und dann werden die Trittplatten in einem Mörtelbett über der Schotterschicht verlegt. Die zweite Setzstufe baut man auf der Hinterkante der untersten Trittstufe usw.

Stufen können ganz aus Ziegeln gemauert werden, wie in unserer ersten Bauanleitung beschrieben oder auch aus Betonpflastersteinen bestehen, die in einem Sandbett verlegt werden. Wie man dabei vorgeht, können Sie in der zweiten Bauanleitung nachlesen.

Will man Stufen aus Beton gießen, ist für jede einzelne Stufen eine stabile Schalung zu bauen. Dann wird die unterste Stufe mit Beton gefüllt, der festgestampft und glatt abgezogen wird. Bevor man mit dem Beto-

Unten: Der übliche Aufbau einer Treppe aus Betonplatten auf gemauerten Setzstufen.

Unten rechts und Detailskizzen: Betonstufen werden in eine Schalung gegossen.

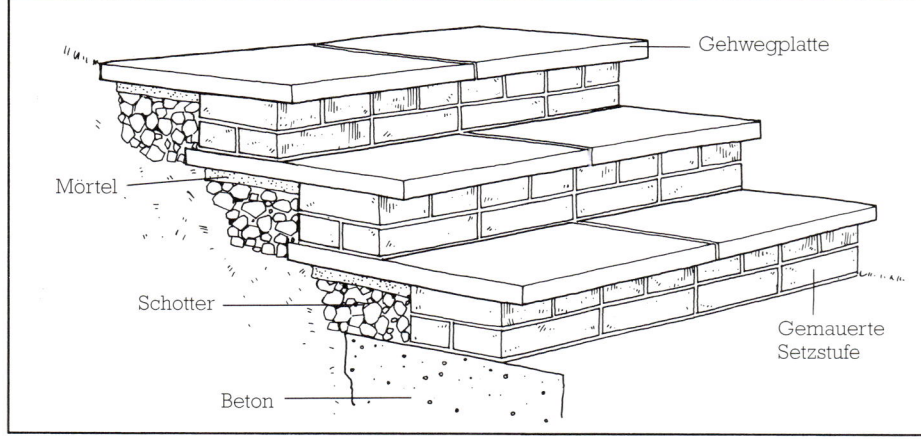

Gehwegplatte

Mörtel

Schotter

Beton

Gemauerte Setzstufe

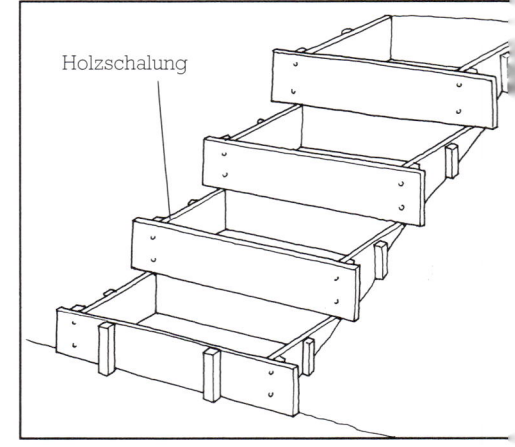

Holzschalung

nieren der zweiten Stufe beginnt, muss die erste Stufe vollständig ausgehärtet sein.

Ziegelsteine eignen sich zum Bau von Stufen besonders gut und deshalb findet man auch so häufig gemauerte Treppen. Sie sollten jedoch erwägen, ob Sie die Ziegel eventuell mit anderen Materialien kombinieren, um einen interessanteren optischen Effekt zu erzielen. Die Trittstufen könnten beispielsweise aus Betonpflastersteinen oder Fliesen bestehen.

Legt man Wert darauf, dass die Stufen möglichst mit der natürlichen Umgebung verschmelzen, kann man alte Eisenbahnschwellen als Baumaterial verwenden.

Ausschachten

Nachdem Sie aufgrund der örtlichen Gegebenheiten entschieden haben, wo die Treppe angelegt werden soll und welche Materialien Sie für den Bau verwenden wollen, messen Sie die Baustelle ein (siehe Diagramm) und beginnen mit den Schachtarbeiten. Wenn möglich ist die Breite, Tiefe und Höhe der Stufen so zu wählen, dass man keine Steine oder Platten zu zerteilen braucht. Vergessen Sie bei der Berechnung die Stärke der Fugen zwischen den Steinen nicht!

Werden Stufen in einen steilen Hang gebaut, müssen Sie wahrscheinlich zuerst die seitlichen Stützmauern errichten, die die Erdmassen links und rechts der Treppe zurück halten (siehe S. 250), sonst bestände die Gefahr von Hangerosion, was zum Einsturz der gesamten Treppe führen könnte.

Höhe

Eine Stufe sollte niemals höher als 20 cm und mindestens 25 cm tief sein. Stufen und Treppen im Außenbereich sind jedoch in der Regel flacher und tiefer als die hier angegebenen Maße.

Links: Da die Terrasse mit Ziegelsteinen gepflastert ist, wurde auch die dorthin führende Treppe aus Ziegeln gemauert.

Unten: Hier wurde ein eindrucksvoller Effekt erzielt, indem man die Stufen über einem Bogen errichtet hat.

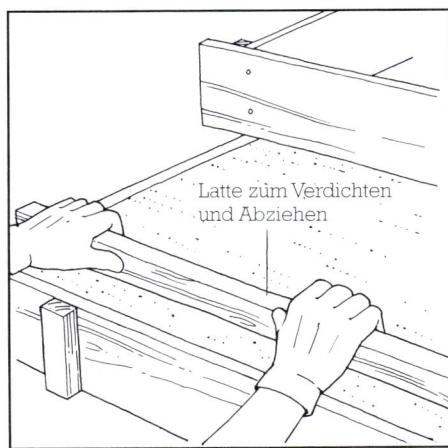

Latte zum Verdichten und Abziehen

Je höher eine Stufe ist, desto schneller ist man die Treppe hinab oder auch hinauf gestiegen. Tiefe, flache Stufen laden geradezu zu einem gemütlichen Spaziergang ein, deshalb findet man sie auch so häufig in Parks und Gärten. Auf sehr großen Grundstücken ist selbst eine so geringe Steigung wie 1:15 möglich. An einem langen, sanft ansteigenden oder abfallenden Hang sieht eine Serie von Treppen mit Absätzen dazwischen meist besser aus als eine lange durchgehende Treppe. Man kann eine Treppe natürlich auch mit Pflanzen oder einer kleinen Bank zum Ausruhen auflockern.

Trittstufen und Setzstufen

Das Verhältnis zwischen der Tiefe der Trittstufe und der Höhe der Setzstufe ist ganz wichtig, damit die Treppe bequem zu begehen ist. Je sanfter der Hang und je tiefer die Trittstufe desto flacher sollte die Setzstufe sein.

Hier einige Beispiele, die Sie als Richtlinie verwenden können: Eine 30 cm tiefe Stufe ist bequem zu ersteigen, wenn die Setzstufe 17,5 cm hoch ist, während eine 50 cm tiefe Trittstufe mit einer niedrigeren, 10 cm hohen Setzstufe kombiniert werden sollte.

Stufenbreite

Gartenstufen sollten idealerweise 1,20 bis 1,50 m breit sein. Das ist ausreichend, damit

Oben: Die Grünpflanzen in den gemauerten Behältern kontrastieren mit dem Rot der Ziegel.

sich zwei Menschen auf der Treppe begegnen können. Funktionelle Treppen, die lediglich die Begehbarkeit eines bestimmten Bereiches gewährleisten sollen, müssen mindestens 60 cm breit sein. Damit sich auf den Stufen kein Wasser sammelt, ist die

Empfohlene Kombinationen von Tritt- und Setzstufen

Tiefe der Trittstufe	Höhe der Setzstufe	Mögliche Baumaterialien für die Setzstufe
50 cm	10 cm	Eine Schicht Ziegelsteine plus 25 mm starke Gehwegplatten
45 cm	11,5 cm	Eine Schicht Ziegelsteine (auf der Kante verlegt) oder eine Schicht Ziegelsteine und 38 mm starke Gehwegplatten
40 cm	14 cm	Eine Schicht Betonwerksteine plus 38 mm starke Gehwegplatten
35 cm	15 cm	Zwei Schichten Ziegelsteine
30 cm	17,5 cm	Zwei Schichten Ziegelsteine plus 25 mm starke Gehwegplatten

Trittstufe mit einer leichten Neigung nach vorn einzubauen (etwa 1 %).

Profile

Um herauszufinden, wie viele Stufen genau in einen Hang passen, ist es ratsam, sich aus zwei langen geraden Holzleisten, die im rechten Winkel miteinander verbunden werden, ein einfaches Profilmodell anzufertigen. Die senkrechte Latte wird dorthin gestellt, wo die Treppe beginnen soll und die waagerechte Leiste legt man auf den geplanten Austritt der Treppe. Mit einer Wasserwaage korrigiert man nun die waagerechte Ausrichtung. Die Tiefe des Hanges entspricht der Länge der waagerechten Latte, während die senkrechte Latte den insgesamt zu überwindenden Höhenunterschied anzeigt.

Auf der Grundlage dieser Zahlen können Sie nun entscheiden, wie viele Stufen Sie anlegen möchten. Wenn zum Beispiel wie in der Skizze die Gesamtlänge 1,20 m und die Gesamthöhe 4,20 m beträgt, kann die Treppe theoretisch aus zwei, drei oder vier Stufen bestehen. Bei nur zwei Stufen wären jedoch die Setzstufen viel zu hoch, bei vier Stufen wäre die Höhe der Setzstufen 10,5 cm, ihre Tiefe jedoch nur 30 cm, was nicht ausreichend ist. Die beste Lösung besteht also darin, drei Stufen anzulegen, die jeweils 14 cm hoch und 40 cm lang sind.

Manchmal wird es erforderlich sein, die Gesamtlänge so anzupassen, dass eine

1 Messen Sie die Treppe ein und spannen Sie in Höhe des Antritts sowie des Austritts eine Richtschnur. Es ist nicht erforderlich, die ganze Erde wegzunehmen, schachten Sie einfach die grobe Form der Stufen aus.
2 Nun legt man ein 5 cm dickes Betonfundament an, das so lang und breit wie die Trittstufen ist. Wenn der Beton vollständig ausgehärtet ist, kann man damit beginnen, die erste Schicht Ziegelsteine im Mörtelbett zu verlegen. In dem hier dargestellten Fall ist der Antritt eine Verlängerung des gepflasterten Weges, so dass nur eine Schicht Pflasterklinker verlegt wird.
3 Füllen Sie den Raum hinter der Trittstufe mit Beton und zwar bis zur Oberkante der Pflasterklinker. Diese Betonschicht bildet den Unterbau für die zweite Stufe. Nachdem sie ausgehärtet ist, kann man die erste Setzstufe mauern.
4 Die Setzstufe wird aus zwei Schichten Ziegelsteinen, die im Läuferverband verlegt werden, gemauert. Spannen Sie dazu eine Fluchtschnur und kontrollieren Sie die waagerechte sowie die senkrechte Ausrichtung der Setzstufe mit der Wasserwaage.
5 Nun wird der Zwischenraum hinter den Ziegeln mit Beton verfüllt, so dass eine ebene Fläche entsteht, auf der man die Pflasterklinker der Trittstufen in einem Mörtelbett verlegt. Die folgende Stufe wird in der gleichen Weise gebaut.

Treppe mit bequem ersteigbaren Stufen entsteht, deren Abmessungen auch im Hinblick auf die verwendeten Ziegel (plus Mörtelfugen) oder die anderen verwendeten Steine oder Platten günstig sind.

Arbeitsanleitung Treppe

Für drei 90 cm breite und 29 cm tiefe Trittstufen auf 20 cm hohen Setzstufen benötigt man die folgenden Materialien:

Fundament	Mauerwerk
10 kg Zement	72 Ziegelsteine
75 kg Zuschlagstoffe	56 Pflasterklinker
	15 kg Zement
	60 kg Sand
	8 kg Kalk

Unten: Einfaches Profil zum Bau von Treppen.

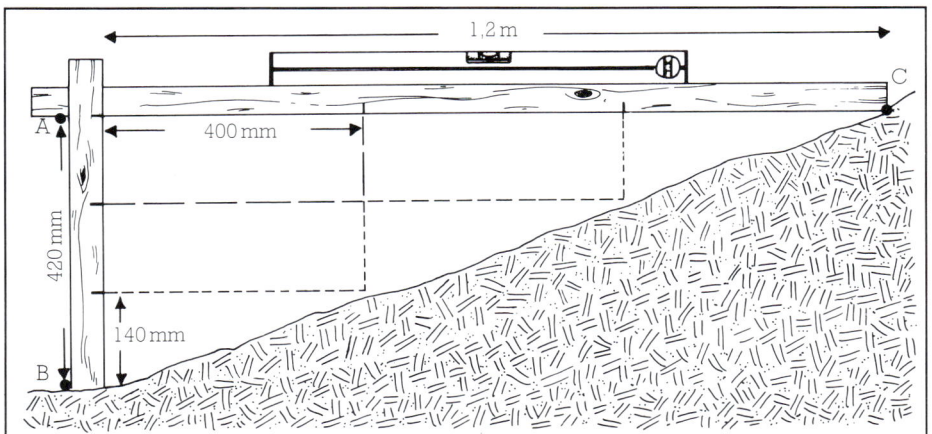

Arbeitsanleitung Treppe aus Betonpflastersteinen

Für drei 1 80 m breite und 50 cm tiefe Trittstufen auf 20 cm hohen Setzstufen benötigt man die folgenden Materialien:

55 Steine für Bordsteinkanten	**Fundament/ Hinterfüllung**
110 Betonpflastersteine	35 kg Zement 230 kg Zuschlagstoffe (Kies der Körnung 0 – 16 oder 0 – 32) 100 kg feinen Sand 200 kg Schotter

1 Zuerst die zwei Ziegelmauern bauen und die Form der Stufen grob ausschachten.

2 Für die Betonfundamente der Setzstufen baut man Holzschalungen, die genau auszurichten und mit Hilfe von Pflöcken zu fixieren sind.

3 Nun gießt man den Beton in die Schalung und zieht ihn glatt ab.

4 Nachdem der Beton vollständig ausgehärtet ist, was mindestens 3 Tage dauert, kann die Schalung entfernt werden.

5 Zur genauen Ausrichtung der Bordsteine spannt man eine Fluchtschnur und verlegt die Steine dann in einem Mörtelbett.

6 Vervollständigen Sie zuerst alle Setzstufen.

7 Zwischenräume mit Schotter ausfüllen.

8 Die Schotterschicht sorgfältig verdichten, bis die erforderliche Höhe erreicht ist.

9 Jetzt wird feinerer Sand als Bettung für die Betonpflastersteine eingefüllt und verdichtet. Legen Sie dann etwas unter der Oberfläche der zukünftigen Trittstufe zwei runde Eisenstäbe (Ø 6 cm) in den Sand.

10 Den Sand über diesen Rundstäben glatt abziehen und die Stäbe herausnehmen.

11 Mit einem Trennschleifer oder einem Steinbrecher schneidet man Steine für kleinere Lücken passgenau zurecht.

12 Verlegen Sie die Steine in dem gewünschten Verband.

13 Noch einmal kommt nun der Handstampfer zum Einsatz. Um die Pflastersteine nicht zu beschädigen, legt man ein Holzstück unter.

14 Feinen Sand in alle Fugen kehren.

15 Um den Sand in die Fugen zu drücken und die Fläche einzuebnen, die Pflasterfläche nochmals mit dem Handstampfer bearbeiten.

8

11

14

9

12

15

10

13

16

Grundstücksgrenzen *werden oft von Mauern gebildet, die Schutz gewähren und eine private Atmosphäre schaffen. Jede Mauer hat natürlich auch Öffnungen für Türen oder Tore und oft sind solche Maueröffnungen nach oben hin durch einen Bogen abgeschlossen.*

Standort

Bögen können auf unterschiedliche Art in die Gestaltung eines Grundstücks einbezogen werden – sie können eine lange gerade Mauer auflockern, einen Durchgang einrahmen oder Stützen für blühende Kletterpflanzen bilden. In der Regel empfiehlt es sich nicht, einen einzeln stehenden Bogen zu bauen; er würde in den meisten Fällen etwas verloren wirken. Stattdessen sollte man sich überlegen, welche baulichen Elemente durch einen Bogen an Ausdruckskraft gewinnen könnten, beispielsweise eine Mauer oder eine Hecke, die unterschiedliche Gartenbereiche trennt, ein Rankgerüst oder ein Tor in der Grenzmauer. Ein Bogen sollte möglichst irgendwo im Umkreis ein Gegenstück haben. Das kann ein zweiter Bogen in der gleichen Mauer sein, ein Bogen über einem Seiteneingang, über dem Garagentor, über einem Fenster oder über dem Eingang des Hauses selbst. Auch kleinere Bögen sind häufig zu finden, beispielsweise über einem Briefkasten, dem Abstellplatz der Mülltonne oder einer Mauernische.

Bau eines Bogens

Das Mauern eines Bogens gehört zu den Projekten, die mit viel Sorgfalt in Angriff genommen werden sollten, besonders dann, wenn die durch den Bogen zu überspannende Öffnung relativ breit ist. In der Regel baut man sich zunächst eine spezielle Schalung, auf welcher dann der Bogen gemauert wird. Dafür sägt man aus Sperrholz halbkreisförmige Tafeln, die man in entsprechendem Abstand zusammennagelt und am künftigen Standort des Bogens aufstellt.

Generell kommt entweder ein halbkreisförmiger Bogen oder ein flacherer Segmentbogen in Frage, wobei halbkreisförmige Bögen leichter zu mauern sind. Das Anreißen eines Segmentbogens auf dem Holz für die Schalung ist etwas komplizierter und außerdem müssen die letzten Steine des Pfeilers auf jeder Seite des

Unten: Ein in die Mauer eingelassener Bogen ist eine ungewöhnliche Art der Einrahmung.

Bogens entsprechend angepasst werden, denn die ersten Bogensteine liegen nicht genau waagerecht auf.

Schalungen für halbkreisförmige Bögen

Ein halbkreisförmiger Bogen ist schnell gezeichnet. Sein Radius entspricht der Hälfte des Abstands zwischen den Pfeilern.

Legen Sie die Holzplatte, die Sie für die Schalung verwenden möchten auf den Boden und zeichnen Sie darauf mit Hilfe eines Bleistifts, den Sie an einer Schnur festbinden, einen Halbkreis, dessen Radius halb so groß wie die Breite des Durchgangs ist. Sägen Sie den Halbkreis mit einer Stich-

Seite den ersten Halbkreis an. Schließlich wird ein Stück einer dünnen, biegsamen Hartfaserplatte auf die entsprechende Länge gesägt (Der halbe Kreisumfang ist das Produkt aus dem Radius und 3,14) und auf die Halbkreise genagelt.

Schalungen für Segmentbögen

Ein Segmentbogen stellt einen Teil des Umfanges eines größeren Kreises dar und ist flacher als ein halbkreisförmiger Bogen.

Zunächst muss man die Höhe des Bogens festlegen. Sie sollte mindestens ein Sechstel der Spanne (hier 90 cm) betragen. Legen Sie die Sperrholzplatte für die Schalung auf einen ebenen Untergrund und ziehen Sie eine gerade, 90 cm lange Grundlinie von A nach B (siehe Skizze). Markieren Sie den Mittelpunkt und ziehen Sie durch diesen Punkt rechtwinklig zur ersten Linie eine zweite Linie. Messen Sie dort die gewünschte Höhe des Segmentbogens ab (hier 15 cm) und markieren Sie den Punkt C. Ziehen Sie eine Linie von A nach C, markieren Sie den Mittelpunkt dieser Linie und ziehen Sie durch diesen Punkt eine rechtwinklig zu A–C verlaufende Linie. Wo diese Linie die senkrechte Linie schneidet, befindet sich der Punkt E, der Mittelpunkt des Kreises, dessen Segment Sie nun mit Hilfe des oben beschriebenen provisorischen Zirkels anreißen.

In der Skizze ist eine zweite, etwas höhere Variante eines Segmentbogens mit gestrichelten Linien dargestellt.

Bau des Bogens

Wahrscheinlich erscheint der Bau eines Torbogens dem durchschnittlich begabten Heimwerker als unlösbare Aufgabe, wenn man jedoch systematisch den wichtigsten Regeln folgt, ist diese Herausforderung durchaus zu bewältigen.

Man stellt die fertige Schalung zwischen den Säulen auf mindestens 10 x 5 cm starke Kanthölzer. Unter die Schalung werden Keile geschoben, mit Hilfe derer die Schalung genau waagerecht ausgerichtet wird. Nun markiert man die Position der einzelnen Steine, indem man sie auf die Schalung legt und Keile dazwischen steckt, die der Stärke der Mörtelfuge entsprechen.

Einen Bogen mauert man am besten gleichmäßig von beiden Seiten. Verlegen Sie jeden Stein genau entsprechend den Markierungen, die Sie auf der Schalung vorgenommen haben und kontrollieren Sie mit einer Wasserwaage oder einem Lineal, ob die Vorderseite des Bogens und die Stirnfläche der Schalung in einer Flucht liegen.

Der oberste Stein in der Mitte des Bogens ist der so genannte Schlussstein. Achten Sie darauf, dass dieser ganz fest steckt und lassen Sie den Mörtel mindestens drei Tage trocknen, bevor Sie die Schalung entfernen.

Oben: Ein Bogen bringt Abwechslung in diese Mauer und bildet eine Rankhilfe für die Kletterrosen.

Rechts: Diese Skizze zeigt, wie man einen Segmentbogen anreißt.

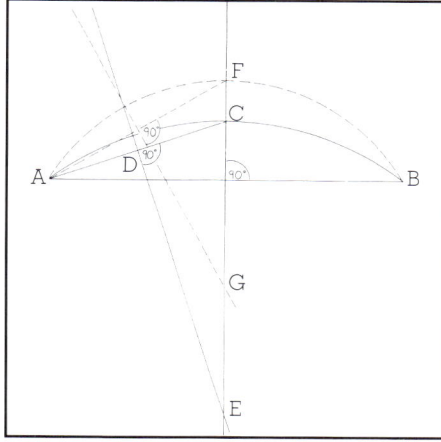

säge aus und verwenden Sie ihn als Schablone für die zweite Hälfte der Schalung.

Nun legen Sie den einen Halbkreis auf die Werkbank und stellen entlang der Halbkreislinie Holzblöcke auf, die der Stärke der Mauer entsprechen (minus der Dicke beider halbkreisförmiger Bretter). Darauf wird der zweite Halbkreis genagelt, man dreht alles um und nagelt auf der anderen

1

2

3

4

5

6

Arbeitsanleitung Bogen

Für die Schalung benötigt man die folgenden Materialien:

*Spanplatten für die Halbkreise
Kanthölzer, 5 x 5 cm auf die erforderliche Länge gesägt.
Ein Stück Hartfaserplatte entsprechend der Stärke des Bogens und der Länge des Halbkreises bzw. des Segmentes.
75 mm lange Nägel, mit denen die Spanplatten auf die Kanthölzer genagelt werden.
40 mm lange Nägel, mit denen man die Hartfaserplatte auf die Schalung nagelt.*

Man sollte den Bogen aus den gleichen Steinen mauern, die man auch für die Mauer verwendet hat. Eventuell benötigt man einen speziellen Schlussstein.

1 Zeichnen Sie die Form der Schalung auf ein Stück Sperrholz und sägen Sie die beiden Halbkreise oder Kreissegmente aus.

2 Sägen Sie die Kanthölzer auf die erforderliche Länge und nageln Sie darauf die beiden Halbkreise.

3 Nun sägen Sie ein Stück Hartfaserplatte entsprechend der Breite des Bogens und der Länge des halben Kreisumfangs zu und nageln es auf die beiden Halbkreise. Damit haben Sie eine glatte und durchgehende Oberfläche, auf der Sie die Steine verlegen können.

4 Mit Hilfe einer Schichtenlatte markiert man nun am äußeren Rand die Position jedes Steines. Passen Sie die Fugenstärke so an, dass Sie keine Steine zu teilen brauchen.

5 Bevor man die Schalung aufstellt, mauert man die Pfeiler bis zu dem Punkt, an dem der Bogen beginnt.

6 Wenn die Schalung aufgestellt ist, verlegt man die ersten Steine provisorisch mit Keilen dazwischen, die der Fugenstärke entsprechen und überprüft die markierten Positionen der einzelnen Steine.

7 Man mauert den Bogen gleichzeitig von beiden Seiten, wobei man regelmäßig die Ausrichtung kontrolliert.

8 Der oberste Stein ist der Schlussstein. Er muss ganz fest sitzen. Hier wurde ein großer Schlussstein gewählt, der durch alle drei Schichten geht.

7

8

215

Freistehende Pfeiler und Säulen *können für unterschiedliche Zwecke errichtet werden – als Stützen für Pergolen und Lauben, als Pfosten für Tore an Eingängen und Einfahrten, als Sockel für Sonnenuhren oder Vogelbäder oder auch als Stützen für das Dach eines Carports. Pfeiler werden außerdem am Anfang und am Ende von Mauern sowie in bestimmten Abständen innerhalb einer längeren Mauer gesetzt, um der Mauer größere Stabilität zu verleihen. Der Bau einer Säule oder eines Pfeilers ist nicht sehr kompliziert, wenn man bereits einige Übung beim Mauern hat und die Grundprinzipien beachtet.*

Fundament

Ein Fundament für eine gemauerte Säule oder einen Pfeiler aus Ziegelsteinen muss mindestens 20 cm dick sein. Bei höheren Pfeilern oder solchen, an denen Tore aufgehängt werden, ist jedoch eine Tiefe von 60 cm empfehlenswert.

Der Beton für ein kleines Fundament sollte aus einer Mischung aus einem Teil Zement und sechs Teilen Zuschlagstoffe bestehen. Diese Mischung wurde auch für das Pfeilerfundament in dem auf Seite 219 beschriebenen Projekt verwendet, da der Pfeiler nur knapp einen Meter hoch ist und eher eine dekorative denn stützende Funktion hat.

Armierung

Pfeiler, die das Dach eines Carports tragen oder Pfeiler, an denen ein schweres Tor aufgehängt ist, müssen ziemlich stabil sein, da enorme Kräfte auf sie wirken. Deshalb sind solche Pfeiler mit einem Mörtel zu mauern, der sehr fest wird. Zusätzlich ist in der Mitte jedes Pfeilers ein Eisenstab einzumauern. Beim Bau eines Carports ist außerdem darauf zu achten, dass das Dach sicher auf den Pfeilern befestigt wird. In die Fugen zwischen den letzten fünf Schichten legt man zusätzlich Streckmetallstreifen ein, da der Pfeiler nicht nur das Gewicht des Daches tragen sondern auch der Windlast standhalten muss.

Armierungsstäbe werden gleich zu Anfang in das Fundament einbetoniert und so lange abgestützt, bis der Beton ausgehärtet ist. Dann werden die Ziegelsteine um den Stab herum gemauert und der Hohlraum in der Mitte wird mit Mörtel gefüllt. Auf diese Art gemauerte Pfeiler, die ein Dach tragen sollen, lässt man sieben Tage aushärten.

Bei hohen Säulen oder Pfeilern betoniert man einen L-förmigen Stahlstab in das Fundament ein und befestigt an diesem weitere Armierungsstäbe, wie auf der Skizze rechts zu sehen ist.

Säulen und Pfeiler mauern

Freistehende Pfeiler, gleich ob kompakt oder hohl, mauert man am besten aus einer geraden Anzahl von Steinen und mit einem quadratischen Grundriss. Stützpfeiler innerhalb von Mauern können auch aus einer ungeraden Zahl von Steinen bestehen, z. B. werden Pfeiler in halbsteindicken Mauern oft als hohle quadratische Pfeiler, deren Seiten drei Halbsteine dick sind, gemauert.

Bei Pfeilern innerhalb von Mauern kann man den Pfeiler entweder in den Verband der Mauer integrieren oder aber jede zweite Schicht der Mauer mit einem Halbstein beenden und an den Seiten des Pfeilers eine senkrechte Fuge lassen, die hori-

Links: Diese Pergola aus gehobelten Kanthölzern liegt auf gemauerten Säulen. Auf ähnliche Weise könnte man auch einen Carport errichten.

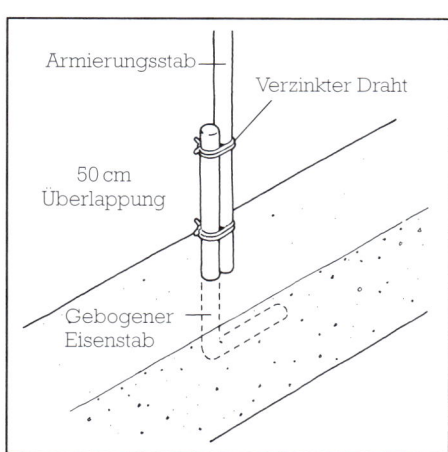

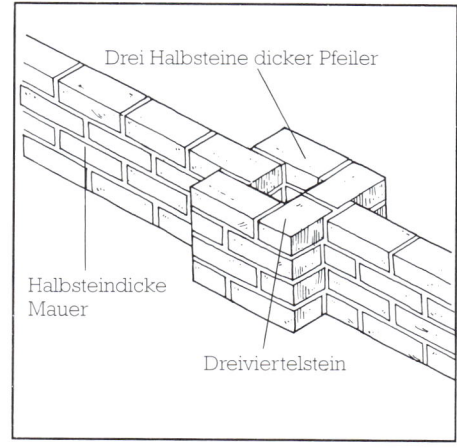

Armierungsstab · Verzinkter Draht

50 cm Überlappung

Gebogener Eisenstab

Oben: In langen und hohen Mauern sind in regelmäßigen Abständen Dehnfugen und Stützpfeiler vorzusehen.

Rechts: Dieser Pfeiler wurde in den Mauerverband integriert.

Unten: Streckmetallstreifen verstärken die Verbindung zwischen Pfeiler und Mauer.

Unten links: Dehnfuge. Die Hälfte des Metallstreifens wurde eingefettet um horizontale Bewegungen zu ermöglichen.

Links: Bei sehr hohen Pfeilern wird das erste L-förmige Stück der Armierung einbetoniert. Dann werden weitere Armierungsstäbe mit verzinktem Draht daran befestigt.

Drei Halbsteine dicker Pfeiler

Halbsteindicke Mauer

Dreiviertelstein

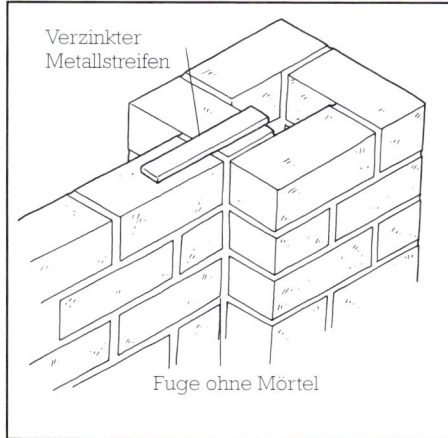

Verzinkter Metallstreifen

Fuge ohne Mörtel

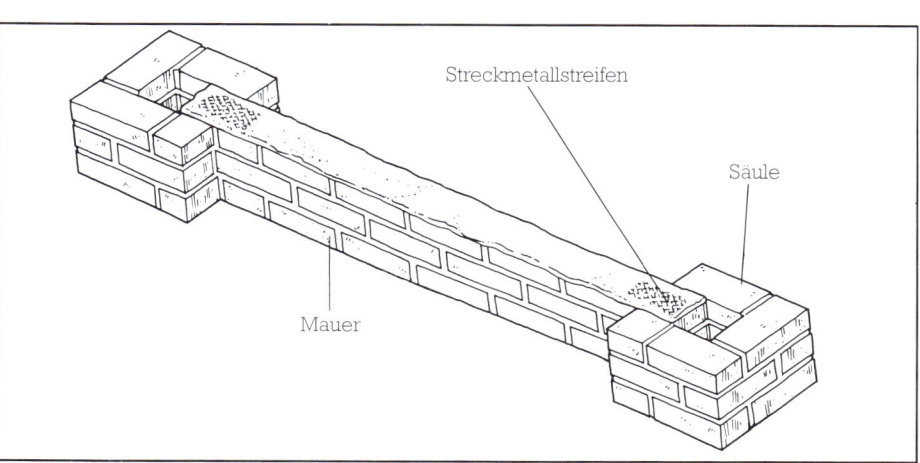

Streckmetallstreifen

Säule

Mauer

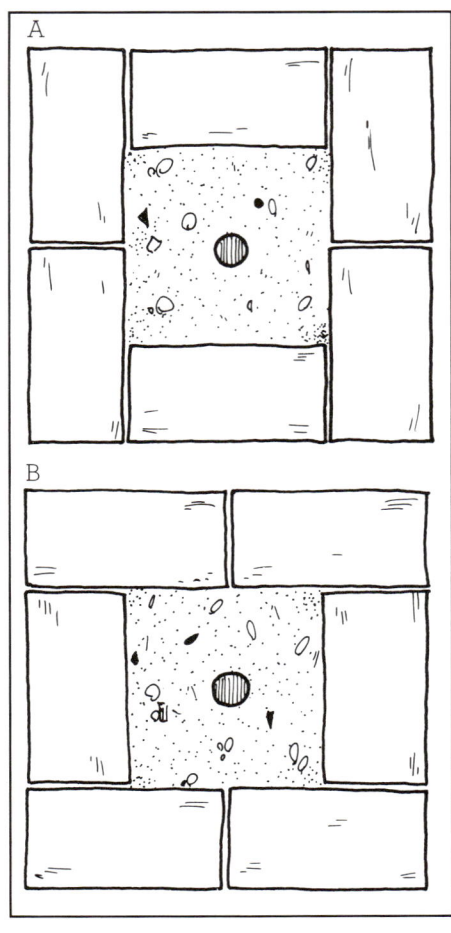

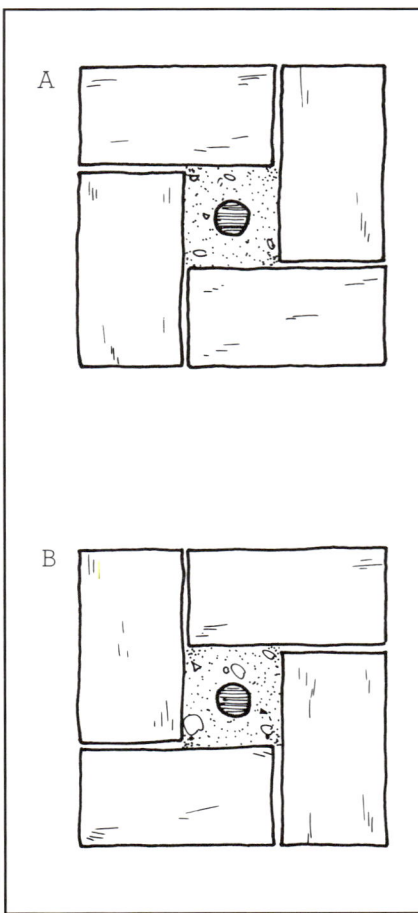

Links: Die Skizzen zeigen drei verschiedene Möglichkeiten einen Pfeiler aufzusetzen. Die dargestellten Schichten sind immer abwechselnd zu mauern, bis die gewünschte Höhe erreicht ist. Das sichert einen stabilen Verband.

zontalen Fugen jedoch mit Streckmetallstreifen verstärken.

Eine vertikale Fuge dient innerhalb von langen Mauern gleichzeitig als Dehnfuge, um horizontale Bewegungen auszugleichen und somit Risse in der Mauer zu verhindern. In unserem Projekt haben wir die senkrechte Fuge nicht mit Mörtel gefüllt und einen flachen verzinkten Metallstreifen eingelegt, dessen eine Hälfte leicht eingefettet wurde. Dadurch erreicht man, dass sich die Mauer der Länge nach ausdehnen und zusammenziehen kann, sie jedoch in seitlicher Richtung stabilisiert wird. Die Ränder der offenen vertikalen Fuge werden mit einer dauerelastischen Fugendichtungsmasse verfüllt.

Arbeitsanleitung Pfeiler

Um einen 90 cm hohen, hohlen Pfeiler aus vier Mauersteinen pro Schicht zu bauen, der auf einem 60 cm x 40 cm großen und 11 cm dicken Fundament steht, benötigt man die folgenden Materialien:

Fundament	Mauerwerk
10 kg Zement	50 Ziegelsteine
65 kg Zuschlagstoffe	5 Pflasterklinker
	10 kg Zement
Putz	40 kg Mörtelsand
8 kg Zement	5 kg Kalk
48 kg Mörtelsand	Metallstab, etwa 1 m
4 kg Kalk	lang

1 Der hier gezeigte Pfeiler ist Bestandteil einer Mauer und wurde im gleichen Zug wie die Mauer errichtet. Für einen frei stehenden Pfeiler der gleichen Art müsste man eine 60 x 60 cm große Fläche für das Fundament ausschachten. Sobald der Beton vollständig ausgehärtet ist, kann man die erste Schicht Steine verlegen.

2 Es ist ganz wichtig, dass alle vier Ecken der Säule genau rechtwinklig sind. Nachdem Sie die erste Schicht Steine gemauert haben, sollten Sie die Ecken deshalb mit einem großen Winkel nachprüfen. Bei der weiteren Arbeit ist der Abstand der Schichten regelmäßig mit einer Schichtenlatte zu kontrollieren. Mit einer Wasserwaage überprüft man die waagerechte und senkrechte Ausrichtung jeder Schicht Steine.

3 Nun steckt man in die Mitte des Pfeilers einen Eisenstab in den noch feuchten Mörtel. Der Stab wurde so zugesägt, dass das obere Ende bis kurz unter die geplante Oberkante des Pfeilers reicht. Damit er

nicht umfällt, stützt man ihn mit Brettern ab und fährt dann fort, den Pfosten um den Stab herum hochzuziehen.

4 Die Ziegelsteine für den Pfeiler werden so verlegt, dass ein Verband mit der angrenzenden Mauer entsteht. An einem solchen Pfeiler könnte beispielsweise auch ein kleines Tor aufgehangen werden. Die Pfeiler und die Mauer in diesem Projekt wurden verputzt und dann mit einem lasierenden Anstrich versehen. Damit die Mauer und der unverputzte Grillplatz eine harmonische Einheit bilden, wurde die Mauer mit einer Rollschicht aus Ziegelsteinen und die Pfeiler mit Pflasterklinkern abgedeckt.

Links: Die Pfeiler bilden eine harmonische Einheit mit den Ziegelwänden des Grillplatzes und dem gepflasterten Weg.

Eine Terrasse *wird oft als Erweiterung des Wohnzimmers genutzt und schafft einen gemütlichen Rahmen für die Stunden nach Feierabend oder am Wochenende, die man bei schönem Wetter gern draußen verbringt. Eine gepflasterte Terrasse ist lange haltbar, praktisch und einfach zu reinigen. Der Bau einer Terrasse liegt durchaus im Rahmen der Möglichkeiten des motivierten Heimwerkers und ist ein überschaubares Vorhaben.*

Planung

Bevor Sie mit der Planung der Terrasse beginnen, sollten Sie zusammen mit der Familie besprechen, welchen Zwecken die Terrasse dienen soll, wo und wie groß sie am besten anzulegen ist. Auch über Gestaltungsfragen sollten Sie sich bereits in der Planungsphase einigen.

Lage

Auf fast jedem Grundstück gibt es mehrere mögliche Standorte für eine Terrasse. Sie kann direkt an das Wohnzimmer anschließen oder etwas entfernt vom Haus angelegt werden, eventuell an einem Swimmingpool oder einem Grillplatz. Die Entscheidung über den Standort hängt in starkem Maße von der Art der geplanten Nutzung der Terrasse ab, jedoch sind immer einige grundsätzliche Faktoren zu beachten, wie zum Beispiel Sonneneinstrahlung und Wind. Wenn Sie sich in erster Linie einen ruhigen Platz zum Lesen und Entspannen schaffen wollen, sollten Sie die Terrasse unter schattenspendenden Bäumen anlegen. Manchmal kann man eine nicht besonders attraktive „tote" Ecke im Garten durch die Anlage einer Pflasterfläche in einen gemütlichen Ort des Rückzugs verwandeln, dessen Pflege nur wenig Aufwand erfordert.

Sonnenanbeter werden natürlich eine möglichst unbeschattete Südlage für die Terrasse wählen. Möchten Sie bei schönem Wetter jedoch auch die Mahlzeiten so oft wie möglich draußen einzunehmen, ist der ideale Standort derjenige, der bei Bedarf auch etwas Schatten gewährt. Außerdem sollte die Terrasse in diesem Fall gut von der Küche zu erreichen sein.

Rechts: Eine Terrasse aus Ziegelsteinen vermittelt einen ländlichen Eindruck.

Unten: Eine effektvoll beleuchtete Terrasse aus Terrassenplatten.

Größe

Auch die Größe der Terrasse hängt von der geplanten Nutzung ab. Im Zweifelsfall empfiehlt es sich, die Terrassenfläche etwas größer zu planen. Besonders junge Familien sollten auch an möglichen Zuwachs denken und bei der Planung der Terrasse die entsprechende Voraussicht walten lassen.

Eine Terrasse, die als Essplatz dienen soll, muss groß genug für einen Tisch, für genügend Stühle und eventuell für andere Gartenmöbel sein. Ist der Platz knapp, empfiehlt es sich, feststehende Sitzgelegenheiten vorzusehen, da diese weniger Fläche beanspruchen. Eine Eckbank beispielsweise, die direkt an eine Wand ge-

rasse muss deshalb durchaus nicht langweilig wirken, denn es gibt eine ganze Reihe von Sträuchern, Bodendeckern oder immergrünen Pflanzen mit interessanten Formen, die nur wenig Pflege brauchen.

Material

Für eine Terrasse eignen sich viele Pflastermaterialien, darunter Klinkersteine, Betonpflastersteine, Granitsteine oder Terrassenplatten aus Beton. Je nach Material kann die Oberfläche unterschiedlich strukturiert sein, von glatt (einfach zu reinigen, aber Rutschgefahr) bis grob behauen (sicherer zu begehen, aber schwerer zu reinigen). Man muss sich jedoch nicht zwangsläufig auf ein Material beschränken, sondern kann bei der Gestaltung der Terrasse auch unterschiedliche Materialien und Farben kombinieren.

Wichtige Grundregeln

Wollen Sie an Ihrer neuen Terrasse lange Freude haben, sind beim Bau einige wichtige Grundprinzipien zu beachten.
• Das Pflaster ist auf einem festen, gut verdichteten Untergrund zu verlegen um spätere Setzungen zu vermeiden.
• Eine Terrassenfläche an einem Gebäude ist stets so anzulegen, dass eine leichte Neigung vom Gebäude weg entsteht, das für eine gute Entwässerung sorgt.
• Alle im Sandbett verlegten Pflasterklinker oder Betonpflastersteine sollten innerhalb eines stabilen Rahmens verlegt werden, der dafür sorgt, dass die Kanten nicht wegbrechen.
• Pflasterflächen sind eben und mit einer leichten Neigung anzulegen. Herausstehende Steine oder Platten sehen nicht nur häßlich aus, sie können auch zu gefährlichen Stolpersteinen werden.

Drainage

Ganz wichtige Kriterien beim Bau einer Terrasse sind die Ebenheit und die Neigung der Terrassenfläche. Oberflächenwasser darf niemals in Richtung des Hauses ablaufen, es sollten sich auf der Terrasse keine Pfützen bilden und die Pflasterfläche sollte möglichst schnell abtrocknen.

Die fertige Oberfläche einer Terrasse, die an ein Gebäude angrenzt, muss mindestens 15 cm unter der Sperrschicht gegen aufsteigende Feuchtigkeit in der betreffenden Wand des Gebäudes liegen. Die Sperrschicht gegen aufsteigende Feuchtigkeit wird durch einen Streifen Plastikfolie oder durch ein anderes wasserdichtes Material gebildet, das etwas über dem Bodenniveau in alle Wände eines Gebäudes eingelegt wird, um zu verhindern, dass Feuchtigkeit aus dem Boden in den Mauern aufsteigen kann.

Die Terasse sollte mit einer Neigung von 2 % vom Haus weg angelegt sein, das heißt, die Fläche sollte auf einen Meter 2 cm abfallen, so dass sich kein Wasser an

baut wird, kann man mit einem Klapptisch kombinieren der gegebenenfalls schnell zur Seite gestellt ist.

Terrassen, die direkt an das Haus angrenzen, sind oft durch doppelflügelige Glastüren mit dem Wohnraum verbunden. Dadurch wird die Terrasse bei schönem Wetter zum grünen Wohnzimmer.

Form

Die Form der Terrasse sollte sich gut in das Gesamtbild des Gartens einfügen. In einem Naturgarten mit fließenden Übergängen und geschwungenen Linien würde eine rechteckige Terrasse mit strengen Grenzen wie ein Fremdkörper wirken, sie passt eher in eine Umgebung, in der insgesamt die formalen Elemente vorherrschen.

Stil

Der Stil der Terrasse und der verwendeten Gestaltungselemente wird maßgeblich vom Stil des Hauses beeinflusst sein, es empfiehlt sich jedoch, die Terrasse relativ schlicht zu halten. Zu viel Farbe und zu viele Pflanzbehälter und Blumentöpfe können leicht den Eindruck von Unordnung schaffen. Man sollte anstreben, alle Aspekte des Hauses und des Gartens zu einem harmonischen Ganzen zu verbinden.

Wenn Sie nicht gerade ein begeisterter Gärtner sind, sollten sie sich für eine pflegeleichte Begrünung entscheiden. Die Ter-

der Hauswand oder auf der Terrasse selbst sammelt. Normalerweise versickert das Regenwasser einfach im angrenzenden Rasen oder in einem Blumenbeet. In Gegenden mit starken Niederschlägen kann es jedoch erforderlich sein, das Wasser abzuleiten – auf die Straße, in einen Kanal, Sickerschacht oder aber einfach zu einer unbefestigten Fläche, auf der es versickern kann. Regenwasser sollte niemals in die Klärgrube geleitet werden. Soll die Terrasse ringsherum eine Begrenzung erhalten, ist bereits bei der Planung eine Entwässerungsrinne oder ein unter der Erde verlegtes Rohr mit einem Einlauf an der tiefsten Stelle vorzusehen.

Randbegrenzung

Bei Pflasterflächen aus Klinkersteinen oder Betonpflastersteinen sorgt eine Randbegrenzung dafür, dass die Ränder nicht wegbrechen. Wird solches Pflaster jedoch entlang der Hauswand oder entlang einer anderen Mauer verlegt, kann man auf die Randbegrenzung verzichten.

Für die Randbegrenzung verwendet man spezielle Randsteine aus Beton oder man gießt um die Pflasterfläche einen Betonkragen. Der Rand kann auch aus Klinkern oder Pflastersteinen, die rechtwinklig zur Pflasterfläche oder auf Kante in ein Mörtelbett verlegt werden, gebildet werden. Darunter legt man ein Streifenfundament aus Beton an.

Die Randbegrenzung sollte erst zum Schluss angelegt werden, ansonsten könnte es passieren, dass die Abmessungen doch nicht ganz stimmen und Sie am Ende gezwungen sind, alle Randsteine passend zuzuschneiden.

Vor dem Verlegen der Randsteine spannt man eine Fluchtschnur und gräbt dann einen flachen, ebenen Graben, in den man das Fundament gießt. Nach vollständiger Aushärtung verlegt man darauf die Steine in ein Mörtelbett (siehe S. 271). Zum Schluss entsteht an der Außenseite der Randbegrenzung eine Rückenstütze aus Mörtel.

Terrassen aus Terrassenplatten oder Steinen, die im Mörtelbett verlegt werden, erfordern nicht unbedingt eine Randbe-

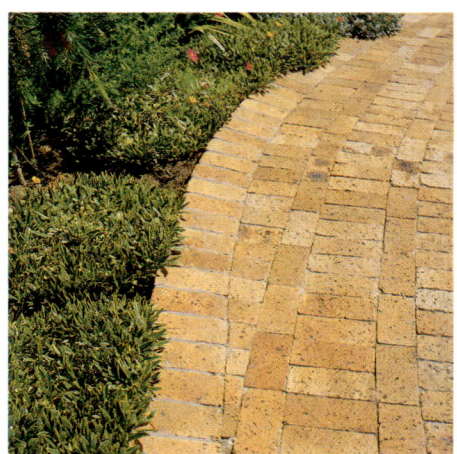

Arten von Pflasterverbänden

Die Fotos zeigen verschiedene mögliche Pflasterverbände (von oben links in Uhrzeigerrichtung):

Fischgrätverband

Blockverband oder Parkettverband

Variation des Blockverbandes

Linearer Verband

Bei diesem Verband wechseln sich Läufer- und Binderreihen ab.

Läuferverband

---

grenzung. Manchmal wird diese nur der optischen Wirkung willen angelegt.

Vorbereitung des Untergrunds

Wie alle baulichen Anlagen muss auch eine Pflasterfläche auf einem soliden Unterbau errichtet werden, besonders wenn sie den Boden eines Carports bildet oder anderweitig stark belastet wird. Wenn erforderlich, sollten Sie sich von einem Fachmann bezüglich der Bodenbeschaffenheit und der nötigen Maßnahmen beraten lassen.

Auf Böden mit hohem Lehm- oder Torfgehalt, die viel Wasser speichern können und relativ instabil sind, ist meist eine Schicht Schotter erforderlich. Die Dicke dieser Schicht hängt vom Grad der Instabilität des Bodens sowie von der beabsichtigten Nutzung der Terrasse ab, sie beträgt in der Regel jedoch 5 bis 10 cm für Gartenterrassen und 10 bis 25 cm für Pflasterflächen, die regelmäßig befahren werden.

Die Oberfläche der Terrasse sollte mindestens 15 mm unter der Sperrschicht gegen aufsteigende Feuchtigkeit liegen und leicht geneigt sein, um eine gute Drainage zu gewährleisten. Um herauszufinden, wie tief Sie die Erde ausschachten müssen, addieren Sie die Dicke der Schotterschicht, die Dicke des Pflastermaterials und die Dicke der Sandbettung, in welche die Pflastersteine verlegt werden.

Dann ist der Boden entsprechend auszuschachten und der Untergrund zu ebnen.

Rechts: Interessante Effekte kann man mit Pflasterplatten unterschiedlicher Größe erzielen. Hier wurden Betonpflasterplatten mit strukturierter Oberfläche verlegt.

Randbefestigungen

Links: (von links nach rechts)

Pflasterklinker, die schräg in einem Betonbett verlegt wurden.

Bordsteinkante aus Beton als Grenze zwischen einem öffentlichen Weg und einer Einfahrt.

Randbefestigung aus Ziegelsteinen, die rechtwinklig zur Pflasterfläche in einem Mörtelbett verlegt wurden.

Gut verdichteter Schotter bildet den Unterbau für eine 25 bis 50 mm dicke Schicht aus feinem Sand, der mit einer Gartenwalze oder einem Handstampfer verdichtet wird. Die Pflasterklinker oder Betonpflastersteine können dann direkt in dieses Sandbett verlegt werden (siehe auch Einfahrten, S. 235). Gehwegplatten werden auf Mörtelpunkten verlegt.

Werkzeuge und Materialien

Nachdem Sie die Größe der zu pflasternden Fläche festgelegt haben, können Sie die Zahl der erforderlichen Pflastersteine berechnen. Als Faustregel gilt, dass man etwa 45 Ziegelsteine für einen Quadratmeter benötigt. Betonpflastersteine und hart gebrannte Ziegel eignen sich in gleichem Maße und sind in verschiedenen Farbnuancen erhältlich.

Sie benötigen außerdem Schotter für die unterste Schicht, Zement und Zuschlagstoffe für das Fundament der Randbegrenzung und gegebenenfalls für den Mörtel, sowie Sand für das Bett, in welches die Steine oder Platten verlegt werden. (Auf Seite 269 finden Sie weitere Hinweise zur Mengenberechnung.)

Links: Auf den Fotos wird gezeigt, wie man eine Betonplatte gerade zerteilt.
Unten: Eine mit Ziegelsteinen gepflasterte Terrasse bildet einen schönen Rahmen für das farbenfrohe Blumenbeet.

Die Schotterschicht und die Sandschicht müssen eben und gut verdichtet sein, bevor Sie mit dem Verlegen beginnen. Zum Verdichten verwendet man einen Handstampfer oder eine motorgetriebene Rüttelplatte, die man ausleihen kann. Weitere benötigte Werkzeuge sind auf S. 262 beschrieben.

Arbeitsanleitung
Terrasse aus Pflasterplatten

Für eine Fläche von 6 x 5 m benötigen Sie die folgenden Materialien:

	Mörtel
150 Terrassenplatten,	Zement und Sand
Seitenlänge 45 cm	im Verhältnis von 1:5
2650 kg Schotter	45 kg Zement
2100 kg Sand für das	225 kg Mörtelsand
Sandbett	

1 Entfernen Sie den Bewuchs und koffern Sie den Boden 15 bis 35 cm aus (abhängig von der Dicke der Pflasterplatten und der erforderlichen Stärke des Unterbaus). Die fertige Oberfläche sollte in jedem Fall mindestens 15 cm unter der Sperrschicht gegen aufsteigende Feuchtigkeit in der angrenzenden Hauswand liegen und eine vom Haus abgewandte Neigung von etwa 2 % aufweisen.

2 Verteilen Sie den Schotter (in der Regel 5 cm, bei instabilen Böden oder großer Belastung der Pflasterfläche jedoch mehr) und verdichten Sie ihn mit Hilfe eines Handstampfers. Nun gibt man eine 5 cm dicke Schicht feinen Sand auf den Schotter, harkt ihn glatt und verdichtet ihn ebenfalls.

3 Um eine genaue Ausrichtung der Platten zu gewährleisten, ist die künftige Pflasterfläche mit Hilfe von Schnur und Pflöcken abzustecken. Zum Verlegen der ersten Platte gibt man fünf faustgroße Mörtelpunkte auf den Sand und legt die Platte darauf. Mit einem Gummihammer oder dem Holzstiel eines Fäustels klopft man sie vorsichtig an und überprüft die Ausrichtung mit einer Wasserwaage. Um festzustellen, ob die Platte die richtige Neigung hat, legt man ein etwa 1 cm dickes Holzstück unter das vom Haus abgewandte Ende der Wasserwaage.

4 Dann verlegt man die folgenden Platten, wobei man Abstandshalter aus Sperrholz (6 bis 8 mm dick) verwendet, damit alle Fugen gleich breit werden. Es empfiehlt sich außerdem, einen dünnen Streifen Mörtel entlang des Randes jeder bereits verlegten Platte zu ziehen, so dass das Verfugen am Ende weniger Arbeit macht.

5 Jede Platte sollte auf gleicher Höhe wie die benachbarten Platten liegen.

6 Zuerst sind alle ganzen Platten zu verlegen. An den Rändern kann es erforderlich sein, Platten zuzuschneiden. Dazu ritzt man die Platte mit einem Prelleisen ringsherum ein, setzt das Prelleisen dann auf die Risslinie und teilt die Platte.

7 Nach 24 Stunden entfernt man alle Abstandshalter und füllt die Fugen mit frischem Mörtel. Verwenden Sie dazu eine Abdeckung aus Holz oder dünnem Blech, so dass die Oberfläche der Platten nicht verschmutzt wird.

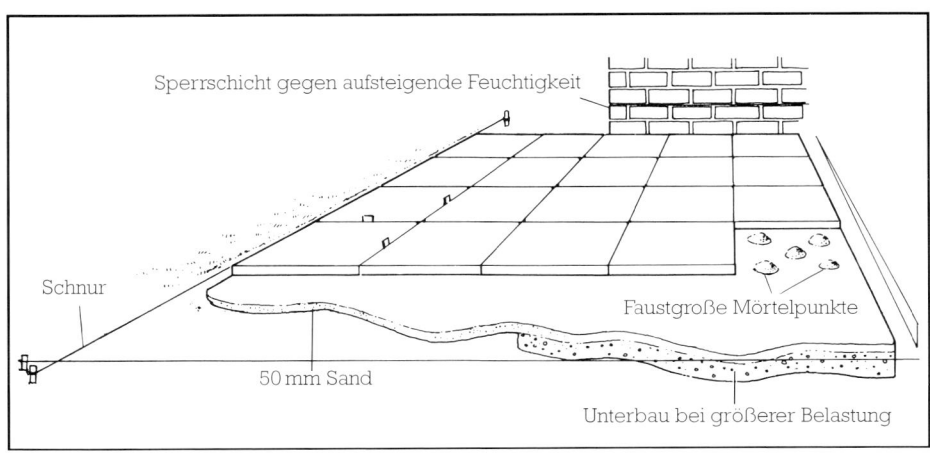

Sperrschicht gegen aufsteigende Feuchtigkeit

Schnur

Faustgroße Mörtelpunkte

50 mm Sand

Unterbau bei größerer Belastung

1

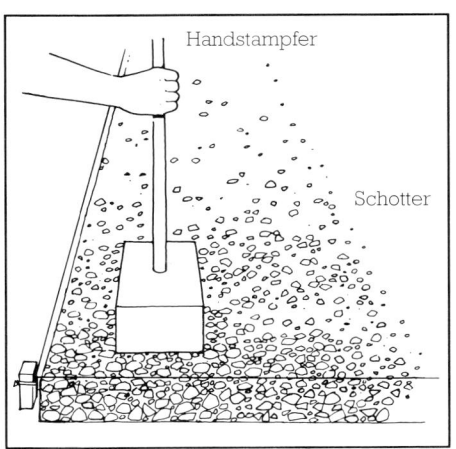

Handstampfer

Schotter

2

Abstandshalter aus Sperrholz

5

Nut

6

Mörtelstreifen

4

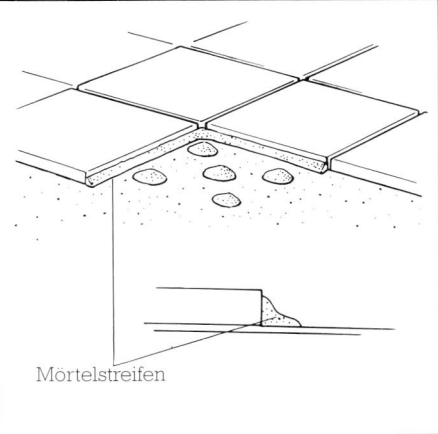

Schlitz zum Verfugen

Abdeckung aus Blech

7

Wege *ermöglichen den Zugang zum Haus oder Gebäuden im Garten und schaffen eine praktische Verbindung zwischen dem Haus und anderen Teilen des Grundstücks. Befestigte Wege von der Garage oder dem Carport zur Eingangstür, vom Swimmingpool, dem Wäsche- oder Grillplatz zum Haus sorgen dafür, dass Sie auch bei Regenwetter saubere Schuhe behalten. Ein Weg im Garten kann den Blick und die Schritte beispielsweise zu einem Teich, einem Kräutergarten oder einer gemütlichen Bank lenken. Der Weg selbst sollte gepflegt und ansprechend aussehen, jedoch nicht dominieren.*

Lage

Die Anlage eines Weges auf dem Grundstück ist in der Regel durch das einfache Bedürfnis motiviert, zwei Bereiche miteinander zu verbinden. In jedem Fall lohnt es sich, den Wegebau sorgfältig zu planen, denn nicht immer ist die kürzeste Verbindung zwischen zwei Punkten auch die günstigste Lage für einen Weg.

Vermeiden Sie möglichst einen Weg so anzulegen, dass er genau in der Mitte des Rasens vom Eingangstor bis zur Haustür verläuft und das Grundstück oder den Vorgarten unerbittlich in zwei Teile zerschneidet, es sei denn, Sie haben einen formalen und symmetrisch bepflanzten Garten. Ein leicht geschwungener Weg, der den Verlauf eines Blumenbeetes oder Teichufers aufnimmt, wirkt in jedem Fall sympathischer. Man sollte sich andererseits davor hüten, Wege mit zu engen Kurven anzulegen, denn dann besteht die Gefahr, dass jeder die Abkürzung über den Rasen nimmt!

In einem großen Garten kann man durchaus ein ganzes Wegenetz anlegen, ist der Garten jedoch relativ klein, lassen ihn zu viele Weg noch winziger erscheinen.

Belagsmaterial

Es empfiehlt sich, Wege generell aus beständigen Materialien anzulegen, die sicher zu begehen und einfach zu pflegen sind. Die Oberflächen sollte eben und möglichst rutschfest sein. Aus diesem Grund sind Ziegelsteine, Natursteinplatten, Betonpflastersteine oder Beton die geeignetsten Materialien für die Anlage von Wegen. Weitere Möglichkeiten sind Kies und Kopfsteinpflaster. Ein Weg kann durchgängig aus einem Material oder auch aus einer Kombination

unterschiedlicher Materialien bestehen. Eisenbahnschwellen allein sind zum Beispiel nicht günstig, da sie bei Nässe rutschig werden. Kombiniert man sie jedoch mit Pflasterflächen, kann das einen sehr interessanten Effekt ergeben. Wechselt man Ziegelsteine mit Betonpflastersteinen ab, senkt das nicht nur die Kosten, sondern macht auch die Pflasterfläche interessanter. Eine ungewöhnliche Wirkung erzielt man, wenn man kleine duftende Pflanzen, wie zum Beispiel Thymian zwischen die Pflastersteine setzt.

Im optimalen Fall sollte sich ein Weg harmonisch in die Umgebung einfügen. Das erreicht man, wenn das gewählte Pflastermaterial auch in anderen Gartenbereichen verwendet wird, beispielsweise für die Flächen um einen Swimmingpool, für eine Terrasse oder für Mauern. Stufen sollten ebenfalls aus dem gleichen Material wie der dazugehörige Weg angelegt werden.

Sicherheit

Wege sollten nicht nur eine griffige Oberfläche haben, sondern auch in anderer Hinsicht den Anforderungen an die Sicherheit entsprechen. Da Stufen besonders gefährlich sein können, sollte man sie niemals dort anlegen, wo man sie nicht erwartet –

Links: Hier wurden die breiten Zwischenräume zwischen den Betonplatten mit Splitt gefüllt.

Links: Die Beete sind durch geradlinige Wege aus Betonplatten getrennt.

beispielsweise kurz hinter einer scharfen Biegung. Gepflasterte Wege und Stufen sind regelmäßig von Moos und Algen zu säubern und im Herbst ist das herabfallende Laub abzukehren, da es ebenfalls die Rutschgefahr erhöht. Um Stufen und Wege auch nachts sicher begehbar zu machen, sollte man eine Beleuchtung installieren.

Breite

Die Breite eines Weges richtet sich natürlich nach seiner Funktion und der Größe des Gartens. Damit sich zwei Personen auf einem Weg begegnen können, muss dieser theoretisch etwa 1,50 m breit sein. Jedoch gibt es nicht sehr viele Grundstücke, die groß genug sind, um einen Weg mit diesen Abmessungen anzulegen. Der gepflasterte Weg in unserem Projekt, der ein Wasserbecken mit einer Terrasse verbindet, ist 90 cm breit.

Die obere Kante der Pflasterfläche sollte bündig mit der Rasenfläche abschließen oder geringfügig darunter liegen, damit man mit dem Rasenmäher darüber fahren kann ohne das Blatt zu beschädigen.

Fundament

Für die meisten Wege ist ein Unterbau aus einer 5 cm dicken Sandschicht ausreichend. Auf lehmigen und torfigen Böden kann außerdem eine Schotterschicht erforderlich sein.

Randbegrenzung

Bei betonierten Wegen und Wegen aus Betonplatten ist eine Randbegrenzung nicht zwingend, manchmal jedoch aus optischen Gründen erwünscht. Alle anderen Pflastermaterialien (Ziegelsteine, Betonpflastersteine, Kopfsteinpflaster und Kies) erfordern eine Begrenzung. Zur Randgestaltung kann man spezielle Randsteine, bei geschwungenen Pfaden auch Sperrholz oder flexibe Plastik einsetzen. Der Rand um Betonpflasterflächen kann aus Betonpflastersteinen, die in einem Mörtelbett auf einem Betonfundament verlegt werden, gebildet werden. Das ist auch bei einem Weg aus Ziegelsteinen die gängiste Methode der Randgestaltung. Man verlegt die Randsteine, die entweder auf der Kante stehen oder rechtwinklig zur Pflasterfläche angeordnet sind, in einem Mörtelbett und legt zusätzlich eine Rückenstütze aus Magerbeton an.

Links: Dieser geschwungene Weg aus Ziegelsteinen nimmt die Form der angrenzenden Mauer auf.

Vorbereitung

Der erste Schritt beim Wegebau ist die Markierung der Umrisse des Weges. Handelt es sich um einen geraden Weg, nimmt man dazu Pflöcke und Schnur zu Hilfe, geschwungene Pfade markiert man mit einem Stück Gartenschlauch oder einem dickeren Seil. Ein leicht abfallendes oder ansteigendes Grundstück stellt kein Hindernis für die Anlage eines Weges dar, ist die Neigung jedoch sehr stark, sollte man Stufen anlegen (siehe S. 206).

Dann koffert man den Boden bis zur erforderlichen Tiefe aus (5 cm plus der Stärke des Pflastermaterials und der des Sand- oder Mörtelbettes). Damit Oberflächenwasser schnell abläuft, legt man eine leichte Neigung nach einer Seite oder auch nach beiden Seiten an (etwa 1 cm auf 40 cm). Ein ansonsten ebener Weg sollte idealerweise auch der Länge nach eine leichte Neigung aufweisen (1 %, vom Haus weg).

Der Unterbau aus Schotter (falls erforderlich) und Sand ist mit einem Handstampfer gut zu verdichten, bevor man mit dem Verlegen des Pflastermaterials beginnt.

Wege aus unterschiedlichen Materialien

Es gibt eine ganze Reihe von Möglichkeiten, einen Gartenweg zu gestalten. Der verwendete Belag sollte jedoch möglichst zu den im Außenbereich bereits vorkommenden Materialien passen, beispielsweise zur Terrasse, zur Einfahrt oder zu den Mauern des Hauses.

Jedes Belagmaterial hat Vor- und Nachteile, die man in bestimmten Fällen kompensieren kann, wenn man mehrere Materialien kombiniert.

Gehwegplatten

Gehwegplatten aus Betonstein gibt es in unterschiedlichen Größen, Formen, Farben und Oberflächenstrukturen. Für Wege sollten jedoch keine ganz glatten Platten verwendet werden.

Am preisgünstigsten sind einfache quadratische oder rechteckige Platten, jedoch kann eine Fläche, die ausschließlich aus solchen Platten besteht, etwas langweilig wirken. Diesen Nachteil kann man durch andere Gestaltungsmaßnahmen oder durch die Auflockerung der Fläche mit Platten anderer Form oder Farbe kompensieren.

Gehwegplatten können direkt in ein Sandbett gelegt werden, die Stabilität der Fläche ist jedoch größer, wenn man die Platten auf Mörtelpunkten auf einer verdichteten Schotterschicht verlegt. Die Wegränder brauchen nicht zusätzlich befestigt zu werden. Zwischen den Platten lässt man schmale Fugen, die am Ende mit Mörtel gefüllt werden. Dazu mischt man einen Teil Zement und vier Teile Sand, kehrt diese Mischung in alle Fugen und spritzt die Oberfläche anschließend mit einem Wasserschlauch ab.

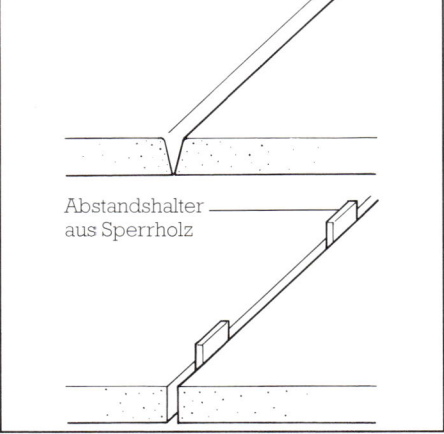

Abstandshalter aus Sperrholz

Wildpflaster

Eine Wildpflasterfläche kann man aus zerbrochenen Gehwegplatten oder unregelmäßig geformten Natursteinplatten anlegen. Um Wildpflaster zu verlegen, braucht man Zeit und Geduld, denn man muss die Pflastersteine so kombinieren, dass die Fugen möglichst schmal werden und bei Natursteinen auch die Stärke des Sandbettes der Dicke jedes Steins anpassen, damit die Oberfläche insgesamt relativ eben wird.

Wildpflaster erfordert keine spezielle

Links: Zwischen die Platten werden Abstandshalter aus Sperrholz gesteckt, damit die Fugen gleichmäßig breit werden.

Links: Im Gemüsegarten sind Betonwege oft eine gute Lösung.

Randbegrenzung. Die Fugen füllt man wie oben beschrieben mit trockenem Mörtel. Wildpflaster eignet sich auch für leicht geschwungene Wege.

Natursteinpflaster

Natursteinpflaster unterschiedlicher Größe findet man oft in den Straßen älterer Städte, es eignet sich jedoch auch ausgezeichnet für Gartenwege. Abhängig von der Größe der verwendeten Steine ist der Boden entsprechend tief auszukoffern. Natursteinpflaster kann man sowohl im Sand- als auch im Mörtelbett verlegen, wobei man die Fugen wie oben beschrieben mit einem trockenen Mörtel füllt.

Werden die äußeren Reihen der Steine gleich zu Anfang in einem Mörtelbett verlegt, ist keine weitere Randbegrenzung erforderlich.

Ziegelsteine

Ziegelsteine können ebenfalls zum Pflastern verwendet werden, wenn sie entsprechend hart gebrannt und frostbeständig sind. In Gegenden, wo die meisten Häuser Fassaden aus Klinkersteinen haben, bieten sich Klinker als Pflastermaterial natürlich besonders an. Andererseits sind Klinker relativ teuer und die Verlegung ist ziemlich zeitaufwändig. Ziegelsteine oder Klinker können entweder in einem Sandbett (siehe Arbeitsanleitung auf der nächsten Seite) oder in einem 5 cm dicken Mörtelbett verlegt werden. In jedem Fall ist eine feste Randbegrenzung erforderlich.

Betonpflastersteine

Betonpflastersteine sind in der Regel dicker als Gehwegplatten und in unterschiedlichen Formen, Farben und Oberflächen erhältlich. Sie werden in ein Bett aus verdichtetem Sand gelegt (siehe Einfahrten, S. 235) und erfordern eine feste Randbegrenzung.

Unten: Mit einem Klüpfel oder einem Gummihammer klopft man Natursteinplatten in das Sandbett.

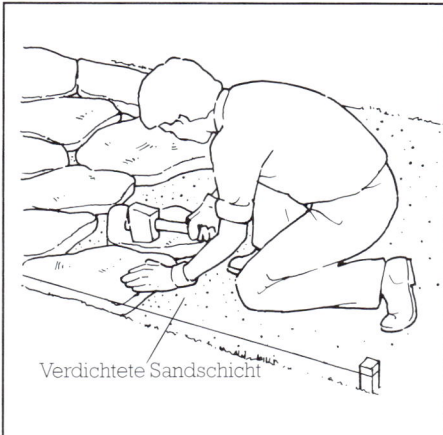

Verdichtete Sandschicht

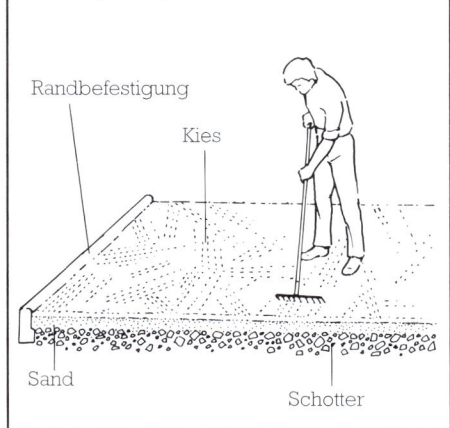

Oben: Man harkt den Kies über dem Untergrund aus verdichtetem Schotter glatt.

Kies

Kies ist in unterschiedlichen Körnungen erhältlich und seine Farbe kann abhängig vom Abbauort variieren. Kies wird in der Regel lose über einem Unterbau aus verdichtetem Schotter und Sand aufgeschüttet und breit geharkt.

Der Sand über der Schotterschicht sorgt dafür, dass der Kies nicht im Schotter versickert. Die Kiesschicht wird in einer Stärke von 25 mm aufgebracht. Die Ränder des Weges müssen mit Steinen, einem Betonkragen, Brettern oder Bohlen befestigt wer-

den. Kieswege müssen relativ häufig geharkt und regelmäßig mit einem Unkrautbekämpfungsmittel behandelt werden. Kies eignet sich ausgezeichnet für geschwungene Pfade, jedoch in keinem Fall für abschüssige Wege.

Betonierte Wege

Ein betonierter Weg kann sehr preisgünstig sein, sieht jedoch eher langweilig aus, wenn die Oberfläche nicht durch Steinsplitter oder durch Aufrauhen mit einer harten Bürste strukturiert wird. Eine ungewöhnliche Wirkung erzielt man, wenn man dem Beton Farbpigmente zusetzt.

Betonierte Wege erfordern zwar keine Randbegrenzung, zum Betonieren muss man jedoch eine Schalung bauen. Für ein Gartenweg ist eine Betondicke von 75 mm ausreichend, wobei der Beton direkt auf den Boden gegossen werden kann, wenn dieser ausreichend fest ist. Auf weichen Böden ist jedoch ein Unterbau aus Schotter erforderlich. Hat man die Absicht, einen kurvenreichen Weg anzulegen, ist Beton durchaus ein geeignetes Material. Für ein solches Projekt muss man sich jedoch flexible Schalungselemente aus Metall oder Plastik beschaffen oder selbst bauen. Im Kapitel „Arbeiten mit

Unten: Ein erhöht angelegtes Wasserbassin bildet den optischen Mittelpunkt dieses Gartens während die gepflasterten Wege zu anderen interessanten Bereichen führen.

Beton" auf Seite 273 sind alle Arbeitsschritte beim Betonieren genau erklärt. Für Gartenwege verwendet man eine Mischung aus 1 Teil Zement und 4 Teilen Zuschlagstoffe und fügt etwa alle 2 m eine Dehnfuge ein.

Katzenköpfe

Katzenköpfe sind große eiförmige Steine, die man in einem Mörtelbett verlegt. Es gibt zwei Arten Katzenköpfe zu verlegen. Man stellt sie auf die Kante, wenn man möchte, dass ein bestimmter Bereich nicht betreten wird oder verlegt sie flach als Teil eines Weges oder einer anderen Pflasterfläche. Selten werden ganze Wege oder Flächen mit Katzenköpfen gepflastert, man verwendet sie häufig, um Abwechslung in eine Pflasterfläche zu bringen.

Trittsteine im Rasen

Als Alternative zu einem gepflasterten Weg bieten sich in manchen Fällen Trittsteine im Rasen an. Trittsteine müssen nicht regelmäßig geformt sein. Will man daraus einen kurvigen „Weg" anlegen, sind unregelmäßige Formen sogar günstiger.

Legen Sie die Trittsteine auf den Rasen, stechen Sie ringsherum den Rasen ein und

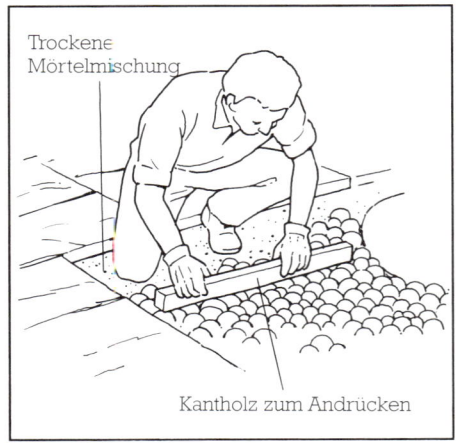

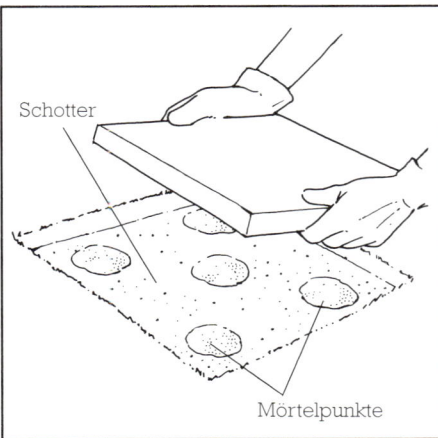

Oben rechts: Mit einem Kantholz drückt man die Katzenköpfe in die trockene Mörtelmischung.

Rechts: So verlegt man Trittsteine im Rasen.

heben Sie das entsprechende Stück vorsichtig heraus. Geben Sie in die entstandene Vertiefung eine Schicht Schotter und verlegen Sie darauf dann die Trittsteine auf Mörtelpunkten. Die Oberfläche der Trittsteine sollte bündig mit der Rasenfläche abschließen oder geringfügig tiefer als die Rasenfläche sein.

Arbeitsanleitung für einen geschwungenen Weg aus Ziegelsteinen

Für einen 6 m langen Weg mit einer Breite von 0,9 m benötigen Sie:

Fundament für die Randbegrenzung
Beton, Mischungsverhältnis 1:6
Mörtel, Mischungsverhältnis 1:2:6
(Zement:Kalk:Sand)
50 kg Zement

180 kg Zuschlagstoffe
60 kg Mörtelsand
8 kg Kalk
schwarze Plastikfolie

Pflasterfläche
240 Pflasterklinker
235 kg Sand

1 Stecken Sie den Pfad mit Pflöcken und Schnur ab oder legen Sie entlang des künftigen Randes ein Stück Gartenschlauch oder auch ein dickeres Seil auf den Boden. Entfernen Sie den Bewuchs und koffern Sie den Boden bis zur erforderlichen Tiefe aus (Dicke der Ziegelsteine plus 5 cm Sand). Sollen die Ziegel wie hier im Läuferverband verlegt werden, müssen die ersten beiden Steine jeder zweiten Reihe halbe Steine sein.
2 Ebnen Sie den Untergrund, verdichten Sie

1

alles gut und legen Sie wie im Foto zu sehen einen Streifen schwarze Plastikfolie über die gesamte Fläche. Gießen Sie nun ein 20 cm breites und 4 cm dickes Betonfundament für die Randbegrenzung und lassen Sie es aushärten. Dann verlegen Sie die Randsteine in ein Mörtelbett. Achten Sie dabei darauf, dass der Abstand zwischen den inneren Kanten der Steine an allen Stellen gleich ist, und zwar so groß, dass genau vier längs verlegte Steine dazwischen passen. Der Weg sollte außerdem ganz leicht zur Seite geneigt sein (etwa 2 %), damit das Regenwasser abläuft.

3 Füllen Sie zwischen den gemauerten Rändern eine Schicht Sand ein, die bis zur Unterkante der Randsteine reichen sollte. Ziehen Sie Sand mit einer Latte glatt ab. Verlegen Sie nun die Steine in dieses Sandbett und klopfen Sie sie vorsichtig mit einem Gummihammer an. Falls ein Stein etwas tiefer zu liegen kommt als die benachbarten, gibt man noch etwas mehr Sand darunter. Nachdem alle Steine verlegt sind, kehren Sie eine trockene Mischung aus Zement und Sand im Verhältnis 1:4 in die Fugen und sprühen die Fläche vorsichtig ab.

4 Der Grillplatz ist nun durch einen schön geschwungenen Weg mit dem Bereich um das Wasserbecken verbunden. Die überstehende schwarze Plastikfolie wurde dicht an den Randsteinen abgeschnitten und der Rasen entlang der Ränder wurde mit Rasensoden ausgebessert, die man beim Ausschachten des Weges für diesen Zweck zur Seite gelegt hatte.

3

2

4

Arbeitsanleitung Betonweg

Ein Betonweg wird im Prinzip so angelegt wie eine Betonplatte, er hat nur eine etwas andere Form.

Mischen Sie den Beton im Verhältnis von 1:4 und gießen Sie ihn etwa 7,5 cm dick in die Schalung wobei alle 2 m eine Dehnfuge anzulegen ist. Normalerweise ist kein spezieller Unterbau erforderlich, außer auf Lehmboden und Torfboden. Die erforderliche Menge Beton und Schotter richtet sich nach der Länge und Breite des Weges.

Die meisten Gartenwege wirken ansprechender, wenn sie nicht gerade, sondern leicht geschwungen angelegt werden. Die entsprechende Schalung baut man entweder aus Blech, Plastik oder aus Brettern, deren Innenseiten man einkerbt und die man dann vorsichtig in Form biegt. Der hier gezeigte Weg wurde in Abschnitten betoniert, wobei man zwischen jedem Abschnitt eine Dehnfuge angelegt hat. Die Fotos zeigen die Arbeiten am letzten Abschnitt.

1 Der Unterbau besteht aus einer dünnen Schicht Schotter, der mit etwas Sand abgedeckt wurde.
2 Die Sand- und Schotterschicht wurde einfach mit den Füßen verdichtet.
3 Dann bringt man die erste Schicht Beton ein, wobei man darauf achtet, dass er fest an den unteren Rand gedrückt wird.
4 Der Beton wird mit einem selbst gebauten Handstampfer verdichtet.
5 Man füllt die Schalung bis etwas über den oberen Rand hinaus und zieht eine Leiste sägeartig über dem Rand der Schalung hin und her, wodurch die Oberfläche geglättet und gleichzeitig verdichtet wird.
6 Nun gibt man eine dünne Schicht Splitt auf die Oberfläche und drückt die Steine mit einem Reibebrett leicht ein.
7 Nach einer Weile bearbeitet man die Fläche mit einem harten Handfeger und Wasser bis die Steine etwas herausschauen. Das macht die Oberfläche optisch interessanter und sicher begehbar.

Rechts: Ein Betonweg ist lange haltbar und praktisch.

5

6

7

Eine solide Einfahrt *aus Beton, Klinkern oder Betonpflaster macht nicht nur einen guten ersten Eindruck auf Besucher, sondern ist auch eine praktische Abstellfläche für Autos.*

Von all den Pflasterflächen rund um das Haus muss die Einfahrt einen besonders stabilen Unterbau erhalten. Wenn man an dieser Stelle spart, kann es passieren, dass die Einfahrt schon bald uneben wird oder einreisst.

Der Bau einer Einfahrt ist natürlich eine ziemlich harte Arbeit, aber von einem enthusiastischen Heimwerker (möglichst zusammen mit einem ebenso enthusiastischen Helfer) durchaus zu bewältigen. Einige Hilfsmittel sollten Sie sich jedoch ausleihen: zum Betonieren einer grösseren Einfahrt benötigen Sie einen Betonmischer und für eine grosse Pflasterfläche eine Rüttelplatte und einen Trennschleifer oder Steinbrecher zum Zerteilen von Steinen.

Planung

Bei der Planung der Einfahrt sollten nach Möglichkeit die folgenden Punkte berücksichtigt werden: Die Einfahrt muss so breit sein, dass man die Türen des Autos auf beiden Seiten öffnen kann und noch genügend Platz bleibt um ein- oder auszusteigen. Wenn sich die Einfahrt zwischen der Straße oder einem Tor und der Garage befindet muss sie außerdem lang genug sein, dass man einerseits die Garagentore öffnen und andererseits das Tor der Einfahrt schließen kann, ohne dass das Auto dabei im Weg ist.

Die Einfahrt darf außerdem nicht so steil sein, dass das Auto beim Aus- oder Einfahren aufsetzt.

Befindet sich die Einfahrt direkt vor dem Haus, sollte man darauf achten, dass geparkte Autos möglichst nicht das Tageslicht wegnehmen und auch den Eingang zum Haus nicht blockieren. Die Einfahrt sollte nicht so dicht am Haus sein, dass die Mauern durch Abgase verunreinigt werden und sie sollte auch nicht zu dicht an benachbarten Häusern liegen.

Oben: Der ungewöhnliche Fischgrätverband in der Ausfachung des Hauswände wiederholt sich im Pflaster der Einfahrt.

Links: Für diese Einfahrt hat man ein originelles Kreismuster gewählt.

Material

Für Einfahrten kann man prinzipiell die gleichen Beläge verwenden wie für Gartenwege.

Ein fachgerecht angelegter Betonweg ist sehr belastbar und preiswert. Betonflächen können zudem interessanter gestaltet werden indem man die Oberfläche strukturiert. Beton ist jedoch anfällig für Ölflecken

und das Betonieren, besonders auf geneigten Flächen, ist nicht so einfach. Wie man eine größere Fläche betoniert, ist auf Seite 274 beschrieben. Eine Einfahrt aus Beton muss mindestens 10 cm dick sein, auf Lehmboden oder anderen weichen Böden mindestens 15 cm.

Eine Fläche aus Betonpflastersteinen ist so stabil wie Beton, kann jedoch viel ansprechender gestaltet werden. Rechteckige Betonpflastersteine können in unterschiedlichen Verbänden verlegt werden wie auf der folgenden Seite dargestellt. Man verlegt sie in einem verdichteten Sandbett über einer 10 cm dicken Schotterschicht. Ist die Pflasterfläche komplett, streut man feinen Sand über die Oberfläche und kehrt

ihn in alle Fugen. Durch Einschlämmen mit Wasser schafft man eine geschlossene, jedoch keine versiegelte Oberfläche. Es ist weder Zement oder Mörtel erforderlich, die Steine müssen jedoch zwischen stabilen Randbegrenzungen verlegt werden.

Die meisten Betonpflastersteine sind 20 cm lang, 10 cm breit und 6,5 cm hoch. Die vier geläufigsten Verlegemuster sind der Läuferverband (ähnlich wie beim Mauern), der Blockverband oder Parkettverband, der 45° Fischgrätverband sowie der 90° Fischgrätverband. Die beiden Fischgrätverbände eignen sich besonders für Einfahrten, denn sie sind sehr stabil.

Oft werden Einfahrten auch asphaltiert. Das Asphaltieren kann jedoch ziemlich

teuer sein und sollte außerdem von einer Fachfirma ausgeführt werden.

Auch Betonplatten können für eine Einfahrt verwendet werden, wobei jedoch nur spezielle, besonders feste Platten geeignet sind. Außerdem braucht man für eine solche Einfahrt ein relativ starkes Fundament, was das ganze Vorhaben noch teurer macht. Wie man Platten verlegt, ist auf Seite 225 detailliert beschrieben.

Pflasterklinker können ebenfalls für Einfahrten verwendet werden, da sie ziemlich fest sind (ganz besonders wenn sie auf Kante verlegt werden). Pflasterklinker können in einem Mörtelbett verlegt werden, benötigen jedoch ein richtiges Fundament.

Kies ist ein attraktives und preisgünstiges

Läuferverband

Blockverband oder Parkettverband

45° Fischgrätverband

90° Fischgrätverband

Material für eine Einfahrt und außerdem sind Kiesflächen einfach zu pflegen. Kies lässt sich gut mit anderen Materialien kombinieren, zum Beispiel mit Pflaster- oder Betonflächen.

Prinzipien

Beim Bau einer Einfahrt sind die folgenden wichtigen Grundregeln zu beachten:

Die zu befestigende Fläche muss einen festen, gut verdichteten Unterbau haben, der ein Setzen oder Reißen der Pflaster- oder Betonfläche verhindert.

Die Einfahrt muss eine leichte Neigung aufweisen um den Ablauf des Regenwassers zu gewährleisten. Fällt die Einfahrt zum Haus hin ab, ist unbedingt eine Entwässerungsrinne vorzusehen.

Einfahrten aus Pflasterklinkern oder Betonpflastersteinen müssen stabile Randbegrenzungen erhalten, so dass die Steine entlang der Ränder nicht wegbrechen.

Damit sich die harte Arbeit auch lohnt und Sie lange Freude an der Einfahrt haben, sind diese Regeln unbedingt einzuhalten.

Fundament

In der Regel ist für eine Einfahrt ein Unterbau von mindestens 10 cm Schotter oder Splitt erforderlich, der gut zu verdichten ist. Sollen darauf Betonpflastersteine verlegt werden, bedeckt man die Schotterschicht mit einer 65 mm starken Sandschicht, die bis auf eine Höhe von 50 mm verdichtet wird.

Drainage

Die seitliche Mindestneigung der Einfahrt sollte 1 cm auf 40 cm, also 2,5 % betragen. Achtet man nicht auf die korrekte Neigung, kann sich das Wasser an den Hauswänden sammeln und dort Schaden anrichten. Wenn möglich sollte die Einfahrt auch in der Länge um 1 % abfallen.

Das Regenwasser muss ordnungsgemäß abgeführt werden. Bei großen Pflasterflächen und gepflasterten Einfahrten, die zum Haus bzw. zur Garage hin abfallen, sind Entwässerungsrinnen vorzusehen, die dass Regenwasser bis zu einem Kanal oder einer Stelle, wo es versickern kann, führen. Regenwasser sollte niemals in die Klärgrube oder Sickergrube geleitet werden. Offene Entwässerungsrinnen können aus Beton, Faserzement, Ziegeln oder Plastik bestehen oder man gießt selbst eine Betonrinne, die man mit einem Metallgitter abdeckt.

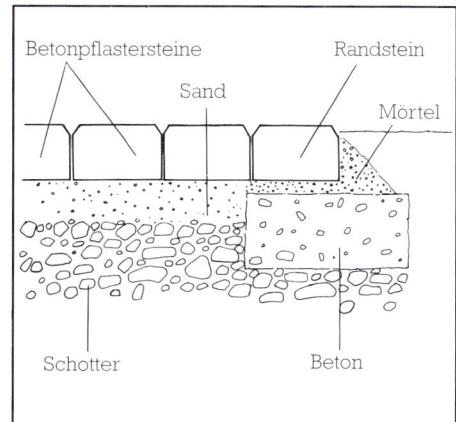

Betonpflastersteine   Randstein

Sand

Mörtel

Schotter   Beton

Randbegrenzung

Eine Einfahrt aus Pflasterklinkern oder Betonpflastersteinen erfordert eine stabile Randbegrenzung in einem Mörtelbett, damit sich die Steine am Rand nicht lockern und wegbrechen. Der Rand kann aus den gleichen Steinen wie die übrige Pflasterfläche bestehen, wenn diese in einem Mörtelbett über einem Betonfundament verlegt werden. Alternativ kann man auch spezielle Randsteine verwenden. In jedem Fall ist die Randbegrenzung anzulegen, bevor man

Unten: Eine Einfahrt aus Pflasterklinkern im Fischgrätverband verlegt.

mit dem Pflastern beginnt und dabei ist bereits auf die erforderliche Neigung der Pflasterfläche zu achten.

Vorbereitung der Fläche

Als Erstes entfernt man den Bewuchs (einschließlich alter Wurzeln) und alle alten Oberflächenbeläge und koffert die Erde bis zur erforderlichen Tiefe aus. Bei betonierten Einfahrten sind etwa 20 bis 25 cm, bei Einfahrten aus Betonpflastersteinen etwa 22 cm notwendig. Achten Sie darauf, dass bereits der Untergrund mit der erforderlichen Neigung angelegt wird, da unterschiedlich hohe Schotter- und Sandschichten später zu Setzungen und Unebenheiten führen können.

Werkzeuge und Ausrüstung

Zum Betonieren einer Einfahrt benötigt man die gleichen Werkzeuge wie zum Anlegen einer Betonplatte (siehe S. 274). Ein weiteres hilfreiches Gerät ist eine Rüttelplatte zum Verdichter. des Unterbaus.

Unten: Mit einer motorbetriebenen Rüttelplatte wird das Pflaster in das Sandbett gepresst und dabei gleichzeitig geebnet.

Ganz unten: Beim Zerteilen der Steine ist es wichtig, die bereits fertige Pflasterfläche zu schützen.

Rüttelplatte

Steinbrecher

Schützende Unterlage

Arbeitsanleitung für eine Einfahrt aus Betonpflastersteinen

Für eine 4 m breite und 8 m lange Einfahrt benötigen Sie etwa 1600 Pflastersteine mit den Abmessungen 100 x 200 x 65 mm und die folgenden Materialien:

Unterbau/ Fundament	Mörtel
5,5 t Schotter	25 kg Zement
3 t Sand	110 kg Mörtelsand
67 kg Zement	13 kg Kalk
450 kg Zuschlag- stoffe	

1 Koffern Sie den Boden in der erforderlichen Tiefe aus, wobei Sie unbedingt darauf achten sollten, keine unterirdisch verlegten Rohre oder Kabel zu beschädigen. Verteilen Sie die Muttererde an anderer Stelle im Garten, lassen Sie den Unterboden und eventuell die Reste einer alten Einfahrt jedoch abtransportieren. Achten Sie beim Ausschachten darauf, gleich die korrekte Neigung anzulegen und verdichten Sie den Untergrund mit einem Handstampfer oder einer Rüttelplatte.
2 Schaufeln Sie den Schotter oder Steinbruch in die entstandene Vertiefung und harken Sie ihn breit. Die Schotterschicht sollte mindestens 10 cm dick sein.
3 Dieser Unterbau wird mit Hilfe einer motorgetriebenen Rüttelplatte verdichtet.
4 Dann verlegt man die Randsteine in einem Mörtelbett auf einem 75 bis 100 mm

dicken Betonfundament. Es ist ganz wichtig, die Lage der Randsteine genau einzumessen, damit später genau die berechnete Zahl von Pflastersteinen dazwischen passt. Außerdem ist schon beim Verlegen der Randsteine auf die korrekte Neigung der gesamten Fläche zu achten.
5 Der Unterbau sollte 115 mm unter dem Niveau der Randsteine liegen. Um herauszufinden, wie genau Sie den Sand einfüllen müssen, bedecken Sie eine kleinere Fläche mit einer 65 mm starken Sandschicht und legen ein paar Betonpflastersteine darauf. Darüber legen Sie ein Stück Holz und klopfen die Steine mit einem Hammer in das Sandbett. Wenn sie dann nur noch geringfügig höher als die Randbegrenzung liegen, hatte die Sandschicht genau die richtige Stärke, wenn nicht, ist mehr oder weniger Sand einzufüllen. Fertigen Sie sich dann eine entsprechend breite Abziehleiste an. Bevor Sie die Oberfläche abziehen, ist der Sand so gleichmäßig wie möglich auszuharken.
6 Mit dem Verlegen der Steine beginnt man entweder an einer Ecke oder an der unteren Kante der Einfahrt, wobei man darauf achtet, dass alle Steine ganz dicht aneinander zu liegen kommen. Wenn Sie die Steine wie hier in einem Muster verlegen,

Rechts: Die Einfahrt wurde mit einer umlaufenden Randbegrenzung komplettiert. Das Gefälle hat man zur Mitte hin angelegt und dort einen Abfluss installiert.

1

2

3

4

5

bei dem die Randsteine zugeschnitten werden müssen, sind die Lücken an den Rändern erst einmal frei zu lassen. Knien Sie sich beim Pflastern niemals auf den Sand, sondern immer auf die bereits gepflasterte Fläche und legen Sie möglichst ein Brett unter, um Ihr Körpergewicht besser zu verteilen.

Die Steine an den Rändern können manuell mit Hilfe eines Fäustels und eines Prelleisens zugeschnitten werden. Einfacher und genauer geht es jedoch mit einem Trennschleifer mit einem diamantbesetztem Blatt oder mit einem Nassschneider.

Wenn die Pflasterfläche komplett ist bzw. nach Fertigstellung von etwa 10 m² einer größeren Fläche, kommt die Rüttelplatte zum Einsatz, die die Steine in den Sand presst und dabei gleichzeitig die Fläche ebnet. Wenn Sie mit der Rüttelplatte über eine teilweise gepflasterte Einfahrt fahren, sollten Sie dabei einen Abstand von einem Meter zum Ende der Pflasterfläche halten, ansonsten können die Steine am Rand verschoben werden. Die Fläche ist zwei- oder dreimal abzurütteln. Wenn Steine beim Rütteln zerbrechen sollten, sind diese durch neue zu ersetzen.

Nun pflastert man gegebenenfalls die restliche Fläche und rüttelt diese ab.
7 Zum Schluss gibt man feinen Sand über die ganze Einfahrt, kehrt ihn mit einem Besen in die Fugen und rüttelt alles noch zweimal ab.

7

6

Seit hunderten von Jahren *bauen die Menschen Mauern, sei es um die Grenzen von Grundstücken oder Siedlungen zu markieren oder um sich vor wilden Tieren und anderen unwillkommenen Besuchern zu schützen. Zwar ist der Sicherheitsaspekt für viele auch heute noch von Bedeutung, in dicht besiedelten Wohngebieten werden Mauern jedoch zunehmend aus anderen Beweggründen errichtet: um eine Privatsphäre zu schaffen, sich vor Verkehrslärm zu schützen oder um wenig schöne Anblicke zu verdecken. Abgesehen von ihrem praktischen Zweck kann eine Mauer jedoch auch zu einem dekorativen Gestaltungselement werden.*

Grenzmauern

Angesichts der durchschnittlichen Länge einer Grenzmauer um ein Grundstück, werden die meisten Heimwerker vor einem derart umfangreichen Projekt sicher zurückschrecken. Doch wenn man die Arbeiten sorgfältig plant und sich ausreichend Zeit dafür nimmt, ist es gar keine so unmögliche Aufgabe. Hat jemand noch gar keine Erfahrung mit dem Mauern, sollte er seine Fertigkeiten allerdings erst einmal an einem kleineren Projekt schulen – vielleicht an einer Böschungsmauer, einer Trennwand oder einer Sichtschutzmauer – und sich erst dann an höhere Grenzmauern und Mauern entlang abschüssiger Grundstücksgrenzen wagen.

Falls Sie geplant haben Ihr Grundstück mit einer Mauer zu umgeben, achten Sie unbedingt darauf, dass die Mauer innerhalb der Grundstücksgrenzen errichtet wird und dass auch das Fundament nicht über die Grenzlinie hinaus reicht. Beim Bau eines neuen Hauses sollten die Grenzmauern gleich in die Planung einbezogen werden. Geeignete Materialien für Grenzmauern und andere Mauern sind die folgenden:

Ziegelsteine gibt es in einer breiten Palette von Farben, Oberflächen und Formen. Für Grenzmauern verwendet man in der Regel normale Fassadenklinker – Ziegelsteine mit besonderen Eigenschaften sind nur in Gegenden erforderlich, in denen sehr strenger Frost keine Seltenheit ist.

Unten: Eine niedrige Trennmauer mit herausragenden Binderköpfen, die gleichzeitig als Pflanzbehälter fungiert.

Naturstein kann teuer und schwierig zu beschaffen sein, ist jedoch eines der reizvollsten Materialien. Die Arbeit mit Natursteinen erfordert außerdem besondere Fertigkeiten, denn die Größen und Formen der Steine sind sehr unregelmäßig. Für die meisten Heimwerker ist deshalb Betonstein die bessere Wahl.

Betonsteine zur Verwendung für Mauern im Außenbereich haben strukturierte Oberflächen, die durch das Einpressen von Natursteinsplitt entstanden sind, um den Steinen ein natursteinähnliches Aussehen zu geben. Betonsteine gibt es in vielen unterschiedlichen Größen und Formen. Es ist deshalb zu empfehlen, sich vor Baubeginn einen Überblick zu verschaffen.

*Oben: Eine ungewöhnlich geformte Grenz-
mauer aus Betonwerkstein.*

Perforierte Ornamentsteine bestehen
auch aus Beton, haben aber eine glatte
Oberfläche und sind in vielen verschiedenen Mustern erhältlich. Man kann eine
Mauer ausschließlich aus solchen Ornamentsteinen bauen oder sie mit Ziegelsteinen oder Betonwerksteinen ergänzen.

*Rechts: Mauern müssen nicht unbedingt ge-
rade sein. Hier wurden Pflanzbehälter in die
Grenzmauer integriert, was zu der ungewöhnlichen Wirkung der Anlage beiträgt.*

Trennmauern

Mauern im Außenbereich können interessante Abtrennungen bilden, zum Beispiel zwischen einer Terrasse und einer Rasenfläche entlang eines Weges oder der Garageneinfahrt. Auch niedrige Mauern tragen dazu bei, dass ein Grundstück interessanter wirkt, besonders wenn es im Übrigen eben ist und keine anderen hervorstechenden Merkmale hat. Höhere Mauern können als Windschutz dienen, bestimmte Bereiche, wie zum Beispiel den Komposthaufen oder die Mülltonnen verdecken oder eine ruhige Ecke schaffen, in der man ganz ungestört sitzen kann. Will man die Kosten niedrig halten und legt man keinen Wert auf vollständigen Sicht- oder Windschutz, kann man die Mauer aus perforierten Ornamentsteinen oder aus Ziegelsteinen im „offenen Verband" bauen.

Böschungsmauern

Böschungsmauern oder Stützmauern halten auf einem terrassenförmig angelegten Hanggrundstück die Erdmassen der höheren Ebene fest. Der Bau einer stabilen Böschungsmauer ist nicht sehr schwierig, vorausgesetzt man verwendet geeignetes Baumaterial und beachtet die Grundprinzipien für den Bau einer Böschungsmauer.

Links: Eine Mauer aus Kunststein ist der ideale Hintergrund für dieses Wasserbassin.

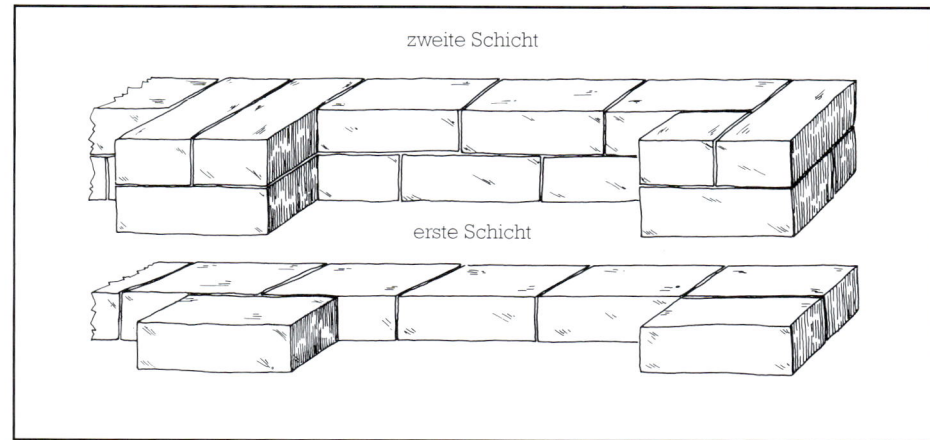

zweite Schicht

erste Schicht

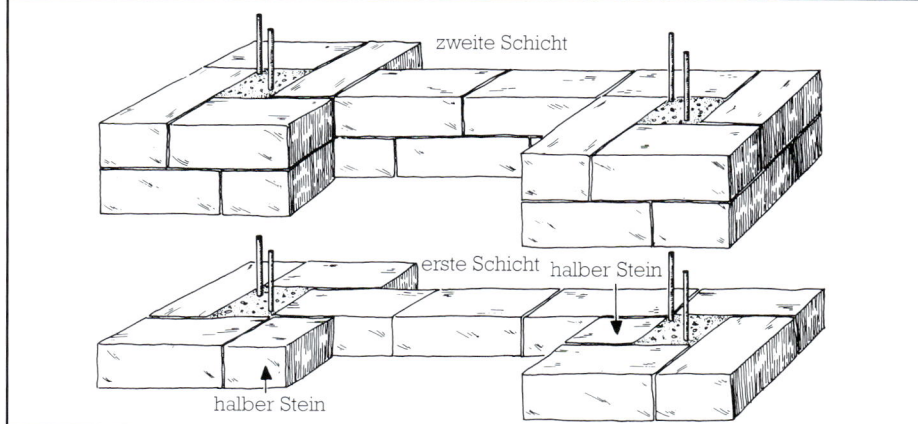

zweite Schicht

erste Schicht halber Stein

halber Stein

Mauer, die nur einen halben Mauerstein dick ist (also etwa 12 cm) kann bis zu einer Höhe von 45 cm ohne Pfeiler errichtet werden. Soll die Mauer jedoch 70 cm hoch werden, ist alle 3 m ein Pfeiler, der mindestens doppelt so dick wie die Mauer ist, zu setzen. Eine Mauer, die einen Ziegelstein dick ist (23 cm) kann bis zu einer Höhe von 1,35 m ohne Pfeiler errichtet werden. Baut man jedoch alle 3 m einen doppelt so dicken Pfeiler, kann die Mauer bis zu einer Höhe von 1,80 m aufgesetzt werden. Pfeiler setzt man außerdem an jedem Ende einer Mauer und dort, wo zusätzliche Stabilität erforderlich ist, zum Beispiel zur Aufhängung eines Tores. Beachten Sie das unbedingt schon bei der Planung und legen Sie an den Stellen, wo später die Pfeiler gesetzt werden sollen, etwas breitere Fundamente an.

Auf Seite 216 haben wir bereits beschrieben, wie man einen Pfeiler oder eine Säule mauert. Wenn nötig ist die Stabilität der Pfeiler durch Armierungsstäbe zu verstärken. Die möglichen Verbandsarten sind auf den Skizzen auf Seite 218 zu sehen. Die Öffnung in der Mitte wird nachdem die Pfeiler fertig gestellt sind, mit Mörtel gefüllt. Für sehr hohe Pfeiler oder Pfeiler, die einer größeren Last standhalten müssen, kann man statt Mörtel auch Zement verwenden.

Tragende Mauern in Gebäuden

Von der kleinen Gartenmauer bis zum Bau des eigenen Hauses ist es zwar ein langer Weg; ein kleiner Gartenschuppen oder ein Gewächshaus sind jedoch Vorhaben, die von einem Hobbymaurer durchaus zu bewältigen sind. Bei der Errichtung größerer baulicher Anlagen im Garten ist allerdings unbedingt das örtliche Baurecht einzuhalten. Außerdem ist daran zu denken, dass bei allen Gebäudemauern eine Sperrschicht gegen aufsteigende Feuchtigkeit eingebaut werden sein muss.

Höhe und Breite

Als Erstes sollten Sie sich genau überlegen, welche Funktion die Mauer, die Sie bauen wollen erfüllen soll. Für eine Grenzmauer beispielsweise ist eine Höhe von 1,80 m aus mehreren Gründen günstig, zum Beispiel weil der durchschnittlich große Mitbürger nicht darüber schauen kann und weil sie auch nicht so einfach zu erklimmen ist. Vergessen Sie dabei jedoch nicht, dass jede größere Mauer als ein Bauwerk angesehen wird und deshalb dem örtlichen Baurecht unterliegt. Erkundigen Sie sich deshalb genau über die geltenden Bestimmungen und beschaffen Sie sich erforderlichenfalls eine Baugenehmigung.

Links: Die Mauer aus Betonwerksteinen passt sehr gut zu dem Betonpflaster.

Falls diese Höhe noch nicht ausreichend ist, sollten Sie daran denken, dass für eine höhere Mauer auch breitere und tiefere Fundamente, größere Dehnfugen, kräftigere Pfosten und in manchen Fällen eine zusätzliche Armierung erforderlich sind.

Die Anzahl der erforderlichen Pfeiler hängt von der Höhe und Dicke der Mauer ab. Eine

Rechts: Freistehende Mauern erfordern Stützpfeiler in regelmäßigen Abständen.

Unten: Der Zwischenraum zwischen diesen beiden halbsteindicken Mauern wurde mit Schotter und Erde gefüllt und kann bepflanzt werden.

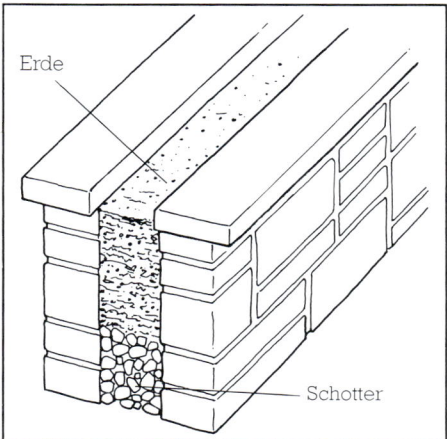

Erde

Schotter

Zweischalige Mauern können gleichzeitig als Pflanzbehälter dienen, wenn man zwischen den zwei halbsteindicken Mauerschalen genügend Zwischenraum lässt und diesen mit Schotter und Erde füllt. Wie bei Böschungsmauern sind in einer solchen zweischaligen Mauer Drainageöffnungen anzulegen und beide Mauerschalen durch galvanisierte Verbindungsstücke zu verbinden, um die Stabilität der Konstruktion zu erhöhen.

Dehnungsfugen

Dehnungsfugen (vertikale Fugen, die durch die ganze Mauer verlaufen) sind ganz wichtig um horizontale Bewegungen in Mauern auszugleichen. Sie sollten mindestens alle

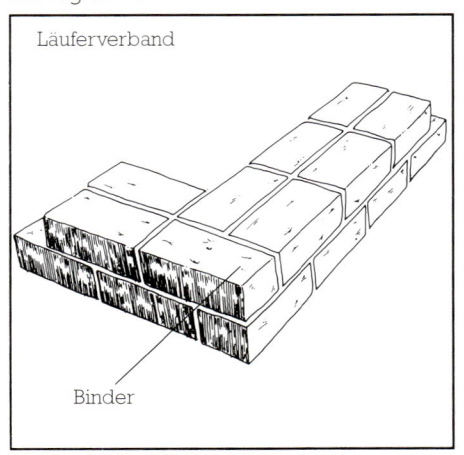

Läuferverband

Binder

6 m angelegt werden. Die günstigste Stelle für eine Dehnungsfuge ist neben einem Pfeiler.

Verbandsarten

Es gibt eine ganze Reihe von Verbandsarten mit unterschiedlich versetzten Fugen, die ganz verschiedene Muster ergeben. Der **Läuferverband** ist der am häufigsten verwendete Verband, bei welchem die Mauersteine längs in einer Reihe oder in zwei Reihen verlegt und jeweils zur Hälfte überlappend angeordnet werden. In Mauern, die nur einen halben Stein dick sind, wird jede zweite Schicht mit einem halben Stein abgeschlossen. Bei doppelt so dicken Mauern kann der letzte Ziegelstein quer verlegt werden.

Offener Verband oder **Wabenverband** ist eine dekorative Art des Läuferverbandes, bei dem zwischen den Steinen Zwischenräume gelassen werden, die entweder einem halben Stein oder einem Viertelstein entsprechen. Über den optischen Effekt lässt sich zwar streiten, in jedem Fall benötigt man für eine solche Mauer weniger Steine und hat demzufolge weniger Kosten.
Beim so genannten **holländischen Verband** folgt jeweils auf zwei nebeneinander

---

Links und unten: Mit den verschiedenen Verbandsarten erzielt man unterschiedliche Muster.

liegende Läufer ein Binder. Um den erforderlichen Fugenversatz zu erreichen, muss man jede zweite Reihe mit einem längs geteilten Ziegelstein oder zwei Viertelsteinen abschließen.

Eine Abwandlung des holländischen Verbandes besteht darin, dass der Binder erst nach zwei oder drei Läuferpaaren folgt. Auch hier sind an den Enden jeder zweiten Reihe längs geteilte Steine nötig.
Beim **Blockverband** verlegt man die Steine einer Schicht alle als Läufer und in der darüber liegenden Schicht alle als Binder, so dass man im Unterschied zum Läuferverband keine vertikale Fuge in der Mitte der Mauer erhält. Der Blockverband wird häufig als stabilster Verband bezeichnet und deshalb oft für Böschungsmauern verwendet. In der Binderreihe müssen längs geteilte Steine oder zwei Viertelsteine verwendet werden, um den Fugenversatz zu erreichen.

Eine Abwandlung des Blockverbands sieht so aus, dass die Steine in drei Schichten als Läufer und erst in der vierten als Binder verlegt werden. Auch hier sind längs geteilte Steine erforderlich.

Fugen

Alle senkrechten und waagerechten Fugen im Mauerwerk müssen gesäubert und profiliert werden und zwar solange der Mörtel noch feucht ist. Zum Säubern und Profilieren der Fugen verwendet man entweder spezielle Werkzeuge (siehe Werkzeuge S. 266)

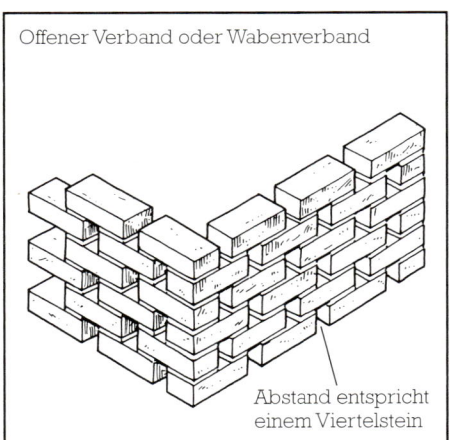

Offener Verband oder Wabenverband

Abstand entspricht einem Viertelstein

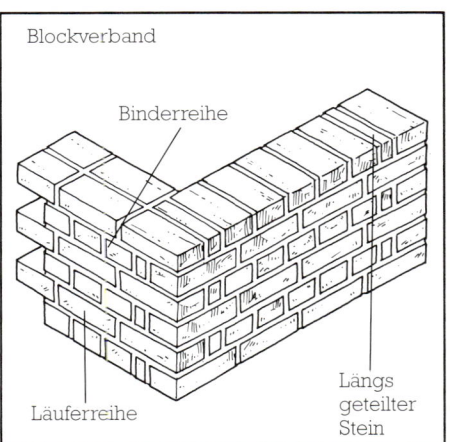

Blockverband

Binderreihe

Läuferreihe

Längs geteilter Stein

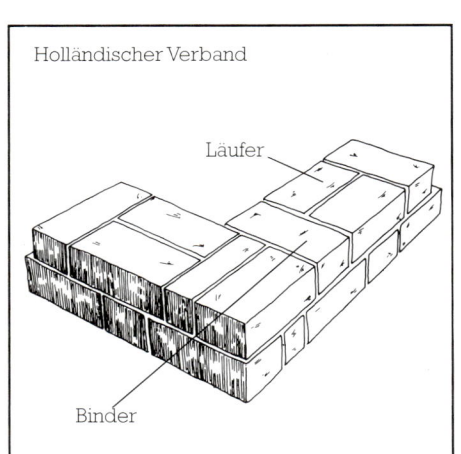

Holländischer Verband

Läufer

Binder

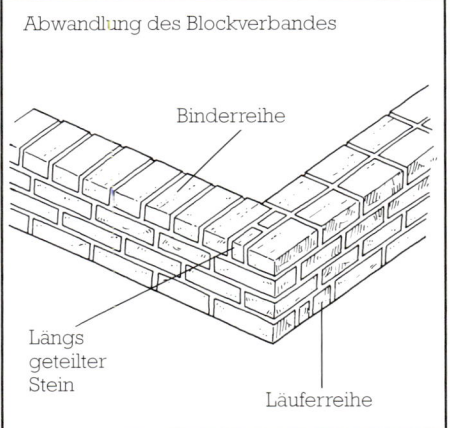

Abwandlung des Blockverbandes

Binderreihe

Längs geteilter Stein

Läuferreihe

Oben: Die Skizze zeigt die vier wichtigsten Arten der Fugenausbildung. Im Uhrzeigersinn von oben links: bündige Fuge, zurückgesetzte Fuge, schräge Fuge, konkave Fuge.

oder einfach ein entsprechend geformtes Metallstück oder einen Holzstab.

Bündige Fugen erhält man, indem man überschüssigen Mörtel mit einer kleinen spitzen Kelle abnimmt und dann das Mauerwerk mit einem Stück Sackleinen abreibt.

Schräge Fugen, die dafür sorgen, dass das Regenwasser besser abläuft und keine Feuchtigkeit in die Mauer gelangen kann. Vertikale Fugen sind entweder nach links oder nach rechts abzuschrägen.

Konkave Fugen erhält man, wenn man den Mörtel mit einem speziellen Werkzeug oder einem runden Metall- oder Holzstab abzieht. Sie sorgen ebenfalls für guten Ablauf des Regenwassers und verhindern so mögliche Frostschäden.

Zurückgesetzte Fugen werden in der Regel nur im Innenbereich verwendet, da das Wasser aus ihnen schlecht ablaufen kann.

Fundament

Niedrige Mauern (bis maximal 60 cm), die nur einen Halbstein dick sind, können auch auf Gehwegplatten oder Terrassenplatten, die in einem Mörtelbett verlegt wurden, errichtet werden. Besser ist es jedoch, für alle Gartenmauern (besonders auf Lehmböden und torfigen Böden) ein Streifenfundament zu gießen. Normalerweise werden halbsteindicke Mauern bis zu 1 m Höhe auf einem Fundament errichtet, dass 10 bis 15 cm tief und etwa 30 cm breit ist. Fundamente für Mauern, die einen Stein dick sind, sollten 22 bis 30 cm tief und 45 cm breit sein.

Oben rechts: Um ein Fundament über dem Bodenniveau anzulegen, muss man eine Schalung bauen.

Rechts. Der Beton wird in die Schalung gegossen und dann abgezogen.

Links: Um ein Streifenfundament für eine Mauer zu gießen, ist zuerst die Erde auszukoffern.

Für Mauern bis zu einer Höhe von 1,80 m ist das Fundament 38 bis 45 cm tief und 45 bis 60 cm breit (wenn die Mauer einen Stein dick gebaut wird) anzulegen.

Um Kosten zu sparen, kann man erst eine dicke Schicht Schotter in den ausgehobenen Graben geben und darauf den Beton gießen. Der Graben sollte 7 bis 15 cm tiefer sein als das Fundament dick ist, so dass die erste Reihe oder auch die ersten beiden Reihen Mauersteine unter dem Bodenniveau liegen. Die dafür verwendeten Steine sollten unbedingt frostfest sein.

Die auf der folgenden Seite beschriebene Mauer ist nur etwas über 80 cm hoch. Ein 11 cm tiefes und 40 cm breites Streifenfundament ist deshalb völlig ausreichend, um die Stabilität der Mauer zu gewährleisten.

Wenn Sie Zweifel an der Beschaffenheit des Bodens haben, sollten Sie vor allem bei größeren Projekten einen Bauingenieur oder Sachverständigen um Rat fragen.

Bau der Mauer

Wenn der künftige Standort der Mauer feststeht, messen Sie mit Hilfe von Schnur und Pflöcken das Fundament ein. Die im Folgenden genannten Maße beziehen sich auf das Fundament der auf der nächsten Seite beschriebenen Mauer.

Entfernen Sie zuerst den Bewuchs und koffern Sie die Erde etwa 17 cm tief aus. Schlagen Sie an einem Ende den ersten

Pflock ein, so dass er 11 cm über die Grundfläche des Grabens hinausragt. Mit Hilfe einer langen, geraden Holzlatte und einer Wasserwaage schlagen Sie nun die anderen Pflöcke so ein, dass alle auf gleicher Höhe liegen. Fundament an abschüssigen Grundstücken legt man stufenförmig an, wobei die Stufenhöhe der Dicke eines bzw. zweier Ziegelsteine entsprechen sollte, je nach Stärke des Gefälles. Die Länge jeder Stufe ist so zu wählen, dass man möglichst keine Steine teilen muss. Um den flüssigen Zement in Form zu halten, baut man eine Schalung aus Sperrholzresten. Die Stufen sind jeweils 10 cm überlappend anzulegen, so dass ein durchgängiger Verband entsteht, ansonsten kann es passieren, dass die einzelnen Stufen bei Bodenbewegungen getrennt werden. Schließlich ist die Erde im Graben anzufeuchten und man gießt den Beton bis zur Höhe der Pflöcke ein. Der Beton muss mindestens 24 Stunden aushärten.

Werkzeuge

Die wichtigsten Werkzeuge und Geräte, die man zum Bau einer Mauer benötigt, sind eine Wasserwaage, ein großer Winkel und eine Maurerkelle. Dazu kommt noch eine Schichtenlatte und kleine Holzblöcke zum Spannen der Schnur, die man sich auf einfache Art selbst herstellen kann (siehe S. 262); außerdem Pflöcke und Schnur und ein geeignetes Werkzeug zum Auskratzen

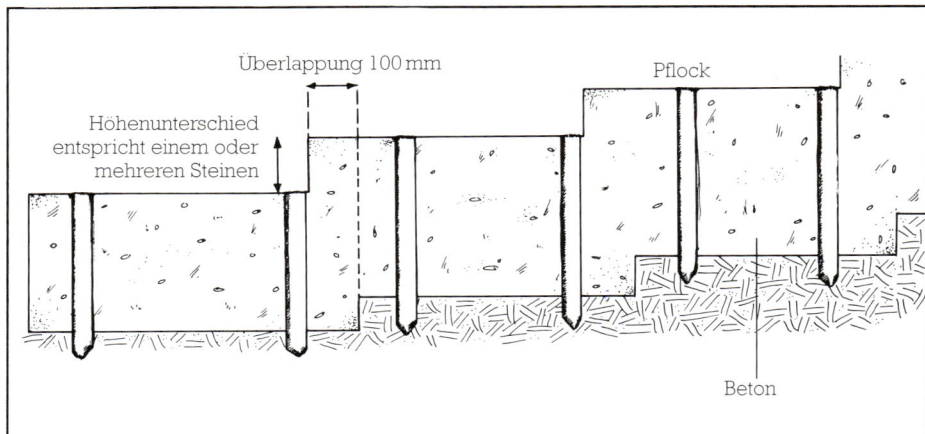

der Fugen. Ein Schnurhalter (siehe S. 264), den man sich aus einem Stück Metall oder dünnem Sperrholz selbst herstellt, sorgt dafür, dass die gespannte Schnur auch über größere Entfernungen nicht durchhängt. Weiterhin benötigen Sie einen Maurerhammer oder Fäustel und ein Prelleisen.

Oben links: Dieses Profil zeigt ein stufenförmig angelegtes Fundament, wobei die Höhe jeder Stufe der Höhe eines Mauersteins bzw. zweier Mauersteine entspricht.

Links: Eckblöcke und Schnurhalter sorgen für eine gut gespannte Schnur, so dass die Wand gerade wird und die Abstände zwischen den Schichten gleichmäßig sind.

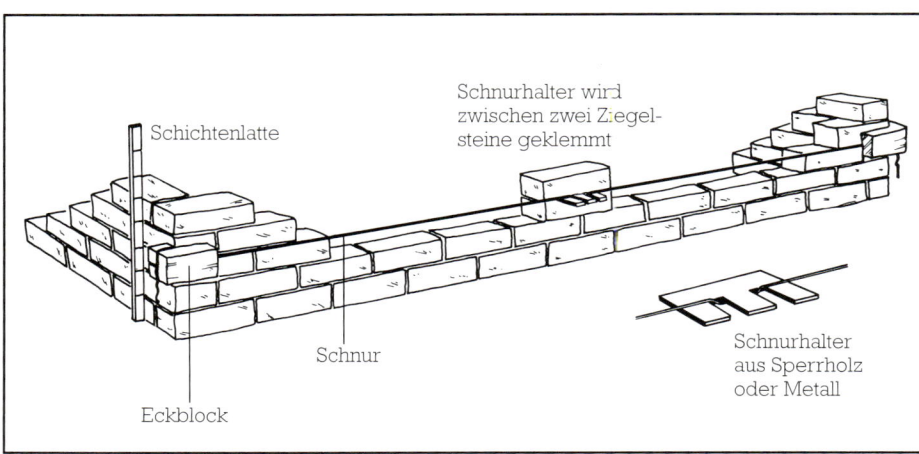

Oben: Diese verputzte und gestrichene Wand wurde mit einer Krone aus Ziegelsteinen versehen, so dass sie eine harmonische Einheit mit dem gemauerten Grillplatz bildet.

Materialverbrauch

Nachdem Sie die Länge und Höhe der zukünftigen Mauer festgelegt haben, können Sie berechnen, wie viele Steine Sie bestellen müssen. Denken Sie daran, dass man für einen Quadratmeter einer halbsteindicken Mauer ohne Pfeiler etwa 55 bis 60 Steine benötigt.

Außerdem brauchen Sie Zement und Kies für das Fundament, sowie Zement, Sand und Kalk zum Anmischen des Mörtels.

Auch ist zu überlegen, wie die Oberfläche der künftigen Mauer gestaltet werden

soll – ob die Mauersteine sichtbar bleiben, die Mauer geschlämmt oder ganz verputzt und gegebenenfalls noch gestrichen werden soll.

Arbeitsanleitung Mauer

Um eine 2 m lange, 82 cm hohe Mauer aus zwei Reihen im Läuferverband verlegten Steinen auf einem 11 cm dicken Fundament mit den Abmessungen 2,20 m x 0,40 m zu bauen, benötigt man die folgenden Materialien:

Fundament

Beton aus 1 Teil Zement und 6 Teilen Zuschlagstoffe (Kies der Körnung 0 – 16 oder 0 – 32)
25 kg Zement
150 kg Zuschlagstoffe

Mauerwerk

Höhe: 70 cm plus 12 cm Mauerkrone
160 Ziegelsteine
24 Fassadenklinker (für Mauerkrone)
38 kg Zement, 228 kg Mörtelsand
13 kg Kalk

Putz

16 kg Zement
96 kg Mörtelsand, 8 kg Kalk

1 Mit Holzpflöcken und Schnur ist der Grundriss des Fundaments einzumessen. Dann wird die Erde ausgekoffert wie auf Seite 246 beschrieben und das Streifenfundament angelegt.

2 Wenn das Fundament ausgehärtet ist, legt man die erste Reihe Ziegelsteine ohne Mörtel darauf und überprüft, ob alles passt. Dann legt man die Ziegel in eine Mörtelschicht und achtet darauf, dass sie genau waagerecht, lotrecht und alle auf gleicher Höhe liegen.

3 Es ist ganz wichtig, die waagerechte und lotrechte Ausrichtung regelmäßig mit einer Wasserwaage zu prüfen, damit die Mauer nicht schief wird. Wenn nötig, klopfen Sie einzelne Ziegel mit dem Griff der Maurerkelle in die richtige Lage.

4 Beim Bau der Endpfeiler ist darauf zu achten, dass alle Ecken rechtwinklig sind. Verwenden Sie dazu einen großen Winkel.

5 Nehmen Sie herausquellenden Mörtel ab.

6 Auch wenn Sie die Stirnseiten der Ziegelsteine mit Mörtel bestrichen haben, wird es nötig sein, im Nachhinein noch etwas Mörtel in jede Fuge zu geben.

7 Mit der Schichtenlatte ist regelmäßig zu überprüfen, ob die Schichten gleichmäßig aufgesetzt sind. Dann sind die Fugen mit einem Fugenkratzer oder einer spitzen Kelle zu säubern .

Wenn alle Schichten aufgesetzt sind, wird die Mauer verputzt, gestrichen und man setzt zum Abschluss die Mauerkrone aus Fassadenklinkern auf.

2

1

3

4

6

5

7

Böschungsmauern

Böschungsmauern oder Stützmauern stützen in der Regel Erde höher gelegener Bereiche auf abschüssigen Grundstücken. Saugt sich die Erde hinter eine Böschungsmauer bei heftigen Niederschlägen voll Wasser, erhöht sich natürlich der Druck gegen die Mauer und deshalb müssen Böschungsmauern bedeutend solider als frei stehende Mauern gebaut werden. Außerdem ist die Drainage bei einer Böschungsmauer enorm wichtig.

Funktion

Will man an einem steilen Hang eine größere Terrasse anlegen, muss man dafür eine relativ hohe Böschungsmauer bauen. Wenn möglich sollte man Grundstücke am Hang jedoch in mehrere flachere Terrassen unterteilen, so dass die Kräfte, die auf die Stützmauern wirken geringer sind.

Häufig erfüllt eine Böschungsmauer auch noch eine zweite Aufgabe. Sie kann den Hintergrund für einen Wasserfall oder die Rückwand einer baulichen Anlage, beispielsweise eines Grillplatzes oder Sommerhauses bilden. Ein flaches, eher langweiliges Grundstück wird bedeutend interessanter wenn man eine erhöhte oder terrassierte Rasenfläche anlegt oder auch einen tiefer gelegenen Sitzplatz. Eine kleine Stützmauer, die ein Hochbeet begrenzt (nicht höher als 60 cm) kann eine Abde-

Oben: Eine Stützmauer aus Ziegelsteinen begrenzt ein farbenfrohes Blumenbeet.

ckung aus Ziegelsteinen oder Holz erhalten und somit gleichzeitig als Sitzbank dienen. Wenn man eine Stützmauer mit kriechenden oder klimmenden Pflanzen bepflanzt, wird daraus ein schöner Anblick.

Drainage

Um eine gute Drainage zu gewährleisten ist es erforderlich, eine ausreichende Zahl von Drainageöffnungen anzulegen oder am Fuß der Mauer in regelmäßigen Abständen Drainagerohre zu verlegen, die dafür sorgen, dass überschüssiges Regenwasser abfließt und sich nicht hinter der Mauer sammelt. Drainageöffnungen legt man an, indem man in den untersten Schichten der Mauer Zwischenräume von der Größe eines Viertelsteines lässt oder PVC-Drainagerohre mit einem Durchmesser von mindestens 40 mm einmauert.

Hinter größeren Mauern oder in sehr feuchten Bereichen sollte eine Sickerschicht (siehe Skizze) eingebracht werden. Der Zwischenraum zwischen der Mauer und der Böschung wird dafür mit Schotter oder Bauschutt, Steinen und Kies gefüllt, wobei das gröbere Material unten, das feinere oben liegen sollte.

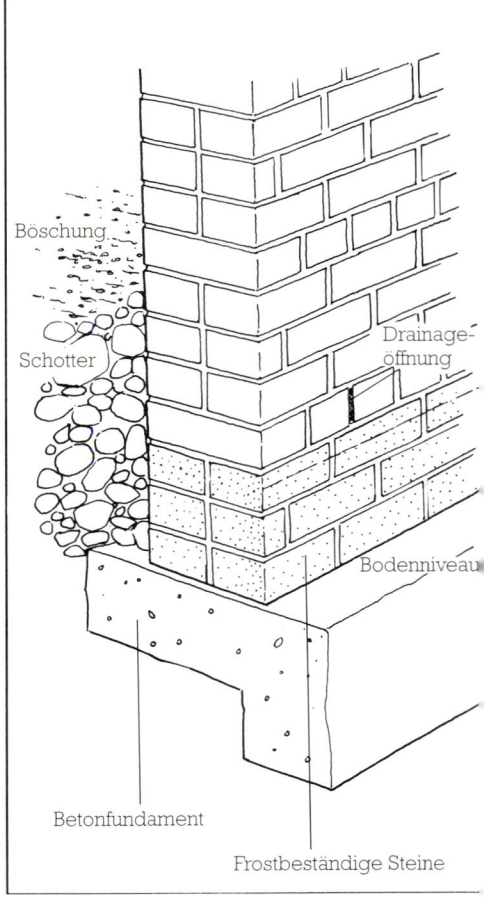

Böschung

Schotter

Drainageöffnung

Bodenniveau

Betonfundament

Frostbeständige Steine

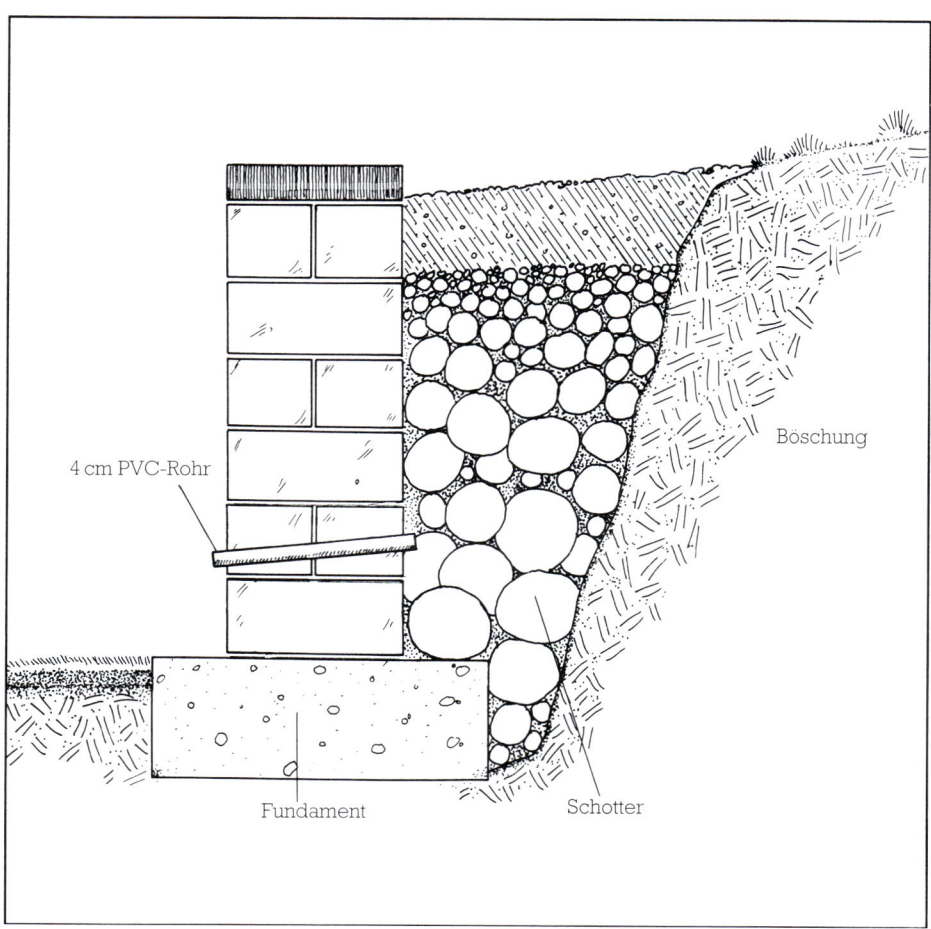

Oben: Diese Böschungsmauer wurde aus den gleichen Steinen wie die elegant geschwungene Treppe gemauert.

Material

Es ist ganz wichtig, dass die Stützmauer stabil genug ist um dem seitlichen Druck der Erde und des Wassers, dem sie ausgesetzt ist, standzuhalten. Die Stärke der Mauer hängt einerseits vom Fundament, andererseits vom Verband und der Mörtelmischung ab. Stabile Verbände, die sich für Stützmauern eignen, sind der holländische Verband und der Blockverband (siehe auch Verbände, S. 244).

Fassadenklinker sind für den Bau von Stützmauern besonders geeignet, da sie sehr fest und lange haltbar sind. Es ist grundsätzlich darauf zu achten, dass alle Steine, die unter der Erdoberfläche verbaut werden, frostbeständig sind.

Für eine kleinere Mauer genügen verputzte Ziegelsteine.

Links: Hier wurde zwischen zwei Ziegelsteinen ein Loch von der Größe eines Viertelsteins gelassen, damit überschüssiges Wasser ablaufen kann.

Rechts: Eine einfache Sickerschicht hinter einer Böschungsmauer gewährleistet, das überschüssiges Niederschlagswasser abläuft.

4 cm PVC-Rohr

Böschung

Fundament

Schotter

251

Bau einer Böschungsmauer

Eine Böschungsmauer muss viel stabiler als eine normale Mauer gebaut werden.

Die Böschungsmauer sollte außerdem zu den Proportionen des Gartens oder Hofes passen und nicht die ganze Anlage dominieren. An relativ steilen Hängen empfiehlt es sich, mehrere flachere Terrassen mit niedrigeren Stützmauern statt einer massiven und hohen Mauer anzulegen. Das ist nicht nur die optisch bessere, sondern auch die stabilere Lösung, da die Gesamtlast auf mehrere Mauern verteilt wird.

Je höher und steiler der Hang, um so schwieriger werden sich die Arbeiten gestalten. Das Fundament muss auf alle Fälle stärker sein als ein Fundament für normale Mauern. Für eine 24-er-Wand bis zu einer Höhe von einem Meter, ist das Fundament 15 bis 30 cm dick und 38 bis 45 cm breit anzulegen.

In manchen Fällen muss die Böschung während der Bauarbeiten abgestützt werden. Dafür sollte man sich eine Schalung aus Sperrholz und Kanthölzern bauen, wie unten in der Skizze dargestellt. Die Schalung stützt den Hang solange Sie die Mauer bauen, wobei zwischen Mauer und Schalung ein Zwischenraum von 30 bis 60 cm zu lassen ist, damit die Schalung nach Fertigstellung der Mauer leicht wieder herausgezogen werden kann.

Wenn die unteren Schichten gemauert sind, legen Sie in den erforderlichen Abstän-

den Drainagerohre zwischen die Steine, die bis in die Schotterschicht reichen sollten. An langen Mauern sind außerdem Dehnfugen anzulegen (mindestens alle 10 m). Weitere Hinweise dazu finden Sie auf Seite 244. Nach Fertigstellung der Mauer sollte der Mörtel erst 24 Stunden trocknen, bevor man die Schalung entfernt. Füllen Sie den Raum hinter der Mauer mit Schotter und Erde und verdichten Sie alles gut.

Armierung

Mauern, die höher als 1 m sind, sollten zusätzlich durch Endpfeiler und gegebenenfalls durch Zwischenpfeiler gestützt werden (siehe auch S. 216). Pfeiler in Stützmauern sind so zu planen, dass sie auf der böschungsabgewandten Seite herausstehen. Sie sollten genau so hoch wie die Mauer sein und sind unbedingt in den Mauerverband zu integrieren.

Bei starkem Druck kann es vorkommen, dass sich Ziegelmauern nach außen wölben. Um das zu verhindern, können in die Mörtelfugen hakenförmige Metallstäbe eingesetzt werden, die hinten an der Mauer herausragen und in Betonblöcken, welche direkt in die Böschung gegossen werden, verankert sind. Dadurch wird eine höhere Druckfestigkeit der Mauer erreicht.

Unten: Mit einer solchen Schalung wird die Erde am Hang abgestützt.

Arbeitsanleitung Böschungsmauer

Für eine Böschungsmauer braucht man stärkere Fundamente, deshalb sollten die Mengen für Zement und Kies, die auf Seite 247 angegeben sind, etwa verdoppelt werden.

Man benötigt die gleichen Materialmengen wie für eine frei stehende Mauer. Beachten Sie, dass die im Erdreich verlegten Steine frostbeständig sein müssen.

1 Messen Sie das Fundament ein und markieren Sie die Grundfläche mit Schnur und Pflöcken. Das Auskoffern kann sich an einer Böschung etwas schwierig gestalten. In manchen Fällen wird es nötig sein, eine Stützschalung zu bauen. Achten Sie darauf, dass die Tiefe des Fundaments der Höhe der Mauer und den lateral wirkenden Kräften Rechnung trägt.

2 Gießen Sie nun das Fundament (siehe Mauern, Seite 245). Nach dem Aushärten des Betons können Sie mit dem Mauern beginnen. Die Zahl der Drainageöffnungen oder Drainagerohre hängt von der Größe der Stützmauer ab.

3 Verlegen Sie zum Schluss die Steine der Mauerkrone. Wenn der Mörtel ausgehärtet ist, füllen Sie den Zwischenraum zwischen der Böschung und der Mauer mit Schotter und Erde. Auch hinter einer niedrigen Böschungsmauer wird die Erde besser drainiert, wenn man als unterste Schicht Schotter einfüllt.

4 Ein Zwischenraum von 5 cm ist groß genug für das Drainagerohr, das in einem Mörtelbett liegt.

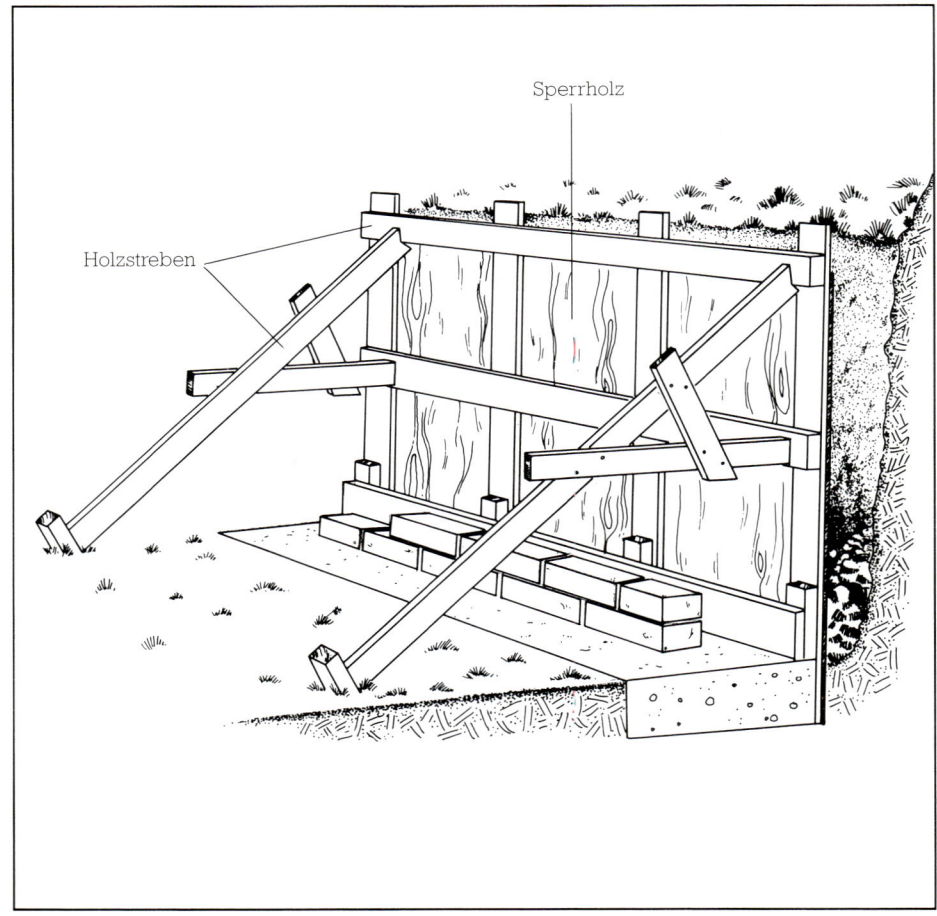

Sperrholz

Holzstreben

Oberflächengestaltung von Mauern

Die Oberflächen von Mauern im Garten sollten mit dem Haus und den anderen baulichen Anlagen auf dem Grundstück harmonieren. Verwendet man Fassadenklinker, empfiehlt es sich, diese passend zu schon vorhandenen Klinkerwänden zu wählen. In einem Garten mit Pflasterflächen in herbstlichen Farben sollte man beispielsweise keine rote Klinkermauer bauen. In der Regel ist es am sichersten, die Oberfläche von Mauern im Garten so zu gestalten wie die der Hauswände.

Putz

Die meisten Oberflächen, darunter auch Ziegelmauerwerk und Betonsteinwände können mit einer Putzschicht versehen werden. Den Putz kann man glatt oder auch grob auftragen.

Zur Herstellung von Putz benötigt man die gleichen Grundstoffe wie für Maurermörtel (siehe S. 269). Für eine Außenwand, die den Wettereinflüssen ausgesetzt ist, mischt man Zement, Kalk und Sand vom Verhältnis von 1:1:6. Für Innenwände oder geschützte Terrassenwände empfiehlt sich eine Mischung von 1:2:9.

Putz wird mit einer Putzkelle aufgetragen, wobei man von unten nach oben und von links nach rechts arbeitet (bzw. von rechts nach links falls man Linkshänder ist). Ist die Wandfläche vollständig verputzt, spritzt man etwas Wasser an die Wand und glättet den Putz mit einem Reibebrett. Um eine glatte Oberfläche zu erzielen, wiederholt man diesen Vorgang noch einmal wenn der Putz schon etwas härter ist, wobei die Wand wieder vorzunässen ist.

Bekrönung

Viele frei stehende Mauern sehen mit einer Mauerkrone schöner aus. Außerdem sorgt eine solche Abdeckung dafür, dass Regenwasser besser abläuft und nicht in das Innere der Mauer gelangt. Als Mauerabdeckung eignen sich Dachziegel, Schiefer, Gehwegplatten, Pflastersteine oder auch Holz. Meistens wird die Mauerkrone jedoch durch eine so genannte Rollschicht gebildet, d. h. eine Reihe auf der Kante stehender Mauersteine.

Eine verputzte Mauer braucht nicht unbedingt eine Abdeckung, es sei denn, sie wird aus optischen Gründen gewünscht. In unserem Projekt auf Seite 247 wurde die Mauer erst verputzt und gestrichen und dann mit einer Krone aus Fassadenklinkern versehen, wodurch eine Verbindung zu den anderen Elementen aus Sichtmauerwerk geschaffen wurde.

Rechts: Diese Ziegelmauer hat eine Bekrönung aus halbrunden Klinkersteinen erhalten, die dafür sorgt, dass sich kein Regenwasser auf der Mauer sammelt.

Oben links: Eine verputzte Mauer kann einen interessanten Kontrast zu Ziegel-mauerwerk bilden.

Oben: Die verputzte und hell gestrichene Mauer bildet einen eleganten Hintergrund für den integrierten Pflanzbehälter.

Rechts: Schräge Abdecksteine, die bis über die Mauerkante ragen, sorgen dafür, dass Regenwasser schnell abfließt.

Unten: Auf dieser gekrümmten Mauer bildet die Rollschicht einen schönen Rahmen für die farbenprächtigen Blumen.

Ornamentsteinmauern

Aus perforierten Ornamentsteinblöcken kann man licht- und luftdurchlässige Trennwände bauen, die jedoch keinen vollständigen Sichtschutz bieten. Es ist möglich, eine Mauer ganz aus Ornamentsteinen zu errichten oder diese mit anderen Materialien zu kombinieren. Ornamentsteine sind meist quadratische Steine mit einer Seitenlänge von 30 cm. Beim Mauern setzt man die Steine genau einen auf den anderen ohne dass dabei ein Verband entsteht. Deshalb ist es ganz wichtig, solche Mauern gut zu stützen, zum Beispiel durch gemauerte Pfeiler, zwischen denen die Ornamentsteinwand errichtet wird oder durch spezielle Pfeiler mit Nuten an den Seiten, in welche die Ornamentsteine hineingeschoben werden. Solche Pfeiler sind mindestens alle drei Meter aufzustellen. Die Pfeilerelemente sind in drei verschiedenen Ausführungen erhältlich: Elemente für Endpfeiler mit einer Nut, für Zwischenpfeiler mit zwei Nuten und für T-Verbindungen mit drei Nuten. Soll die Mauer höher als 1,20 werden, sorgt man für zusätzliche Stabilität, indem man Metallstäbe oder Winkeleisen in die in der Mitte hohlen Pfeiler einmörtelt und außerdem in jede zweite horizontale Fuge einen Metallgitterstreifen legt.

Material

Zum Bau einer Ornamentsteinwand benötigt man die normalen Maurerwerkzeuge sowie eine Mörtelmischung aus 1 Teil Zement, 1 Teil Kalk und 5 Teilen Sand. Bei der Verwendung von normalem Zement können die Fugen im Kontrast zu den weißen Steinblöcken etwas schmutzig wirken. Man sollte deshalb die Fugen sorgfältig auskratzen und mit einem feinen Fertigmörtel versäubern.

Einmessen

Genaues Einmessen des Standortes ist bei einer Ornamentsteinwand ganz besonders wichtig, denn die einzelnen Blöcke können nicht geteilt werden. Deshalb muss die Gesamtlänge ein Vielfaches der Blockgröße plus der Breite der Fugen und Pfeiler sein.

Nachdem das Fundament gegossen ist, legt man die unterste Reihe Blöcke erst einmal ohne Mörtel darauf und lässt zwischen ihnen jeweils einen Abstand von 10 mm, so dass man genau markieren kann, wo die Mauer beginnt und endet und wo sich die Pfeiler befinden sollen. In der Regel sind drei Pfeilerelemente immer so hoch wie zwei Ornamentsteinblöcke. Fertigen Sie sich am besten eine Schichtenlatte, auf der die Höhen der Pfeilerelemente und die Höhen der Blöcke angezeichnet sind.

Oben links: Eine Wand aus Ornamentstein-blöcken kann eine lichte und luftige Grenze bilden.

Links: Ornamentsteinblöcke auf einer niedrigen Mauer.

Bauanleitung Ornamentsteinwand

Für eine 1,20 m hohe und 3 m lange Mauer benötigt man

36 Ornamentstein- blöcke	**Fundament**
12 Pfeilerelemente	50 kg Zement
6 kg Zement	300 kg Zuschlag-
30 kg Sand	stoffe (Kies der
6 kg Kalk	Körnung 0–16 oder
	0–32)

1 Markieren Sie die Grundfläche des Fundamentes mit Hilfe von Schnur und Pflöcken. Es sollte 30 cm breit und mindestens 15 cm tief werden. Dabei sind gleichzeitig die Eisenstäbe oder Winkeleisen zur Stabilisierung der Zaunpfosten einzubetonieren. Auf dem Fundament ist entweder ein etwas kleinerer Betonsockel zu gießen (in einer Schalung) oder man errichtet eine niedrige Ziegelmauer zwischen den Pfeilern.

2 Bauen Sie nun den ersten Pfeiler indem Sie das erste Pfeilerelement auf ein Mörtelbett setzen, so dass die Nut in Richtung der künftigen Mauer zeigt. Setzen Sie drei Pfeilerelemente übereinander, überprüfen Sie die vertikale und horizontale Ausrichtung und legen Sie die Schichtenlatte an um sich zu vergewissern, dass die Höhe der Höhe zweier Ornamentblöcke entspricht. Bei Verwendung von Armierungsstäben ist die Mitte jedes Pfeilerelementes mit Mörtel zu füllen.

3 Bestimmen Sie die Position des nächsten Pfeilers (bzw. des anderen Endpfeilers wenn es sich um eine kurze Mauer handelt) und bauen Sie diesen auf die gleiche Art und Weise auf. Spannen Sie eine Schnur zwischen den Pfeilern, die den Rand der Ornamentsteine markiert.

4 Verteilen Sie eine 15 mm dicke Schicht Mörtel auf dem Fundament und in der Nut des Pfeilers. Legen Sie den ersten Ornamentstein an seinen Platz und drücken Sie ihn fest in das Mörtelbett.

5 Bevor Sie den benachbarten Ornamentstein verlegen, verteilen Sie etwas Mörtel auf seiner Seitenfläche.

6 Überprüfen Sie mit einer Wasserwaage und der Schichtenlatte, dass die beiden Blöcke auf gleicher Höhe liegen. Wenn ein Stein noch etwas nach unten geklopft werden muss, verwenden Sie ein Stück Holz um die Kraft des Schlages zu verteilen.

7 Verlegen Sie die Steine der ersten Reihe bis zum folgenden Pfeiler. Mauern Sie dann die zweite Reihe und legen Sie darauf von Pfeiler zu Pfeiler ein Metallgitternetz. Dann setzt man erst die folgenden drei Pfeilerelemente auf und mauert zwei weitere Reihen und legt wieder Metallgitternetz ein. Mauern Sie die Wand am ersten Tag nicht höher als 1,20 m, sondern lassen Sie den Mörtel erst aushärten.

8 Wenn Sie die erforderliche Höhe erreicht haben, legen Sie zum Schluss die Abdecksteine und die Pfeilerkappen aus und kratzen wenn nötig alle Fugen aus.

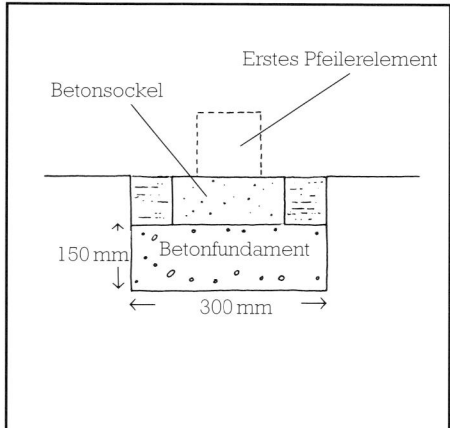

Erstes Pfeilerelement
Betonsockel
Betonfundament
150 mm
300 mm
1

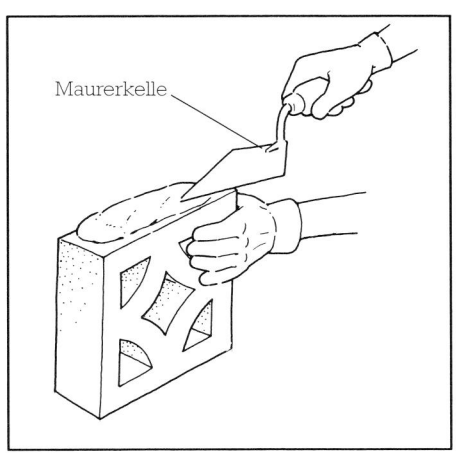

Armierungsstab
Pflock
Wasserwaage
Pfeilerelement
Schnur
Mörtel
2

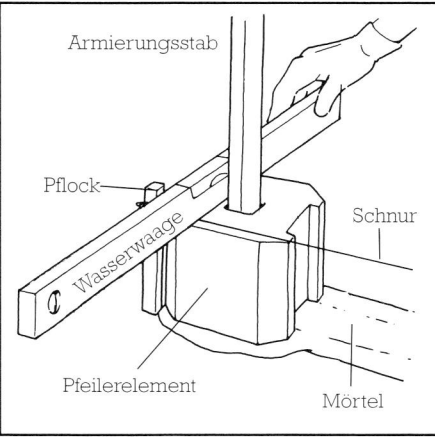

Schnur
Ziegelstein
3

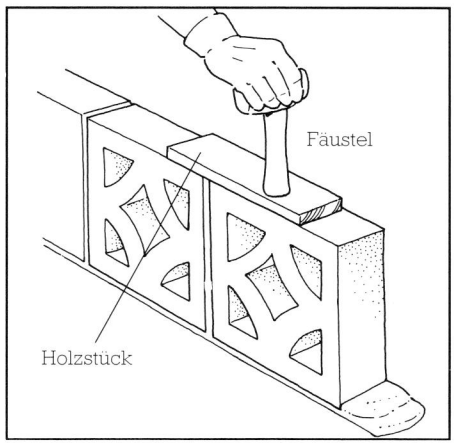

Nut im Pfeiler
Mörtelbett
4

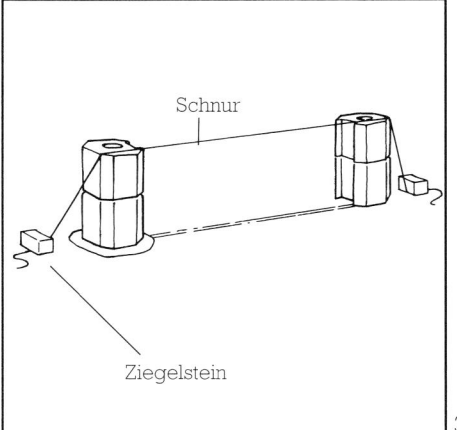

Maurerkelle
5

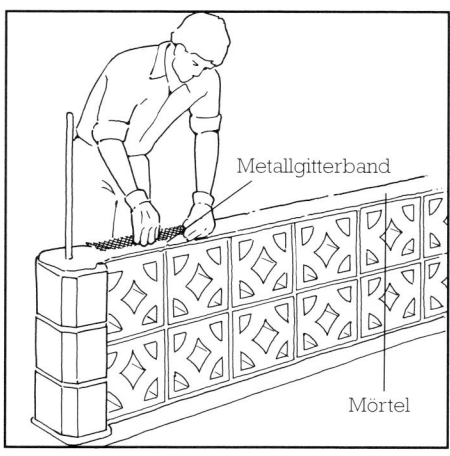

Fäustel
Holzstück
6

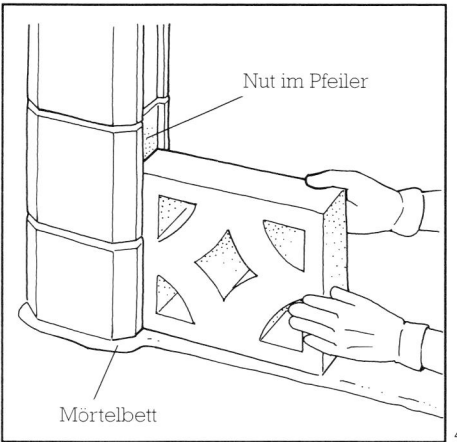

Metallgitterband
Mörtel
7

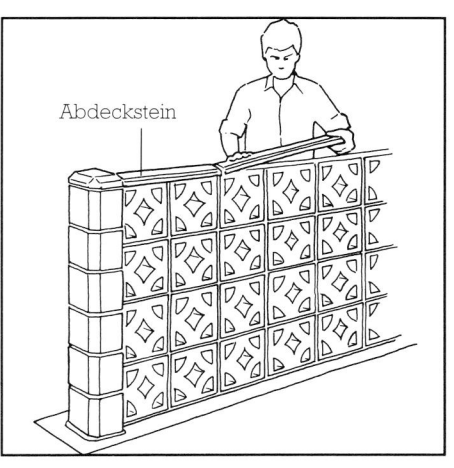

Abdeckstein
8

Eine Garage dient nicht nur dazu, das Auto trocken und sicher unterzustellen, sondern bietet auch Platz zum Aufbewahren von Werkzeugen und diversen Materialien. Das Aufstellen einer Fertigteilgarage ist eine Arbeit, die ein durchschnittlich begabter Heimwerker durchaus bewältigen kann, man sollte sie jedoch zusammen mit einem Helfer in Angriff nehmen.

Arbeitsanleitung Garagenaufbau

Als Erstes ist der Boden unter der künftigen Garage auszukoffern. Nachdem man als Unterbau eine 10 cm starke Schotterschicht eingebracht und verdichtet hat, gießt man die 10 cm dicke Grundplatte aus Beton. Die Grundplatte sollte mindestens 10 cm länger und 5 cm breiter als die Garage sein. Beachten Sie jedoch in jedem Fall die Anweisungen des Herstellers! Beim Betonieren ist der Rand der Grundplatte (etwa 30 cm) mit einem Reibebrett besonders zu glätten. Der Beton für die Grundplatte wird im Verhältnis von 1:5 gemischt. Für eine 20 m² große Platte benötigen Sie demzufolge 26 Sack Zement (1350 kg) und 3700 kg Kies der Körnung 0–16 oder 0–32. Außerdem brauchen Sie dreieinhalb Tonnen Schotter für den Unterbau. Bevor Sie mit der Montage der Garage beginnen, sollte die Grundplatte etwa eine Woche aushärten.

1 Markieren Sie einen exakten rechten Winkel in einer der hinteren Ecken der Garage. Verwenden Sie dazu einen großen Winkel oder die 3:4:5 Methode (siehe

S. 266) und beginnen Sie an dieser Ecke die Garagenteile zu verschrauben. Achten Sie darauf, dass jedes Element genau senkrecht steht und dass die Außenflächen der einzelnen Elemente bündig sind. Stützen Sie die Teile ab, bis die gesamte Rückwand steht.
2 Um ein Fenster einzupassen, verschrauben Sie zuerst die beiden kurzen Elemente unter dem Fenster. Dann geben Sie Montageschaum in den Fensterrahmen und schieben das Fenster hinein. Über dem Fenster wird der Sturz eingesetzt.
3 Der Rahmen der Seiteneingangstür wird mit Schrauben und Muttern an den angrenzenden Elementen befestigt und darüber wird ebenfalls ein Sturz angeschraubt. Die Tür kann entweder an der Rückseite der Garage oder in eine der Seitenwände eingesetzt werden.
4 Nachdem alle Wandelemente montiert sind, ist das Dach an der Reihe. Über dem Sturz vorn an der Garage und oben an den

Rechts: Die fertige Garage.

1

3

4

7

Seitenwänden werden Holzleisten angebracht, an denen die Dachträger aus Stahl montiert werden. Auf den Dachträgern befestigt man dann die Dachelemente.

5 Der Hebelarm für das Tor der Garage wird an den vordersten Pfosten geschraubt.

6 Nachdem die seitlichen Führungen für das Tor mit den Garagenwänden verschraubt sind, kann das Tor eingesetzt und verschraubt werden. Beachten Sie dabei die detaillierten Anweisungen des Herstellers.

7 Abschließend werden der Torgriff und das Schloss montiert.

8 Mit einem Dichtungsmittel dichtet man alle Fugen an der Außenseite der Garage ab. Meist wird ein Beutel mit passendem Granulat mitgeliefert, das man in die Fugen drücken kann um den Wänden ein einheitliches Aussehen zu geben.

9 Innen sollten die Fugen mit Mörtel (1 Teil Zement auf 3 Teile Sand) verfugt werden. Der Mörtel ist mit der Hand in die Fugen zu drücken, wozu man einen alten Handschuh verwendet. Sobald der Mörtel etwas angetrocknet ist, bürstet man ihn ab. Zwischen den Wandelementen und der Bodenplatte ist ebenfalls ein dünner Mörtelstreifen anzulegen, der dafür sorgt, dass kein Wasser in die Garage eindringen kann.

8

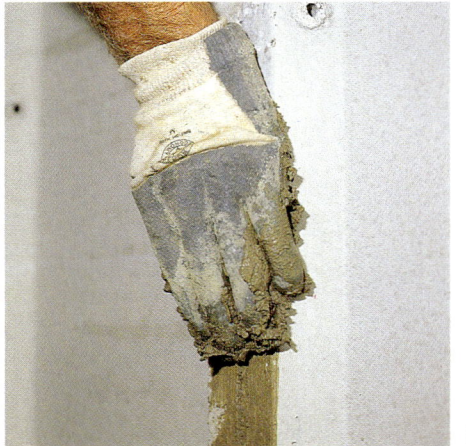

9

6

Es gibt viele kleinere Projekte, *die bereits einige grundlegende Maurertechniken erfordern und an denen man bestimmte Fertigkeiten trainieren kann, bevor man sich an schwierigere Aufgaben, wie zum Beispiel das Pflastern einer grossen Fläche oder den Bau einer langen Mauer wagt.*

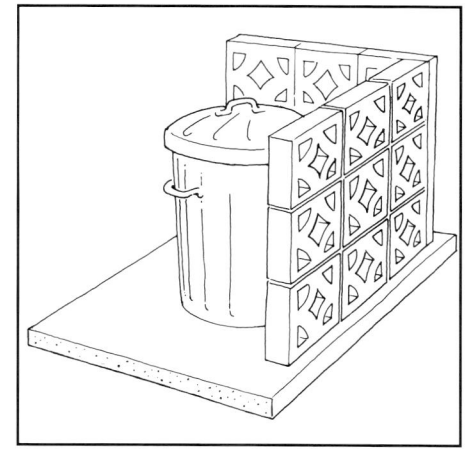

Abschirmung des Müllplatzes

Mülltonnen im Hof oder Garten wirken oft störend. Man kann sie jedoch mit einer einfachen Sichtschutzwand aus Ornamentsteinen verstecken. Lässt man die Wand dann zusätzlich noch von Kletterpflanzen beranken, werden die unschönen Mülltonnen schon bald nicht mehr zu sehen sein. Eine solche Wand aus Ornamentsteinen kann auf einer glatten Pflasterfläche oder auf einem Fundament gebaut werden.

Eine etwas anspruchsvollere Lösung ist die unten gezeigte zweischalige Mauer, die mit Erde gefüllt wird und gleichzeitig als Pflanzbehälter dient. Hier wurde sie aus unregelmäßig großen Kunststeinen gebaut.

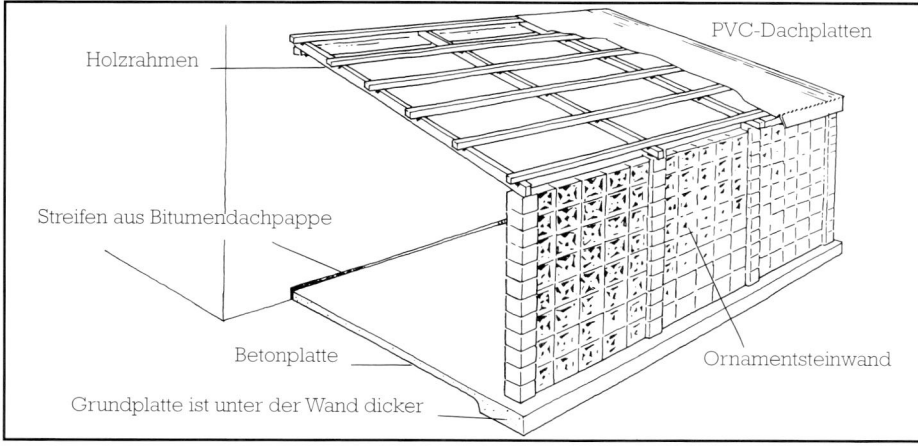

Holzrahmen

PVC-Dachplatten

Streifen aus Bitumendachpappe

Betonplatte

Ornamentsteinwand

Grundplatte ist unter der Wand dicker

Oben: Zwei Möglichkeiten der Abschirmung von Mülltonnen – eine Mauer wurde aus Ornamentsteinen errichtet, die andere aus Kunststeinblöcken unregelmäßiger Größe.

Oben links: Eine Ornamentsteinwand mit passenden Pfeilern stützt dieses Schleppdach über dem Carport.

Unten links: Ein nützlicher Kompostplatz aus Betonsteinen. In der untersten Schicht dürfen die Drainageöffnungen nicht vergessen werden.

Unten: Eine gemauerte Säule auf einer Grundplatte mit passendem Rand ist ein attraktiver Platz für eine Sonnenuhr.

Kompostbehälter

Den unten dargestellten einfachen Kompostbehälter kann man aus Ziegel- oder Betonsteinen mauern. Eine 10 cm dicke Betonplatte bildet die Grundfläche, auf der die Begrenzungs- und Trennwände errichtet weden. In der untersten Schicht sind unbedingt Drainage- und Lüftungsöffnungen anzulegen. Dazu lässt man einfach einige vertikale Fugen offen. Eine glatte Oberfläche der Wände vereinfacht die Reinigung.

Ein Kompostplatz sollte mindestens zwei, besser jedoch drei Abteilungen haben. Eine für zweijährigen Kompost, der schon vollständig verrottet ist, eine für den Kompost des vorangegangenen Jahres und eine für frischen Kompost.

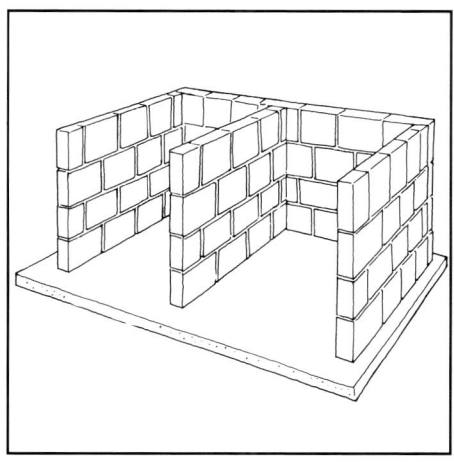

Carport

Eine Mauer aus Ornamentsteinen kann auch als Stütze für ein Schleppdach über einem Carport dienen. Die Grundplatte des Carports besteht aus Beton und wird über einer 10 cm starken Schotterschicht angelegt. Die Grundplatte ist ebenfalls 10 cm stark, die äußere Kante sollte jedoch 20 cm dick sein, da auf dieser Fläche die größte Last liegt. Für den Beton mischt man Zement und Zuschlagstoffe im Verhältnis von 1:4. Im Übrigen sind die Anweisungen auf Seite 256 zum Bau einer Ornamentsteinwand zu befolgen. Die Pfeiler sind in jedem Fall durch Metallstäbe zu stabilisieren.

Der Dachkonstruktion baut man entweder aus Holz (wie in der Skizze gezeigt) oder aus Leichtmetall. Das Dach kann mit Bitumendachpappe oder mit Doppelstegplatten aus Plastik gedeckt werden.

Sonnenuhr

Eine Sonnenuhr im Garten ist ein faszinierendes und praktisches Detail. Sonnenuhren können an der Hauswand angebracht, direkt auf dem Boden oder erhöht auf einem Pfeiler aufgestellt werden. Detaillierte Anweisungen zum Bau von Pfeilern und Säulen finden Sie auf Seite 219.

Denken Sie daran, zuerst die korrekte Position der Uhr zur Sonne zu bestimmen und den Pfeiler danach auszurichten, falls die Grundfläche der eigentlichen Sonnenuhr ebenfalls quadratisch ist.

Die sorgfältige Planung *der Arbeiten ist auch beim Mauern eine wesentliche Voraussetzung für den Erfolg eines Vorhabens. Lesen Sie deshalb alle Hinweise zu den Maurertechniken sorgfältig und rüsten Sie sich mit Werkzeugen guter Qualität aus.*

Werkzeuge und Materialien

Alle wichtigen Werkzeuge für den Maurer (Foto rechts) erhält man in jedem Baumarkt oder guten Eisenwarengeschäft.

Werkzeuge

Bleilote gibt es in verschiedenen Größen und Formen. Mit Hilfe eines Lotes kontrolliert man, ob eine Wand genau senkrecht gemauert wurde. Einfache Bleilote werden an einer Schnur befestigt, die wiederum an einem Holzstück festgebunden wird, damit das Lot frei schwingen kann.

Eckblöcke werden zum Spannen der Fluchtschnur verwendet. Man kann sie zwar nicht kaufen aber schnell aus einem Stück Restholz anfertigen (siehe S. 268). Zum Spannen der Fluchtschnur setzt man manchmal auch spezielle Nägel ein.

Eine **Feinsäge** ist ein nützliches Werkzeug zum Zusägen von Holz für Richtlatten, Schichtenlatten oder Eckblöcke.

Fugenkratzer werden dazu benutzt, den Mörtel aus den Fugen zu kratzen und die Fugen in eine bestimmte Form zu bringen. Hat man keinen speziellen Fugenkratzer zur Hand, kann man diese Arbeit auch mit einer kleinen spitzen Maurerkelle oder einfach mit einem Stück gebogenen Metalls ausführen.

Mit einem **Gummihammer** klopft man Pflastersteine oder Mauersteine in das Sand- oder Mörtelbett. Statt eines Gummihammers kann man auch einen Holzhammer oder den Holzstiel des Fäustels dazu verwenden.

Der **Maurerhammer** mit seiner meißelförmigen Finne wird zum Säubern oder Zerteilen von Ziegelsteinen eingesetzt.

Maurerkellen sind beim Mauern unentbehrlich. Eine große Kelle eignet sich vor allem zum Verteilen des Mörtels, eine kleinere zum Verfugen. Eine Glättekelle hat eine rechteckige Fläche und wird zum Verteilen und Glätten von Putz auf der Wand verwendet. Eckenkellen sind so geformt,

Maurerwerkzeuge
1 Richtlatte, 2 Schichtenlatte, 3 Glättekelle, 4 Eckenkelle für Außenecken, 5 Maurerkelle, 6 Spitzkelle, 7 Fugenkratzer, 8 Eckblöcke, 9 Anreißwinkel, 10 Mörtelbrett, 11 Gummihammer, 12 Maurerhämmer, 13 Prelleisen,

14 Bandmaß, 15 Schlagschnurautomat, 16 Senklot 17 Feinsäge, 18 Bürste, 19 Zimmermannsbleistift, 20 Nägel, 21 Maurerschnur, 22 zwei Wasserwaagen

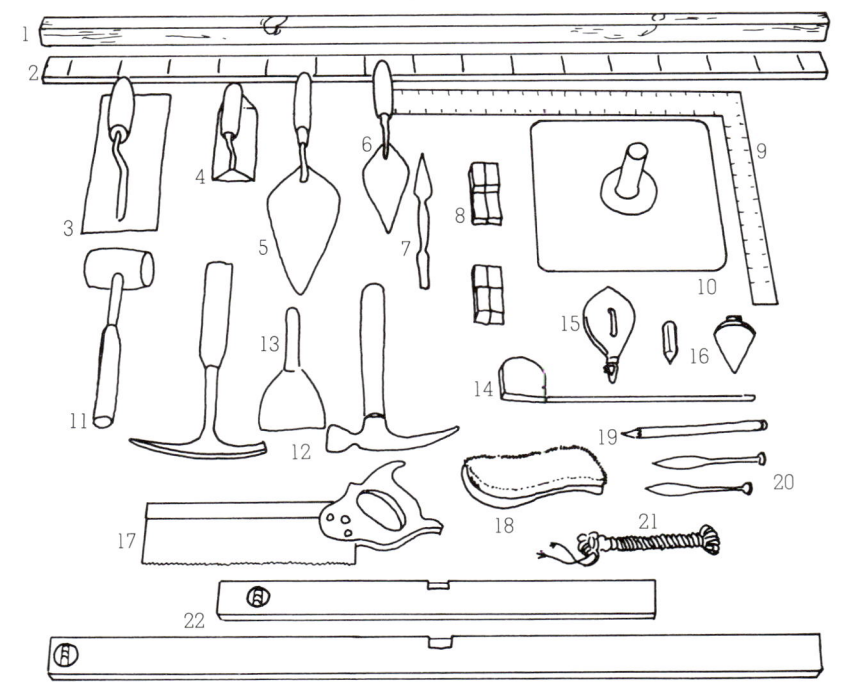

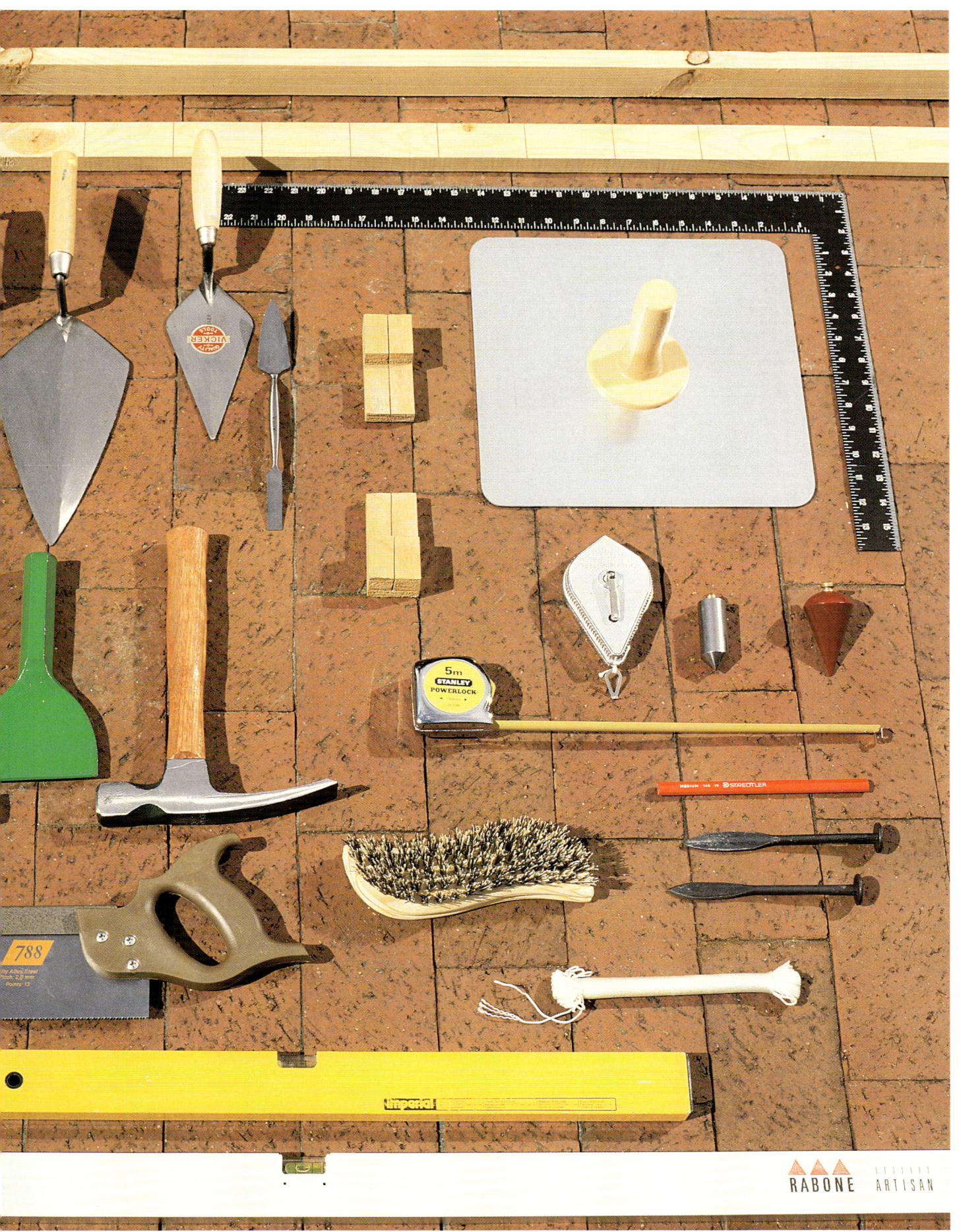

dass man damit Innen- oder Außenecken verputzen kann.

Ein **Mörtelbrett** benutzt man, um während der Arbeit den Mörtel zu halten. Es lässt sich auch durch ein Stück dickes Blech oder den Deckel eines Metalleimers ersetzen.

Mit einem **Prelleisen**, das im Prinzip einen Meißel mit breiter Klinge darstellt, und einem Fäustel kann man Ziegelsteine, Gehwegplatten o. ä. zerteilen (siehe auch S. 272).

Eine **Richtlatte** wird aus einer geraden Holzleiste gefertigt und dazu benutzt, aufgeschütteten Sand oder Beton planeben abzuziehen. Legt man eine Wasserwaage auf die Richtlatte, kann man damit die waagerechte Ausrichtung größerer Flächen kontrollieren.

Ein **Schichtenlatte** ist einfach eine flache Holzleiste mit geradem Rand auf der die Höhe der verwendeten Mauersteine sowie die Breite der Fugen angezeichnet wird. Sie hilft dem Maurer dabei, regelmäßige Abstände zwischen den Schichten einzuhalten. Man kann eine Schichtenlatte auch zum Abziehen von Sand- oder Betonflächen verwenden.

Ein **Stahlbandmaß** ist ein unverzichtbares Werkzeug in jedem Werkzeugkasten. Es dient zum Messen und Überprüfen von Längen und Höhen.

Wasserwaagen dienen zur Kontrolle der waagerechten und senkrechten Ausrichtung. Es gibt sie in unterschiedlichen Längen und man kann sie auch als Schichtenlatte verwenden, wenn man auf der Unterseite die Schichtenhöhen markiert. Mittels einer Luftblase in einem kleinen Gläschen kontrolliert man, ob eine Fläche oder ein Bauteil genau waagerecht oder senkrecht ausgerichtet ist. Für den anspruchsvolleren Handwerker gibt es auch elektronische Wasserwaagen mit optischem Signal.

Mit einem **Winkel** überprüft man die Rechtwinkligkeit von Ecken. Sollte ein handelsüblicher Winkel einmal nicht groß genug sein, fertigt man sich einen aus Holzleisten, die im Längenverhältnis von 3:4:5 zugesägt werden.

Außer diesen Werkzeugen benötigen Sie für die meisten Vorhaben einen Spaten, eine Schaufel, eventuell eine Spitzhacke, falls der Boden sehr hart ist, eine Schubkarre und eine harte Bürste zum Abbürsten von Mörtelspritzern. Müssen Sie für ein Projekt viele Steine zerteilen, empfiehlt es sich, dafür entweder einen Winkelschleifer mit einem diamantbesetzten Blatt, einen Steinbrecher oder einen Nassschneider auszuleihen. Verleihfirmen haben in der Regel auch Rüttelplatten (zum Verlegen von Betonsteinpflaster) oder Handstampfer (zum Verdichten von Schotter und Sand) im Angebot.

Baumaterialien

Die wichtigsten Materialien zum Mauern sind Ziegelsteine oder Betonsteine, Zement, Sand, Kies und Kalk. All das erhalten Sie im Baumarkt und bei Baustoffhändlern.

Ebenfalls im Baumarkt gibt es fertige Mörtelmischungen, die sich für kleinere Projekte eignen. Im Branchentelefonbuch finden Sie Firmen, die Kies und Sand oder auch Transportbeton liefern. Denken Sie bei der Bestellung von Transportbeton daran, genügend Helfer zu organisieren, so dass der Beton sofort bei Anlieferung an Ort und Stelle gebracht wird, bevor er zu erhärten beginnt.

Armierungsstäbe benötigt zum Mauern von Pfeilern oder Säulen, die besonders stabil sein müssen. Man erhält sie in Baumärkten und bei Baustoffhändlern.

Betonsteine sind ebenfalls in unterschiedlichen Formen, Größen und mit unterschiedlich gestalteten Oberflächen erhältlich. Die normalen Leichtbetonsteine werden aus optischen Gründen nicht für Sichtmauerwerk im Außenbereich verwendet. Auch Wände innerhalb des Hauses, die aus Leichtbetonsteinen errichtet wurden, werden in der Regel verputzt.

Es gibt jedoch spezielle Fassadensteine aus Beton mit einer dekorativen Oberfläche, die oft durch Einpressen von Natursteinbruch hergestellt wird, um dem Betonstein ein natursteinähnliches Aussehen zu geben.

Kalk wird dem Mörtel zugesetzt, um dessen Bindekraft und wasserabweisenden Eigenschaften zu erhöhen. Beachten Sie jedoch, dass Gartenkalk für diese Zwecke nicht geeignet ist.

Feiner **Kies** hat eine Korngröße von 4 bis 32 mm und wird zum Anmischen von Beton verwendet. Kleine Mengen Kies können ebenfalls in Säcken gekauft werden, für größere Projekte ist es jedoch günstiger, den Kies direkt aus einer Kiesgrube zu beziehen.

Sand bis zu einem Größtkorn von 4 mm wird als Zuschlagstoff für die Herstellung von Mörtel und Beton verwendet. Man kann kleinere Mengen Sand in Säcken kaufen, er ist jedoch billiger, wenn man ihn kubikmeterweise bezieht. Sand wird bei Anlieferung an dem von Ihnen bezeichneten Ort abgekippt. Bei sehr windigem Wetter sollten Sie den Sandhaufen sofort mit einer Plastikfolie abdecken. Zum Verfüllen der Fugen einer Betonpflasterfläche ist ganz feiner Sand erforderlich. Bei der Bestellung von Sand sollten Sie angeben, für welche Zwecke Sie ihn benötigen, dann wird man Sie bezüglich der richtigen Korngröße beraten.

Zement wird normalerweise in 25-kg-Säcken angeboten. Meist verwendet man den gewöhnlichen Portlandzement, der sich zum Anmischen von Mörtel und Beton eignet. Weißer Portlandzement ist etwas teurer. Bei der Lagerung ist darauf zu achten, dass niemals mehr als 12 Säcke übereinander liegen und dass weder von unten noch von oben Feuchtigkeit eindringen kann. Legen Sie die Säcke deshalb möglichst auf eine Plastikplane in einem überdachten Raum. Zement sollte spätestens nach zwei bis drei Monaten aufgebraucht werden.

Ist der Zement durch Einwirkung von Feuchtigkeit schon etwas klumpig geworden, sollte er nur noch für weniger wichtige Arbeiten verwendet werden und auch nur

dann, wenn die Klumpen noch mit der Hand zerkleinert werden können.

Ziegelsteine oder **Klinker** werden aus Ton gebrannt und sind in einer Reihe von Formen und Farben erhältlich, wobei die Preise sehr unterschiedlich sein können. Sie sollten sich deshalb bei Ihrem örtlichen Baustoffhändler über das Angebot informieren, wenn Sie ein größeres Vorhaben planen.

Zwar können die Abmessungen normaler Ziegelsteine etwas variieren, als Faustregel gilt jedoch, dass für einen Quadratmeter einer halbsteindicken Mauer 60 Steine erforderlich sind.

Pflasterklinker haben ähnliche Abmessungen wie Ziegelsteine, sind jedoch in der Regel etwas dünner. Bevor Sie das Muster einer Pflasterfläche planen, sollten Sie sich immer erst über die genauen Abmessungen der gewünschten Pflasterklinker informieren.

Für Mauerwerk in Gärten älterer Häuser empfiehlt es sich oft gebrauchte Ziegelsteine zu verwenden, denn diese fügen sich harmonischer in das Gesamtbild ein als farbrikneue Ziegelsteine.

Zum Anmischen von Mörtel und Beton braucht man außerdem **Wasser**. Man verwendet Leitungswasser oder Regen-

wasser, Wasser aus dem Meer ist zur Herstellung von Mörtel und Beton nicht geeignet.

Unten: Eine Auswahl von Mauersteinen und Pflastersteinen aus gebranntem Ton oder Beton.

Jeder erfahrene Maurer weiß, dass es bestimmte goldene Regeln gibt, an die man sich beim Mauern halten sollte, damit eine Wand oder ein Bauwerk rechtwinklig, waagerecht und lotrecht wird.

Rechter Winkel

Bei den meisten Bauwerken ist es ganz wichtig, rechte Winkel zwischen den Wänden, zwischen Boden und Wand, Wand und Decke usw. einzuhalten. Deshalb muss beim Mauern jede Ecke in regelmäßigen Abständen mit einem großen Winkel überprüft werden. Verlassen Sie sich dabei niemals nur auf Ihr Augenmaß, die Gefahr, dass Sie zum Schluss schiefe Wände und einen unebenen Fußboden haben, ist dabei zu groß.

Um beispielsweise eine rechtwinklige Terrasse anzulegen, kann man die einfache 3:4:5 Methode anwenden (siehe Skizze unten). Eine so vermessene Ecke sollte immer genau 90° betragen. Wenn Sie trotzdem noch Zweifel haben, legen Sie zur Sicherheit noch einmal einen Winkel an.

Waagerechte

Genauso wichtig wie der rechte Winkel ist die waagerechte Ausrichtung von Flächen, Mauern usw., die man mit Hilfe einer Wasserwaage überprüft. Eine Mauer, bei der die Schichten nicht waagerecht, sondern schräg verlaufen, wird immer etwas eigenartig aussehen, wenn sie überhaupt lange steht.

Wenn sich die Luftblase in dem kleinen Glasrohr der Wasserwaage genau in der Mitte befindet, wissen Sie, dass eine Oberfläche waagerecht ist. Ist die Wasserwaage zu kurz, legt man sie einfach auf eine längere Richtlatte oder eine gerade Holzleiste.

Senkrechte

Auch die senkrechte oder lotrechte Ausrichtung muss beachtet werden. Alle vertikalen Oberflächen und Bauteile sollten deshalb regelmäßig auf ihre korrekte Ausrichtung hin kontrolliert werden.

Die einfachste Art die lotrechte Ausrichtung zu überprüfen ist das Anlegen einer Wasserwaage. In Ecken und bei der Gestaltung von Profilen kann man dafür jedoch auch ein Lot benutzen (siehe S. 264).

Es ist nicht ratsam, Maurerarbeiten im Außenbereich zu beginnen, wenn Regenwetter vorausgesagt wurde, denn heftiger Regen kann den Mörtel aus frisch gefüllten Fugen waschen. Sollte das doch einmal passieren, sind die Steine danach sauber zu schrubben, sonst können sich Flecken bilden. Wenn erforderlich sind dazu spezielle Reinigungsmittel zu verwenden. Frisch verfugte Mauern dürfen auch nicht abgespritzt werden, denn die Kraft des Wasserstrahls hat die gleiche Wirkung wie starker Regen. Sollte es während der Arbeiten plötzlich zu regnen anfangen, legen Sie eine Plastikplane über das Mauerwerk um eventuelle Schäden zu vermeiden und beschweren Sie die Ecken der Plane mit Ziegelsteinen.

Stellen Sie sicher, dass frisch gemauerte Wände keiner Druck- und Stoßbelastung irgendwelcher Art ausgesetzt sind. Wenn nötig, sperren Sie die Baustelle zeitweilig ab.

Führen Sie Maurerarbeiten niemals bei Temperaturen von unter 3°C aus. Denken Sie daran, dass auch auf warme Frühlingstage noch Nachtfröste folgen können, die möglicherweise Schäden an neu gemauerten Wänden anrichten.

Einmessen einer rechtwinkligen Ecke

Spannen Sie eine Schnur zwischen zwei Pflöcke, markieren Sie den Ausgangspunkt sowie einen Punkt A in einer Entfernung von 3 m. Nun schlagen Sie neben dem Ausgangspunkt einen zweiten Pflock mit einer Schnur in den Boden und markieren den Abstand von 4 m zum Ausgangspunkt auf der Schnur. Bitten Sie einen Helfer, diese Schnur etwa im rechten Winkel zur ersten Schnur straff zu halten. Mit einem zweiten Helfer und einem Bandmaß passen Sie den Winkel nun so an, das die lange Seite des entstehenden Dreiecks genau 5 m misst. Der Winkel beträgt dann genau 90°. Wiederholen Sie diese Arbeitsschritte an den übrigen Ecken und überprüfen Sie zum Schluss, ob die Diagonalen des entstandenen Rechtecks gleich lang sind.

Nach dem gleichen Prinzip können Sie sich auch einen großen Winkel aus Holzleisten im Längenverhältnis von 3:4:5 herstellen, z. B. mit Seitenlängen von 0,9 m, 1,2 m und 1,5 m.

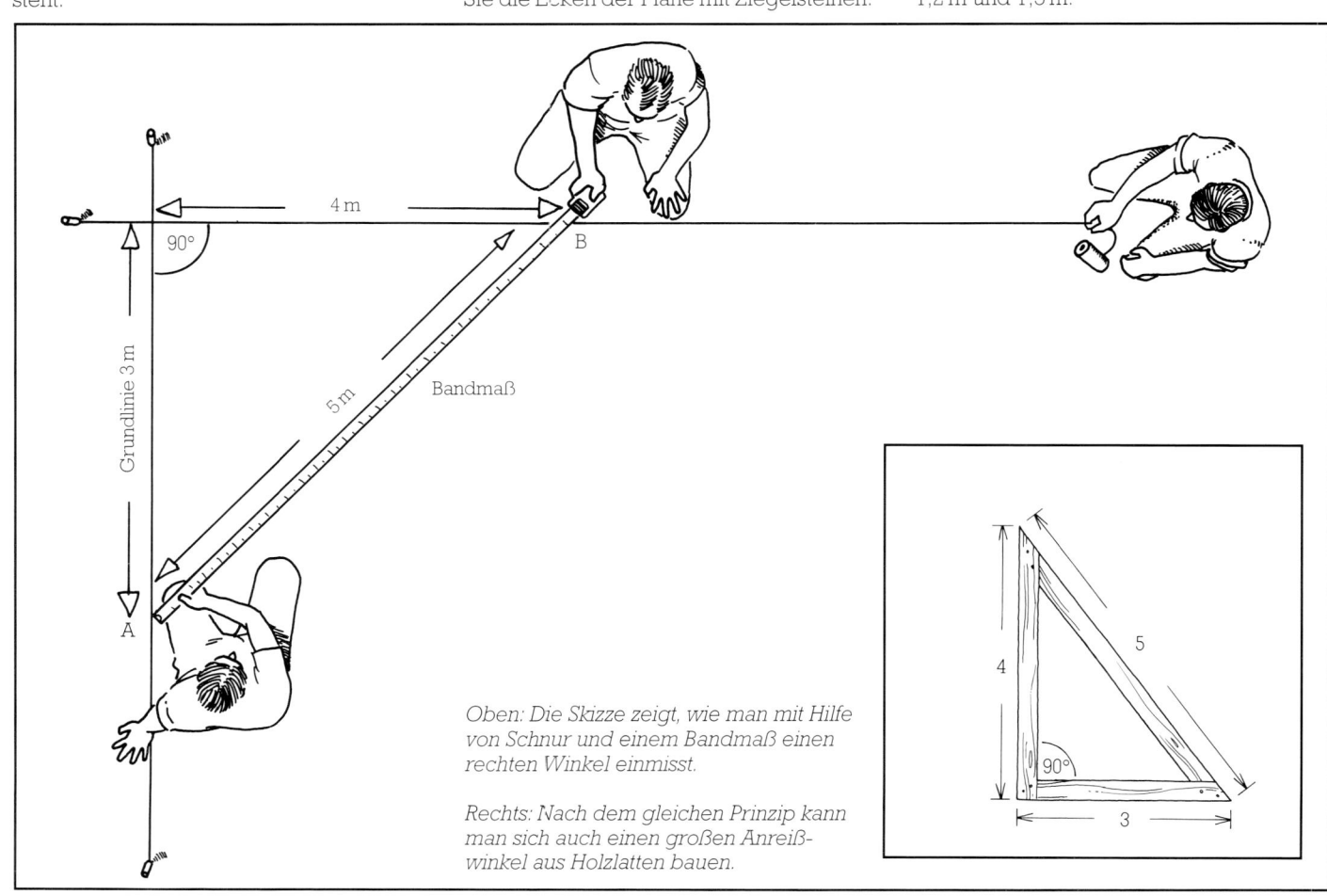

Oben: Die Skizze zeigt, wie man mit Hilfe von Schnur und einem Bandmaß einen rechten Winkel einmisst.

Rechts: Nach dem gleichen Prinzip kann man sich auch einen großen Anreißwinkel aus Holzlatten bauen.

Kontrolle der waagerechten Ausrichtung

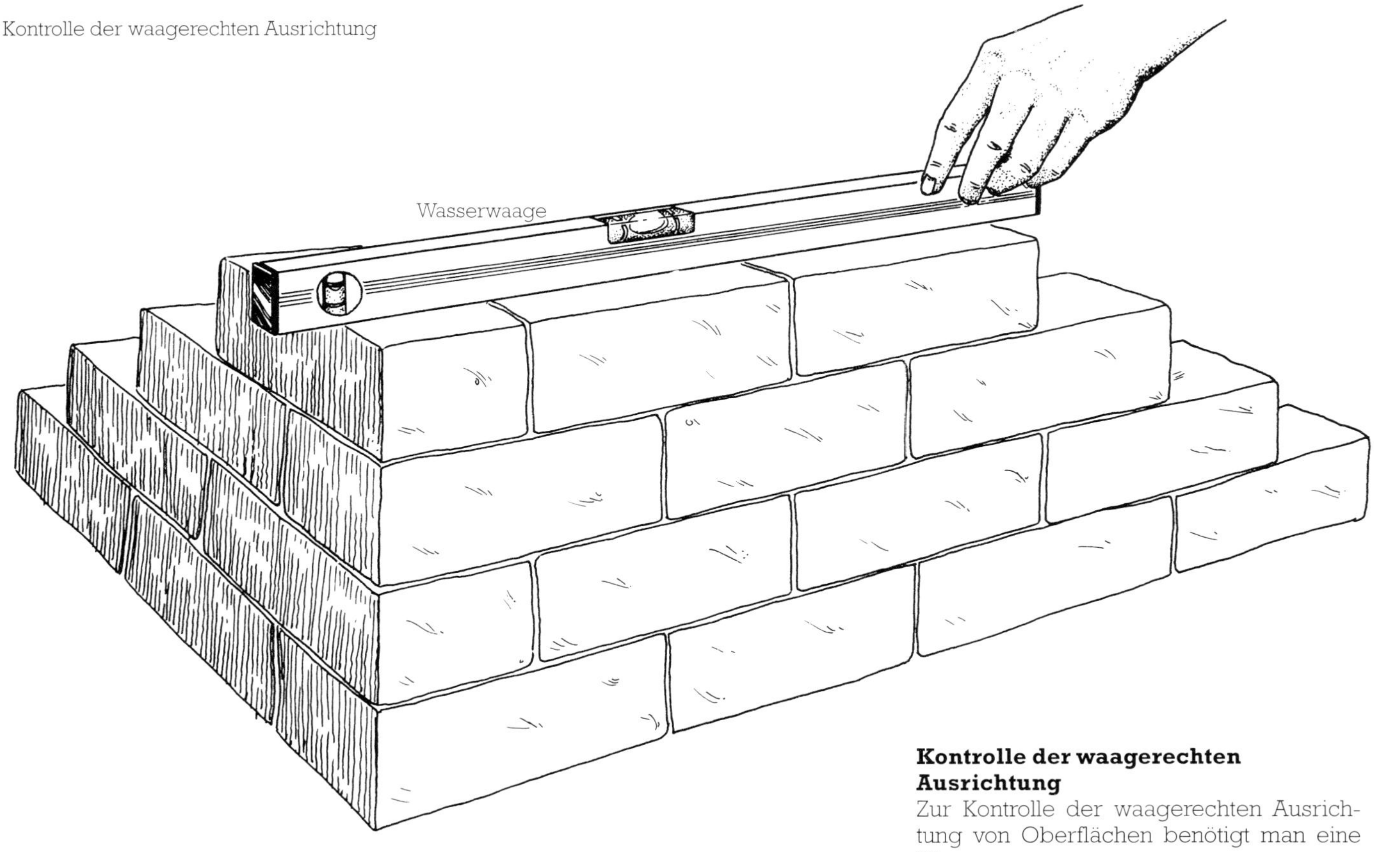

Wasserwaage

Kontrolle der waagerechten Ausrichtung

Zur Kontrolle der waagerechten Ausrichtung von Oberflächen benötigt man eine Wasserwaage.

Kontrolle der senkrechten Ausrichtung

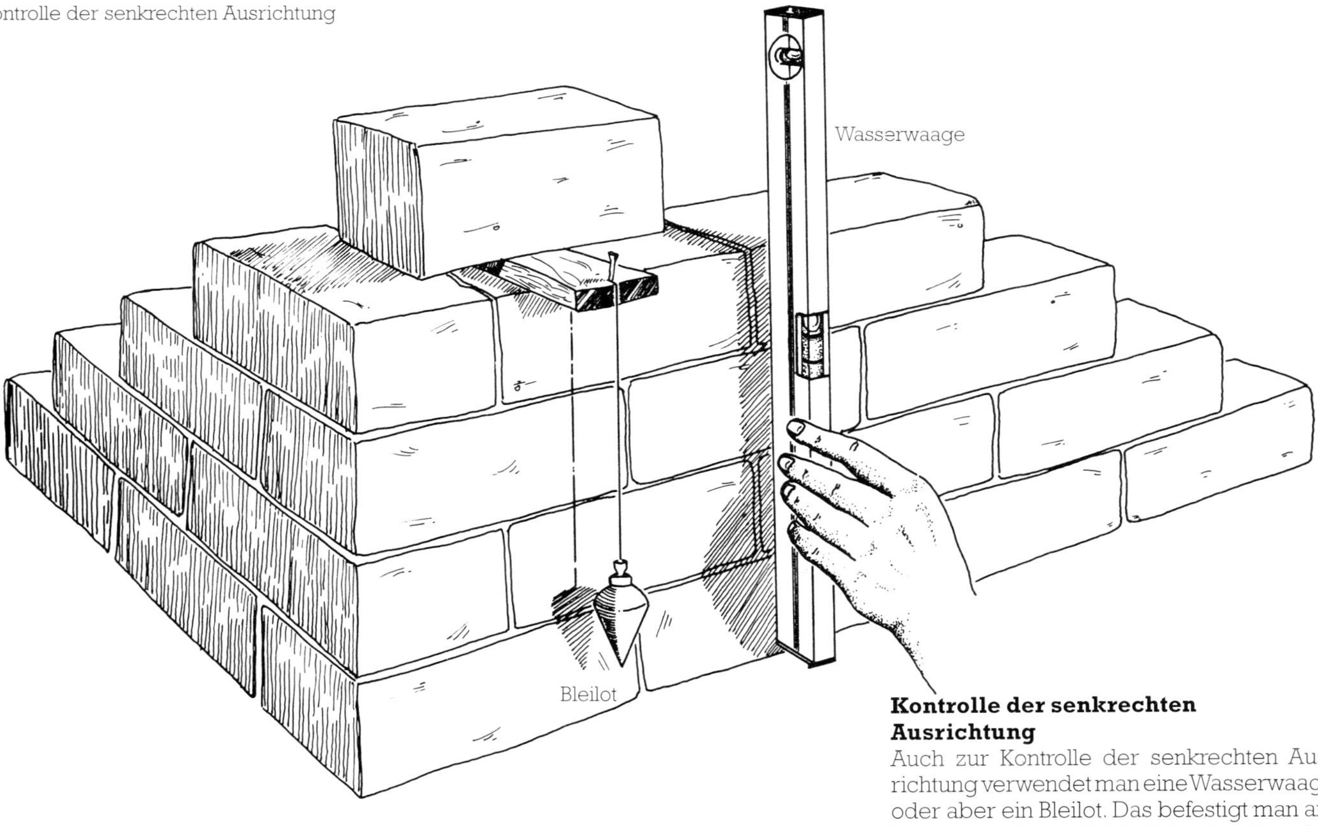

Wasserwaage

Bleilot

Kontrolle der senkrechten Ausrichtung

Auch zur Kontrolle der senkrechten Ausrichtung verwendet man eine Wasserwaage oder aber ein Bleilot. Das befestigt man am besten an einem Stück Holz, damit es frei hängen kann.

Herstellung von Eckblöcken

1 Sägen Sie aus einem Stück Kantholz einen Teil heraus, so dass ein dickes L-Stück entsteht. Nun sägen Sie den Fuß des L-förmigen Eckblocks genau in der Mitte gerade ein und dazu eine kleine Nut in den langen Teil. Ziehen Sie die Schnur durch den Schlitz.

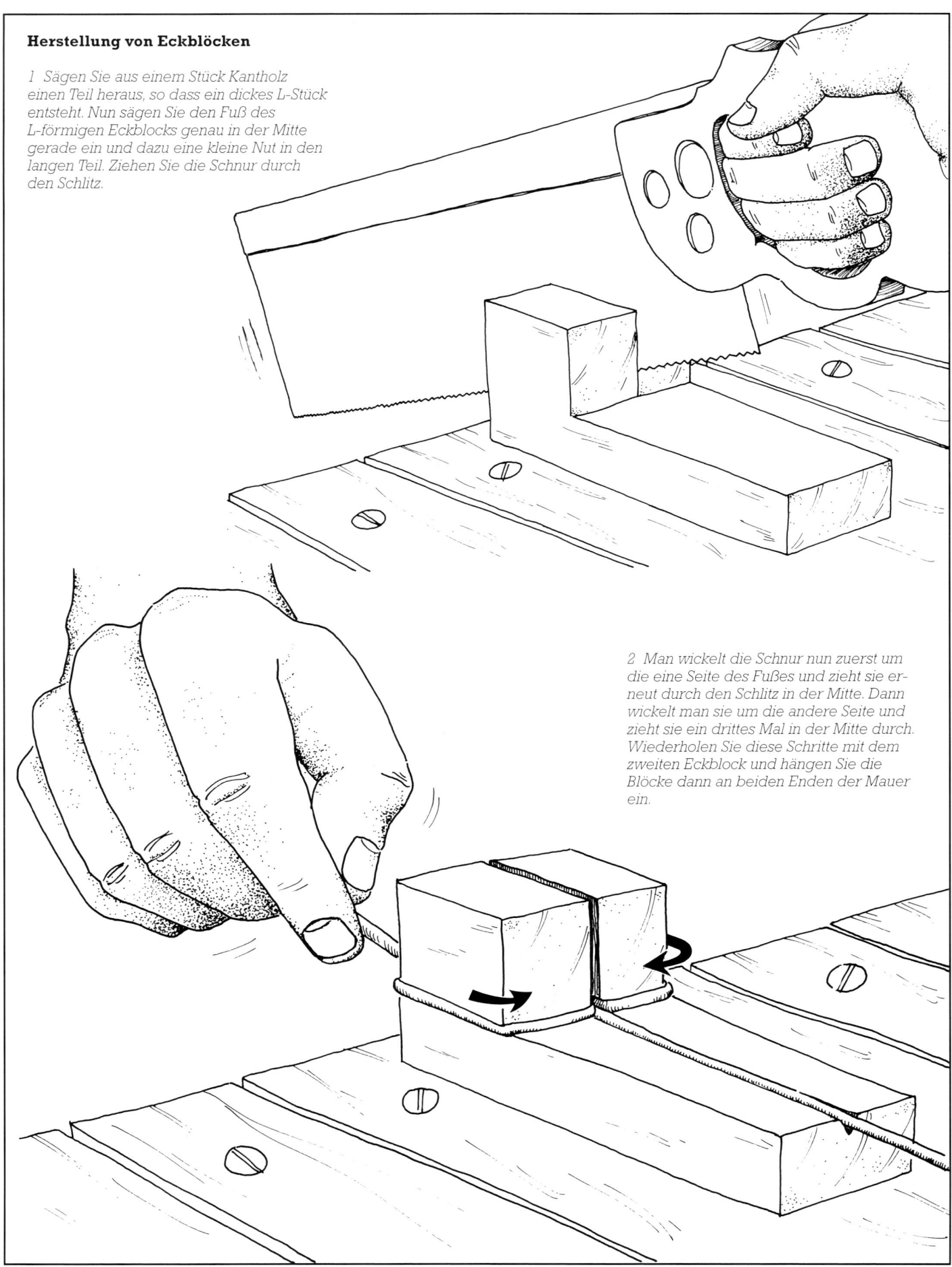

2 Man wickelt die Schnur nun zuerst um die eine Seite des Fußes und zieht sie erneut durch den Schlitz in der Mitte. Dann wickelt man sie um die andere Seite und zieht sie ein drittes Mal in der Mitte durch. Wiederholen Sie diese Schritte mit dem zweiten Eckblock und hängen Sie die Blöcke dann an beiden Enden der Mauer ein.

Bevor es an die Materialbestellung geht, müssen Sie sich darüber im Klaren sein, wie viel Sie von jedem Grundstoff benötigen. Führen Sie die entsprechenden Berechnungen auf der Grundlage der folgenden Formeln durch bzw. halten Sie sich an die Mengen, die für die jeweiligen Projekte in diesem Buch angegeben sind.

Ziegelsteine

Für einen Quadratmeter einer halbsteindicken Wand (etwa 12 cm) benötigt man ungefähr 55 bis 60 Ziegelsteine, für einen Quadratmeter Pflaster etwa 45 Steine.

Beton

Beton ist eine Mischung aus Zement, Kies und Wasser. Aus Beton werden Fundamente, Wände oder Grundplatten für Gebäude oder Pflasterflächen gegossen. Auch Wege können betoniert werden. Die erforderliche Dicke der Betonschicht und die anderen Maße sind abhängig davon, was Sie auf der Grundplatte oder dem Fundament errichten wollen. In den einzelnen Projekten ist die empfohlene Dicke jeweils angegeben. Zur Berechnung der erforderlichen Betonmenge bildet man einfach das Produkt aus Länge, Breite und Dicke.

Die folgenden Empfehlungen sollten bei der Berechnung beachtet werden: Beton für allgemeine Anwendungen, mit Ausnahme von Fundamenten und stark belasteten Pflasterflächen wird aus einer Mischung von Zement und Kies der Körnung 0 – 16 mm im Mengenverhältnis von 1:4 hergestellt. Beton für Fundamente und Grundplatten dagegen wird im Mengenverhältnis von 1:5 angemischt. Für stark belastete Pflasterflächen, besonders für Einfahrten, verwendet man eine Mischung von 1:3,5 oder lässt sich Transportbeton der entsprechenden Qualität liefern.

Mörtel

Mörtel ist die allgemeine Bezeichnung für eine Mischung aus Zement, Sand und Wasser, die zum Mauern verwendet wird und auch zum Verputzen von Wänden dient. Mörtel ist abhängig von der Art der auszuführenden Arbeiten und der dafür erforderlichen Festigkeit des Mörtels unterschiedlich anzumischen.

Eine Mischung aus 1 Teil Zement, 1 Teil Kalk und 5 bis 6 Teilen Sand eignet sich für alle Maurerarbeiten im Außenbereich. Zwei Säcke Zement (50 kg) wie oben beschrieben angemischt reichen für etwa 600 Ziegel. Für Böschungsmauern oder Mauern, die stark der Witterung ausgesetzt sind, ist eine festere Mischung zu verwenden: 1 Teil Zement, 1/2 Teil Kalk und 4 Teile Sand. Zwei Säcke Zement reichen dabei für 400 bis 500 Ziegel.

Putz

Zum Anmischen von Putz benötigt man die gleichen Stoffe wie für Mörtel. Zum Verputzen einer der Witterung ausgesetzten Mauer mischt man Zement, Kalk und Sand im Mischungsverhältnis von 1:1:6. Für Innenwände oder geschützte Terrassenwände kann das Mischungsverhältnis auf 1:2:9 erhöht werden.

Mischen

Beton und Mörtel mischt man auf die gleiche Art und Weise an.

Vermischen Sie zuerst die trockenen Grundstoffe auf einer sauberen, festen, trockenen und ebenen Fläche. Dann legen Sie in der Mitte des Haufens einen Krater an und gießen nach und nach die erforderliche Menge Wasser hinein.

Geben Sie nun vorsichtig die Masse von außen nach innen und achten Sie darauf, dass das Wasser nicht ausläuft. Nimmt man zu wenig Wasser wird die Mischung zu steif, porös und schwer zu verarbeiten. Zu viel Wasser schwächt den Beton und führt dazu, dass er zu fließen beginnt. Die Konsistenz des Betons sollte weich sein, etwa wie dünner Grießbrei. Mörtel muss gut zu verarbeiten und zu verteilen sein.

Bevor Sie mit dem Mischen beginnen, sollten Sie noch einmal den Wetterbericht hören. Bei drohendem Frost sollten Sie die Arbeiten verschieben und auch Regen könnte das Mischungsverhältnis in ungewünschter Weise beeinflussen.

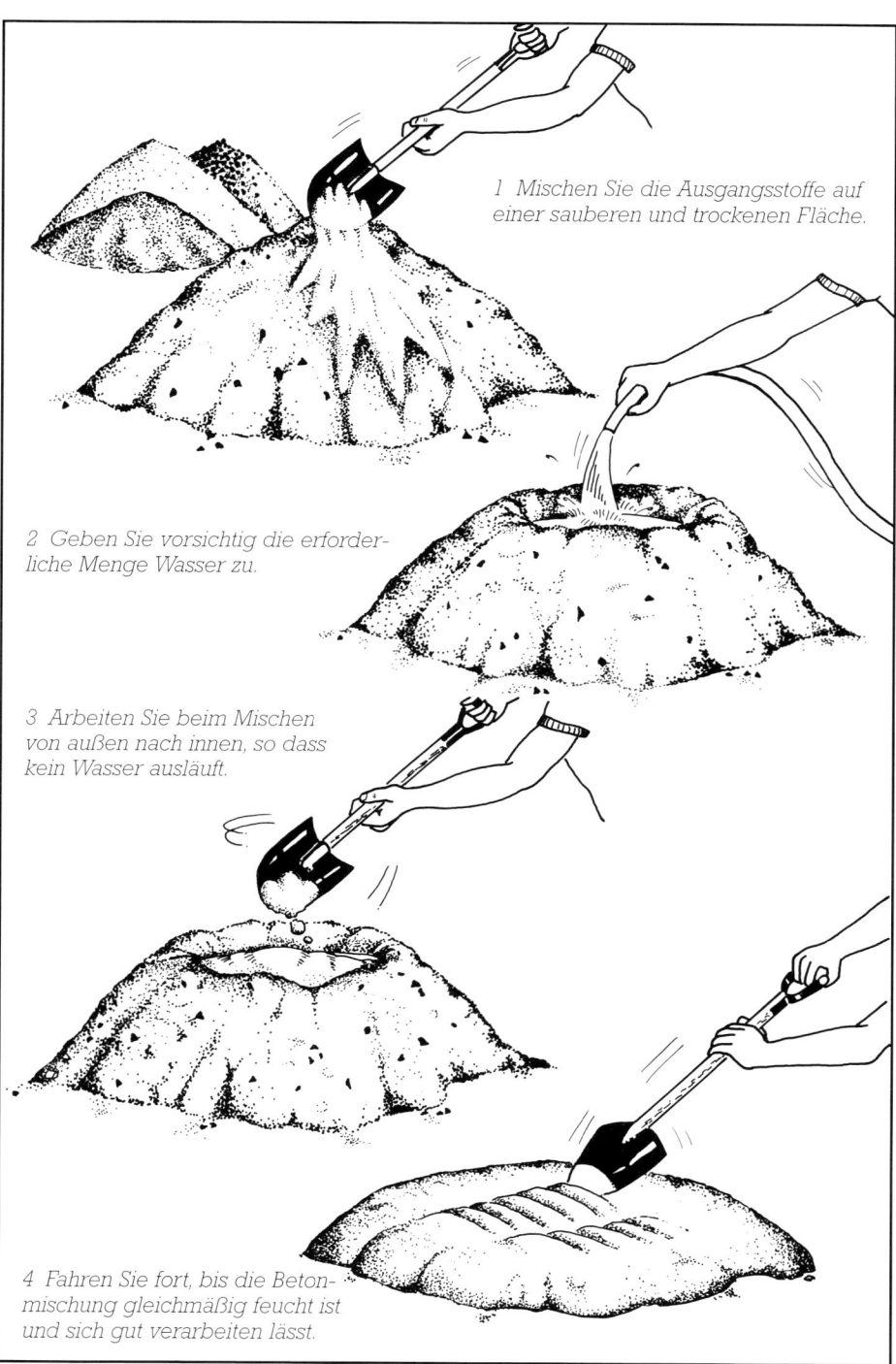

1 Mischen Sie die Ausgangsstoffe auf einer sauberen und trockenen Fläche.

2 Geben Sie vorsichtig die erforderliche Menge Wasser zu.

3 Arbeiten Sie beim Mischen von außen nach innen, so dass kein Wasser ausläuft.

4 Fahren Sie fort, bis die Betonmischung gleichmäßig feucht ist und sich gut verarbeiten lässt.

Terrassen, Einfahrten und Wege müssen leicht vom Haus oder anderen Gebäuden weg geneigt sein, so dass sich kein Wasser an der Hauswand sammelt. Das Gefälle ist oft für das Auge gar nicht sichtbar, denn 1 cm pro Meter sind eigentlich schon ausreichend. Prinzipiell sollten Wege und Einfahrten jedoch mit einem Gefälle von 2,5 %, d. h. 1 cm auf 40 cm über die gesamte Breite und die Länge angelegt werden. Für Terrassen oder Pflasterflächen am Haus empfiehlt sich ein Gefälle von 2 %.

Es gibt unterschiedliche Methoden das Gefälle einer Fläche zu bestimmen. Meist verwendet man dazu eine Wasserwaage und eine lange Holzleiste, unter deren eines Ende man einen entsprechend hohen Holzblock legt. Die Höhe des Holzblockes hängt von der Länge der Holzlatte und dem erforderlichen Gefälle ab, arbeitet man zum Beispiel mit einer 2 m langen Latte und möchte ein Gefälle von 2 % anlegen, benötigt man ein Holzstück, das 4 cm dick ist.

Auch mit einem Gummi- oder Plastikschlauch kann man ein Gefälle einmessen oder die waagerechte Ausrichtung einer Fläche prüfen. Diese Methode beruht auf dem Prinzip, dass eine freie Wasserfläche eine waagerechte Form annimmt, bzw. dass die beiden Wasserstandshöhen in einem mit Wasser teilweise angefüllten, gebogenen Schlauch gleich hoch sind.

Um beispielsweise ein Gefälle von 25 mm über 3 m auszumessen, nimmt man zwei Holzpfähle, von denen jeder etwa 75 cm lang ist. Nun setzt man an einem Pfahl eine Markierung bei 50 cm, am anderen Pfahl bei 52,5 cm. Man schlägt die Pfähle im Abstand von 3 m in den Boden und versenkt den ersten genau bis zur 50 cm Markierung.

Dann nimmt man einen Gartenschlauch und steckt in die Enden jeweils eine Stück eines durchsichtigen Plastikrohres. Das eine Ende des Gartenschlauches befestigt man mit Draht am ersten Pfahl. (Die Länge des Schlauches spielt bei dieser Methode keine Rolle, Sie brauchen also nicht unbedingt Ihren neuen Gartenschlauch zu zerstückeln!) Füllen Sie den Schlauch mit Wasser bis es im durchsichtigen Plastikrohr genau bis zum Ende des Pfahles reicht. Halten Sie das andere Ende an den zweiten Pfahl und schlagen Sie den Pfahl soweit ein bis die Oberkante genau so hoch steht, wie das Wasser im Plastikrohr. Überprüfen Sie den Wasserstand am ersten Pfahl und gießen Sie wenn nötig etwas Wasser nach. Nun befestigen Sie den Schlauch mit einem Stück Draht an dem eingeschlagenen Pfahl.

Markieren Sie den Abstand von 45 cm von der Oberkante des ersten Pfahls und 47,5 cm von der Oberkante des zweiten Pfahls und spannen Sie eine Schnur zwischen beiden. Diese Schnur dient Ihnen nun als Richtlinie beim Anlegen des korrekten Gefälles.

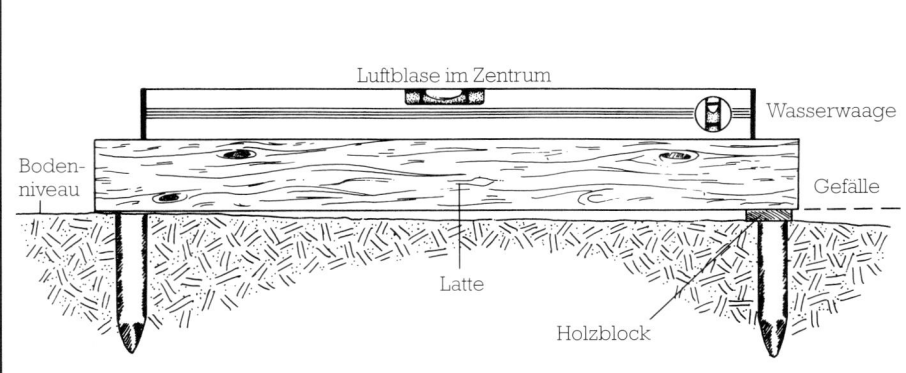

Oben: Schieben Sie ein Stück Holz in der erforderlichen Höhe unter die eine Seite der Leiste, bevor Sie die Wasserwaage auflegen.

Unten: Bei dieser Methode wird ein Stück Schlauch verwendet, um ein Gefälle von 25 mm auf 3 m zu vermessen.

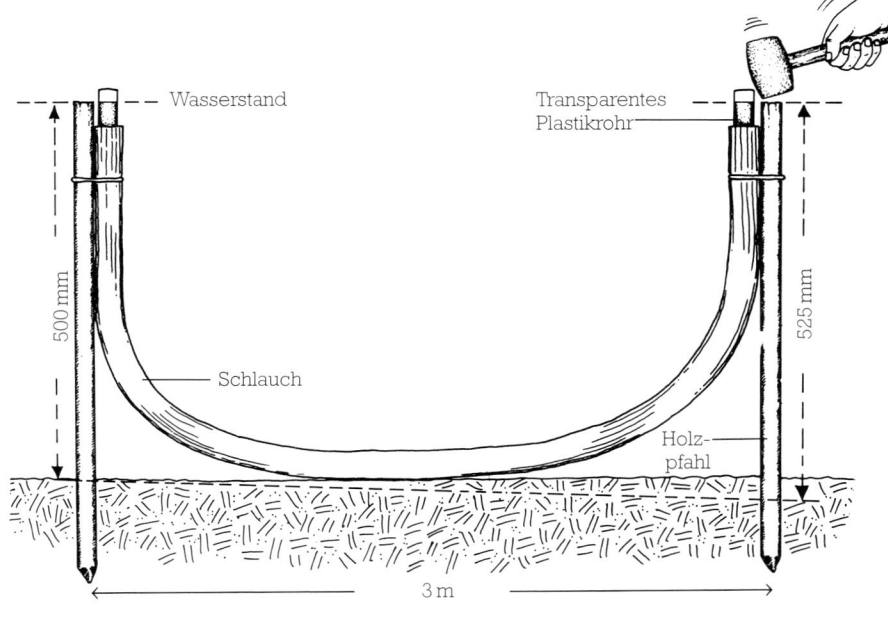

Anreißen eines Kreises

Unten: Schlagen Sie am Mittelpunkt des Kreises einen Pflock in den Boden und befestigen Sie daran eine Schnur mit einem Stock im erforderlichen Abstand. Ziehen Sie die Schnur straff und markieren Sie mit dem Stock den Umriss des Kreises im Boden.

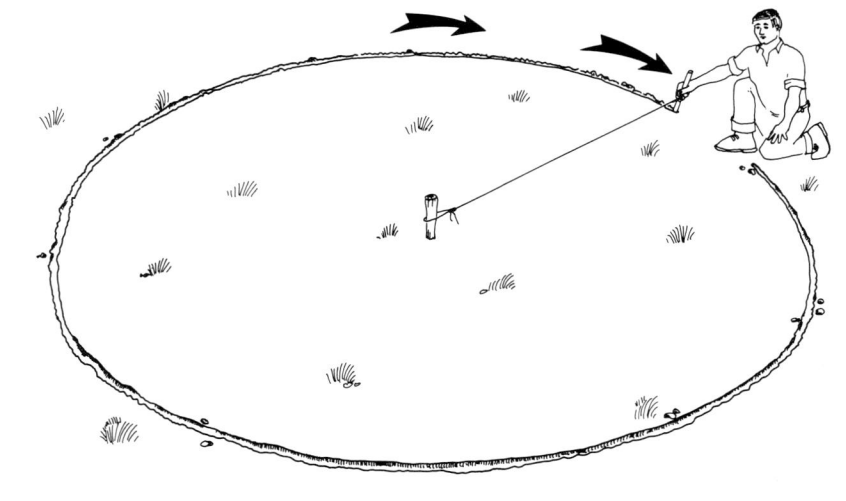

Bevor Sie Ihr erstes Maurervorhaben in Angriff nehmen, sollten Sie den Umgang mit einer Maurerkelle üben, da Sie damit den Mörtel für die erste Schicht Steine auftragen und auch die Steine bestreichen müssen.

Mauern bedeutet schlicht und einfach, Ziegelsteine in ein Mörtelbett zu legen, und dass möglichst senkrecht und waagerecht. Nachdem das Fundament ausgehärtet ist, sollten Sie die erste Schicht Steine erst einmal ohne Mörtel verlegen, um zu sehen, ob alles passt. Mischen Sie auf einer festen und trockenen Unterlage eine kleinere Menge Mörtel und nehmen Sie etwas davon auf der Spitze der Maurerkelle heraus. Verteilen Sie den Mörtel in einem gleichmäßig dicken Streifen (etwa 10 cm breit und 10 bis 12 mm hoch) auf dem Teil des Fundamentes, auf dem die ersten Steine verlegt werden sollen. Damit die Wand auch gerade wird, spannen Sie eine Fluchtschnur entlang der geplanten Außenkante der ersten Schicht Steine. Ziehen Sie in der Mitte der Mörtelschicht eine Furche, so dass die Steine besser haften.

Man kann die Stirnseite jedes Steins vor dem Verlegen mit Mörtel bestreichen, wie in der Skizze dargestellt oder man füllt die Fugen, nachdem der Stein ins Mörtelbett gesetzt wurde. Ist die erste Schicht komplett, bestreicht man die Oberfläche aller Steine mit Mörtel und beginnt mit dem Verlegen der zweiten Schicht. Mörtel, der an den Seiten herausquillt, ist sorgfältig abzunehmen und jeder Stein ist so in das Mörtelbett zu drücken, dass er waagerecht und auf gleicher Höhe wie die anderen Steine liegt.

Spannen Sie jeweils eine Fluchtschnur bevor Sie mit einer neuen Reihe beginnen, so dass die waagerechte Ausrichtung und gleichmäßige Abstände gewährleistet sind. Die richtige Höhe jedes Ecksteins ist mit der Schichtenlatte zu prüfen. Dann kontrolliert man mit der Wasserwaage die waagerechte und lotrechte Ausrichtung und wenn nötig, gibt man an manchen Stellen Mörtel hinzu oder nimmt etwas weg. Schief liegende Steine sind auf einer Seite etwas tiefer zu klopfen.

Es ist ganz wichtig, dass Sie im Prozess der Arbeit die waagerechte und lotrechte Ausrichtung regelmäßig kontrollieren (wobei die Wasserwaage auch diagonal an die Wand zu halten ist), denn alle Abweichungen werden schon bald augenfällig und können außerdem dazu führen, dass die Mauer instabil wird.

Das Bestreichen der Stirnseiten der Steine mit Mörtel ist eine Kunst, die gemeistert sein will, bevor man sich an ein größeres Maurervorhaben traut. Man nimmt dafür eine kleine Menge Mörtel mit der Spitze der Maurerkelle auf, verteilt diesen auf der Stirnseite eines Steins und

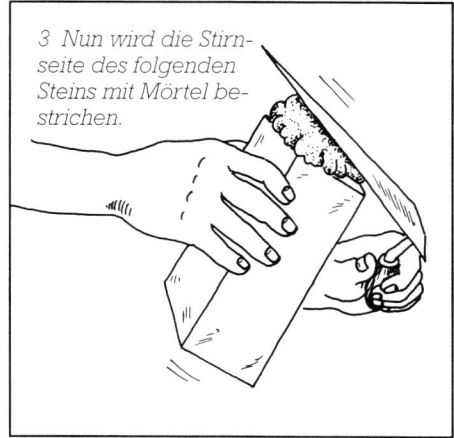

3 Nun wird die Stirnseite des folgenden Steins mit Mörtel bestrichen.

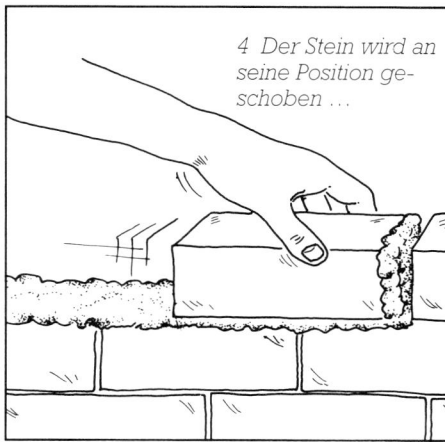

4 Der Stein wird an seine Position geschoben ...

Mauern

1 Man gibt einen Streifen Mörtel auf das Fundament oder die jeweilige Schicht Ziegelsteine.

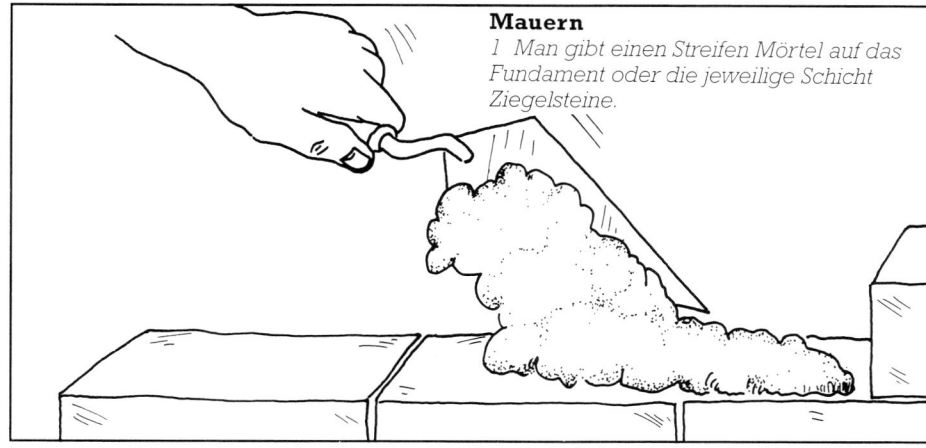

2 Dann zieht man in der Mitte eine Furche.

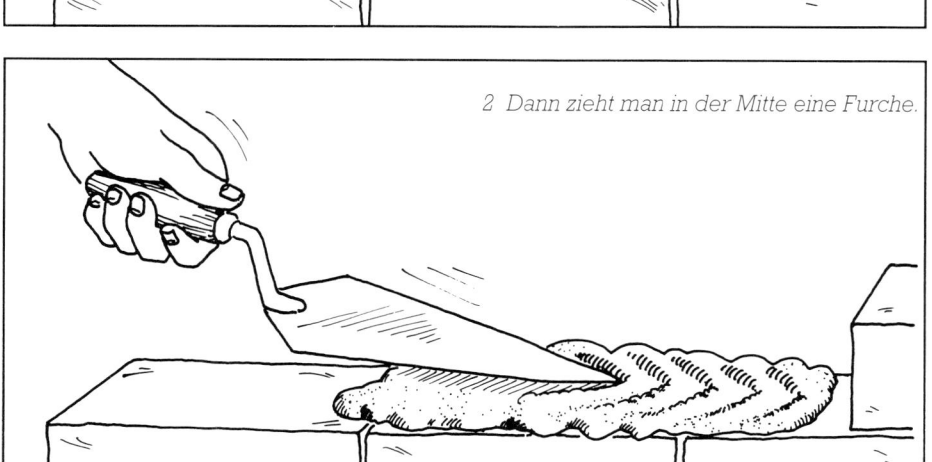

5 ... und mit dem Stiel der Maurerkelle in das Mörtelbett geklopft, bis er waagerecht liegt.

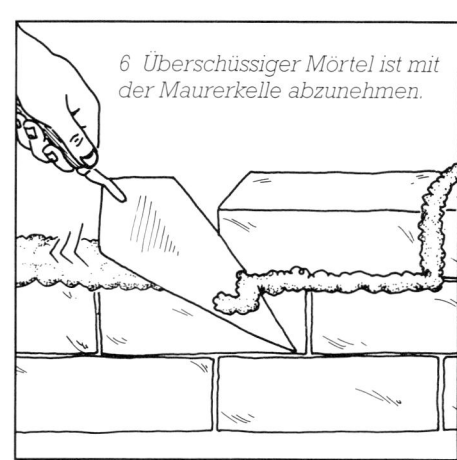

6 Überschüssiger Mörtel ist mit der Maurerkelle abzunehmen.

drückt ihn fest an. Dann legt man den Stein an seinen Platz.

Das Zerteilen von Ziegelsteinen per Hand ist relativ einfach, wenn man einmal den Bogen heraus hat. Man benötigt dazu entweder einen Maurerhammer oder einen Fäustel und ein Prelleisen. Um einen Stein mit einem Maurerhammer zu teilen, hält man ihn in der Hand und schlägt mit dem Meißelende vorsichtig eine Linie an der gewünschten Bruchstelle ein. Danach sollte ein einmaliger kräftiger Schlag genügen, damit der Stein gerade entlang der Linie zerbricht.

Die zweite Möglichkeit besteht darin, den Stein auf die Erde oder idealerweise auf ein Sandbett zu legen und die Oberfläche ringsherum mit dem Prelleisen einzuritzen. Dann hält man das Prelleisen fest auf den Riss und schlägt vorsichtig ein paar Mal darauf. Schließlich folgt ein letzter kräftiger Schlag, bei dem der Stein gerade durchbrechen sollte.

Rechts: Zerteilen eines Steines mit einem Prelleisen und einem Fäustel.
Unten: Zerteilen eines Steines mit einem Maurerhammer.

Die Grundstoffe zur Herstellung von Beton sind Zement, Sand und Zuschlagstoffe (siehe auch S. 269).

Wenn die trockenen Grundstoffe mit Wasser vermischt werden, löst das eine chemische Reaktion aus, die dazu führt, dass sich die Zementpartikel mit den Zuschlagstoffen und allen in der Umgebung vorhandenen Stoffen (z. B. Metall) verbinden, übrigens auch mit Ihren Werkzeugen, wenn Sie diese nicht umgehend und sorgfältig reinigen!

Es dauert eine bestimmte Zeit, bis der Beton ganz fest wird. Wurden keine speziellen Mittel zugesetzt, die den Erhärtungsprozess verzögern, kann man Beton etwa 1,5 bis 2 Stunden verarbeiten, es dauert jedoch 3 Tage bis er einigermaßen ausgehärtet ist. Nach sieben Tagen hat er etwa 70 % seiner endgültigen Festigkeit erreicht. Es ist wichtig, dass der Beton während des Erhärtens nicht zu schnell austrocknet, damit sich keine Risse bilden. Das erreicht man, indem man ihn mit Plastikfolie oder nassen Säcken abdeckt oder mit Wasser besprüht, denn der Prozess des Aushärtens ist mehr ein chemischer Prozess und hat weniger mit dem Trocknen an sich zu tun.

Betonieren

Über die richtige Mischung, die Vorbereitung der Baustelle und das Gießen von Fundamenten wurde bereits an anderer Stelle in diesem Buch geschrieben. Hier soll es nun um die konkreten Arbeitsschritte beim Betonieren gehen.

Wird der Beton nicht direkt in einen ausgehobenen Graben mit sauber abgestochenen Rändern gegossen, benötigt man eine Schalung, um ihn in die gewünschte Form zu bringen. Eine solche Schalung baut man sich aus Brettern oder Sperrholzplatten, wobei darauf zu achten ist, dass an den Ecken und unteren Kanten keine Zwischenräume bleiben, durch die der Beton auslaufen könnte. Für die Schalung verwendete Bretter sollten mindestens 25 mm dick sein. Sie werden durch Pflöcke gehalten, die man in die Erde treibt. Schalungen für geschwungene Formen lassen sich aus Blech oder biegsamer Plastik herstellen.

Der flüssige Beton wird aus der Schubkarre direkt in die Schalung gekippt, wobei darauf zu achten ist, dass mit dem Rad der Karre nicht die Schalung eingedrückt wird. Mit einer Schaufel wird der Beton über die ganze Fläche verteilt. Denken Sie daran, dass der Beton noch verdichtet werden muss, er ist in der Mitte deshalb etwas höher einzufüllen. Das Verdichten erfolgt entweder mit einem Handstampfer (eignet sich für steiferen Beton in Gräben) oder mit einer dicken Holzleiste (5 x 15 cm), die auf die Kante gestellt und von zwei Helfern ähnlich wie eine Bügelsäge über der Schalung hin und her gezogen wird. Bei Bedarf ist weiterer Beton einzufüllen und der Prozess zu wiederholen.

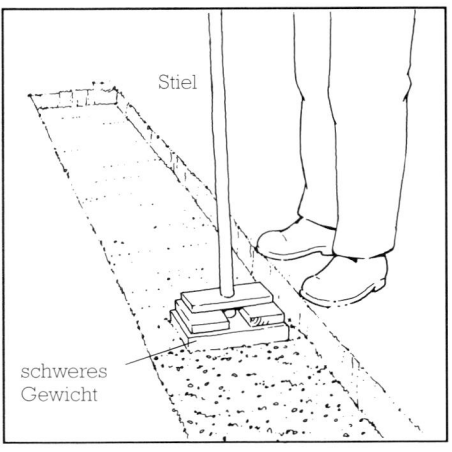

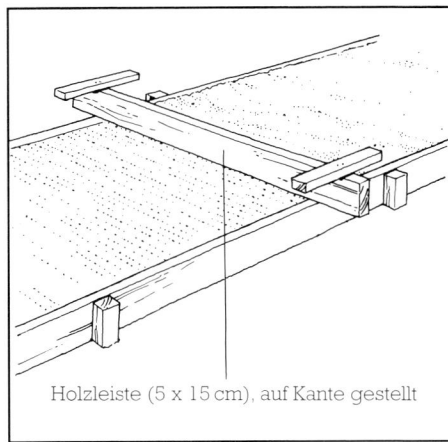

Holzleiste (5 x 15 cm), auf Kante gestellt

Oben links und rechts: Zum Verdichten des Betons verwendet man entweder einen Handstampfer oder eine Holzlatte.

Oberfläche

Die Struktur der Betonoberfläche kann unterschiedlich ausgebildet werden. Nach dem Verdichten ist die Oberfläche zwar eben, jedoch mehr oder weniger stark geriffelt. Wenn die vordere Kante der Leiste beim letzten Abziehen etwas angehoben wird, entsteht eine nur leicht geriffelte, relativ glatte Oberfläche, die man mit einem weichen Besen noch weiter glätten kann. Verwendet man dagegen einen steifen Nylonbesen, erhält man eine cordartige Oberfläche, die

sich besonders für Wege und Einfahrten eignet.

Eine weitere Möglichkeit der Gestaltung von Betonoberflächen ist das Aufstreuen von grobem Splitt auf den frischen Beton, nachdem dieser verdichtet wurde. Den Splitt drückt man mit einem Reibebrett in die Betonoberfläche und sobald diese etwas erhärtet ist, sprüht man etwas Wasser darüber und kehrt die Oberfläche ab, wodurch die Farbe und Struktur der verwendeten Steine besser zur Geltung kommen.

Unten: Mit verschiedenen Werkzeugen lassen sich unterschiedliche Oberflächen erzielen.

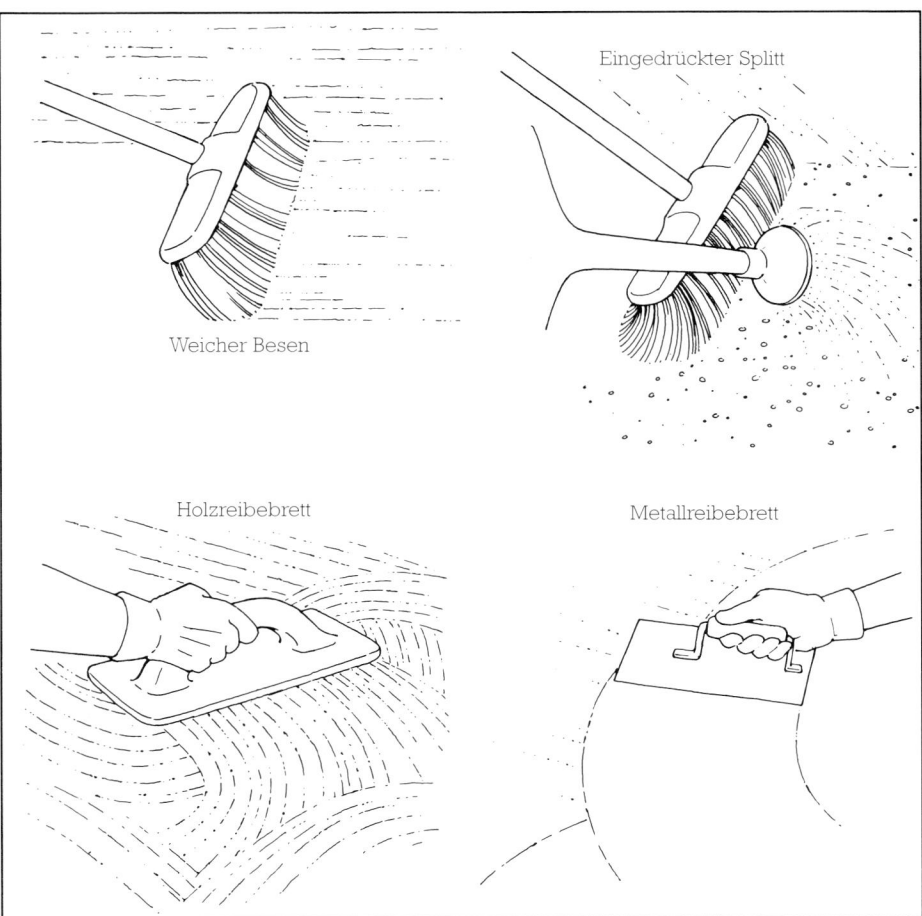

3

24 Stunden später ist die Fläche noch einmal mit einem steifen Besen abzukehren.

Bearbeitet man die Oberfläche vor dem Aushärten mit einem hölzernen Reibebrett, erhält man eine sandpapierartige Struktur, während ein Metallreibebrett eine sehr glatte Oberfläche ergibt.

Arbeitsanleitung Betonplatte

Die hier gezeigte Betonplatte wurde als Untergrund für eine Terrasse aus Terrassenplatten und das umlaufende Fundament für eine Mauer aus Betonsteinen gegossen. Da für dieses Projekt eine relativ große Menge an Beton benötigt wurde, hat man langsam aushärtenden Transportbeton bestellt.

1 Die Abmessungen der Terrasse sind 4,05 m x 2,25 m und das Fundament für die Mauern ist 60 cm breit. Als Unterbau wurden jeweils 5 cm Schotter eingebracht, für die Betonplatte noch zusätzlich 5 cm feiner Sand.

Betonplatte für Terrasse	Mauerfundament
790 kg Schotter	*510 kg Schotter*
632 kg feiner Sand	*0,87 m³ Transportbeton*
0,68 m³ Transportbeton	

1 Zuerst wurde der Rasen und der Mutterboden abgetragen und dann die Gräben für das Mauerfundament ausgehoben. Die Oberkante des Mauerfundamentes ist durch Pflöcke markiert..
2 Auf diesem Foto sieht man, dass die Schalung für die Betonplatte bereits gebaut ist. Die Schotterschicht ist ebenfalls bereits eingebracht und verdichtet. Darüber wird gerade eine Schicht Sand verteilt und flach ausgerollt.
3 Helfer schaufeln den Transportbeton in die Fundamentgräben, bis die Oberkante der Pflöcke erreicht ist. Es ist wichtig, dabei zügig zu arbeiten, denn der Beton erhärtet relativ schnell.
4 Nun wird der zweite Teil des Transportbetons in die Schalung geschaufelt, verdichtet und über dem Rand der Schalung glatt abgezogen.
5 Die Schalung bleibt an ihrem Platz, bis die Betonfläche vollständig ausgehärtet ist. Danach kann sie abgebaut werden.

1

2

4

5

A

Abdecksteine Steine, die zur Abdeckung einer Mauer verwendet werden, um diese vor eindringender Feuchtigkeit zu schützen.

Austritt Fachbegriff aus dem Treppenbau, letzter Teil einer Treppe.

B

Blockverband oder **Parkettverband** Verbandsart, bei der jeweils zwei Pflastersteine nebeneinander und im rechten Winkel zu den folgenden zwei Steinen verlegt werden.

Beton Mischung aus Zement, Wasser und Zuschlägen (Kies bzw. Steine unterschiedlicher Körnung) zum Gießen von Fundamenten und Grundplatten. Beton kann per Hand oder in einem Zwangsmischer gemischt werden. Für größere Projekte kann man auch fertigen Transportbeton verwenden.

Betonpflastersteine Industriell gefertigte Pflastersteine, die meist in einem Sandbett in unterschiedlichen Verbänden, wie zum Beispiel Fischgrätverband, Läuferverband oder Parkettverband verlegt werden.

Binder Mauerstein, der im rechten Winkel zur Mauer verlegt wird.

Bitumen Teerartige Substanz, die unter anderem verwendet wird um Holz zu schützen und wetterfest zu machen.

Bruchstein Stein mit natürlich rauer Oberfläche, die nicht bearbeitet wurde.

D

Dichtungsblech Blech, das Verbindungen zwischen Dach und Dachvorsprüngen gegen Wasser abdichtet.

E

Erdbohrer Großer hand- oder motorgetriebener Spiralbohrer zum Bohren von Löchern in die Erde, beispielsweise für Zaunpfosten.

Estrich Feste und ebene Fußbodenschicht, die aus Zementmörtel besteht und als Untergrund für Fliesen oder andere Bodenbeläge dient.

F

Faserzement Armierter Zementwerkstoff, der als Dachbaustoff Verwendung findet. Früher diente Asbest als Armierung, heute wird statt Asbest eine Kunstofffaser eingesetzt.

Fassadenklinker Besonders harte und wasserfeste Steine, die zur Fassadengestaltung von Häusern dienen.

Fäustel Ein Hammer mit einem schweren Kopf und quadratischen Stirnflächen, der zum Treiben von Steinmetzwerkzeugen und ähnlichen Werkzeugen dient.

Firstbalken Oberstes Holz im Dachstuhl, das die Last der Sparrenköpfe übernimmt.

Fischgrätverband Pflasterverband, bei dem jeder Stein im Winkel von 90° zu den Nachbarsteinen verlegt wird und den Nachbarstein um die halbe Länge überlappt.

Fugenkelle Sehr schmale Kelle (10 bis 50 mm), die zum Verfugen von Mauerwerk oder zum Einpressen von Mörtel in Ritzen und Spalten dient.

Fundament Betonstreifen oder Platten, die einen stabilen Untergrund für Mauern oder andere bauliche Anlagen bilden.

G

Gehobeltes Holz Holzlatten und Balken bestimmter Stärke, deren Oberflächen bereits mit dem Hobel geglättet wurden.

Granit Am häufigsten vorkommende Natursteinart; sehr dicht, hart und wasserfest. Oft als Pflasterstein eingesetzt.

H

Hartholz Als Hartholz werden alle Holzarten bezeichnet, die eine große Dichte und Festigkeit aufweisen. Das sind meist Laubhölzer, z. B. Buche oder Eiche.

Holzschutzmittel Zur Verwendung im Außenbereich sollten die meisten Holzarten mit einem Holzschutzmittel gegen Fäulnis und Pilzbefall behandelt werden.

K

Kalkstein Ein Sedimentgestein, das vorwiegend aus Kalziumkarbonat besteht. Kalkstein eignet sich für alle möglichen Bauten und Anlagen im Garten.

Kalt-Asphalt In Säcken erhältlicher Asphalt, der im Gegensatz zu normalem Asphalt kalt ausgerollt werden kann.

Katzenköpfe Kleine eiförmige Steine, die als Pflastermaterial verwendet werden.

Kükendraht Engmaschiger Draht (Sechseckgeflecht), der traditionell zur Haltung von Hühnern verwendet wird. Nützlich bei der Anlage von Wasserbecken aus Beton.

L

Läufer Mauerstein, der längs zur Mauer verlegt wird.

Läuferverband Ein Verband beim Mauern, bei dem die Mauersteine der folgenden Schicht die darunter liegenden jeweils um die Hälfte überlappen. Beim Pflastern mit Steinen im Läuferverband werden die Steine längs hintereinander verlegt, wobei die Fugen in zwei nebeneinander liegenden Reihen immer versetzt angeordnet sind.

Lot Werkzeug zur exakten Prüfung der senkrechten Ausrichtung von Mauern.

M

Makadam Nach seinem Erfinder McAdam benannter Straßenbelag, der durch Tränken von verfestigtem Schotter und/oder Splitt mit Bitumen und anschließendem Abwalzen entsteht.

Maurerkelle Grundlegendes Werkzeug für alle Maurerarbeiten; dient zum Auftragen von Mörtel.

MDF-Platten Mitteldichte Faserplatten, die aus größeren Holzfasern und Harzen gepresst werden. Teilweise auch für den Außenbereich geeignet.

Meißel Werkzeug aus Stahl mit einem keilförmigen oder spitzen Blatt, das in verschiedenen Größen erhältlich ist. Es wird zusammen mit einem Fäustel verwendet um Steine zu bearbeiten.

Mieten von Werkzeugen Das Mieten von Werkzeugen ist oft eine günstige Alternative zum Kauf, besonders wenn man die betreffenden Werkzeuge nur einmal oder sehr selten benötigt.

Mikroporöse Farbe Hat im Vergleich zu herkömmlichen filmbildenden Farben eine längere Haltbarkeit.

Mörtel Eine Mischung aus Sand und Bindemitteln (meist Zement und Kalk) zum Mauern von Wänden und Verlegen von Pflastersteinen.

Mörtelsand Sand der Korngröße 0 – 4, der zum Anmischen von herkömmlichem Mörtel verwendet wird.

Mörtelzusätze Chemische Stoffe, die Mörtel oder Beton zugesetzt werden um deren Eigenschaften abhängig von der Verwendung zu verändern. Die gebräuchlichsten Zusätze sind Fließmittel und Mittel, die den Beton oder Mörtel wasserfest oder frostfest machen.

mpa Megapascal – Einheit für die Druckfestigkeit des Betons.

P

Pappnägel Verzinkte Nägel mit großen flachen Köpfen, die vorwiegend zum Befestigen von Dachpappe verwendet werden.

Pfeiler Ein dickerer Mauerabschnitt am Anfang und Ende sowie in bestimmten Abständen innerhalb einer Mauer, der der Mauer zusätzliche Stabilität verleiht.

Pfostenanker Metallanker, die in ein Kleinfundament gesetzt werden und auf denen man Holzständer im Außenbereich montiert, damit diese besser vor Fäulnis geschützt sind.

ph Der ph-Wert zeigt an, ob Wasser oder Erde sauer, neutral oder basisch ist. Die Skala reicht von 0 – 14.

Polsterhölzer Holzlatten, die quer auf die Tragbalken des Fußbodens genagelt werden und auf denen die Dielen befestigt werden.

Polyethylen Polymerisiertes Material, oft einfach als „Plastik" bezeichnet.

Portlandzement Gängigste Zementart, von seinem Erfinder so bezeichnet, weil die damit hergestellten Betonsteine einem geschätzten Naturstein von der Insel Portland an der Südküste Englands an Festigkeit und Dauerhaftigkeit entsprechen.

Prelleisen Ein Stahlmeißel mit einem sehr breiten Blatt, der von einem Fäustel getrieben und zum Zerteilen von Steinen und Steinplatten verwendet wird.

Putz Putz an einer Mauer dient der Dekoration, hat jedoch auch eine Schutzfunktion gegenüber Niederschlägen, insbesondere in Verbindung mit einem Anstrich.

PVC Abkürzung für Polyvinylchlorid. Ein Plastikmaterial, das aus einem Polymer von Vinylchlorid hergestellt wird.

R

Rindenmulch Geschredderte Rinde oder Holzspäne, die man als Mulchschicht oder Wegebelag verwenden kann.

Rollschicht Mauerabdeckung, die aus einer Schicht auf der Kante stehender Ziegelsteine besteht.

Rüttelplatte Motorbetriebener Stampfer zum Verfestigen von lockerer Erde, Sand oder Schotter.

S

Sand Sand ist in verschiedenen Körnungen erhältlich. Zum Anmischen von Mörtel verwendet man in der Regel feinere Sande, für Beton grobere.

Sandstein Ein Sedimentgestein, das aus feinen oder groben Quarzpartikeln besteht, die durch andere Mineralien gebunden sind. Findet oft als Pflastermaterial oder als Wandbaustein Verwendung.

Schalung Rahmen aus Holz oder anderen Materialien, der den Beton während des Aushärtens in einer bestimmten Form hält. Beton kann einen großen Druck auf die Schalung ausüben, sie sollte deshalb sehr stabil gebaut werden.

Schicht Eine Reihe Steine wird beim Mauern als Schicht bezeichnet. Mehrere Schichten bilden eine Wand.

Schotter Zerstoßene Steine, Ziegelbruch usw. Wird als Tragschicht unter Betonfundamenten auf Lehmböden oder anderen instabilen Böden verwendet. Auch für Drainagezwecke geeignet.

Schwarte Unbesäumtes Brett, d. h. Brett mit unregelmäßigen Kanten, an denen noch die Rinde haftet.

Setzstufe Fachbegriff aus dem Treppenbau, senkrechter Teil der Stufe, auf dem die Trittstufe liegt.

Spanplatten Aus maschinell zerkleinerten Holzspänen gepresste Platten, die mit Kunstharzen gebunden sind. In der Regel für die Verwendung in Innenräumen.

Sparre Ein langes Kantholz, das beim Bau eines Daches als Träger für die Dachziegel oder Schiefer dient.

Sperrholz Holzplatten, die aus mehreren dünnen Holzschichten bestehen, die miteinander verleimt sind. Nur wenige Sperrholzarten eignen sich zur Verwendung im Außenbereich.

Sperrschicht gegen aufsteigende Feuchtigkeit Eine Lage aus wasserdichtem Material, die unten in eine Mauer eingebracht wird, um das Aufsteigen von Feuchtigkeit aus der Erde zu verhindern.

Ständer Im Fachwerk oder in der Rahmenbauweise eine Stütze, die auf einer Steinplatte, Sockelmauer oder Grundschwelle aufgesetzt wird und durch mehrere Geschosse gehen kann.

T

Tragbalken Großer tragender Balken als Unterkonstruktion für einen Fußboden

Trittstufe Fachbegriff aus dem Treppenbau, waagerechtes Stufenteil, das zur Überwindung von Höhenunterschieden in der Regel mit einem Schritt begangen wird.

Trockenmauer Eine Mauer, die „trocken", also ohne Mörtel aufgesetzt wird, meist aus Natursteinen.

V

Verband Anordnung von Steinen beim Mauern oder Pflastern. Der Verband beim Mauern wurde entwickelt um optimale Stabilität der Mauer zu erzielen und dient beim Mauern und Pflastern auch der optischen Gestaltung.

Verfugen Das Füllen der Fugen in Mauern und zwischen Pflastersteinen mit Mörtel und das Profilieren der Fugen.

Verzinken Eisenteile werden häufig verzinkt, damit sie nicht rosten.

W

Wasserwaage Mit der Wasserwaage kann man die waagerechte und senkrechte Ausrichtung von Wänden, Verkleidungen usw. prüfen.

Weichholz Sammelbegriff für alle weichen Hölzer, darunter meist Nadelhölzer, wie zum Beispiel Fichte und Tanne.

Wildpflaster Pflaster, das aus unregelmäßigen Steinplatten besteht, die im Mörtelbett oder auf Mörtelpunkten verlegt und dann verfugt werden.

Z

Zahneisen oder **Zahnmeißel** Ein Meißel mit gezahntem Blatt (oft ist das Blatt austauschbar) zum Bearbeiten von Steinen.

Zement Bindemittel, das Mörtel und Beton höhere Festigkeit und Widerstandskraft gegen Feuchtigkeit verleiht. Die gängiste Art ist Portlandzement. Zement wird meist in 25-kg-Säcken angeboten.

A

B

C

D

E

Titel der Originalausgabe
The Complete Book of Step-by-Step Outdoor DIY
Zuerst veröffentlicht 2000
von New Holland Publishers (UK) Ltd.,
Garfield House,
86 – 88 Edgware Road,
London W2 2EA

Deutsche Erstausgabe

Gesamtherstellung: aprinta Druck GmbH & Co. KG, Senefelderstraße 3 – 11, 86650 Wemding
ISBN 3-8289-2402-6